ŒUVRES COMPLÈTES

DE L. VITET

CHEZ LES MÊMES ÉDITEURS

ŒUVRES COMPLÈTES

DE

L. VITET

DE L'ACADÉMIE FRANÇAISE

Format grand in-18

LA LIGUE, scènes historiques — Les États de Blois — Histoire de la ligue — Les Barricades — La Mort de Henri III, précédées des États d'Orléans (nouvelle édition)................................	2 vol.
ESSAIS HISTORIQUES ET LITTÉRAIRES..............	1 —
ÉTUDES SUR L'HISTOIRE DE L'ART (2ᵉ édition)........	4 —
HISTOIRE DE DIEPPE (*sous presse*)	1 —

Format in-8

L'ACADÉMIE ROYALE DE PEINTURE, étude historique.....	1 —
LE LOUVRE, étude historique (*sous presse*)	1 —

POISSY. — TYP. ET STÉR. DE A. BOURET.

ÉTUDES
SUR
L'HISTOIRE DE L'ART

PAR

L. VITET
DE L'ACADÉMIE FRANÇAISE

TROISIÈME SÉRIE

TEMPS MODERNES
LA PEINTURE EN ITALIE, EN FRANCE
ET AUX PAYS-BAS

DEUXIÈME ÉDITION

PARIS
MICHEL LÉVY FRÈRES, LIBRAIRES ÉDITEURS
RUE VIVIENNE, 2 BIS, ET BOULEVARD DES ITALIENS, 15
A LA LIBRAIRIE NOUVELLE

1868

Droits de reproduction et de traduction réservés

ÉTUDES
SUR
L'HISTOIRE DE L'ART

I

RAPHAËL A FLORENCE

LA FRESQUE DE S. ONOFRIO

PREMIÈRE PARTIE

I

Vers la fin de juillet 1843, un vernisseur de voitures, nommé Masi, prit à loyer, dans la rue Faenza, à Florence, une vaste salle à rez-de-chaussée, dont la voûte en berceau et les épaisses murailles n'avaient guère moins de trois ou quatre siècles : c'était le réfectoire d'une ancienne communauté connue sous le nom de maison de S. Onofrio ou des Dames de Fuligno. Supprimé en 1800, ce couvent de nobles religieuses s'était, quelques années plus tard, transformé en filature de soie, et les chaudières à cocons avaient vomi sous ces voûtes de tels flots de fumée et de vapeur, qu'une couche épaisse de matières charbonneuses tapissait chaque pierre comme l'âtre d'une cheminée.

Le nouveau locataire, pour égayer ce noir séjour, le mit aux mains des badigeonneurs. Déjà la grande salle était à moitié blanchie, lorsque, à l'une des extrémités, on crut apercevoir sous la suie quelques traces de couleurs. Quoique vernisseur de son métier, M. Masi aimait la peinture. Il arrêta le badigeon, défendit de toucher à cette muraille, et se mit à en laver lui-même quelques parties. Le peu qu'il découvrit lui sembla fait de main de maître. Il courut en donner avis aux propriétaires de la maison ; mais ceux-ci n'en furent pas autrement émus. Il y a tant de fresques à Florence ! il y en a dans les rues, dans les greniers, dans les corridors ! où n'y en a-t-il pas ? Une de plus n'était pas merveille. Quelques voisins, quelques amis vinrent jeter un coup d'œil sur la découverte de M. Masi, puis il n'en fut plus question. On se mit à vernir des voitures, et deux ans se passèrent sans que personne eût l'idée de nettoyer un peu mieux cette muraille et de la regarder de plus près.

Un jour pourtant un artiste distingué, M. Zotti, passant par là pour surveiller je ne sais quel tilbury, vint à jeter les yeux sur ce grand mur dont les teintes enfumées contrastaient avec la blancheur des voûtes et du reste de la salle. Il s'approcha. Les parties qui avaient été lavées, quoique encore bien noires, lui laissèrent deviner l'ensemble de la composition : c'était une *Sainte Cène*. L'ordonnance en paraissait grande et simple ; les figures semblaient expressives, bien posées, bien drapées. Il demanda la permission de revenir et de procéder à un lavage complet. Un de ses compagnons d'atelier que bien vite il avait appelé, M. le comte della Porta, fut frappé comme lui des beautés de premier ordre qui perçaient sous ce noir de fumée. Ils se mirent en besogne. Ce n'était pas petite affaire. Cette peinture était large à sa base de quatorze brasses (environ vingt-six à vingt-sept pieds), et elle couvrait tout le demi-cercle circonscrit par l'arc de la voûte. C'était ce vaste champ qu'il fallait lessiver, nettoyer peu à peu, avec des soins et des précautions infinies, sous peine d'attaquer l'épiderme des couleurs.

Le succès fut complet. A mesure que les dernières pellicules de la suie se détachaient, la fresque apparaissait dans sa fraîcheur virginale. Merveilleux privilége de cette façon de peindre ! L'enduit n'avait subi que des dégradations très-légères, facilement réparables, et, dans les parties accessoires du tableau ; toutes les figures étaient intactes, et les têtes et les mains admirablement conservées. Combien de fresques, et des plus belles, et des plus constamment admirées depuis trois siècles, n'ont pas le même bonheur ! L'oubli pour les œuvres de l'art est bien souvent une sauvegarde.

Nos deux artistes, pendant qu'ils poursuivaient leur patiente entreprise, s'étaient maintes fois demandé : Quel est l'auteur de cette grande page ? Ni l'un ni l'autre n'avaient osé répondre, et plus ils avançaient, plus leur embarras redoublait. Dans les premiers instants, lorsqu'ils ne pouvaient encore saisir que le caractère général de la composition comme à travers une sorte de brouillard, ils trouvaient dans son extrême simplicité, dans sa symétrie tant soit peu primitive, de fortes raisons d'en faire honneur à quelque maître de l'école ombrienne, et peut-être à son chef, au Pérugin lui-même ; mais lorsque, nettoyant chaque figure, ils eurent découvert certains détails du modelé, reconnu la précision du trait, la fermeté des contours, l'accent individuel et varié des physionomies, il leur fallut changer de conjecture, et pendant quelques instants ils supposèrent qu'une main florentine avait dû passer par là. Parmi les Florentins, un seul, l'auteur des grandes décorations du chœur de Santa-Maria-Novella, avait, dans sa manière de traiter la fresque, d'assez notables analogies avec l'auteur inconnu du cénacle de S. Onofrio ; mais si Ghirlandaïo pouvait avoir produit quelques-unes des beautés naïves répandues dans cette composition, était-il raisonnable de lui attribuer cette profondeur et cette justesse de sentiment, cette ordonnance harmonieuse, et surtout cette grandeur, cette poésie de style? Non certes, et nos deux amis y étaient d'autant moins disposés, que, plus ils pénétraient dans leur découverte, plus ils étaient frappés d'une souplesse de dessin et d'une absence complète de parti-pris dont aucun Florentin, y compris les plus illustres, ne pouvait leur donner l'exemple.

Quand ils eurent ainsi bien cherché, et successivement éliminé toutes les hypothèses d'abord conçues par eux, ils commencèrent à n'avoir plus dans la pensée qu'un seul nom, mais un nom qu'ils hésitaient à prononcer, parce qu'il était trop grand. Cependant M. della Porta, se hasardant le premier, dit un jour à son compagnon : « Je pars demain pour Pérouse ; je veux revoir la fresque de San-Severo. »

Ceux qui ont une fois admiré cette œuvre des plus jeunes années de Raphaël ne peuvent perdre le souvenir de sa majestueuse disposition. On conserve à tout jamais devant les yeux ce Christ dans sa gloire, ces anges qui l'entourent, et dans le bas du tableau ces six figures de saints posées trois d'un côté, trois de l'autre, ordonnance qui contient en germe l'idée première de la *Dispute du saint sacrement*. Aussi n'était-ce pas pour se remettre en mémoire l'ensemble de cette composition que M. della Porta allait à Pérouse, c'était pour en étudier les détails et particulièrement les procédés d'exécution.

Il revint convaincu que les deux fresques ne pouvaient avoir été tracées que par la même main et vers la même époque. Celle de San-Severo est datée de 1505 : or, Raphaël avait passé à Florence la plus grande partie de cette même année ; il y avait fait d'assez longs séjours dans l'année précédente, et enfin, à partir de 1505 jusqu'au moment de son départ pour Rome, c'est-à-dire jusqu'en 1508, il y fut presque constamment établi. Rien n'empêchait donc de supposer que, vers cette époque, il eût fait pour les religieuses de S. Onofrio, aussi bien que pour les camaldules de San-Severo, un grand essai de travail à fresque ; mais ce n'était là, pour M. della Porta, qu'une raison secondaire à l'appui de sa conjecture. Avant tout il s'en rapportait au témoignage de ses yeux : toutes les particularités observées par lui à Florence sur cette fresque, dont les moindres touches lui étaient devenues familières, il les avait retrouvées à Pérouse; et ainsi s'était fortifiée en lui la conviction qu'avait fait naître, dès le premier regard, l'extrême ressemblance, pour ne pas dire l'identité, entre les deux figures du Christ dans les deux compositions.

Il était à peine de retour, que son opinion, dont il commençait à ne plus faire mystère, reçut une éclatante confirmation. Quelques parties de la fresque, entre autres la tunique de saint Thomas, n'avaient encore été qu'imparfaitement lessivées : lorsqu'on vint à nettoyer cette tunique avec plus de soin, on reconnut, sur un galon bleu et or qui la borde, vers le haut de la poitrine, des lettres très-légèrement tracées et entremêlées de quelques arabesques. La dorure qui les avait jadis recouvertes était à moitié détruite, mais les parties qui n'étaient plus dorées se distinguaient encore par une certaine saillie, un certain empâtement de la couleur. On aperçoit d'abord un R suivi d'un A et d'un P entrelacé avec la partie inférieure d'un L. Ces trois lettres, les plus endommagées de toutes, étaient suivies de trois autres beaucoup plus visibles : savoir un V, un R et un S, les deux dernières entrelacées ensemble. Venaient ensuite un A et un D en partie effacés, puis enfin le millésime MDV. Ces abréviations pouvaient se traduire ainsi : *Raphael Urbinas, anno Domini* 1505.

La découverte fit du bruit dans Florence : on commençait à parler de la fresque et des conjectures de ses deux restaurateurs ; mais la foule, peu confiante dans une œuvre anonyme, ne se hâtait guère d'accourir ; dès qu'il fut question d'une signature, on arriva de tous côtés. Chacun examina, contrôla, mais personne, il est bon de le dire, n'eut seulement la pensée de soupçonner une supercherie. Le caractère bien connu de MM. della Porta et Zotti en excluait l'idée, et les yeux les moins exercés reconnaissaient tout d'abord qu'il n'existait sur cette partie de la fresque aucune retouche, aucun travail fait après coup. Seulement quelques sceptiques se demandèrent si c'était bien là des lettres : la forme leur en semblait indécise. N'était-ce pas un caprice involontaire du pinceau qui avait produit ces caractères parmi tous les méandres tracés sur ce galon? D'autres, faisant moins belle part au hasard, ou armés de meilleurs yeux, admettaient bien les lettres, mais ils étaient érudits et soutenaient que Raphaël, à aucune époque, n'avait signé ses œuvres par de simples initiales ou par des abréviations entremêlées ainsi de méandres et d'ornements. Il leur fut aussitôt répondu que, sur la petite *Sainte Famille* de Fermo, une des productions les plus authentiques de la jeunesse de Raphaël, on trouve les lettres suivantes : R. S. V. P. P. E. S. 17. A. 1500, c'est-à-dire *Raphael Sanctius Urbinas pinxit Perusiæ ætatis suæ 17 anno* 1500. En outre, on leur cita la célèbre madone conservée chez les Niccolini, passée depuis en Angleterre, et gravée par Perfetti ; sur le galon qui borde le corsage de la madone ne voit-on pas les chiffres de l'année où le tableau fut peint, puis de légers ornements, puis immédiatement après ces deux lettres R. V: *Raphael Urbinas* ou (*Raffaello Urbinate*, selon qu'on traduit les initiales en latin ou en italien)? D'autres exemples, non moins concluants, furent encore signalés, et l'objection demeura sans valeur.

Pendant que s'agitaient ces discussions microscopiques sur le galon de la tunique de saint Thomas, une circonstance plus décisive vint trancher le débat, et mit pour un moment les plaideurs hors de cour.

La famille Michelozzi, de Florence, possédait par héritage, depuis environ deux cents ans, une précieuse collection de dessins originaux. Parmi ces dessins, on remarquait avant tout plusieurs feuilles de croquis et d'études qu'une tradition non interrompue attribuait à Raphaël. Un artiste florentin, M. Piatti, ayant acquis cette collection, en céda la moitié, il y a quelques années, à M. Santarelli, sculpteur habile, et déjà possesseur d'un riche cabinet. Les dessins de Raphaël furent partagés entre eux. Ces dessins se composaient de têtes, de mains, de pieds étudiés avec grand soin, et de quelques figures d'hommes qu'on pouvait supposer assis derrière une table, car une ligne tracée au crayon les coupait à mi-corps, et au-dessous de cette ligne on ne voyait plus ni vêtements ni draperies, mais seulement des cuisses et des jambes nues et à peine indiquées par un simple trait. Ces croquis avaient évidemment servi de préparation à quelque tableau ; mais à quel tableau ? On avait beau chercher, les œuvres connues du grand maître n'offraient rien qui se rapportât à ces études, et on en concluait que, selon toute apparence, le tableau n'avait jamais été exécuté. Certaines figures dans la *Dispute du saint sacrement*, et particulièrement celle de David, rappelaient, il est vrai, quelques-unes des têtes esquissées sur ces feuilles de papier ; mais elles les rappelaient seulement par analogie, par un certain air de famille, et sans qu'on pût établir aucune relation entre les dessins de la collection Michelozzi et la fresque du Vatican.

Il n'en devait pas être ainsi de la fresque de S. Onofrio. Lorsque M. Santarelli entra pour la première fois dans l'atelier de la rue Faenza, il se trouva dès l'abord en lieu de connaissance. Ces têtes d'apôtres, il les avait admirées cent fois : elles n'étaient, pour la plupart, que la reproduction fidèle de ses dessins et de ceux de M. Piatti ; le saint Pierre surtout, esquisse étudiée avec plus de précision que les autres, et terminée même dans sa partie inférieure, avait été reproduit trait pour trait sur le mur. C'était un des dessins de M. Piatti. M. Santarelli en possédait une variante, moins achevée et évidemment antérieure. D'autres figures, le saint André, le saint Jacques majeur, se retrouvaient également dans cette collection Michelozzi. Les dessins furent apportés devant la fresque : on les confronta ; l'identité n'en parut contestable à personne. Pour ceux qui les connaissaient déjà, et qui, familiers avec le faire et le sentiment des dessins de Raphaël, ne pouvaient mettre en doute qu'ils fussent de sa main, la preuve était sans réplique. Ce fut l'avis de tous les artistes spécialement versés dans l'étude des maîtres. Ainsi M. Jesi, dont la pointe souple et vigoureuse a si merveilleusement traduit le portrait de Léon X, M. Jesi, le religieux interprète des moindres finesses du pinceau de Raphaël, déclara sans hésiter qu'à ce pinceau seul pouvait être due la fresque de S. Onofrio, et telle fut son admiration pour ce nouveau chef-d'œuvre, qu'immédiatement il en entreprit la gravure. Tous les vrais connaisseurs florentins confirmèrent son jugement. Un homme d'autant d'esprit que de savoir, M. Selvatico de Padoue, écrivit à ce sujet quelques pages d'excellente critique. Plusieurs artistes italiens ou étrangers prirent la plume à son exemple : ainsi

1.

M. de Cornelius, le célèbre peintre de Munich, M. Bezzuoli de Florence, M. Minardi de Rome [1], se firent un devoir d'adresser à MM. della Porta et Zolti, non-seulement un témoignage public de reconnaissance au nom des amis de l'art, mais un exposé des nombreuses raisons qui les forçaient à voir dans cette fresque l'œuvre du peintre d'Urbin.

II

Malgré ces preuves répétées, malgré ces autorités souveraines, une partie du public demeurait en suspens. Comment croire, disait-on, qu'une œuvre de Raphaël et une œuvre de cette importance, ait pu rester inconnue à Florence pendant trois cent quarante ans? Comment ni Vasari, ni Bocchi, ni Comolli, ni aucun de ceux qui, à diverses époques, ont fouillé et décrit les trésors de la peinture toscane, comment Richa, qui, dans son histoire des églises florentines, parle si longuement du couvent de S. Onofrio, auraient-ils ignoré ou négligé de nous apprendre que cette muraille portait l'empreinte de ce divin pinceau?

Assurément cela est étrange; mais ce qui ne l'est guère moins, c'est que ni Vasari, ni Richa, ni personne n'ait parlé de ce tableau, quand même Raphaël n'en serait pas l'auteur. Celui qui l'a créé, n'eût-il jamais fait autre chose, valait certes

[1] N'oublions pas non plus M. de Garriod, amateur distingué, demeurant à Florence, et auteur d'un piquant écrit sur ce même sujet.

bien la peine qu'on nous apprît son nom. Ainsi, quelque parti qu'on prenne, le problème reste à peu près le même. Il s'agit d'expliquer comment, pendant trois siècles, un chef-d'œuvre a pu exister dans Florence sans qu'aucun écrivain en eût dit un seul mot.

Mais d'abord les oublis de ce genre sont-ils donc aussi rares qu'on paraît se l'imaginer? Pour ne parler que de Vasari, croit-on qu'il ait dressé l'inventaire authentique et complet de toutes les œuvres de Raphaël? Dit-il la moindre chose, par exemple, de la *Madonna della Seggiola*? parle-t-il de la *Madonna del Gran Duca*? Et personne a-t-il jamais argumenté de son silence contre la légitimité de ces deux merveilles? Vasari est un guide excellent et presque toujours sûr; sans lui, cette longue histoire de la peinture italienne ne serait que ténèbres, car tous ceux qui sont venus à sa suite semblent n'avoir rien vu par eux-mêmes et ne jurent que sur sa parole; mais à l'époque où Vasari prit la plume, près de trente ans s'étaient écoulés depuis la mort de Sanzio. Il écrivait de souvenir, d'après des notes incomplètes : de là bien des erreurs et d'inévitables oublis. Non-seulement il passe sous silence des tableaux de premier ordre, mais il affirme quelquefois, à propos de ceux dont il parle, des circonstances matériellement inexactes. Ainsi la *Sainte Famille* du palais Rinuccini, qui, par son style, appartient évidemment aux dernières années du maître, serait, au dire de Vasari, antérieure à 1508. Or, en nettoyant ce tableau, il y a soixante ou quatre-vingts ans, on a découvert sa véritable date, la date conforme à son style, c'est-à-dire 1516. Pour constater d'autres erreurs encore plus étranges, il ne faut qu'entrer au

Vatican, notamment dans la salle *della Segnatura*. N'est-on pas tenté de croire, à la manière dont Vasari décrit les fresques qui la décorent, que jamais il ne les a vues? D'abord il confond à tout propos la *Dispute du saint sacrement* avec l'*École d'Athènes*, nous montre Platon assis au milieu des anges, et, ce qui est plus grave, ce qui bouleverserait toute chronologie de l'art, suppose que, de ces deux fresques, c'est l'*École d'Athènes* qui a été exécutée la première.

Il faut donc n'attacher un respect superstitieux ni aux paroles ni au silence de Vasari. Un tableau peut être de Raphaël sans que l'auteur de la *Vie des Peintres* en ait fait mention. Parmi tant de *madones* et de *saintes familles*, diversifiées sans doute par le génie, mais au fond toutes semblables, comment le plus scrupuleux biographe n'en eût-il pas oublié quelques-unes?

Dira-t-on que des tableaux peints sur toile ou sur bois, des tableaux qui changent de place, qui passent de main en main, souvent même de ville en ville, ont pu lui échapper, mais qu'il n'en est point ainsi des fresques? que si parfois il se méprend à les décrire, jamais on ne le surprend à les oublier? que le moindre pan de mur où Raphaël a porté la main nous est signalé par lui avec un soin religieux? que dès lors on ne saurait comprendre comment il eût passé sous silence cette œuvre capitale, exécutée dans sa propre patrie, et qui ne pouvait pas plus s'effacer de son souvenir que se détacher de l'édifice où elle était fixée?

Nous en tombons d'accord : il n'est pas une fresque de Raphaël que Vasari ait vue sans s'être fait un devoir d'en dire au moins quelques mots; mais avait-il vu la fresque de S. Onofrio? C'est là qu'est la question.

Or, il est bon qu'on le sache, les nobles comtesses de Fuligno observaient la clôture rigoureuse, et aucun homme, à aucun jour de l'année, n'avait accès dans le couvent. Nous sommes donc tout au moins en droit de supposer que Vasari n'avait point vu leur fresque.

Mais pouvait-il ignorer qu'elle existât? D'autres religieuses, dont la règle n'était guère moins sévère, les sœurs de Sainte-Marie-Madeleine *dei Pazzi*, cachaient aussi à tous les yeux profanes une peinture dont le Pérugin avait orné leur chapelle, et cependant personne dans la ville n'ignorait que ce trésor fût en leur possession. Pourquoi les dames de Fuligno auraient-elles été plus discrètes? Nous ne prétendons pas leur attribuer plus de vertu qu'à leurs sœurs; mais ne peut-on supposer qu'elles ont gardé ce modeste silence, faute d'être assez bons juges en peinture pour se douter que l'œuvre d'un simple étudiant pût faire la gloire de leur maison?

Ce n'était, en effet, pour toute une partie du public italien, qu'un étudiant et presque un inconnu, celui qui, en 1505, à Florence, portait ce grand nom de Raphaël. Il semble aujourd'hui que, dès le premier jour, son front dût rayonner de gloire; on ne pense qu'au peintre du Vatican, comblé d'honneurs, traînant après soi le cortége de ses disciples idolâtres, et on oublie le modeste jeune homme descendu de sa petite ville d'Urbin dans la cité des Médicis, sans argent, sans amis, presque sans protecteurs. Nous le suivrons tout à l'heure de plus près dans cette phase de sa vie, la moins connue, bien que, selon nous, la plus attachante; et s'il nous est prouvé que ses œuvres encore naïves ne pouvaient être alors sainement appréciées que dans un cercle restreint et choisi; si l'état des esprits et du goût à Florence ne lui permettait d'aspirer ni aux applaudissements incontestés de la foule, ni même aux encouragements et aux faveurs prodigués dans certains palais; on ne sera pas surpris qu'au fond d'un cloître, loin du monde et des arts, de saintes femmes n'aient pas su deviner qu'elles confiaient au plus grand des peintres la décoration de leur réfectoire.

Plus tard, lorsque sa renommée devint universelle, le bruit en pénétra sans doute jusque dans leur asile, et le prix inestimable de cette peinture ne put leur rester inconnu. De nombreux crochets de fer plantés régulièrement dans le haut de la muraille indiquent qu'un voile ou une tapisserie la couvrait habituellement comme un objet de haute vénération, et l'étonnante conservation de l'enduit et des couleurs confirmerait au besoin cette conjecture. Ajoutons qu'il existe encore à Florence quelques femmes qui, avant 1800, fréquentaient ce monastère; elles disent toutes qu'aux jours de fête seulement on découvrait la *Sainte Cène* du réfectoire, que de toutes les peintures du couvent, celle-là était tenue en la plus haute estime, mais sans qu'on parût connaître quel en était l'auteur.

Comment et depuis quand le souvenir s'en est-il perdu? Était-ce d'abord par prudence, pour ne pas éveiller une importune curiosité, qu'on s'était abstenu de divulguer un nom d'artiste devenu trop célèbre? Était-ce seulement par sainte indifférence pour les choses de ce monde? On peut à ce sujet se perdre en hypothèses. Ce qu'il y a de certain, c'est que les dernières religieuses ignoraient de qui était le tableau, et, à défaut du public, ce n'était pas quelques dévotes assistant à leurs offices qui pouvaient le leur apprendre.

Aussi, jusqu'en 1800, tant qu'a duré la communauté, il est tout simple que le mystère et le silence se soient perpétués, et qu'un secret si bien gardé depuis trois siècles n'ait pas été violé; mais le jour où, par ordre du sénat de Florence, les religieuses de S. Onofrio furent réunies aux religieuses de S. Ambrogio, le jour où les bâtiments conventuels furent mis en vente, et où chacun fut libre de pénétrer dans ce réfectoire, comment ne se trouva-t-il personne, pas un commissaire des républiques française ou cisalpine, pas un Anglais voyageur, pas un amateur de la ville, personne enfin qui signalât les beautés supérieures de cette fresque, personne qui en révélât seulement l'existence? La suie ne la couvrait pas alors. Comment a-t-il fallu quarante-trois ans et un heureux hasard pour en faire la découverte? Voilà quelque chose de bien autrement étrange que l'ignorance de nos religieuses, quelque chose qui paraît incroyable, et dont pourtant on ne peut douter.

Il est vrai que, sans sortir de Florence, nous citerions d'autres découvertes de ce genre plus extraordinaires encore. Ici du moins personne n'était averti; on ignorait que, sur ces murs de S. Onofrio, il y eût quelque chose à chercher, et le badigeon pouvait ensevelir à jamais ce chef-d'œuvre sans que personne eût un reproche à se faire. Mais qu'un tableau des plus exquis, un tableau que tout Florence avait admiré pendant deux siècles dans un des riches palais de la rive gauche de l'Arno, en ait disparu un beau jour, qu'il ait été pendant soixante ou quatre-vingts ans non-seulement perdu, mais oublié de la famille et du public, jusqu'à ce que, par fortune, un étranger l'ait retrouvé dans ce même palais, cela n'a-t-il pas l'air d'un conte fait à plaisir? et pourtant c'est l'histoire parfaitement véridique de *la Vierge* du palais Tempi. Une femme de chambre tomba malade, et le médecin de la maison, qui, par bonheur, aimait les arts, monta la visiter sous les combles; là, dans le fond d'une alcôve, à travers une couche de poussière et de fumée, il aperçut l'image de cette jeune mère au souriant visage, prête à donner un baiser à l'enfant qui joue dans ses bras, mais hésitant comme arrêtée par le majestueux regard de son divin fils. C'était du temps du feu marquis Tempi que ce chef-d'œuvre revoyait le jour. Il y a des gens à Florence qui ont assisté à cette résurrection; malheureusement, leur joie devait être de courte durée. Quelques années plus tard, le tableau abandonnait cette demeure où il était entré de la main même de Raphaël, d'où jamais il n'était sorti : il s'en allait à Munich. Un opulent héritier avait eu le triste courage de préférer au joyau de sa famille les florins du roi de Bavière.

Plus récemment encore, il y a seulement quelques années, l'ancien palais du podestat n'a-t-il pas été témoin d'une autre résurrection plus imprévue et non moins merveilleuse? D'après une ancienne tradition, fondée sur des témoignages contemporains, sur des autorités incontestables, on savait que Giotto avait peint à fresque une salle de ce palais et qu'il avait fait dans un de ses tableaux le portrait du Dante, alors dans la force de l'âge. On connaissait la salle, et souvent on avait essayé, en détachant l'enduit rougeâtre qui en recouvre les parois, de retrouver ce précieux portrait. Jamais on n'avait réussi, et tout le monde était convaincu que les peintures de Giotto avaient été complétement détruites. C'est au moment où personne n'y pensait plus qu'un homme enfermé dans cette salle, et ne sachant qu'y faire, s'amusa, sans le moindre soupçon, sans le moindre instinct d'archéologue, à gratter la muraille avec son couteau et tomba juste sur cette tête du Dante, admirable profil qui reproduit ces traits si connus avec un accent tout nouveau de jeunesse, de force et d'inspiration.

Nous pourrions parler encore d'une certaine fresque de Paolo Ucello, qu'on voit aujourd'hui dans l'ancien monastère de Santa-Apollonia (*in via San-Gallo*), et qui ne s'est révélée pour ainsi dire que le jour où l'élargissement de la rue voisine a fait pénétrer un peu de lumière dans cette partie de l'édifice; nous pourrions rappeler enfin que, dans la maison même de Michel-Ange, on vient de retrouver, il y a quatre ou cinq ans, le modèle en cire de sa statue de David, ébauche sublime déposée depuis trois siècles dans une armoire dont le double fond n'avait jamais été aperçu. Ces exemples ne font-ils pas justice de tous les arguments négatifs opposés à la découverte de MM. della Porta et Zotti ? ne prouvent-ils pas aux plus sceptiques que s'enfermer dans un système d'incrédulité à l'apparition de tout chef-d'œuvre inconnu, c'est s'exposer presque à coup sûr aux plus lourdes méprises ? Mettons donc de côté et le silence des biographes et toutes les autres fins de non-recevoir : c'est, en définitive, au tableau seul à nous apprendre de quelle main il est sorti ; c'est lui qui doit nous dire s'il peut légitimement prétendre à l'honneur qu'on lui fait. Toutefois, avant de l'interroger, il faut encore que nous

nous arrêtions un instant devant une objection préjudicielle. Qu'on nous permette ce mot, car c'est d'une vraie procédure qu'il s'agit. Nous l'abrégerons autant que possible ; puis, l'incident une fois vidé, nous entrerons au fond de notre sujet, ou, pour mieux dire, nous décrirons et nous essayerons d'apprécier cette grande et touchante composition.

III

Il y avait à peine un an qu'on parlait à Florence de la *Cène* de S. Onofrio; l'opinion qui l'attribuait à Raphaël, d'abord accueillie avec défiance, prenait de jour en jour plus de poids et d'autorité ; le témoignage des juges les plus experts, confirmé par cette signature sans doute un peu hiéroglyphique, mais, aux yeux de bien des gens, suffisamment lisible, la parfaite concordance de plusieurs de ces figures d'apôtres avec les dessins Michellozzi, enfin, par-dessus tout, l'aspect du tableau lui-même, le caractère des physionomies, la sûreté du dessin, la perfection des accessoires, tout concourait à dissiper les derniers doutes, les dernières velléités de controverse, lorsque tout à coup on lut dans quelques feuilles d'Italie, puis aussitôt dans des journaux sérieux et accrédités de Paris et de Londres, qu'on venait de découvrir le véritable auteur de la prétendue fresque de Raphaël. C'en était fait, le mot de l'énigme était trouvé; toutes les conjectures devaient tomber devant un document irrécusable.

Quel était ce document? Un archiviste paléographe, M. Galgano Garganetti, en fouillant de poudreux cartons, avait mis la main sur le journal d'un peintre du quinzième siècle, nommé Neri di Bicci. Dans ce journal, il avait lu que, le 20 mars 1461, les dames de Fuligno donnaient commission audit Neri di Bicci de peindre à fresque une *Sainte Cène* dans le fond de leur réfectoire. Les dimensions du tableau étaient indiquées dans la commande; c'étaient exactement celles de la fresque existant aujourd'hui. D'où M. Galgano Garganetti avait conclu, et s'était hâté de publier dans un savant opuscule, que Neri di Bicci était l'auteur du cénacle de S. Onofrio.

Pour ceux qui n'ont jamais ouï parler de ce peintre, la conclusion doit paraître plausible; mais à Florence, où ses œuvres sont connues, la trouvaille du paléographe fit pousser un grand éclat de rire. Il faut savoir quel homme est ce Neri di Bicci. On peut en juger à la galerie de l'académie des beaux-arts; d'autres échantillons de son savoir faire se voient aussi à San-Pancracio, et on en trouve enfin dans les anciennes dépendances du couvent même de S. Onofrio, car il paraît que dans cette maison il était vraiment en faveur. Toutes ces peintures, même les moins imparfaites, sont d'une telle roideur, d'une telle sécheresse, qu'on ne sait quelle date leur assigner. Elles ne remontent toutes qu'à la seconde moitié du quinzième siècle, puisque l'auteur a vécu de 1421 à 1486 : d'après leur style, on les croirait d'au moins cent ans plus anciennes, sous cette réserve toutefois qu'elles reproduisent les défauts des vieux maîtres, mais pas une de leurs grandes qualités.

Vasari, qui consacre une de ses notices à Lorenzo di Bicci,

artiste d'un certain talent ou tout au moins d'une certaine célébrité, s'est bien gardé de faire semblable honneur à Neri, son petit-fils. Il n'en parle qu'en passant et seulement pour le désigner comme le dernier imitateur de la manière de Giotto. Ce n'était, en effet, qu'un pâle reproducteur, non pas même d'un homme, mais d'une manière. De là ce dessin banal et routinier, ces formes anguleuses, ces draperies de bois, ces yeux à peine ouverts, ces bouches grimaçantes, ces mains dont les doigts collés les uns aux autres semblent symétriquement taillés par un procédé mécanique. Mettez en regard toutes les œuvres connues de Neri di Bicci et la fresque de S. Onofrio, puis demandez, non pas même à un connaisseur, mais au premier venu, pourvu qu'il y ait le sens commun, si ces manequins et ces figures vivantes peuvent avoir été conçus par le même esprit, créés par la même main, la question sera tranchée sur-le-champ : il serait en vérité moins absurde de faire honneur de *Polyeucte* ou du *Cid* au plus méchant rimailleur de la cour d'Henri III.

Cependant M. Galgano Garganetti, archiviste de son état, n'était pas homme à accepter un jugement ainsi rendu. Faire si bon marché d'un texte ! préférer à un titre en règle le simple témoignage des sens et de la raison, quel sacrilége ! Il prit aussitôt la plume pour soutenir sa découverte et faire, de par son journal, un grand peintre de Neri di Bicci. Si folle que fût la thèse, elle pouvait séduire bien des gens, car le public, sans être archiviste, a pour les preuves écrites une vieille superstition. Il fallut donc prendre au sérieux la querelle, et la polémique commença.

On demanda d'abord communication du journal, et, après

en avoir attentivement feuilleté toutes les pages, on reconnut que la commande y était bien inscrite, mais que rien n'indiquait qu'elle eût été exécutée. Or, Neri di Bicci, s'il n'était pas bon peintre, était, à ce qu'il paraît, excellent teneur de livres. Il ne recevait aucune somme et n'en payait aucune, si faible qu'elle fût, sans l'inscrire aussitôt; pas une commande ne lui était faite sans qu'il en consignât sur son registre l'exacte description, ajoutant avec soin quel jour l'ouvrage avait été achevé et quel argent lui avait été remis soit comme à-compte, soit comme solde du prix. Or, s'il eût exécuté la *Cène* du réfectoire, le plus important travail assurément dont il eût jamais été chargé, comment comprendre qu'en cette occasion solennelle il eût manqué à ses constantes habitudes, et comment son registre serait-il muet sur les suites de cette grande affaire? Il est vrai que le 4 août, c'est-à-dire moins de cinq mois après avoir reçu la commande, on le voit toucher quelques florins des mains de Giovanni Aldobrandini pour le compte des religieuses de Fuligno. Pourquoi ce payement? Rien ne l'indique. Évidemment ce ne pouvait être le prix de la fresque, car il n'était pas possible que dès lors elle fût achevée, et la somme était d'ailleurs trop modique pour une œuvre aussi considérable : c'était donc très-probablement le prix de quelque autre ouvrage; mais supposons, si l'on veut que c'eût été un à-compte. Qu'en résulterait-il et qu'indiquerait cet à-compte? Que le travail était commencé, voilà tout. Resterait encore à justifier de son achèvement. Ainsi, pour procéder avec rigueur, une seule chose est prouvée, la commande; mais rien n'établit que Neri di Bicci ait effectivement peint la *Sainte Cène* du réfectoire de S. Onofrio.

Admettons maintenant qu'il l'ait peinte ; supposons qu'on vienne à découvrir cette preuve qu'on ne peut fournir aujourd'hui, s'ensuivrait-il que la fresque retrouvée il y a sept ans fût nécessairement celle de Neri di Bicci? Pas le moins du monde. Serait-ce la première fois que sur la même muraille on verrait une fresque en recouvrir une autre? Pour citer des exemples de ces sortes de superposition, nous n'aurions que l'embarras du choix. Jules II, dans son Vatican, n'a-t-il pas fait détruire des fresques tout récemment achevées pour donner un champ plus vaste au pinceau de Raphaël? A Florence, la grande chapelle de Santa-Maria-Novella n'était-elle pas décorée du haut en bas par Orcagna avant que Ghirlandaïo la revêtît des peintures qu'on y voit aujourd'hui? Si donc, au lieu de peindre dans un lieu ouvert au public, au su de toute la ville, Ghirlandaïo eût travaillé en secret, sans témoins; si, par un hasard quelconque, tout souvenir de son nom se fût perdu, on viendrait nous dire aujourd'hui que ces fresques sont l'œuvre d'Orcagna, attendu que des preuves écrites, des pièces probantes établissent que ce grand maître a exécuté dans cette même chapelle, sur ces mêmes murailles, des fresques de même dimension que celles qui existent encore. Nous aurions beau nous récrier, faire appel au bon sens, invoquer la différence des styles, l'anachronisme des costumes, il y aurait des paléographes, des Galgano Garganetti, qui nous prendraient en pitié, et notez bien que, devant une partie du public, nous n'aurions pas raison, et que l'auteur des fresques finirait par être Orcagna.

C'est là le genre de service que peut rendre l'érudition chaque fois qu'avec ses seules lumières elle s'avise de trancher les questions d'art. Que de romans ainsi construits à grands renforts de science! C'est l'histoire de la cathédrale de Coutances et de tant d'autres églises dont on surfait l'antiquité, parce qu'on a rencontré dans un texte la date de leur construction primitive, tandis que la preuve écrite de leur reconstruction n'est pas venue jusqu'à nous. Vainement ces piliers, ces nervures démentent par leurs formes récentes la vieillesse dont on les affuble; vainement vous protestez : le patriotisme local épouse la querelle, et toujours il survient quelque honnête savant qui, de la meilleure foi du monde, se dévoue à plaider ces absurdes procès. Certes, l'érudition est une belle chose, et les preuves écrites sont le fondement de toute certitude historique, mais à la condition que l'esprit les vivifie. Quand il s'agit surtout des arts et de leur histoire, les doctes, qui n'ont vu que des livres, ne valent pas le plus mince écolier, s'il a vu des monuments, s'il les a comparés et s'il les a compris.

Par malheur, les écoliers de cette sorte ne laissent pas que d'être assez rares, et le public, encore un coup, n'a de foi que pour ce qui est écrit. Aussi nous ne serions qu'à demi rassuré si pour réfuter M. Galgano Garganetti nous en étions réduit à dire et à redire que Neri di Bicci étant un mauvais peintre, il n'est pas permis de croire qu'il ait fait un chef-d'œuvre; mais, Dieu merci! on trouve quelquefois des armes à deux tranchants, et les preuves écrites vont venir à notre aide.

En effet, notre archiviste invoquait dans sa défense un ancien livre de notes ou mémorial du couvent de Fuligno; or, on s'est mis à fouiller ce livre, et on y a trouvé la preuve que, peu de temps après l'an 1500, les religieuses s'étaient fait construire un nouveau réfectoire, que l'ancien, celui où Neri di Bicci avait dû peindre la *Sainte Cène*, avait été transformé en cuisine et en lavoir. Dans un titre daté de 1517, on le désigne sous le nom de vieux réfectoire (*il vecchio*).

Nous pouvons donc, à notre tour, démontrer par pièces authentiques que Neri di Bicci n'a jamais mis la main à la fresque de la rue Faenza, non-seulement parce qu'il en était incapable, mais, ce qui n'admet aucune réplique, parce que la muraille sur laquelle elle est peinte n'a été construite que quatorze ans au moins après sa mort.

On s'étonnera peut-être que cette muraille ait les mêmes dimensions que celle de l'ancien réfectoire; mais cela même est expliqué, car les religieuses en changeant de local, avaient voulu conserver leur mobilier et notamment leurs stalles. Or, pour loger ces stalles, il avait bien fallu s'astreindre, dans la nouvelle construction, aux proportions du vaisseau où elles étaient précédemment placées.

Nous n'aurions pas insisté sur cet épisode un peu puéril, si la soi-disant découverte de M. Garganetti n'avait obtenu, même en France, les honneurs d'une certaine publicité. Vue de loin, elle pouvait sembler quelque chose.

Cependant, parce qu'il est désormais incontestable que Neri di Bicci n'a pas fait la fresque de S. Onofrio, s'ensuit-il que Raphaël en soit l'auteur? C'est là une question d'un tout autre ordre, et qu'il nous tarde d'aborder, non plus sur la foi d'autrui, mais en nous plaçant nous-mêmes vis-à-vis du tableau.

IV

Le sujet en est trop connu pour qu'il soit besoin de le décrire : c'est le moment où Jésus fait entendre à ses disciples ces terribles paroles : *Un de vous me trahira.* L'étonnement, la douleur, se peignent sur leurs visages ; leurs mouvements et leurs gestes en sont comme suspendus ; ils ne peuvent parler et s'interrogent du regard. Ceux-là seuls qui, plus voisins du Maître, n'ont pu se méprendre sur ses paroles, commencent à laisser voir la violence de leur émotion ; les autres, plus éloignés, se contraignent encore et semblent vouloir douter d'avoir bien entendu. Du reste, pas le moindre effet théâtral, pas l'ombre de mise en scène : personne n'est là pour poser et ne paraît même se douter qu'il y ait un spectateur. Ce sont des hommes sérieux, sobres et calmes, réunis dans un dessein solennel et pieux ; aucun d'eux ne s'agite ni ne gesticule, aucun d'eux ne se lève de son siége sous prétexte de chercher à mieux entendre, mais en réalité pour fournir à l'artiste l'occasion de briser la ligne supérieure de sa composition et d'y introduire des ondulations heureuses.

Ces secrets du métier, cet art des contrastes conventionnels, l'auteur de cette fresque les a-t-il ignorés ou dédaignés ? Dès le premier coup d'œil, on a le sentiment, je dirais la certitude, que c'est par choix et non par inexpérience qu'il s'est maintenu dans cette rigoureuse observation du vrai.

Voyez comme ces figures sont drapées, quelle justesse de mouvement, quelle science du nu sous ces étoffes! quelle ampleur et quelle mesure dans ces plis! Le modelé de toutes ces carnations n'est-il pas à la fois précis et moelleux? Le dessin de ces pieds nus sous la table et de ces mains si diversement posées pourrait-il être plus pur et plus irréprochable? Et jusqu'à cette façon d'indiquer les cheveux n'est-elle pas également exempte de sécheresse et de lourdeur? L'habileté technique ne saurait aller plus loin, et celui qui a pu se jouer de ces difficultés avec tant d'aisance était à coup sûr en état de recourir aux artifices de composition dont à Florence même on admirait dès lors de séduisants exemples. S'il ne l'a point fait, c'est qu'il ne l'a point voulu, soit par fidélité à des traditions d'école, soit par un invincible amour du simple et du naturel.

Voilà donc dans ce tableau un étrange et curieux contraste. Si vous le regardez à distance, si d'un coup d'œil vous en saisissez l'ensemble, cette suite d'hommes assis, quelques variées que soient leurs attitudes, a je ne sais quoi d'uniforme et de symétrique qui vous rappelle les productions les plus ingénues de l'art à son enfance; si vous vous approchez, si vos regards pénètrent dant chacune de ces figures, vous les voyez vivre et penser, vous découvrez l'infinie variété de leurs affections, de leurs caractères, vous apercevez les liens qui les unissent, qui les groupent moralement pour ainsi dire; en un mot, c'est l'art à son apogée, avec toute sa magie, toute sa puissance, et, sauf sur les murs du Vatican peut-être, vous n'en trouveriez nulle part de plus merveilleux effets.

Cette sorte de disparate entre la naïveté des conditions extérieures de la composition et la supériorité de la pensée créatrice et de la mise en œuvre n'est pas le seul trait caractéristique que nous ayons à signaler. Il en est un plus saillant encore, nous voulons parler de la manière toute traditionnelle dont sont représentés deux des principaux personnages, le saint Jean et le Judas.

Ainsi qu'on l'a vu plus haut, la date de cette fresque n'est pas douteuse. C'est en 1505 qu'elle a été peinte. Lors même qu'on ne lirait pas ce chiffre sur le vêtement d'un des apôtres, on aurait une preuve équivalente : évidemment la fresque n'est pas antérieure à 1500, puisqu'avant cette époque le réfectoire n'était pas bâti. Or, en 1505, il y avait déjà plus de dix ans que Léonard de Vinci avait peint dans le couvent de *Santa-Maria delle Grazie*, à Milan, cette autre *Sainte Cène* que toute l'Europe connaît et admire. Bien que les communications ne fussent alors ni fréquentes ni faciles, nous ne saurions supposer que cette grande création, cette découverte d'un génie précurseur, qui en un jour venait de faire l'œuvre d'un siècle, fût inconnue dans sa patrie. Les deux pays possédaient alors assez bon nombre de dessinateurs, peintres, et même graveurs ; Léonard avait conservé à Florence assez d'amis soigneux de sa gloire pour que son chef-d'œuvre dût y être reproduit au moins par le crayon. Lui-même, à la rigueur, eût pu prendre ce soin, puisque dans l'intervalle il avait repassé l'Apennin et revu ses foyers. Nous tenons donc pour certain que l'artiste qui fut chargé, vers 1504 ou 1505, de peindre dans ce réfectoire de S. Onofrio le dernier repas de Jésus et de ses disciples connaissait la façon toute nouvelle dont Léonard venait de concevoir ce sujet.

Qu'il n'ait rien emprunté de ces combinaisons savantes, de ces lignes étudiées, de ces balancements pittoresques dont plus tard on devait tant abuser, mais qui, dans ce premier jet, brillait d'un éclat inconnu, et n'avait pas encore perdu l'accent de la vérité; qu'il se soit volontairement refusé à donner à ses personnages ce feu, cette action, cette vivacité de gestes qui lui semblaient peut-être appartenir à des hommes s'échauffant de politique ou de controverse plutôt qu'à des esprits simples et croyants recevant de leur divin maître une suprême et douloureuse confidence, il n'y a rien là qui nous étonne. Les deux artistes évidemment n'obéissaient pas aux mêmes lois, ne tendaient pas au même but, et devaient différer dans les moyens; mais, à quelque système qu'on s'attache, quelque fidèle qu'on soit aux vieux usages, il est certaines innovations si bien justifiées, qu'il faut, bon gré mal gré, les adopter une fois qu'elles se sont produites. De ce nombre était assurément le parti pris par Léonard de réintégrer Judas à une place que tous les peintres lui avaient refusée depuis quelques centaines d'années, et de modifier la pose qu'ils avaient tous attribuée à saint Jean.

En effet, la tradition voulait que le disciple bien-aimé, conformément au texte de saint Matthieu, reposât sur la poitrine de Jésus, et quant à Judas, bien qu'aucun évangéliste ne lui eût assigné une place à part, on n'admettait pas qu'il pût être assis à côté de ses condisciples; aussi, pendant que le Seigneur et les apôtres occupaient un côté de la table, Judas seul, posé sur un escabeau, devait figurer de l'autre côté.

Cette tradition n'avait pas toujours existé. On n'en voit

aucune trace dans les monuments de la primitive Église, et notamment dans cette fresque tirée des catacombes de Saint-Calixte et conservée au Vatican, représentation de la *Sainte Cène* la plus ancienne peut-être qui soit venue jusqu'à nous. Ce sera probablement vers le douzième ou le treizième siècle qu'aura commencé cet usage [1]. L'esprit du moyen âge ne badinait pas en ces matières, et se souciait fort peu de la vraisemblance, quand ses croyances étaient en jeu. Tout le monde aurait jeté la pierre au malheureux peintre qui se fût permis de faire asseoir Judas entre deux apôtres; on eût crié à la profanation. Il fallait qu'on vît Judas seul, délaissé, comme la brebis pestiférée qu'on sépare du troupeau, afin que personne ne pût s'y méprendre, que les enfants eux-mêmes le montrassent au doigt, et qu'il reçût, même en peinture, une sorte de châtiment. Quant à saint Jean, qui eût osé le faire asseoir comme tous les autres? Les spectateurs se seraient révoltés; ils l'auraient cru tombé en disgrâce et déchu dans le cœur de son maître, s'il n'eût pas été couché littéralement sur sa poitrine.

Est-il besoin de dire que cette manière d'entendre l'Évangile se prêtait assez mal aux combinaisons pittoresques? Comment ajuster cet homme sur sa sellette, seul en face de tous les autres? Quoi de plus gauche que ce personnage à demi couché au milieu de figures assises sur leur séant? Quel vide

---

[1] Dans l'abside de la cathédrale de Tours, la *Sainte Cène* est représentée sur une verrière qui peut remonter à la deuxième moitié du treizième siècle. Saint Jean est couché sur les genoux du Sauveur, et quant à Judas, non-seulement il est seul d'un côté de la table et vis-à-vis des autres apôtres, mais il est représenté à genoux.

2.

désagréable à l'œil et impossible à déguiser! Il n'en fallait pas moins que l'artiste, sans sourciller, se pliât à ces exigences; et le Léonard du quatorzième siècle, Giotto, s'y était soumis tout le premier. Lui aussi nous a laissé sa *Sainte Cène* : elle occupe un des compartiments de cette immense fresque qu'on voit encore à Florence dans les anciennes dépendances de Santa-Croce. Là, nous trouvons un saint Jean dont la pose est absolument horizontale, et un Judas le dos tourné au spectateur, assis comme un accusé vis-à-vis de ces onze apôtres, qui le foudroient de leurs regards, comme si tous ils connaissaient déjà son crime.

Léonard n'était pas homme à perpétuer ces naïvetés séculaires. Donner à son Judas une expression qui laissât voir bien clairement la noirceur de son âme, lui mettre une bourse à la main, lui faire poser le coude sur la table, lui faire renverser la salière, voilà tout ce qu'il pouvait concéder ; du reste, n'écoutant que sa raison et la vraisemblance, il fit asseoir le disciple maudit côte à côte avec les fidèles, n'oubliant pas qu'un quart d'heure auparavant Jésus lui avait lavé les pieds comme aux autres. A l'égard de saint Jean, il prit même liberté ; au lieu de le coucher sur son maître, il l'en écarta à respectueuse distance, et lui fit détourner la tête, comme pour dire à son voisin : Si quelqu'un doit trahir ici, je sais bien que ce n'est pas moi.

A coup sûr Léonard avait raison, et comme le temps où il vivait tournait au relâchement et presqu'à la tolérance, il n'y eut point de cris de haro. L'innovation parut même si généralement bonne et si parfaitement fondée, que, depuis cette époque, personne, aussi bien dans un cloître qu'en un lieu séculier, ne s'est plus avisé de recourir à la vieille tradition.

Nous nous trompons : plus de dix ans après, un peintre fut chargé de faire une *Sainte Cène* dans cette ville de Florence où les esprits assurément étaient tout aussi libres et aussi hardis qu'à Milan, où du soir au matin les anciennes traditions étaient battues en brèche, et ce peintre eut le courage, ou, si l'on veut, l'entêtement, de placer son Judas, de poser son saint Jean, conformément au vieil usage. Il a mis, il est vrai, une adresse infinie à déguiser le côté disgracieux du parti qu'il osait prendre, mais il n'en a pas moins exactement suivi toutes les données de la tradition.

Quel était donc ce peintre? Était-ce quelque vieillard, quelque artiste du siècle passé, attaché à sa marotte et hors d'état de se rajeunir? Mais cette exécution si franche, si souple, si dégagée, ne nous répond-elle pas qu'il n'y avait chez cet homme ni caducité ni routine? Le pinceau qui a tracé ces contours n'était-il pas dressé aux pratiques les plus nouvelles, aux secrets les plus raffinés de l'art en Italie, et n'observait-il pas avec une exactitude encore à peine connue, si ce n'est de Léonard lui-même, ces lois de la perspective et ces règles théoriques que la science, à cette époque, commençait depuis si peu de temps à enseigner aux peintres? Eh bien, c'est cette main évidemment jeune et libre, obéissant à un esprit lucide et cultivé, qui non-seulement a consenti à tracer au bas de ce tableau les noms de chaque personnage, comme dans les œuvres des vieux maîtres, à ceindre d'un cercle d'or, en signe de sainteté, la tête de chacun de ces apôtres, mais qui, s'attachant avec passion à une sévérité de style presque archaïque, fuyant comme le péché toutes les licences alors accueillies par la mode, en est venu jusqu'à préférer, pour la représentation du bien-aimé saint Jean et du traître Judas, la version de Giotto à celle de Léonard.

Nous citera-t-on beaucoup d'artistes à qui s'applique ce portrait ? en trouvera-t-on beaucoup qui, en 1505, aient osé tenir si haut le drapeau des anciennes écoles ? Qu'on nous les nomme, ceux qui possédaient alors un tel génie, un tel savoir, et qui en ont fait un tel usage ? Pour nous, nous n'en connaissons qu'un, un seul, et nous défions qu'on en découvre un autre.

Voilà ce qui vaut mieux, selon nous, que toutes les signatures, que tous les récits de biographes ; voilà ce qui, mieux que tout le reste, nous persuade que MM. della Porta et Zotti n'ont pas fait une vaine conjecture, que MM. Jesi, Cornelius, Minardi, Selvatico et tant d'autres, ont rendu un clairvoyant témoignage. Ce n'est pas que nous n'attachions une très-sérieuse estime aux preuves d'un autre genre que nous avons déjà citées, et à d'autres, non moins concluantes, que nous aurions à signaler encore. Ainsi nous pourrions faire remarquer que ces noms d'apôtres, tracés en lettres d'or dans le bas du tableau, sont écrits en dialecte, ou, si l'on veut, en patois d'Urbin, comme certaines lettres adressées alors par Raphaël à sa famille, et qui sont venues jusqu'à nous ; que c'est aussi d'Urbin, ou, ce qui revient au même, de l'atelier de Bramante, que sont évidemment sortis les motifs d'architecture sur lesquels se détachent Jésus et ses disciples. Il n'y a rien là qui rappelle les vigoureux effets du goût florentin : c'est une délicatesse de profils, une élégance de proportions qui appartenait alors en propre au parent et compatriote de

Sanzio, et dont le secret s'était transmis à celui-ci, témoin le constant usage qu'il en a fait dans ses tableaux. Nous pourrions dire encore qu'à travers ces arcades à jour on voit un paysage conçu dans le même goût et traité exactement de la même manière que ceux qui servent de fond soit à la *Vierge au Chardonneret*, soit à d'autres chefs-d'œuvre exécutés par la même main et vers la même époque à Florence ; que les petites figures groupées dans ce paysage, savoir, Jésus en prières et ses trois disciples endormis (car le peintre, à la façon des anciens maîtres, a voulu indiquer dans cette perspective ce qui allait se passer quelques instants après sur le mont des Oliviers), rappellent à s'y méprendre, par le style et par la finesse de la touche, les petites compositions dans le genre du *Saint George* de notre musée de Paris, et doivent être probablement une reproduction de ce *Jésus au jardin des Oliviers*, peint en 1504 pour le duc d'Urbin, tableau d'un fini si précieux et que Vasari prise si fort. Enfin il est une dernière preuve dont nous pourrions faire usage, et que nous avons tenue en réserve jusqu'ici, la plus frappante peut-être de toutes ces preuves de détail, celle qui vous saisit dès l'abord quand on lève les yeux sur cette fresque, c'est qu'un de ces apôtres, le saint Jacques mineur, placé à l'extrémité de la table, au côté gauche du spectateur, est la vivante image de Raphaël lui-même. Ici pas la moindre hypothèse. Cette gracieuse et intelligente figure nous est aussi connue que si elle existait de nos jours, que si nous l'avions vue de nos yeux. On sait combien Sanzio s'est souvent pris lui-même pour modèle. Non-seulement il a fait plusieurs fois son portrait; mais Vasari et d'autres contemporains nous apprennent qu'au Vatican, dans quatre fresques différentes, il s'est représenté quatre fois, tantôt à côté du Pérugin, son maître, tantôt en compagnie de ses principaux élèves. Or, la physionomie de ce saint Jacques mineur est exactement celle que nous retrouvons et dans le portrait de la galerie de Florence et dans les fresques du Vatican, aussi bien dans la *Dispute* et l'*École d'Athènes* que dans le *Parnasse* et l'*Attila*. Ce sont les mêmes traits, la même expression rêveuse, la même grâce répandue dans toute la personne, et jusque dans ces deux mains si naturellement posées l'une sur l'autre. S'il existe une différence, c'est qu'ici la figure est peut-être étudiée avec encore plus de soin et de recherche, qu'elle a plus d'individualité, et surtout un plus grand charme de jeunesse, ce qu'explique suffisamment la date de ce nouveau portrait.

Voilà certes un argument qui, s'ajoutant à tous les autres, doit triompher des résistances les plus tenaces et les plus incrédules. Nous en proclamons volontiers l'incontestable puissance ; mais, qu'on nous permette de le répéter, il est pour nous une démonstration plus victorieuse encore : c'est celle que nous tirons non de tel ou tel détail, mais des caractères généraux de l'œuvre. S'il y a dans cette fresque de tels contrastes, de telles anomalies, qu'elle ne puisse avoir été conçue et exécutée que par un artiste placé dans des conditions dont l'histoire de l'art à cette époque ne présente qu'un seul et unique exemple ; si ces conditions exceptionnelles sont exactement celles où s'est trouvé, pendant quatre années de sa vie, l'immortel élève du Pérugin, n'aurons-nous pas le droit de dire que la question est sérieusement résolue ? et, en la posant ainsi, n'aurons-nous pas écarté d'avance toutes les arguties qu'on serait peut-être tenté d'opposer à nos autres preuves prises isolément ?

C'est donc l'histoire de Raphaël à Florence qui doit nous dire s'il est réellement l'auteur de la fresque de S. Onofrio. Retraçons en peu de mots les traits principaux de cette histoire.

IV

Pour être clair, il faudrait remonter bien haut ; mais ce n'est ici ni le lieu ni le moment d'aborder les origines de la peinture italienne et d'entrer dans le récit de ses longues vicissitudes. Qu'il nous suffise d'indiquer comment se forma, comment grandit, et à quelle mission était destinée l'école qui avait déjà le Pérugin pour chef, lorsque Raphaël vit le jour.

Cet usage de diviser et d'enregistrer par écoles la peinture italienne a été, comme on sait, pris au grand sérieux par les uns et traité par d'autres de classification arbitraire. C'est surtout l'existence d'une école romaine qu'on a le plus souvent et le plus vivement contestée, soit parce qu'aucun des peintres réunis dans cette école, sauf Jules Romain peut-être, n'est, à proprement parler, né à Rome, soit parce que ni le style, ni la couleur, ni aucun autre caractère, ne les distinguent suffisamment des autres peintres d'Italie et même de leurs plus proches voisins, les Florentins.

Nous n'attachons, pour notre part, qu'une médiocre importance à ces divisions géographiques, souvent vides de sens; mais si nous sommes tenté de faire une exception, c'est, quoi qu'on en puisse dire à Florence, pour soutenir qu'une école romaine a réellement existé. Expliquons-nous pourtant. Nous ne désignons pas par là, comme on le fait communément, ce groupe de peintres sortis de l'atelier de Raphaël, famille indisciplinée qui se disperse et s'évanouit aussitôt. Si c'est là ce qu'on entend par l'école romaine, nous nous réunissons à ceux qui ne veulent pas la reconnaître. Pour nous, il n'y a point d'école sans discipline et sans foi. Mais qu'avant Raphaël il se fût dès longtemps formé, sinon dans les murs de Rome, du moins dans son voisinage et sur le territoire du saint-siége, une agrégation de peintres procédant avec une évidente conformité de méthode et de but, et se distinguant, d'une manière profonde et tranchée, de tout ce qui les entourait, notamment des Florentins, c'est là pour nous une vérité hors de doute, et les recherches de la critique moderne nous en auraient, au besoin, démontré l'évidence [1]. Seulement, pour éviter toute équivoque, cette école romaine ainsi comprise a dû être débaptisée; et comme les peintres qui en ont fait partie habitaient pour la plupart Assise, Fabriano, Pérouse, Foligno, Urbin et autres villes situées sur les confins ou au sein même de la petite province et du groupe de montagnes qu'on appelle l'Ombrie, l'usage a prévalu de désigner ces peintres sous le nom d'école ombrienne.

[1] Voy. de Rumohr : *Italiænische Forschungen*, 3 th., et J. D. Passavant : *Rafael von Urbino und sein Vater Giovanni Santi*, 2 th. Leipsig, 1839.

Peut-on déterminer l'époque où cette aggrégation prit naissance? Dès le treizième siècle, au temps de Cimabuë, il y avait à Pérouse des peintres en renom, et Dante parle d'Oderigi, né à Agobbio, petit bourg voisin de Pérouse, presque comme s'il parlait de Giotto lui-même :

> .... Non se' tu Oderigi
> L'onor d'Agobbio e l'onor di quell' arte.....

On pourrait donc attribuer à cette école une longue généalogie, mais à quoi bon? Elle n'a vraiment commencé que le jour où elle s'est frayé une route à part, c'est-à-dire un peu avant la moitié du quinzième siècle. Jusque-là, la peinture étant partout exclusivement religieuse et mystique, il n'existait réellement dans toute l'Italie qu'une seule école, et les peintres ombriens s'y confondaient comme tous les autres. Quelques hommes supérieurs pouvaient bien, même alors, imprimer à leurs œuvres un cachet d'individualité; mais la peinture proprement dite ne consistait qu'en un procédé presque uniforme, destiné à reproduire des types consacrés.

Du moment où parut Masaccio, tout fut changé. De cette chapelle de l'église des Carmes où s'était manifesté son génie allait sortir une véritable révolution. Non-seulement Masaccio avait regardé la nature, non-seulement il l'avait rendue du premier coup avec une fidélité et un bonheur dont les plus grands artistes, près d'un siècle plus tard, sont venus, dans cette chapelle, étudier le secret, mais il l'avait regardée d'un œil purement humain, et, en la traduisant sans idéal, il avait sécularisé la peinture [1]. De ce jour, l'art italien fut coupé en deux : deux tendances, deux doctrines, deux écoles véritablement opposées se disputèrent son domaine, et l'admiration des hommes se partagea entre la pureté angélique de Jean de Fiesole et la vérité humaine de Masaccio.

Si nous ne voulions pas être bref avant tout, si nous pouvions ne rien omettre, il nous faudrait chercher près d'un siècle auparavant les premiers germes de cette révolution. Giotto, ce grand novateur, ne s'était pas contenté, comme son maître, de peindre des madones et des crucifix. En se lançant avec prédilection dans les légendes, en se hasardant même à faire des portraits, il avait ouvert et frayé lui-même la voie qui se détourne de l'idéal ; mais comme dans cette route on ne le suivit qu'en tâtonnant, comme le mouvement de son siècle resta malgré son influence, purement religieux et mystique, il nous est bien permis de ne constater le mouvement nouveau que lorsqu'il se produit et se manifeste au grand jour, lorsqu'il est compris de tous, lorsque sur les traces de Masaccio s'élance la foule des imitateurs.

On venait donc d'apprendre à Florence qu'en s'inspirant

---

[1] Une étude plus récente des œuvres authentiques de Masaccio, et notamment la preuve maintenant acquise qu'une partie des fresques du *Carmine* n'est pas de lui et doit être restituée à Filippino, ont un peu modifié l'opinion que nous émettons ici. Nous n'en maintenons pas moins un contraste profond entre Masaccio et Fra Angelico, mais nous ne voudrions plus dire que le premier ait regardé la nature d'un œil purement humain et l'ait traduite sans idéal. Un jour, peut-être, trouverons-nous le temps de dire quels sont, à notre avis, les véritables caractères de Masaccio, ce grand précurseur des peintres italiens.

de la seule nature, sans ravir les âmes au ciel, sans sainteté, sans extase, par la seule représentation fidèle et animée des choses de ce monde, et surtout de la vie et de la pensée humaine, la peinture avait la puissance de charmer les hommes et d'exciter leur enthousiasme. Cette découverte une fois connue, il était impossible d'en modérer l'usage : l'abus devait s'ensuivre ; il ne se fit pas attendre.

Masaccio avait traduit la nature en artiste, c'est-à-dire en se l'assimilant plutôt qu'en la copiant, en saisissant ses beaux aspects plutôt que ses trivialités et ses misères. C'était un laïque et un prosateur, mais un laïque croyant en Dieu, un prosateur croyant à la poésie. Lorsqu'en 1443 la mort vint le frapper à la fleur de l'âge et du génie, par qui fut-il remplacé ? qui devint l'héritier, sinon de sa gloire, au moins de son école et presque de sa renommée ? Un moine perdu de mœurs, vrai mécréant, enlevant et débauchant les nonnes pour s'en faire des modèles, homme d'énergie et peintre habile, mais trivial et maniéré. Ainsi, née de la veille, l'école de la réalité tombait déjà dans les mains de Lippi, de la hauteur où l'avait placée Masaccio. Mais, tel était le penchant des esprits vers cette nouveauté, que, tout en dégénérant, elle n'en voyait pas moins croître sa vogue et sa fortune. On a peine à comprendre comment ce public de Florence, qui venait d'accueillir avec transport et comme une révélation du génie, le style à la fois noble et vrai de la chapelle des Carmes se mit à battre des mains presque aussi chaudement aux types vulgaires de Lippi ; comment il put souffrir que, pendant près d'un demi-siècle, on n'offrît à son admiration que ces femmes aux formes matérielles, aux nez arrondis, aux joues pesantes, ces chérubins espiègles, frisés et grimaçants, qui n'ont des anges que quelques bouts de plume aux épaules. Certes, il y a chez Lippi, comme chez son fils Filippino, et même chez Boticcelli et tant d'autres qui ont adopté et outré sa manière, de grandes qualités de peintres, un éclat de couleur souvent digne de la Flandre et de Venise, des fonds de paysages pleins de charme, des draperies vigoureusement rendues, quoique brisées et tourmentées à l'excès; mais cette soi-disant reproduction de la nature n'en est à vrai dire, qu'une injurieuse contrefaçon.

Telle fut pourtant la peinture que Masaccio, en sortant des voies battues, légua, sans s'en douter, à sa patrie. Jusqu'à la fin du quinzième siècle, jusqu'à la première apparition des merveilles de Léonard, toute la vivacité de l'esprit florentin, toute la munificence des Médicis furent dépensées à faire fleurir cette décadence anticipée. Un seul, parmi ces réalistes, Dominique Ghirlandaïo, fit de vaillants efforts pour se rattacher à Masaccio, et eut parfois la gloire de retrouver la tradition perdue; mais presque tous les autres, abaissant l'art devant le métier, n'hésitèrent pas à prendre pour modèles les triviales productions de Martin Schœn et tous ces prosaïques chefs-d'œuvre d'outre-Meuse et d'outre-Rhin, qui, depuis l'invention récente de la gravure envahissaient l'Italie. A voir le caprice du goût, l'oubli du style, l'abaissement des types, on eût dit qu'une colonie flamande était venue camper sur l'Arno, et avait pris dans la ville de Giotto et de Masaccio le monopole de l'art de peindre.

Qu'était devenue pendant ce temps cette ancienne peinture italienne, qui, les regards tournés au ciel, sachant à peine ce qui se passait sur terre, semblait n'être en ce monde que pour parler aux hommes des choses divines, pour faire comprendre et entrevoir, même à ceux qui ne savaient pas lire, la gloire de Dieu, le bonheur des séraphins, les joies de l'infini? Elle s'était réfugiée dans les cloîtres. Son plus éloquent, son incomparable interprète, fra Beato-Angelico, après avoir acquis, du vivant de Masaccio, plus de gloire qu'il n'en voulait; après avoir, malgré lui et par obéissance, soutenu contre ce digne émule l'honneur de son école, continuait en silence son œuvre sainte au fond de cette cellule où bientôt il allait mourir. A son exemple, mais bien inférieurs à lui, d'autres pieux cénobites, dispersés çà et là, à Subiacco, à Assise et dans d'autres solitudes, entretenaient le culte de la beauté purement religieuse; mais que pouvaient leurs efforts isolés? A peine connaissait-on leurs œuvres : ensevelies dans les couvents, elles n'avaient pour admirateurs que la foule obscure des pèlerins. Ce n'était pas là qu'il eût fallu lutter : c'était dans Florence même, devant ce capricieux public, dans ces turbulents ateliers, et jusque dans ce *Palazzo Vecchio* où Laurent le Magnifique prodiguait ses largesses aux profanes nouveautés. Profanes est bien le mot, car il ne s'agissait pas seulement de l'imitation de la nature, mais d'une autre sorte d'imitation plus séduisante encore et plus incompatible avec l'art religieux. L'antiquité, le paganisme, après dix siècles de léthargie, s'étaient réveillés tout à coup. Les merveilleux modèles qu'on exhumait chaque jour étaient reproduits avec idolâtrie, et tous les esprits d'élite à force de lire les anciens, à force d'habiter l'Olympe avec leurs dieux, n'avaient plus que dédain pour les saints du paradis. Les Médicis, moitié par goût, moitié par politique, secondaient à Florence ce mouvement érudit et mythologique; aucun artiste n'ignorait que la fable était chez eux plus en faveur que l'Évangile, et qu'on avait meilleur chance de leur plaire en leur montrant Hercule aux pieds d'Omphale que les rois mages aux pieds de Jésus.

Contre cette double influence de l'art antique et de la nature vivante que pouvait l'ombre de fra Angelico? que pouvaient, sous leurs frocs, ses timides successeurs? Son disciple chéri lui-même, Benozzo Gozzoli, bien que libre, laïque, et grand peintre s'il en fut, opposa-t-il une héroïque résistance? Non; sans jamais trahir son maître, il n'osa jamais non plus marcher résolument sur sa trace, évita les sujets mystiques, et remplaça, dans ses admirables légendes, l'idéal de la pensée chrétienne par une gracieuse et touchante bonhomie.

Mais, comme il était dans la destinée de la peinture italienne de ne tomber en véritable décadence qu'après s'être élevée à de nouvelles hauteurs et avoir fait connaître au monde la plus parfaite expression de la beauté moderne, il fallait que l'élément suprême de cette beauté, l'élément spiritualiste ne disparût pas si tôt. Aussi, pendant que Florence presque toute entière sacrifiait aux faux dieux, on vit, dans la contrée des saints pèlerinages, aux alentours du tombeau de Saint-François d'Assise, et comme suscitée par sa vertu miraculeuse, se former, en dehors des cloîtres, une milice volontaire, marchant comme à la croisade, pour sauver l'idéal et défendre la tradition. C'était cette école ombrienne qui jusque-là ne s'était point révélée; c'étaient Gentile de Fabriano, élève de fra Angelico lui-même, Benedetto Buonfiglio de Pérouse, Fiorenzo de Lorenzo, Nicolo de Fuligno, et bien d'autres encore, instruits, pour la plupart, chez les maîtres miniaturistes de Pérouse et d'Assise, à ne chercher leurs inspirations que dans le cercle restreint des sujets exclusivement chrétiens. Quelques-uns, comme Gentile, par exemple, ne se contentèrent pas de répandre dans leurs montagnes les produits de ces inspirations, ils les colportèrent dans toute l'Italie, à Venise, à Naples, à Milan. Malheureusement, parmi ces missionnaires pleins de foi et même de talent, comme Vasari est obligé d'en convenir, il n'en était aucun qui pût agir sur les masses par l'ascendant d'une véritable supériorité. Ils étaient suffisants pour empêcher le feu sacré de s'éteindre, mais ne parvenaient pas à le ranimer. Cet honneur était réservé à Pierre Vanucci, à celui que la postérité a surnommé le Pérugin.

Tout le monde connaît ce grand artiste. Ses tableaux conservent encore un tel charme aujourd'hui, que ses contemporains, même les plus endurcis, ne pouvaient y rester insensibles. Il osa descendre à Florence, et ses gracieuses créations, moins pures, moins élevées, moins célestes que celles de fra Angelico, mais aussi chastes, aussi attachantes et plus vigoureusement peintes, réveillèrent dans bien des cœurs l'amour mal éteint des choses saintes. Les novateurs se sentirent atteints; on le voit aux calomnies et aux sarcasmes qu'ils lancèrent au nouveau venu, et dont Vasari, plus d'un demi-siècle après, se faisait encore l'écho brutal et acharné. Le Pérugin soutint le choc avec constance, et remporta même à Florence, les plus éclatantes victoires. Conduit à Rome par sa renommée, il y fut comblé de biens et d'honneurs, mais n'en voulut pas moins retourner dans ses montagnes pour fonder et consolider cette école qui devenait sienne, et qui poussait déjà de nombreux et vigoureux rameaux. Soutenu par des élèves tels que Gerino de Pistoïa, Luidgi d'Assise, Paris Alfani, Pinturricchio, le Pérugin, tant qu'il fut dans la force de l'âge, c'est-à-dire jusqu'à la fin du siècle environ, vit grandir et s'étendre son influence, non-seulement autour de lui, mais dans presque toute l'Italie, à Bologne surtout, où dominait Francia, son glorieux auxiliaire. Le moment approchait pourtant où ses forces allaient faiblir; il ne s'en rendit pas compte et commit la faute de retourner à Florence. Ses adversaires, pendant qu'il vieillissait, avaient reçu de puissants renforts : ils comptaient dans leurs rangs cet impétueux génie, cet irrésistible champion des idées nouvelles, Michel-Ange. Le jeune homme fut impitoyable, et le vieillard assez mal avisé pour se plaindre en justice. Les tribunaux ne pouvaient lui rendre ni ses succès ni sa jeunesse ; ils ne vengèrent même pas son injure. Courageux jusqu'au bout, cet échec ne lui fit point quitter Florence ; mais il essaya vainement d'y rétablir sa fortune et celle de son école. De dédaigneux sourires, d'injurieux sonnets accueillaient ses incessantes tentatives, et chaque jour voyait s'éclaircir les rangs de ses anciens admirateurs. C'en était fait de cette noble cause, si quelque main providentielle ne venait la soutenir.

Heureusement, peu d'années auparavant, un habitant d'Urbin, fervent disciple de l'école ombrienne et peintre de talent, quoiqu'on en ait pu dire, avait cru reconnaître chez son fils encore enfant, les signes manifestes du génie. Il l'avait conduit à Pérouse, dans l'atelier de son ami, de son chef, Pierre Vanucci, et l'enfant déjà formé aux leçons paternelles, s'était, approprié sur-le-champ le savoir et le style de son nouveau maître. Bientôt on ne distingua plus leurs œuvres, si ce n'est que, dans les tableaux de l'élève, se révélait déjà plus de pensée et une certaine aspiration à des types plus parfaits.

Lorsque, vers l'an 1500, le maître entreprit son malencontreux voyage à Florence, ce fut à ce jeune Sanzio, à peine âgé de dix-sept ans, qu'il confia la direction et l'achèvement de tous les travaux dont il était chargé, notamment à *Citta di Castello*. Qui eût osé, parmi ses disciples, s'élever contre ce choix ? Les jalousies d'atelier se taisent devant de telles supériorités. Pinturrichio lui-même, de tous le plus habile, n'eut pas plus tôt reçu la mission de décorer la bibliothèque de la cathédrale de Sienne, que bien vite il appela Raphaël à son aide. L'école entière s'inclinait devant ce maître imberbe, et ce n'était pas seulement le Pérugin et sa famille d'artistes ombriens qui l'entouraient de leurs sympathiques espérances ; la même sollicitude, dégagée de tout sentiment d'envie, se manifestait dans tout le reste de l'Italie chez tous les peintres demeurés fidèles aux traditions de fra Angelico. En apprenant à Venise l'apparition de cet astre naissant, les Bellini témoignaient la joie la plus sincère, et le vieux Francia écrivait de Bologne une touchante lettre où il demande au jeune artiste son amitié et son portrait.

Par un échange bien naturel, celui qu'on accueillait ainsi devait se dévouer tout entier aux hommes qui lui tendaient la main et aux idées qui étaient pour ainsi dire confiées à sa garde. Enclin par nature au culte de ces idées, l'éducation les lui avait gravées dans le cœur. La mort récente de son père et le souvenir de ses leçons, un respect presque filial pour son maître, sa suprématie incontestée dans l'atelier, la déférence de ses condisciples, tout l'attachait, l'enchaînait à son école; mais il portait en lui bien des germes inquiétants pour sa future orthodoxie. Jamais homme n'était né avec un tel besoin de voir, d'apprendre, de connaître, avec une telle facilité de reproduire tout ce qu'il voyait, tout ce qu'il sentait, tout ce qu'il imaginait. Ce n'était pas cette aptitude universelle qui consiste à tout faire passablement, mais un don merveilleux d'exceller également dans les directions les plus diverses et les plus opposées. Quand on peut ainsi tout bien faire, on est tenté de tout essayer. Il fallait donc, pour s'enfermer dans un système, qu'il fît violence à sa nature. Son cœur, aussi bien que son esprit, conspirait à l'en faire sortir, car ce cœur ardent et passionné livrait de continuels combats aux chastes instincts de sa raison. Le ciel lui avait donné plus généreusement qu'à aucun autre homme le sentiment de la beauté parfaite et surhumaine, ce sentiment que l'idéal seul a le pouvoir de satisfaire; mais il ne l'avait pas moins richement pourvu de cette autre manière, moins platonique, de sentir le beau, qui se complaît aux perfections réelles et vivantes. Il y avait donc gros à parier qu'un jour viendrait où cet espoir d'Israël, ce Joas élevé saintement dans le temple, passerait aux Philistins, et des yeux clairvoyants pouvaient dès-lors apercevoir dans la main dévotement occupée aux peintures de *Citta di Castello* le pinceau qui devait nous donner le *Parnasse* et la *Galathée*.

Mais ni lui ni personne ne s'en doutait alors, et c'est avec la foi d'un néophyte qu'il descendit dans l'arène où combattait son vieux maître. Laissant Pinturrichio terminer à Sienne les fresques dont il avait en partie composé les cartons, il s'en vint à Florence pour voir et pour s'instruire, mais avec la conscience de sa force et le désir de lutter. Les biographes s'étonnent qu'à son arrivée il ne soit point allé comme tous les jeunes gens de son âge, s'inscrire chez Léonard, chez Verocchio ou chez tel autre des grands maîtres qui tenaient alors école à Florence ; ils oublient que son maître à lui était là, et qu'il avait à cœur de lui rester fidèle. Ce n'est pas qu'il se fît un scrupule de butiner parfois chez les autres. D'un regard jeté à la dérobée, il s'emparait de leurs secrets. C'est ainsi que, sans prendre directement les conseils de Léonard, il s'instruisit à son exemple et se rendit familières les plus exquises délicatesses de sa façon de peindre. Cependant ces sortes d'emprunts, il ne se les permettait que pour les procédés d'exécution, et n'en restait pas moins observateur rigoureux des lois de son école par le choix exclusivement religieux de ses sujets et par l'ordonnance à demi symétrique de ses compositions.

Dès ses premiers pas à Florence, il s'était posé en ombrien fervent, et n'avait recherché et pris pour compagnons que les artistes qui avaient soutenu le Pérugin dans sa disgrâce, qui se permettaient d'admirer les vieux maîtres et respectaient les traditions. C'était ce Baccio della Porta, destiné à rendre immortel le nom de fra Bartolomeo, esprit austère et fougueux, entré tout récemment dans la vie monastique et hésitant encore à reprendre ses pinceaux ; c'étaient le fils du grand Ghirlandaïo, le pieux et tendre Rodolpho, Cronaca l'architecte, Baldini, le graveur, et ce peintre suave et mélancolique, Lorenzo di Credi, formé comme Léonard aux leçons de Verocchio, mais entraîné par sa nature vers les mystiques inspirations.

Cette phalange d'artistes, au milieu de laquelle Raphael, malgré sa jeunesse, s'était placé dès l'abord au premier rang, n'avait alors ni crédit ni faveur ; c'était un parti vaincu. Presque tous avaient aimé, suivi et défendu cet apôtre réformateur, ce Luther catholique, l'impétueux Savonarola, qui, durant dix années, avait tenu Florence sous sa loi et en avait chassé les Médicis. Précipité de sa haute fortune, Savonarola était mort dans les flammes, et les partisans des Médicis, bien que trop faibles encore pour tenter une restauration, avaient sourdement rétabli leur influence et reconquis le pouvoir. Ils l'exerçaient, sans qu'il y parût, par les mains du gonfalonier Soderini. C'était le même esprit que sous Laurent-le-Magnifique ; *on chantait le même air*, comme on dirait aujourd'hui, seulement on le chantait plus mal. Tous les amis de Savonarola, tous les mystiques, tous les *fervents* qui, comme fra Bartolomeo et Lorenzo di Credi, avaient, au commandement du saint homme, jeté sur le bûcher leurs études d'après le nu, tous ceux qui avaient tenté, le dernier jour, de l'arracher à la fureur des *tièdes*, étaient tombés en complète disgrâce. Raphaël, quoique nouveau venu, devait par point d'honneur, épouser leur querelle et partager leur fortune. Il n'y avait donc rien à espérer pour lui sous les lambris du *Palazzo Vecchio*.

Il s'y présenta pourtant une lettre à la main, lettre charmante dont le texte est venu jusqu'à nous et que la duchesse de la Rovère lui avait donnée à son départ d'Urbin. Le gonfalonier lut la lettre, et l'artiste n'obtint rien. Sa noble protectrice avait oublié que recommander dans cette maison un faiseur de madones, c'était perdre sa peine. Autant aurait valu, il y a cent ans, introduire un séminariste dans le salon de madame Du Deffant.

Sans appui de ce côté, Raphaël se rejeta sur de plus modestes patronages. Il y avait encore par la ville quelques rares amateurs qui ne s'effarouchaient pas de la peinture sacrée, et qui accueillirent avec sympathie ce nouveau et brillant Pérugin. Ainsi Tadeo Tadei non-seulement lui ouvrit sa bourse, mais lui offrit sa table et sa maison; Lorenzo Nazi lui demanda plusieurs tableaux, et le plus riche de tous, mais aussi le plus avare, Angolo Doni, fit l'effort de lui commander son portrait et celui de sa femme Madelena Strozzi. Ce furent autant de chefs-d'œuvre. Les coteries eurent beau faire, le public se sentit ému, l'enthousiasme survint, et le jeune artiste reçut plus de commandes qu'il n'en pouvait exécuter. Mais ce n'étaient que des tableaux de dimension moyenne, des tableaux de chevalet; on lui demandait ce qu'il excellait à faire, tandis que lui, dévoré de cette activité qui va toujours en avant, aspirait à un champ plus vaste. Il lui fallait des murailles à couvrir de ses pensées. Quand il vit exposer aux regards du public florentin les immenses cartons de Léonard et de Michel-Ange, il fut pris d'une invincible ardeur d'entrer en lice avec ces deux géants. Une salle restait à décorer dans le palais. Mais comment l'obtenir? comment aborder cet intraitable gonfalonier? Quelque fut sa répugnance à mendier une faveur, la passion l'emporta, et il écrivit à son oncle maternel, Simone Ciarla, qui habitait Urbin. Il le priait de mettre tout en campagne pour lui procurer une nouvelle lettre de recommandation auprès du gonfalonnier [1]. La lettre n'arriva pas; mais il en vint une autre qui lui ouvrait des perspectives toutes nouvelles et décidait du reste de sa vie. Barmante lui écrivait de Rome qu'il se hâtât d'accourir : le pape l'appelait et lui donnait à peindre les murs du Vatican.

Il partit pour la grande cité, encore ferme et bien aguerri contre les séductions qui l'attendaient. Ce séjour de Florence, cette vie de contrainte et d'opposition avait été pour lui une admirable école. Ses facultés avaient pris un développement prodigieux, tout en restant soumises à une forte discipline. Il savait dans son art tout ce qu'un homme peut savoir; il était aussi grand peintre qu'il devait jamais l'être, sans que son pinceau eût encore cédé à une fantaisie, ou subi un mauvais exemple. Il n'employait sa puissance qu'à suivre, comme un enfant docile, les voies naturelles de son génie, revêtant d'une forme toujours plus parfaite les saintes pensées dont son âme était pleine. La jeunesse un peu fanatique, mais croyante, au milieu de laquelle il passait sa vie, ne l'avait pas laissé dévier, et ce fra Bartolomeo, dont la cellule était un des lieux favoris de ses récréations, lui avait communiqué quelque chose de sa foi. Telle fut sa déférence aux conseils du cénobite, que, pendant ces quatres années, il ne mit presque jamais les pieds dans le jardin des Médicis, où tant d'au-

---

[1] « Averia caro se fosse possibile dabere una lettera di recomandatione al Gonfalonero di Fiorenza dal S. Prefetto, e pochi di fa io scrissi al Zeo e a Giacomo da Roma me la fesero avere me saria grande utile per l'interesse di una certa stanza da lavorare, la quale tocha sua signoria de alocare, ve prego se è possibile voi me la mandiate..., » etc. XXI de aprile, MDVIII. (Lettre de Raphaël à son oncle.) *Passavant*, t. Ier, p. 550.

tres venaient, un crayon à la main, s'inspirer devant les statues antiques dont il était peuplé ; telle fut sa constante soumission aux prescriptions de son école, que, parmi plus de soixante ouvrages produits par lui depuis son arrivée à Florence jusqu'à son départ pour Rome, on n'en peut citer qu'un seul, à peine grand comme la main, dont le sujet ne soit pas chrétien, et encore où en avait-il pris l'idée? Dans une cathédrale, devant ce groupe antique des trois Grâces qui décore la sainte librairie de Sienne.

Une fois à Rome, il sembla résolu à continuer sa vaillante gageure, et c'est l'esprit encore tout plein de ses convictions florentines, qu'il entreprit et conduisit à fin ce grand drame théologique, ce magnifique dialogue entre le ciel et la terre qu'on appelle *la Dispute du saint sacrement*. Jamais les traditions ombriennes ne s'étaient montrées au monde sous un plus splendide aspect ; c'était le comble de l'art : la vie intérieure, la vie de l'âme, coulait à pleins bords d'un bout à l'autre du tableau, sans troubler le calme et la simplicité d'une composition majestueusement symétrique. Pour indiquer hautement combien il restait fidèle à ses croyances et à ses amitiés, pour lancer un défi bien clair à ses illustres rivaux, le peintre avait pris soin d'introduire dans son tableau non-seulement le Pérugin, son maître, mais ce Savonarola qui venait d'être brûlé-vif à Florence. Comment passa-t-il brusquement de cette page sublime, qui résumait et complétait l'œuvre de toute sa vie, à un autre chef-d'œuvre non moins inimitable, mais conçu dans un esprit et dans un but tout différents? Il avait changé d'atmosphère ; il se trouvait aux prises avec des séductions toutes nouvelles, une entre autres, qu'il ne connaissait pas : la faveur. Quand un pape vous dit : Faites-moi des dieux, des muses, des Athéniens, des philosophes, il est assez difficile de lui répondre : Je ne fais que des vierges et vous êtes un païen. Il fallait donc, bon gré mal gré, qu'il désobéît à son école, ne fût-ce que pour le choix des sujets. Ce premier pas franchi, comment n'en pas faire un autre ? comment se refuser le plaisir, si longtemps différé, de vaincre ses adversaires sur leur propre terrain, de dire à tous ces prôneurs du style savant et pittoresque : Il vous faut des combinaisons, des calculs, des lignes accidentées ; vous voulez que la vie, l'expression, ne soient plus concentrés seulement sur la figure de l'homme, mais répandues sur tout son corps ; vous voulez que le système musculaire joue, comme l'âme, un premier rôle ; vous appelez l'intérêt sur la surface des choses, et vous glorifiez la matière aux dépens de l'esprit : eh bien, je m'en vais vous montrer que je connais tous ces secrets, et que j'y suis passé maître !

Il aura cru ne s'engager à rien, faire un essai ; mais, une fois dans ce chemin, il n'en devait plus sortir. Il s'y maintint il est vrai, avec toute sa force, toute sa retenue, sans jamais être entraîné plus loin qu'il ne voulait, sans jamais abandonner l'usage de ses qualités propres, des dons innés de sa nature, et compensant, s'il est possible, les inconvénients de cette sorte d'éclectisme par la merveilleuse universalité de son génie. C'est ainsi que se passèrent ses dix dernières années, et ce fut certes encore un admirable spectacle ; mais un progrès, quoiqu'en puissent dire certains esprits, nous avons peine à l'admettre.

Il peut convenir à Vasari de nous le montrer grandissant à mesure qu'il s'éloigne des traces de son maître, s'élevant de jour en jour et peu à peu jusqu'à l'intelligence du grand goût florentin, et parvenant enfin à élargir son style après qu'on lui a indiscrètement fait voir, comme à travers le trou d'une serrure, quelques figures de Michel-Ange. Tissu d'erreurs ou de mensonges que tout cela. Ce n'est pas après deux ans de séjour à Rome que Raphaël a reçu la révélation de Michel-Ange : ne l'avait-il pas vu d'assez près à Florence? n'avait-il pas vécu à ses côtés, en face de ses œuvres? N'avait-il pas vu, revu et étudié la plus célèbre de toutes, le carton du *Palazzo Vecchio*? S'il eût voulu dès lors faire au système de ce puissant génie le plus léger emprunt, qui pouvait l'en empêcher? Il en avait le savoir, et sa main s'y fut façonnée aussitôt ; mais ç'eût été une abjuration, une désertion dont il n'aurait pu alors supporter la pensée.

Aussi la plus belle phase de sa vie sera toujours, pour nous, le temps écoulé à Florence et les premiers moments passés à Rome, parce qu'au milieu de séductions déjà bien entraînantes, et malgré les tendances si variées de son esprit, il fut, durant cette période, résolûment fidèle à sa règle et à son but, parce que, après avoir apprécié la méthode de ses émules, il persista volontairement dans la sienne, obéissant à sa vocation plutôt qu'à la mode, et s'obstinant à faire ce que Dieu avait voulu qu'il fit mieux qu'aucun homme en ce monde.

Que n'a-t-il persévéré? Mais franchement ce n'était pas possible. Non, pour rester jusqu'au bout dans cette voie de pureté et de candeur, il eût fallu qu'il renonçât au siècle, qu'il se fit moine comme son ami Baccio, comme son aïeul en génie fra Agelico; mais, au milieu du monde, vivant à une cour, favori d'un Jules II, d'un Léon X, toute résistance était vaine ; il fallait qu'il succombât, qu'il se pliât au goût du siècle, qu'il s'en fît comprendre et admirer, qu'il se mît au niveau de ses applaudissements.

Nous ne sommes donc pas de ceux qui, sans pitié, frappent d'anathème ces dix dernières années; encore moins voulons-nous les exalter, les mettre au-dessus des autres, prétendre que cette vie d'artiste n'a été qu'une marche toujours ascendante, un progrès incessant sans solution de continuité, sans changement de foi ni de doctrine. Les preuves sont trop claires pour ne pas le reconnaître : il y a deux hommes, deux peintres en Raphaël. Le premier a toutes nos préférences mais Dieu nous garde de ne pas admirer le second ! Loin de nous surtout ce sacrilége vœu qui a fait souhaiter à quelques-uns que sa vie se fût terminée plus tôt ! Les chefs-d'œuvre que nous supprimerions ainsi, quoique de moins sainte origine peut-être n'en sont pas moins, comme leurs frères, l'honneur éternel de l'esprit humain. Il faut même le reconnaître, si, durant ces dix années, les œuvres ont plutôt grandi en savoir et en puissance qu'en sentiment et en poétique beauté, l'homme, l'artiste n'en a pas moins continué à s'élever sans cesse au-dessus de lui-même, et la preuve, c'est qu'il lui est arrivé quelquefois, durant cet intervalle, de se replacer pour un moment à son ancien point de vue, de traiter des sujets purement mystiques dans des conditions de simplicité naïve et symétrique qu'eût acceptées un fidèle ombrien, et il l'a fait avec une supériorité dont son jeune âge ne nous montre pas d'exemple. C'est ainsi qu'il a créé la *Vision d'É-*

zéchiel, c'est ainsi qu'a pris naissance cette *Vierge de Dresde*, le plus sublime tableau qui soit peut-être au monde, la plus claire révélation de l'infini que les arts aient produite sur la terre.

VI

Revenons, il en est temps à notre réfectoire. Replaçons-nous devant cette *Sainte Cène*, si naïve et si savante à la fois, devant cette œuvre pleine de contrastes et vraiment inexplicable, si nous ne savions qu'à Florence, en 1505, il y avait un homme qui, par un privilége unique, était en même temps le plus soumis disciple de l'école traditionnelle et l'esprit le plus libre, le plus ouvert à tous les progrès de son art; également apte à comprendre l'idéal et à étudier la nature ; en un mot Masaccio et Angelico tout ensemble. Quand on s'est bien rendu compte, comme nous venons de l'essayer, de ce merveilleux assemblage des dons les plus contraires et qu'on regarde cette fresque, on s'aperçoit que les deux termes concordent; l'énigme disparaît, l'œuvre est expliquée par l'homme.

Ceci n'est point un jeu d'esprit, une thèse inventée pour la cause : c'est le moyen vraiment sûr de restituer à une œuvre anonyme son véritable auteur. Quand on peut montrer que cette œuvre est le reflet exact d'un homme, et qu'elle ne peut l'être d'aucun autre, l'anonyme n'existe plus. Il est vrai que toutes les œuvres ne se prêtent pas à ce genre de démonstration. Il y a certains tableaux de Raphaël lui-même, bien connus pour lui appartenir, qui, s'ils étaient perdus, puis retrouvés par hasard, ne porteraient pas un signalement assez clair pour qu'on osât s'écrier : Lui seul peut les avoir faits. Nous voulons parler de quelques-unes de ces œuvres qui datent de l'époque où, devenu puissant et entouré d'élèves qui l'aidaient, il abandonnait malgré lui quelque chose de sa propre originalité pour se conformer aux aptitudes diverses et inégales de ses auxiliaires. Ici rien de semblable; pas un trait qui ne soit caractéristique, rien de vague ni d'effacé. Non-seulement l'individualité perce sous chaque coup de pinceau, mais elle porte sa date pour ainsi dire; c'est lui à tel moment, à tel jour de sa vie et non à tel autre. Ainsi nous savons par Vasari que, vers les premiers temps de son séjour à Florence, il se plaisait à imiter la façon de peindre soit de ses compagnons, soit des maîtres les plus en renom dans la ville, et telle était l'exactitude de ses imitations, que tout le monde y était pris. Or, nous trouverons ici un exemple de ce jeu d'écolier : la tête et les draperies du saint Jean sont exactement traitées à la façon de Léonard, et, ce qui est plus frappant encore c'est le saint Barthélemy, qu'on dirait avoir été peint et dessiné par fra Bartolomeo lui-même, tant le style et le coloris du *frate* sont fidèlement reproduits dans cette belle figure. Le nom de l'apôtre et le souvenir de son ami se seront associés dans l'esprit de Raphaël, et lui auront suggéré l'idée de cette imitation.

Est-il besoin maintenant de rentrer dans la série des preuves de détail? A quoi bon, par exemple, prendre l'un après l'autre tous les peintres contemporains, et chercher s'il en est un qui puisse avoir fait cette fresque? La plupart, cela va sans dire, seront écartés du premier coup, et, pour ceux qui resteront, on s'apercevra bien vite que, si par quelque côté ils se rapprochent de ce style, ils s'en éloignent par tous les autres. Ainsi, à la rigueur, il ne serait pas impossible que Lorenzo di Credi ou Rodolfo Ghirlandaïo eussent fait quelques-unes de ces têtes suaves et rêveuses comme le saint Simon ou le saint Thadée; mais le Judas et surtout le saint Pierre, mais le saint André et le saint Barthélemy, mais ces draperies amples et vigoureuses cette ordonnance générale, ces fonds et tout le reste enfin, impossible d'avoir seulement l'idée de leur en faire honneur.

Quant aux preuves plus directes, aux preuves positives, nous en avons déjà beaucoup donné : qu'on nous permette seulement d'en citer encore une ou deux. Arrêtons-nous d'abord devant la plus admirable peut-être de toutes ces figures, le saint Pierre. Assis à la droite du Sauveur il a entendu ses paroles, et aussitôt un soupçon lui a traversé l'esprit : ses yeux se sont portés sur Judas. Il se contient, mais on sent la violence de son indignation. Son couteau était dans sa main au moment où son maître a élevé la voix, sa main s'est crispée, et le couteau, la pointe en l'air, reste fortement serré dans ses doigts. Rien de plus vrai, de plus saisissant, que ce mouvement, cette main, ce couteau de saint Pierre. Eh bien, ouvrez l'œuvre de Marc-Antoine, voyez cette autre *Sainte Cène* que Raphaël, dix ans plus tard, confiait à son burin, cette *Sainte Cène* plus agitée, plus dramatique, mais moins vraie que celle de S. Onofrio; vous y retrouvez ce même mouvement de saint Pierre, cette même main, ce même couteau. Et ce n'est pas là le seul emprunt que Raphaël, dans ce dessin, ait fait à notre fresque : regardez la partie inférieure de la figure du Christ, au-dessous de la table ; la draperie est exactement la même dans la fresque et dans la gravure ; les pieds ont exactement la même pose, pieds admirables qui expriment le calme de la divinité, tandis qu'à côté, les pieds de saint Pierre indiquent par leur contraction la bouillante agitation de son âme. Cette observation du vrai porté dans les moindres détails, et jusque dans les parties les moins visibles d'un tableau, bien des peintres, même de premier ordre, s'en préoccupent assez peu ; Raphaël, on le sait, ne la néglige jamais.

Parlerons-nous d'une autre ressemblance non moins frappante, et que nous n'avons fait qu'indiquer plus haut à propos des dessins Michelozzi ? Voyez la tête du saint André, n'est-ce pas identiquement et trait pour trait la tête du David dans la *Dispute du saint sacrement*? Où trouver des pièces de conviction plus solides et de meilleur aloi que ces emprunts répétés ? Et notez que ce sont là les plus saillants, mais non pas les seuls : il est une foule d'autres détails, trop subtils pour être indiqués de loin, faciles au contraire à signaler sur place, quand on suit des yeux cette vaste peinture, qui se retrouvent reproduits soit dans des fresques ou des tableaux, soit dans des cartons ou de simples dessins du maître. Quand on a fait d'un bout à l'autre cette minutieuse revue, quand on a examiné pas à pas cette muraille, quand on y a reconnu partout la trace de cette main magistrale qui ne peut pas avoir fait deux fois la même chose sans qu'on s'en aperçoive, parce qu'elle n'a rien fait dont le souvenir ait pu s'effacer, alors, fût-on sceptique jusqu'à la moelle des os, on laisse là son scepticisme. Aussi M. Jesi, qui, pendant près de deux années, en préparant le dessin de sa gravure, a cent fois passé et repassé les yeux sur cette fresque, comme sur une étoffe dont il aurait compté et recompté chaque fil, M. Jesi ne permettrait pas à Raphaël lui-même, s'il revenait au monde, de nier que ce soit là son œuvre. Vous avez vos raisons pour n'en pas convenir, répondrait-il à Raphaël; mais cette fresque est bien de vous. *E pur si muove!*

Quant à nous, sans aller aussi loin, sans nous inscrire d'avance en faux contre toute révélation imprévue qui restituerait ce chef-d'œuvre à un autre que Raphaël, nous n'hésitons pas à affirmer, sans crainte d'être jamais démenti, que ce peintre, quel qu'il fût, appartiendrait nécessairement à l'école ombrienne, serait élève du Pérugin, égal en talent et en savoir à l'auteur du *Spozalizio*, et que nécessairement aussi il serait mort sans avoir produit une autre œuvre connue que cette fresque de S. Onofrio. Ces points admis, peu nous importe qu'on nous découvre le nom qu'on voudra : nous n'aurons rien à rectifier de tout ce que l'on vient de lire; seulement nous saurons qu'il a existé un membre de plus dans l'immortelle famille des hommes de génie, et qu'au lieu d'un Raphaël la nature en avait produit deux.

Dans peu d'années, nous l'espérons, il ne sera plus nécessaire d'aller jusqu'à Florence pour contempler cette grande œuvre; M. Jesi en aura donné la plus exacte image, et chacun pourra chez soi s'en faire une juste idée [1]. On verra quel trésor nous cachait ce vieux couvent, devenu pour la peinture moderne un véritable Herculanum. Quand la gravure s'en sera répandue en Europe, quand la *Cène* de S. Onofrio

[1] Notre espérance a été trompée, et par la plus triste cause, la mort prématurée de Jesi. (Voy. plus loin, p. 89.)

sera devenue populaire, il y aura plaisir à la mettre en regard de toutes les autres *cènes* que nous ont laissées les grands maîtres, depuis Giotto et Dominique Ghirlandaïo jusqu'à Andrea del Sarto et Poussin. Aujourd'hui cette comparaison serait prématurée : un des termes n'étant connu que de quelques personnes, on aurait peine à se faire comprendre ; on ne parlerait, pour ainsi dire, que pour soi. Attendons la gravure. Ce sera surtout avec la plus célèbre de toutes ces *saintes cènes*, avec celle de Léonard, qu'un parallèle approfondi pourra devenir d'un sérieux intérêt. Dans l'examen comparé de ces deux œuvres, il y a tout un enseignement. Ce sont deux faces de l'art, deux méthodes mises en présence et sous leur aspect le plus accentué. Quant aux deux hommes, nous ne pensons pas qu'il y eût justice à les comparer sur ce terrain. *La Cène* de Milan, méditée pendant tant d'années, exécutée avec tant de soins et de labeur, c'est le dernier mot de Léonard ; la *Cène* de Florence, c'est le début de Raphaël, c'est moins un tableau qu'une étude.

Selon toute apparence, il se sera mis à ce travail peu de temps après son arrivée, lorque les commandes ne lui venaient pas encore en foule ; il aura cherché l'occasion de faire un sérieux essai de ses forces, de se recueillir, de se préparer silencieusement aux grands travaux qu'il méditait, sans se préoccuper du public, et acceptant sans trop de peine que son essai fût destiné à ne pas voir le jour. Ce qui confirme cette conjecture, c'est qu'on peut indiquer avec grande vraisemblance comment ce travail a dû lui être confié. Les archives du couvent de Fuligno, nous l'avons déjà dit, n'ont pas été détruites, et contiennent, par ordre chronologique, les noms de toutes les abbesses qui ont régi la communauté. Or, on voit, vers l'an 1504, une Soderini faire place à une Doni. Si la parente du gonfalonier eût continué de vivre et de gouverner la maison, il est probable que Raphaël n'eût jamais peint ce réfectoire; mais Agnolo Doni, Agnolo le millionnaire, qui, comme le dit Vasari, aimait à protéger les arts sans fouiller à sa bourse, aura trouvé commode, l'abbesse de Fuligno étant de sa famille, de lui faire commander une fresque à son jeune protégé. L'abbesse n'aura consenti que par égard pour son parent, croyant faire une charitié, et de là peut-être le peu d'estime que le couvent aura d'abord conçu pour une œuvre probablement mal payée. Raphaël, de son côté, ne pouvant montrer sa fresque a personne, et la considérant comme un exercice et une préparation, en aura d'autant moins parlé, qu'il se proposait sans doute d'y puiser largement plus tard, comme dans un trésor dont il avait seul le secret, et nous venons de voir qu'il ne s'en fit pas faute.

Si quelque chose pouvait donner un attrait de plus à cette belle et austère création, ce serait cette façon tout intime et privée dont elle nous semble avoir été conçue. Des tableaux de Raphaël faits pour le public, Florence en possède d'admirables et en grand nombre; mais ce qu'on ne rencontre ni à Florence ni dans aucune galerie d'Europe, c'est un tableau fait par Raphaël en quelque sorte pour lui seul. On ne connaissait jusqu'ici d'autre moyen d'étudier sa pensée toute nue, de saisir sur le fait son travail intérieur et solitaire, que de consulter ses dessins : ici, dans cette fresque, nous trouvons réuni à l'intérêt et à l'éclat d'une grande peinture monumentale le charme confidentiel d'un livre de croquis.

Le gouvernement du grand-duc ne pouvait méconnaître combien il importait à Florence de conserver cette merveille. Dès 1846, le réfectoire fut acquis pour le compte de l'État et converti en monument public. Il fut en même temps décidé qu'on ferait de cette salle une sorte de sanctuaire en l'honneur de Raphaël, qu'on y placerait son buste et les dessins provenant de la collection Michelozzi, comme des témoins bons à consulter en face même du tableau. Faut-il le dire? tous ces plans ne sont encore qu'en projet. L'orage qui, en février, a éclaté sur l'Europe n'a pas épargné Florence, on s'en souvient Dans cette douce et aimable cité, où, peu de mois auparavant nous avions assisté à tant d'illusions généreuses si tôt et si cruellement déçues, l'esprit de désordre a secoué sa torche, et le culte des arts a été suspendu. Non-seulement le réfectoire de S. Onofrio n'est pas encore converti en musée, mais on n'a pas même abattu la cloison élevée provisoirement, après la découverte de la fresque, pour l'isoler de l'atelier du peintre de voitures. Cette cloison, trop rapprochée intercepte la ventilation et augmente les causes d'humidité qui peuvent détériorer la muraille et son enduit. Ce n'est pas tout : on a logé, on loge encore derrière cette cloison trente soldats autrichiens et autant de chevaux. Faudra-t-il que ce chef-d'œuvre n'ait été sauvé de l'oubli que pour périr de main d'homme? Nous ne pouvons croire à tant de barbarie. Oublie-t-on que la *Cène* de Léonard n'est si profondément altérée que pour avoir subi un pareil voisinage? Et ne sait-on pas que cette fois on serait doublement coupable, puisqu'on est averti? Nous voulons espérer qu'en signalant le mal, nous aidons à le prévenir.

DEUXIÈME PARTIE

Plusieurs années s'étaient passées depuis la publication des pages qu'on vient de lire, lorsque nous eûmes occasion de revoir l'Italie et de visiter encore plus à fond la Fresque de S. Onofrio. Nous avons donc à rendre compte de nos nouvelles impressions et nous prions qu'on nous permette d'ajouter quelques mots pour signaler l'état actuel de ce mystérieux chef-d'œuvre, et les controverses nouvelles dont il est devenu l'objet.

Ce n'était pas sans curiosité et presque sans émotion qu'à peine de retour à Florence nous étions allé, rue Faenza, frapper à la porte du vieux couvent. En quel état allions-nous retrouver notre *Cenacolo*? Quel effet, à la seconde vue, produirait-il sur nous? Le nom de Raphaël serait-il encore le seul qui nous viendrait à la pensée? Tout d'abord nous vîmes un changement notable. La porte et la façade de l'ex-monastère avaient pris un nouvel aspect. Ce n'était plus le délabrement d'une fabrique abandonnée, c'était un certain air de propreté et d'entretien. Le gouvernement du grand-duc avait exaucé le vœu dont, en 1850 nous nous étions fait l'écho. Une destination publique avait été donnée aux bâtiments des dames de Fuligno : on venait d'y transporter la collection Rosellini, on en faisait un musée d'antiquités égyptiennes, et au centre de ce musée on avait réservé, à titre de sanctuaire, le réfectoire et sa fresque. En entrant dans ce grand vaisseau, rendu à ses proportions premières, notre surprise fut grande : plus de cloison, plus d'obstacle à la vue nous pensions être dans un lieu tout nouveau, et la fresque elle-même, ainsi vue à distance et d'un regard d'ensemble, prenait une harmonie et même une souplesse dont nous n'avions nul souvenir. C'était bien la même candeur de composition, la simplicité naïve et archaïque ; mais la vie de tous ces personnages et leur action commune semblaient se révéler plus clairement, plus librement.

Nous étions donc rassuré, quant au premier coup d'œil. En approchant nous reconnûmes, non sans chagrin, qu'une main peut-être habile, mais trop sûre d'elle-même, s'était récemment permis quelques restaurations, tout au moins inutiles. On se souvient en quel excellent état cette fresque avait été trouvée sous sa couche de suie : les têtes, les pieds, les mains n'avaient pas une égratignure. Tout au plus fallait-il reboucher çà et là, dans les draperies et dans les fonds d'architecture, quelques légers accidents. Qu'avait-on donc besoin de raviver, soit sur les vêtements des apôtres, soit sur la bordure de la nappe, l'or de tous ces galons capricieux et délicats ? Cette dorure rafraîchie sort du ton général et fait tache. Nous n'oserions même pas répondre qu'on ait partout exactement suivi les dessins primitifs et qu'en plus d'un endroit où l'or était usé on n'ait pas demandé à l'imagination ce que l'œil ne pouvait plus lire. Il ne s'agit, il est vrai que d'accessoires sans importance ; mais ce n'en est pas moins une témérité grande que de les avoir traités d'une si leste façon.

A ce détail près, il n'y a dans cette salle que des éloges à donner. L'installation en est parfaitement entendue, sans luxe et sans mesquinerie. Quelques bons siéges, bien placés, où l'on peut admirer à son aise, composent tout l'ameublement ; ajoutez-y pourtant un buste de Raphaël placé au milieu de la salle et les dessins de l'ancienne collection Michellozzi, exposés sous verre comme pièces du procès. Le meilleur de tous les dossiers, c'est la fresque elle-même, ainsi mise à son jour. Quand on a passé là quelques instants, toute intention de controverse expire ; on sent dans cette salle, devant cette muraille, comme un parfum raphaélesque qui dissipe le doute. Cette impression, depuis quelques années, s'est peu à peu répandue par la ville, parmi les guides, parmi les étrangers, dans le gros de la population, si bien qu'à l'heure qu'il est toute contestation semble d'abord absolument éteinte. Il n'en est rien pourtant, et même on pourrait dire que plus le simple public, revenu de sa première surprise et de sa crainte d'être dupe, accepte maintenant avec confiance et sans réserve l'hypothèse qui répond le mieux au caractère de ce chef-d'œuvre, plus certains érudits, pour se distinguer du vulgaire, affectent de persévérer dans un doute expectant ou même de hasarder de périlleuses conjectures.

C'est la conséquence obligée d'un certain genre de critique dont l'Allemagne est idolâtre et qu'elle a depuis un quart de siècle transplanté et fait fleurir en Italie, en Toscane sur-

4.

tout. On lui doit, j'en conviens, d'estimables travaux. Le *Carteggio* de Gaye a rendu des services qu'on ne peut méconnaître ; mais ni Gaye ni ses imitateurs, ni les fouilleurs d'archives en général, n'ont qualité pour prononcer sur l'authenticité d'une œuvre d'art. Ils donnent des pièces à l'appui, ils éclaircissent certaines circonstances de la vie d'un artiste et fournissent par là des données sur ses œuvres, données biographiques où les problèmes de l'art lui-même sont prudemment mis de côté. Pour distinguer l'œuvre d'un maître, l'érudition pure et simple est un guide à la fois insuffisant et dangereux. Je n'en veux d'autre preuve que les pages qui concernent la fresque de S. Onofrio dans deux récentes publications, pleines d'informations savantes et de curieux documents : l'édition de Vasari imprimée à Florence, chez Felice Lemonier, par les soins et sous la direction de MM. Milanesi et Pini, et l'édition française du grand travail de M. Passavant sur la vie et les œuvres de Raphaël.

Pour ne parler d'abord que des éditeurs de Vasari, c'est presqu'à leur corps défendant qu'ils prennent part à cette controverse. J'en juge par un avant-propos placé en tête de la vie de Raphaël, où ils se déclarent résolus à ne pas dire un mot des peintures de ce divin maître dont l'authenticité n'est pas incontestable, et même à ne parler, parmi ses œuvres authentiques, que de celle dont parle Vasari. Une seule exception leur paraît nécessaire : cette fresque de S. Onofrio, retrouvée par un si grand hasard et déjà en si grand renom à Florence et dans l'Europe entière comment la passer sous silence ? Il faut, bon gré mal gré, qu'ils se hasardent à en parler. Tout d'abord, affectant une sorte de neutralité, ils reconnaissent hautement l'excellence de l'œuvre, voire la compétence et le juste crédit de ceux qui du premier coup l'ont attribuée à Raphaël; mais leur penchant (bientôt ils en conviennent), les porte à l'opinion contraire. Et pourquoi? Les raisons qu'ils en donnent n'ont pas grande portée, comme tout à l'heure nous le verrons. La vraie cause de leur hésitation, c'est l'absence de documents écrits. Pour eux, ce genre de preuve ayant seul quelque poids, tant qu'on ne produira pas un texte pertinent, ils resteront dans leur incertitude. Toutes les conjectures seront pour eux comme non avenues, ou plutôt elles leurs sembleront toutes également respectables, sauf une seule cependant : M. Galgano Garganetti, bien qu'il s'appuie sur une pièce écrite, ne parvient pas à les convaincre que Neri di Bicci soit l'auteur du *Cenacolo*. Donner pour père à ce chef-d'œuvre un pauvre hère comme Neri di Bicci, cela les révolte tout aussi bien que nous, et ils ont le courage de le dire nettement; mais de Neri di Bicci à Raphaël, la distance est si grande, il y a tant de degrés! Pourquoi ne pas rester à moitié route? Cela pourrait tout accomoder! Si vous leur proposiez Pinturrichio par exemple, ils n'en seraient pas troublés comme de Raphaël; cette attribution terne et modeste les laisserait en sécurité. Aussi prononcent-ils ce nom sans toutefois oser le soutenir. Ils s'abritent derrière le témoignage du docteur Burckhardt, qui, dans ses notes sur l'histoire de Kugler[1], remarque avec raison, et comme nous l'avions fait nous-même, que cette fresque semble avoir une double ori-

---

[1] *Handbuch der Kunstgeschichte der Malerei;* Berlin, 1847 (2ᵉ édition).

gine, à la fois florentine et péruginesque, et que l'auteur par conséquent ne peut être ni un Florentin pur, ni un élève du Pérugin resté docilement fidèle à ses leçons. Cette définition, j'en conviens, s'applique à Pinturrichio, mais encore mieux à Raphaël, lui qui porte au souverain degré ce double caractère d'enfant de Florence et de Pérouse. Le peintre de la librairie de Sienne a trop bien donné sa mesure, son œuvre est trop connue, il a trop laissé voir, malgré tout son talent, jusqu'à qu'elle hauteur il pouvait s'élever, pour qu'il y ait lieu d'admettre une sérieuse identité entre lui et le peintre inconnu de la fresque de S. Onofrio.

Mais alors pourquoi pas Raphaël? où est la difficulté? quelles sont ces objections que tout à l'heure nous annoncions? Les voici :

D'abord les têtes dans cette fresque sont, nous dit-on, trop fortes pour les corps, sorte de disproportion assurément peu familière à Raphaël; en second lieu, ces têtes n'ont pas d'analogie avec les types qu'on retrouve et dans *le Couronnement de la Vierge*, maintenant au Vatican, et dans le *Spozalizio* de Milan, et dans la fresque de San Severo; troisièmement, l'exécution technique est trop franche, trop sûre, et par là trop en désaccord avec le faire timide et incertain des premières fresques du maître et notamment de celle de San Severo. Enfin, dernier grief, peu conciliable avec celui-ci, l'archaïsme de la composition est trop complet, trop accusé, pour être sans invraisemblance imputé à ce jeune homme qui ne venait à Florence que pour se pénétrer et se nourrir des grandes nouveautés qu'alors on y voyait éclore, et en particulier des exemples de Léonard et de Michel-Ange.

Examinons ces objections, et d'abord, quant à la dernière, notre réponse est déjà faite : nous avons surabondamment constaté [1] quelle était la disposition d'esprit de Raphaël pendant son premier séjour à Florence, et combien, si avide qu'il pût être d'étudier ces séduisantes nouveautés, il se montrait encore profondément fidèle, ses œuvres en font foi, aux traditions de son pays. Dès lors que signifie cette prétendue invraisemblance? Le jeune adepte de l'Ombrie devait accepter, nous l'affirmons, et accepter avec bonheur l'obligation de maintenir dans cette sainte cène l'ordonnance et les attitudes consacrées par les anciens maîtres, sauf à traduire ces vieilles formes dans son jeune langage et à les ranimer du feu de son talent. N'est-ce pas, en effet, ce qui distingue cette fresque? L'archaïsme n'y règne que dans certains détails de la composition; il est exclu de tout le reste, et vous le reconnaissez vous-mêmes, puisque l'exécution vous en paraît trop sûre, trop parfaite, trop magistrale, pour provenir de ce jeune homme si novice alors, selon vous, dans l'art de peindre à fresque. Ceci, je dois le dire, est un point sur lequel nous différons encore. Je cherche vainement, entre la fresque de San-Severo et celle de la rue Faenza, ce notable contraste que vous nous signalez. L'exécution technique est sur les deux murailles la même ou à peu près, ainsi que l'avait reconnu M. Della Porta dès 1845. S'il existe des différences, elles sont insensibles, et jamais on n'en pourrait conclure que les deux œuvres ne sont pas du même temps et du même pinceau; tout au plus serait-il permis de dire que

---

[1] Voy. plus haut, pages 25-35, et suiv.

l'une a dû précéder l'autre dans le cours de la même année. D'où il suit que, pour nous, deux points sont établis, et hors de contestation, savoir : que Raphaël, à vingt-deux ans, était déjà bien assez passé maître, même dans l'art de peindre à fresque, pour que le *Cenacolo* soit son œuvre, quelque perfection technique qu'on signale à bon droit dans le travail de cette fresque, et, d'autre part, que, même à vingt-deux ans et dans les premiers temps de sa vie florentine, il conservait encore assez de foi, de candeur et de docilité, pour s'être soumis de bonne grâce à placer son Judas, à poser son saint Jean selon le vieil usage, sans tenir aucun compte ni des progrès du temps ni même de l'exemple du puissant Léonard. Admettre le contraire, c'est ne pas voir, selon nous, un des traits caractéristiques, un des plus délicieux contrastes de ce charmant génie, c'est omettre à plaisir toute une phase de son histoire.

Et maintenant est-il vrai que dans cette fresque les têtes soient trop grosses et d'un tout autre type que dans certains tableaux de Raphaël peints vers la même époque et d'origine incontestée? A ces questions la réponse est facile ; il ne faut que des yeux et un compas. Mesurez ces têtes et ces corps, non-seulement les proportions sont justes, elles sont plutôt sveltes que ramassées. Vous en pouvez juger surtout par ces deux apôtres placés aux deux bouts de la table, le saint Jacques et le saint Thaddée. Bien qu'assis comme les autres, ils ne sont pas comme eux cachés en partie par la nappe ; on peut les voir tout entiers. Développez-les, supposez-les debout, et mesurez. Ils ont près de huit fois la hauteur de leurs têtes, ce qui donne à la tête, relativement au corps, la plus petite dimension possible. Je ne sais donc, en vérité, ce qu'on a voulu dire en parlant de la grosseur de ces têtes, et quant aux types des figures, la querelle sur ce point ne me semble pas moins étrange. Si quelque chose est évident, c'est que tous ces personnages sont plus ou moins parents, et quelques-uns très-proches, de ceux que Raphaël a maintes fois reproduits dans les œuvres de sa jeunesse. Nous avons déjà dit à quel point cette figure du Christ rappelle celle de la fresque de San-Severo, combien la ressemblance est grande entre ce saint André et le David de *la Dispute du saint sacrement*, comment ce saint Jacques mineur n'est autre que Raphaël lui-même, car c'est bien ce gracieux visage si souvent répété dans les tableaux du jeune maître, et qui passe à bon droit pour sa propre figure. Nous pourrions ajouter que le saint Pierre est ici exactement le même que dans *la Déposition au tombeau* de la galerie Borghèse. Et à propos de chacun de ces apôtres rien ne serait plus facile que d'indiquer d'autres analogies non moins incontestables. C'est donc nier l'évidence que de proclamer cette soi-disant différence de types : la similitude, au contraire, est un fait manifeste ; nous acceptons pour juge quiconque se donnera la peine de faire la moindre comparaison.

Même dans *le Couronnement de la Vierge*, si les apôtres ne rappellent pas, traits pour traits, ceux de la fresque florentine, il n'y en a pas moins entre eux un grand air de famille. Et puisqu'on parle de ce tableau, autrefois à Pérouse et maintenant au Vatican, qu'on me permette aussi d'en dire quelques mots : il est très-mutilé, grâce aux restaurations, et cependant bien précieux encore par la coexistence de deux styles tout différents, la pure et simple imitation, la reproduction servile du Pérugin et un commencement très-marqué d'inspiration personnelle. En l'étudiant avec grande attention, très-peu de jours après avoir quitté Florence, et la mémoire fraîchement éveillée sur les moindres particularités de la *Cène* de S. Onofrio, je fus frappé de voir que dans ces deux peintures les draperies étaient traitées presque de la même façon, c'est-à-dire avec un peu de maladresse et de lourdeur, mêlées d'ampleur et de noblesse. Ce ne sont plus les plis cassés et tortillés du Pérugin, c'est quelque chose de plus large et qui aspire au grand style, sans l'avoir complétement atteint, quelque chose d'analogue aux draperies de Masaccio dans les compartiments de la chapelle du *Carmine*, qui sont vraiment de lui, et devant lesquels Raphaël passe pour avoir si souvent médité. Cette conformité de style et d'exécution technique, entre les draperies de notre fresque et celles de l'authentique tableau du Vatican, n'est pas un médiocre argument, surtout après tant d'autres, pour soutenir que les deux œuvres ont eu le même auteur. Il est clair seulement que le tableau a dû précéder la fresque (et il la précède en effet de deux ans), puisque dans le tableau, à côté de ces draperies dont je parle, il y en a d'autres d'un caractère tout différent, draperies plus ou moins contournées, qu'on dirait peintes de la main du Pérugin lui-même, tandis que dans la fresque on ne trouve plus ce mélange de style, et le mode de draper est à peu près le même pour toutes les figures.

Encore un mot sur un détail de ce *Couronnement de la Vierge* : en regardant de près les draperies des apôtres, vous remarquerez sur les bordures des manteaux un certain nombre de lettres entrelacées dans des ornements d'or. Ces lettres sont exactement du même genre et disposées de la même manière que celles qui bordent la tunique de saint Thomas dans la fresque de S. Onofrio. Il y a notamment sur le premier manteau, de couleur verte, à droite, un R et un F très-lisibles. Voilà donc un nouvel exemple de ces signatures furtivement glissées dans les méandres d'un passement, exemple tiré d'une œuvre contemporaine de notre fresque à un ou deux ans près. Nous avons déjà dit que nous n'attachions pas à cet ordre de preuves une importance exagérée, mais n'est-ce pas aussi en faire trop bon marché que de se borner à dire, comme les éditeurs de Vasari, que l'inscription tracée sur la tunique du saint Thomas *è una prova incerta*?

Ce qu'il y a de plus étrange, c'est que cette incription qu'ils traitent si cavalièrement quand il s'agit d'y voir une induction favorable à l'authenticité de la fresque, ils la tiennent pour bonne, ou du moins ils acceptent la date qu'elle indique, l'année 1505, comme une date officielle, et cela, parce qu'ils se croient en mesure d'établir qu'en cette année le temps a dû manquer au jeune peintre pour mener à fin un aussi grand travail. Voici leur argumentation : Raphaël, arrivé à Florence en octobre 1504, ne put d'abord faire autre chose que visiter et admirer tous ces chefs-d'œuvre, nouveaux pour lui, dont il était entouré. Les premiers mois de son séjour se passèrent donc en études et en recherches qui ne lui permettaient d'entreprendre aucune œuvre de longue haleine; puis, dans l'année 1505, nous savons, disent-il, qu'il dut se rendre à Pérouse pour exécuter au moins deux grandes compositions, la fresque de San-Severo et le tableau d'autel pour la chapelle Ansidei dans l'église de San-Fiorenzo. Enfin le 29 décembre de cette même année il s'engageait à peindre un autre tableau d'autel pour les religieuses de Monte-Luce, près Pérouse. Tels sont les faits qui, à en croire les éditeurs de Vasari démontrent que dans l'année 1505 Raphaël ne peut pas avoir peint la fresque de S. Onofrio.

Cette façon de raisonner aurait peut-être quelque valeur, s'il s'agissait d'un bon étudiant fraîchement descendu de Bâle, d'Augsbourg ou de Bamberg, encore mal dégrossi, et se débrouillant à grand'peine dans la contemplation de l'Italie. Nos savants éditeurs oublient de qui ils parlent, et ce qu'était à vingt-deux ans, même au milieu des trésors de Florence, ce merveilleux jeune homme, ardent à étudier sans doute, mais non moins ardent à produire; ils oublient que dans sa courte vie tout est prodige et que l'emploi du temps n'en est pas le moindre miracle, que quelque chose de plus extraordinaire que la perfection même de son œuvre, c'est qu'un seul homme en soit l'auteur. Songez qu'il nous reste de lui, d'origine authentique, près de trois cents tableaux. Et s'il y a dans ce nombre des portraits, des peintures de petite dimension, combien n'y a-t-il pas aussi de fresques et de grandes toiles, sans compter l'innombrable série de ses études et de ses dessins! Et c'est sur trente-sept ans, que dis-je, sur vingt ans seulement, que tout cela se répartit! Quelle production moyenne! quel contingent pour chaque année! Et qu'on est loin de compte lorsqu'on croit faire la part à l'an 1505 avec la fresque de San-Severo, plus un tableau de maître-autel! Ce voyage à Pérouse, qu'aura-t-il pris de cette année? Deux ou trois mois tout au plus. Pourquoi dès lors ne pas admettre que le reste appartienne, et au *Cenacolo*, et même aussi à quelques petites toiles bien connues, que dans cette même année il a dû peindre en se jouant? Pourquoi ne pas vouloir que dès la fin de 1504, après le premier feu de sa curiosité et de ses admirations, il ait commencé son travail chez les dames de S. Onofrio? Si l'on se bornait à prétendre qu'il n'a pas, à lui seul et de sa propre main, couvert tout ce grand mur, qu'il aura dû se faire aider, nous pourrions bien ne pas dire non; peut-être même trouverions-nous dans l'exécution de la fresque certaines inégalités qui pourraient au besoin justifier cette conjecture; mais soutenir que dans toute une année cette ardente et féconde nature n'aura pas su trouver le temps de concevoir et même d'exécuter, moitié par soi, moitié par d'autres, une page de peinture si grande qu'elle soit, c'est méconnaître la puissance, le privilége du génie. A ce compte, on pourrait démontrer que Raphaël n'est l'auteur ni de *l'École d'Athènes* ni du *Parnasse*, ni des douze autres fresques, grandes et petites, dont il a tapissé la chambre de la *Signature*, attendu que ces trois années, pendant lesquelles il passe pour les avoir peintes, sont pleines aussi d'autres travaux de date incontestable, qui largement suffisent à l'emploi de son temps.

On le voit donc, les objections des éditeurs de Vasari ne sont pas formidables. Ce sont des ombres qui s'évanouissent dès qu'on les voit de près. Les raisons que nous donnions, il y a douze ans, non pas pour affirmer, mais pour admettre comme sérieuse et plausible l'hypothèse de MM. Della Porta et Zotti, restent entières, et ne sont même pas discutées.

Maintenant, si le lecteur n'est pas trop fatigué de ces arides détails, nous passerons aux objections de M. Passavant.

Ce n'est pas sans surprise, nous devons le dire d'abord, que nous rencontrons ici comme contradicteur ce critique éminent dont le monde savant déplore la perte encore récente. Lorsque nous vîmes pour la première fois la fresque de S. Onofrio en octobre 1847, M. Passavant venait de quitter Florence et aucun de ceux qui durant son passage l'avaient vu le plus assidûment, et qui l'avaient suivi dans toutes ses recherches ne nous avait dit qu'il eût exprimé même un doute sur l'origine de cette peinture. On nous avait au contraire rapporté son jugement comme plus décidé et plus affirmatif encore que celui de M. Cornélius. Il va sans dire qu'il n'en transpirait rien dans son savant ouvrage, publié à Leipzig en 1839, puisque l'œuvre mise en question n'avait vu le jour qu'en 1845; mais l'édition française, revue et complétée par l'auteur il y a quatre ans, ne pouvait pas manquer de s'expliquer à ce sujet. Aussi, lorsque parurent ces deux volumes, nous les ouvrîmes en toute confiance, et, après avoir reconnu que M. Passavant, sans changer expressément d'avis sur le mérite de l'œuvre, paraissait incertain sur le nom de l'auteur, et repoussait la conjecture que d'abord il avait soutenue, nous demeurâmes convaincu ou qu'un nouveau voyage, un examen sur place plus complet et plus approfondi, ou bien quelque heureuse trouvaille d'un document inattendu avait chez lui produit cette métamorphose. Nous eûmes beau consulter pourtant, et écrire à Florence, personne, depuis 1847, n'avait revu dans cette ville le savant inspecteur du musée de Francfort, et quant à la découverte d'un document quelconque, comme il n'en disait rien lui-même, évidemment elle n'avait pas eu lieu. C'était donc à distance, et sur la foi d'autrui, que la conversion s'était faite. C'était par correspondance que l'historien de Raphaël avait pris le parti d'enlever à l'œuvre du maître une page de cette importance, contrairement au témoignage de ses yeux et de son propre esprit. Bien qu'en lisant ces deux volumes, si pleins d'ailleurs d'excellentes recherches, il nous fût survenu plus d'un doute sur la parfaite exactitude de certaines affirmations, jamais nous n'avions supposé que M. Passavant, sans plus de précautions, fît ainsi bon marché de ses jugements personnels pour se soumettre à ceux de ses amis. C'est cependant lui qui nous le fait savoir. La clef de sa transformation est dans le passage que voici. Il s'agit de l'inscription tracée sur la bordure supérieure de l'habit du saint Thomas. « Cette inscription, ainsi conçue, dit-il : RAP. VR. ANNO MDV, donna lieu de supposer que Raphaël avait au moins participé à cette peinture... *On nous a assuré* que plus tard l'inscription s'effaça au premier nettoyage, et que dès lors on put douter de son authenticité. »

Comprend-on qu'on avance un tel fait, qu'on le publie, et qu'on lui donne une part de cette autorité si justement acquise par de longs et solides travaux, sans avoir pris la peine, sinon de le vérifier soi-même, du moins de l'avoir fait contradictoirement constater ? Que la légèreté française prenne de ces licences, on le conçoit encore ; mais la gravité germanique ! Rien n'était pourtant plus facile que d'avoir là-dessus le cœur net. Le premier Florentin venu aurait pu rendre ce service. Tout le monde aurait répondu que telle était l'incription le jour où elle fut découverte, telle elle est encore aujourd'hui. Ce sont les mêmes lettres et les mêmes méandres; elle n'est ni plus lisible, ni mieux formée ni plus pâle, ni plus effacée qu'elle ne l'était alors. Ceux qui ont *assuré* le contraire au docte historien, ou se sont amusés de lui, ou sont tombés eux-mêmes dans quelque étrange erreur. Peu importe après tout : cette inscription, nous l'avons dit, n'est ici qu'une preuve surabondante et secondaire. Il est moins nécessaire de constater qu'elle existe qu'il ne l'est d'établir qu'elle n'a pas disparu, car on pourrait conclure de sa disparition qu'elle était née d'une supercherie. Or c'est là l'impression que M. Passavant, à son insu ou volontairement, communique au lecteur en accueillant cet *on dit*. Un peu de réflexion aurait suffi pour le convaincre que l'inscription n'avait pas dû s'effacer au premier nettoyage, puisqu'au contraire c'était le premier nettoyage qui l'avait mise au jour. Pour que sa clairvoyance ait ainsi pris le change, il faut qu'il eût quelques raisons d'être infidèle à Raphaël. Et, en effet, nous voyons au paragraphe suivant qu'une autre idée lui tient au cœur, et qu'il propose un autre candidat à l'honneur d'avoir peint notre *Cenacolo*.

Il a vu au *British Museum* une tête de saint Joseph dessinée, dit-on, par le Spagna, cet élève du Pérugin dont Vasari dit quelques mots sans lui donner une bien haute place, et qui n'est guère connu qu'en Italie, notamment à Assise et à Spoleto, où sont encore quelques tableaux de lui. Dans ce dessin M. Passavant croit reconnaître le même faire que dans les fragments d'études provenant du palais Michellozzi, et maintenant exposés en face de la fresque dans le réfectoire de S. Onofrio, d'où il conclut que ces études sont de la main du

Spagna et non de celle de Raphaël, quoi qu'en dise la tradition. Or, puisque les études sont incontestablement les préparations de la fresque, qui a fait les unes a dû faire l'autre, et c'est ainsi que M. Passavant est logiquement conduit à nous dire que l'auteur du *Cenacolo* n'est autre que le Spagna. Ainsi, grâce à ce dessin du *British Museum*, d'une attribution plus ou moins incertaine, voilà un grand peintre de plus ! voilà le Spagna subitement élevé à l'honneur d'avoir fait un chef-d'œuvre !

Notez que, quand bien même la tradition qui attribue à Raphaël les études trouvées chez les Michellozzi ne serait pas tout à fait exacte, ce qui est très-loin d'être prouvé, quand bien même ces détails préparatoires ne seraient pas de sa propre main, il ne s'ensuivrait nullement que la fresque ne fût pas de lui. Jamais Raphaël, dites-vous, dans ses dessins à la pointe rehaussés de blanc, n'a fait usage du lavis, jamais surtout il ne s'est permis cette légère coloration que vous remarquez sur un de ces fragments : l'assertion est tout au moins douteuse et voudrait être vérifiée ; mais tenons-la pour bonne. J'admets, puisqu'on le veut, que ces dessins ne sont pas l'œuvre du jeune maître d'Urbin, qu'ils proviennent d'un de ses condisciples, d'un auxiliaire, d'un Ombrien quelconque, et qui sait? du Spagna lui-même, à supposer qu'il ait jamais mis les pieds à Florence, ce que Vasari n'a pas l'air d'admettre, puisqu'il ne le fait quitter Pérouse que pour venir droit à Spoleto, s'y établir et y mourir. N'importe, je suppose qu'il se soit trouvé là tout exprès, que ces dessins soient de sa main ; vous n'en avez pas moins un abîme à franchir pour nous faire accepter qu'il ait conçu, composé, dessiné cet admirable ensemble avec ce style, cette pureté, ce calme, cette grandeur, cette simplicité.

M. Passavant ne se dissimule pas ce que sa gageure a de téméraire. Il avoue qu'au premier aspect cette fresque reproduit les principaux caractères du style de Raphaël. Lui-même, en la décrivant, il retrouve son admiration première, reconnaît et professe ce qu'il avait si bien reconnu et professé avant que sa visite au *British Museum* et je ne sais quel désir de ne pas trop déplaire à ses compatriotes de Florence lui eussent suggéré l'idée de bâtir un roman. « Judas Iscariote, dit-il, assis en face du Seigneur, détourne la tête avec une expression d'effroi et d'inquiétude. Son air de fausseté contraste avec l'air candide de Jacques le mineur, qui, les mains croisées l'une sur l'autre, semble demander s'il est possible que quelqu'un puisse trahir son divin maître. La tête du Seigneur, qui est d'une grande beauté, exprime une douleur calme et résignée. Saint Pierre, indigné, semble menacer de son couteau le traître qu'il ne connaît pas encore. Le peintre a caractérisé de la manière la plus frappante la personnalité de chaque apôtre... Il est à remarquer que la forme de la tête de saint Pierre est tout à fait semblable à celle que Raphaël lui a donnée dans son *Couronnement de la Vierge*, qui est au Vatican. »

Après de telles paroles, vous pensez qu'il renonce au Spagna? vous le croyez rendu? Pas du tout. Il persiste à soutenir sa thèse. « Cette fresque, dit-il, a l'air raphaélesque ; rien de moins étonnant. Ne sait-on pas que le Spagna excellait à imiter son ancien condisciple? Cette apparence qui vous trompe ne vient que de son savoir-faire. » A ce compte, il n'y aurait pas dans les galeries d'Europe un seul tableau de maître qui ne fût mis en question, car presque tous les grands peintres ont eu des imitateurs ; mais, Dieu merci, ces singeries sont plus visibles qu'on ne pense. Au lieu de raisonner, ouvrez les yeux : y a-t-il ici la moindre trace d'imitation, de parti-pris, de procédé systématique? Sentez-vous la contrefaçon? Tout ne semble-t-il pas naïf, spontané, naturel? Comment confondre deux choses aussi distinctes que l'effort d'un artiste qui cherche à en imiter un autre et l'œuvre libre d'un esprit en travail qui ne sait pas encore où il va, qui s'étudie et se cherche lui-même.

Un seul mot suffisait pour trancher la question. Le Spagna a imité Raphaël, soit ; avec bonheur, je l'admets, bien qu'on pût contester ; mais quand l'a-t-il imité? Lorsqu'il y avait honneur et profit à le faire, lorsque le grand artiste était déjà glorieux et puissant, lorsque Rome était à ses pieds. Quant au Raphaël de Florence, à peine arrivé de la veille, à peine connu dans la ville, encore presque écolier, vouloir qu'il y eût quelqu'un qui s'étudiât dès lors à se faire son imitateur, c'est de l'anachronisme tout pur. On ne copie pas les gens avant qu'ils soient célèbres, avant qu'ils aient au moins une physionomie à eux. Or, en 1505, telle chose n'existait pas que le style de Raphaël : il y avait un jeune homme plein d'avenir qui s'essayait à devenir original ; mais ce jeune homme, sur presque tous les points, n'était encore qu'imitateur lui-même.

Aussi M. Passavant se hâte-t-il d'appeler à son aide un autre peintre dont Raphaël, aussi bien que le Spagna, avait reçu les leçons. Dans cette fresque, selon lui, il ne faut faire honneur de la composition pas plus au Spagna qu'à Raphaël; elle n'est ni de l'un ni de l'autre, « elle appartient incontestablement au Pérugin. On ne la retrouve pas seulement dans son école, mais deux planches gravées qui se voyent à Gotha la reproduisent aussi et semblent faites d'après l'œuvre originale du Pérugin. Elles sont absolument conformes, du moins dans la partie principale du sujet, à la fresque ; mais l'architecture est plus riche dans la gravure, et l'on n'y trouve pas la scène du mont des Oliviers. »

Ainsi voilà le Pérugin directement mis en scène. Ce n'est pas seulement sa lointaine influence, le souvenir de son école, un certain reflet général de sa manière et de son style qu'on prétend retrouver ici ; — tout le monde en tomberait d'accord : — il s'agit d'autre chose. Cette fresque est son œuvre, ou du moins l'œuvre de sa pensée ; la composition est de lui, incontestablement de lui. M. Passavant insiste sur ce point, et son opinion se résume dans cette triple conclusion : « L'œuvre est du Spagna, d'après une composition du Pérugin, dans la manière de Raphaël. »

Nous ne savons pas, quant à nous, de plus grosse hérésie que cette cote mal taillée. Si quelque chose est plus impossible encore que d'attribuer au Spagna l'exécution de cette fresque, c'est d'admettre que le Pérugin soit l'auteur de la composition. Qu'a-t-il fait d'analogue ? qu'a-t-il conçu dans cet esprit ? Où l'avez-vous vu donner à ses personnages ces attitudes simples et naturelles, ce franc langage, ces regards sans manière et sans affectation ? Où sont les draperies qu'il a traitées avec ce calme, cette largeur et cette fermeté ? Est-ce à Pérouse, au *Cambio*, ou à San-Severo ? est-ce même au

Vatican ou sur les toiles du musée de Lyon? Dans ses meilleurs tableaux, quand il nous ravit par sa grâce, ou même quand il s'élève au sérieux, au pathétique, comme dans *l'Ensevelissement du Christ* au palais Pitti, ne sent-on pas toujours certaines traces de subtilité, d'afféterie scolastique ou conventionnelle? Ici, pas l'ombre de ces faux brillants.

D'où vient donc que M. Passavant affirme avec tant d'assurance, comme s'il en avait la preuve, que cette composition est l'œuvre du Pérugin? Et d'abord quel sens attache-t-il au mot composition? Si ce n'est qu'une certaine distribution hiérarchique de ces treize personnages et la pose convenue de quelques-uns d'entre eux, tout est dit : ne parlons ni du Pérugin, ni de son école, ni d'aucune autre. Cette composition appartient au moyen âge tout entier ; on la retrouve, depuis le douzième siècle, chez tous les maîtres peintres et sculpteurs. Nous l'avions rencontrée à Tours, sur une verrière de la cathédrale ; depuis, nous l'avons vue à Pistoïa, sculptée sur le linteau d'une porte d'église[1]. C'est un motif traditionnel dont personne n'a le droit de revendiquer l'invention. Si, au contraire, on entend par composition l'attitude, le geste, l'individualité de chaque personnage, et la combinaison, l'arrangement de l'ensemble, la création pittoresque en un mot, alors je ne crains pas d'être aussi décidé, aussi affirmatif que M. Passavant, et je dis que jamais le Pérugin n'a mis au monde et n'a transmis à ses élèves le prototype de cette fresque. Il y a là des qualités de dessinateur et de peintre que jamais il n'a possédées. C'est infiniment plus fort, et,

---

[1] L'église Saint-Jean-l'Évangéliste. Non-seulement le Judas est seul d'un côté de la table, mais il est à genoux.

comme dit le docteur Burkhardt, plus florentin que tout ce qu'il a fait. Michel-Ange ne s'y serait pas trompé, et devant ce cénacle jamais il ne se fût permis les plaisanteries peu charitables dont il aimait à poursuivre le vieux peintre de Pérouse. Au lieu de la rondeur banale qu'il reprochait à ses compositions, il eût trouvé dans celle-ci un accent ferme et varié, une jeune et puissante séve, une étude délicate et profonde de la vie et du caractère. Cette personnalité de chaque apôtre, que M. Passavant, avec toute raison, trouve exprimée ici d'une manière si frappante, n'est-ce pas un infaillible indice contre la thèse qu'il soutient? Aussi, nous le répétons, si quelque chose est pour nous hors de doute dans toutes ces questions obscures, c'est que le maître de Raphaël et du Spagna n'a jamais mis la main pas plus à la composition qu'à l'exécution de la fresque de S. Onofrio.

Qu'est-ce donc alors que cette gravure de Gotha dont M. Passavant invoque le témoignage, et qui, selon lui, semble faite d'après l'œuvre originale du Pérugin? Il faut en terminant que nous disions un mot de cette énigme.

Il s'agit d'une planche en deux feuilles, qui peut avoir un mètre de longueur sur près d'un demi-mètre de haut, ancienne gravure allemande d'un assez gros travail. Il en existe un exemplaire dans la collection de Gotha; un calque de cet exemplaire est au dépôt des archives de Florence. C'est une sainte cène, et la disposition générale des personnages est en effet conforme à celle de notre fresque. On peut même dire qu'il y a complète ressemblance dans les mouvements et les gestes principaux; mais là s'arrête l'analogie: sur tout le reste, complète différence. Le fond d'architecture, la table, le couvert, les ornements, les vêtements, les draperies, en un mot tous les accessoires sont totalement changés. Il n'y a pas jusqu'aux noms des apôtres, écrits, comme on sait, sur la fresque, en patois du duché d'Urbin et des montagnes de l'Ombrie, qui ne soient ici traduits en latin et inscrits à une autre place. Tout cela n'a pas grande importance, mais, ce qui est plus grave, les physionomies elles-mêmes sont entièrement dénaturées ; les expressions sont aussi lourdes, aussi plates, aussi communes qu'elles sont dans la fresque nobles et distinguées. Les chevelures surtout affectent une ampleur et un défaut de style tout à fait teutoniques. Ainsi le saint Jean, couché sur son divin maître, semble affublé d'une énorme perruque ; le saint Jacques n'a guère moins de cheveux, et ils sont encore plus bouclés. Quant à la tête du Sauveur, elle est sénile et débonnaire, et le saint Pierre est larmoyant. N'est-ce pas assez dire que si cette gravure reproduit les données principales du cénacle de S. Onofrio, elle n'en est, à bien prendre, que la caricature.

Qu'y a-t-il donc là qui permette de dire, comme le fait M. Passavant, que le graveur a travaillé d'après une *œuvre originale* du Pérugin ? Quoi de commun entre le Pérugin, même dans ses moins bons jours, et ces lourdes figures, ces gros visages, ce désordre de draperies, ces plis cassés à l'allemande ? La méprise n'est-elle pas étrange ? Ce qu'il y a de péruginesque dans la fresque de S. Onofrio est précisément ce qui, dans la gravure, a complétement disparu, si bien qu'à prendre cette planche telle qu'elle est, et à juger de l'original par la copie, ce serait de quelque Allobroge, de quelque peintre italo-germanique, que le graveur aurait dû s'inspirer. Or de deux choses l'une : si vous supposez que la gravure est antérieure à la fresque et qu'elle en est le germe, l'idée première, vous devez convenir que, pour transfigurer un si grossier modèle et en tirer tant de nobles et suaves créations, ce n'était pas trop d'un Raphaël; si, au contraire, vous admettez que c'est la fresque qui est antérieure, alors à quel propos citez-vous la gravure, et quelle argumentation en pouvez-vous tirer? Or l'antériorité de la fresque ne peut pas faire question : elle est du commencement du seizième siècle; la gravure est du milieu, peut-être même de la fin. Le style de l'architecture ne permet pas de s'y tromper. Au lieu des motifs délicats dans le goût du Bramante qui décorent le portique de la fresque, vous ne trouvez dans la gravure que de lourdes moulures, des pilastres contournés en forme de candélabres, des chapiteaux composites, épais et écrasés, en un mot tous les caractères de la décadence italienne doublée de lourdeur germanique. Évidemment cette gravure est l'œuvre de quelque artiste, enfant de l'Allemagne, qui avait entrevu la fresque de S. Onofrio ou en avait connu soit le carton, soit l'ébauche, et qui, ne gardant dans sa mémoire que les principaux linéaments, avait suppléé de lui-même aux détails qui lui faisaient défaut. On voit, dans tous les cas, que ce document n'est d'aucune conséquence pour la question qui nous occupe, et qu'on ne peut comprendre le bruit qu'on en a fait.

En somme, toutes les objections, toutes les conjectures, aussi bien de M. Passavant que des éditeurs de Vasari, sont de nature si légère que nous aurions bien pu les traiter moins sérieusement. Si d'autres hommes les avaient présentées, notre réfutation aurait été sommaire. En insistant, nous avons tenu compte de la valeur des personnes, non de la force des arguments. Et puis, quand l'occasion s'en trouve, n'est-il pas bon de rappeler combien, en matière d'art, la critique a parfois d'étranges partis-pris, combien on s'évertue pour établir des choses cent fois plus difficiles à croire que celles qu'on repousse comme trop incroyables? Par peur de l'extraordinaire et du surnaturel, on se lance dans l'impossible. Ainsi c'est un fait bizarre à coup sûr qu'un grand peintre, même dans sa jeunesse, ait pu peindre dans une grande ville une œuvre considérable sans que nulle part il en soit fait mention ; mais, ce qui deviendrait un tout autre prodige, ce serait qu'une grande œuvre sortît d'un petit pinceau. Voilà pourtant ce qu'on veut établir comme une solution plus simple et plus naturelle ! Que de gens qui n'osent pas croire à l'Évangile, et qui sans hésiter croient aux esprits frappeurs!

Le vrai moyen, nous ne saurions trop le redire, de ne pouvoir douter qu'un maître incomparable a mis la main à cette fresque, c'est de la voir, c'est de sentir au lieu de disserter. Comparez-la aux autres saintes cènes que de grands artistes aussi ont peintes sur mur à Florence, depuis Giotto jusqu'à Andrea del Sarto. Voyez même aux Offices comment Bonifazio, ce Vénitien trop peu connu et si digne de l'être, a traité sur toile ce sujet. Voyez surtout à Ogni-Santi et à San-Marco les deux saintes cènes de Ghirlandaïo. Ce sont des œuvres d'un grand prix, vous y trouvez de vraies beautés, des têtes expressives, sérieuses, recueillies, un certain aspect de grandeur et d'onction; mais que de parties communes, que de faiblesses et d'incohérences! quel dessin hésitant! comme ces mains sont lourdes et à peine indiquées! avec quel soin le peintre évite de faire paraître les pieds nus de ses apôtres! La nappe tombe assez bas pour que le bout des doigts seulement soit visible, tandis que rue Faenza tous les pieds sont à découvert et jusqu'au bas des jambes. Le maître joue franc jeu, et la difficulté est abordée de front. Quelle merveille que ces pieds! Les poses les plus diverses, les raccourcis les plus scabreux, sont exprimés avec un art, un bonheur, une audace vraiment incomparables. Ces pieds, ces mains, ces pieds surtout, ce sont autant de signatures d'une invincible autorité.

Le malheur, c'est que bien peu de gens s'en vont jusqu'à Florence. Les heureux qui voyagent, qui librement laissent là leurs foyers pendant un mois ou deux, sont en si petit nombre! Comment donner aux autres, à ceux qui restent, c'est-à-dire au public, l'idée de ces perfections de dessin et de forme, de ces trois figures juvéniles, si attrayantes et si simples, mêlées avec tant d'art à ces nobles vieillards, de ce beau regard du Christ si tendrement voilé, de ce geste charmant du saint Thomas, qui, tout en se versant à boire, prête l'oreille aux paroles du maître et devient pensif et rêveur, de l'adorable tête du saint Jean, de ce bouillant et indigné saint Pierre, et du Judas enfin, chef-d'œuvre de bassesse sans grossière exagération? Ce n'est pas comme dans *la Cène* de Giotto une sorte de hideux Kalmouk; il y a de la beauté dans ses traits, mais le regard est trouble et l'expression est basse. Comment faire voir, faire sentir tout cela seulement par des mots? La photographie n'en a donné jusqu'ici et n'en donnera jamais qu'une imparfaite image, la clarté n'étant pas assez vive sous une voûte aussi épaisse. Il n'y aurait donc que la gravure qui pourrait divulguer ce trésor, et encore la gravure telle que la pratiquait Jesi, fidèle aux grandes traditions, interprète exacte et vivante. La mort n'a pas permis à ce vaillant artiste de terminer sa tâche ; elle l'a surpris lorsqu'il venait d'achever son dessin, lorsque déjà il commençait à attaquer le cuivre. Ce beau dessin est encore à Florence ; nous voudrions qu'il fût à Paris. L'acquérir, le placer au Louvre, ne serait-ce pas une heureuse conquête ? Qui sait même si, à la vue de ce dessin complet et terminé, de ces contours exquis, de cette composition si chastement poétique et d'un effet si neuf dans son ancienneté, l'idée de conduire à-fin l'entreprise de Jesi, d'exécuter sa planche, ne naîtrait pas au cœur de quelque graveur français ?

Nous ne saurions mieux terminer ce complément d'étude sur la fresque de S. Onofrio qu'en rendant un public hommage à l'homme qui la connaissait le mieux. Personne n'a jamais aimé Raphaël comme l'aimait Jesi ; personne ne l'a si bien compris et étudié d'aussi près. Il avait voué sa vie à cette fresque du premier jour qu'il l'avait vue ; il en sentait les beautés avec un amour que l'étude rendait plus ardent tous les jours. Je n'ai pas besoin de dire que la question d'origine n'existait pas à ses yeux. Il avait cent raisons techniques que nous n'avons pas même indiquées, et qui pour lui équivalaient au plus clair des documents écrits. Parmi les œuvres de Raphaël, il n'en connaissait pas de plus incontestables que cette fresque. On l'aurait mis à la torture sans lui faire confesser qu'elle n'était pas de lui.

II

EUSTACHE LE SUEUR

Eustache Le Sueur naquit à Paris en 1617. Son père Cathelin Le Sueur était originaire de Montdidier en Picardie; simple tourneur en bois, d'autres disent sculpteur, mais assez médiocre, il sut pourtant reconnaître de bonne heure les dispositions de son fils pour le dessin. Ne se sentant pas de force à lui servir de guide, il se hasarda à le conduire chez le peintre alors à la mode, le peintre tout-puissant, le premier peintre du roi, Simon Vouet. En voyant les essais du jeune Le Sueur, Vouet consentit à le recevoir dans son école.

Vers la même époque, un autre enfant, moins âgé de deux ans, fils aussi d'un sculpteur, était introduit dans l'atelier de Vouet; il se nommait Charles Lebrun; et, comme si la destinée de ces deux hommes n'eût pas voulu se démentir un seul jour, tandis que Le Sueur était admis par grâce peut-être même par charité, Lebrun se voyait reçu avec empressement et déférence. Un puissant personnage, le chancelier Séguier, lui avait ouvert la porte, et s'engageait à le protéger de sa bourse et de sa faveur.

Dans ce même atelier, où, avec un empressement jusquelà sans exemple en France, une foule de personnes de toutes conditions venaient s'initier à l'art de la peinture, on remarquait un jeune homme de Troyes en Champagne, nommé Pierre Mignard, qui touchait alors à sa vingtième année, et possédait déjà un pinceau si facile et un si grand don d'imitation, que son maître signait parfois ses tableaux sans scrupule. Vouet, qui aimait l'argent, et qui voulait profiter de sa vogue, avait pris son élève en extrême affection ; il se proposait même d'en faire son gendre ; mais le jeune peintre, comme tous ceux de ses camarades qui se vouaient sérieusement à leur art, était atteint d'une passion irrésistible qui ne lui permettait pas de faire un long bail avec son maître et avec Paris.

L'Italie, visiter l'Italie, telle était l'idée fixe qui possédait alors nos jeunes artistes français. Pendant longtemps c'étaient les peintres italiens qui étaient venus chez nous par colonnies : les nôtres alors étaient peu voyageurs, et ne franchissaient les monts qu'à de rares intervalles. Mais depuis la fin des troubles, depuis l'entrée du roi Henri dans Paris, et surtout depuis son mariage, les rôles étaient changés, et c'étaient nos artistes qui se précipitaient sur l'Italie. La beauté de ses chefs-d'œuvre, qui durant le siècle précédent n'avait pas été universellement comprise en France, avait fini par devenir tellement incontestée, la renommée en était tellement retentissante, que le public ne reconnaissait plus pour peintres que ceux qui revenaient de ce pays-là, et que les jeunes gens couraient y chercher leur brevet de maîtrise, leur baptême d'artistes, et je ne sais qu'elles recettes merveilleuses pour avoir du génie. Deux sortes d'émigrations étaient alors également nécessaires : les nouvelles Indes pour qui voulait faire fortune, l'Italie pour qui voulait se faire un renom dans les arts.

Aussi, quelque grande que fût la célébrité de Vouet, quel que fût son crédit auprès de Louis XIII, qui prenait de ses leçons quatre fois la semaine, cette fièvre de voyages faisait de continuels ravages dans son atelier. Malgré ses instances pour retenir les plus habiles, chaque année lui enlevait un certain nombre de ses bons élèves. Ce fut bientôt le tour de Pierre Mignard. Il alla rejoindre son ami Dufresnoy parti deux ans auparavant ; et quelques années plus tard Lebrun, auquel le chancelier Séguier assurait, outre les frais du voyage, une pension pendant six années, se mit à faire aussi ses préparatifs de départ.

Quant à Le Sueur, soit qu'il n'eût ni argent, ni patron, soit pour toute autre cause, il restait à Paris, et voyait, le cœur gros, on peut le croire du moins, ses camarades, l'un après l'autre, entreprendre ce doux pèlerinage.

Il ne savait pas que c'était sa bonne étoile qui le retenait loin de cette Italie si belle, mais si dangereuse. Sans doute il perdait l'occasion de fortes et savantes études ; mais que de piéges, que de contagieux exemples n'évitait-il pas ! Aurait-il su, comme le Poussin en fut seul capable, résister aux séductions du présent pour ne lier commerce qu'avec l'austère pureté du passé ? Son âme tendre était-elle trempée pour cette lutte persévérante, pour cet effort solitaire? N'aurait-il pas cédé? et alors que seraient devenues cette candeur, cette virginité de talent, qui font sa gloire et la nôtre, et qui, par un privilége unique, lui ont fait retrouver dans un âge de décadence quelques-unes de ces inspirations simples et naïves qui n'appartiennent qu'aux plus beaux temps de l'art?

Laissons-le donc se désoler et jeter des regards d'envie sur cette terre qu'il ne verra pas; laissons-le racheter à force de veilles et d'études ce qu'il croit le tort de sa mauvaise fortune; et, pendant qu'il travaille à s'affranchir de l'enseignement qu'il a reçu et à se frayer des voies nouvelles vers un but encore vague dans sa pensée; pendant qu'il se promène en rêvant dans ce cloître des Chartreux où quelques années plus tard il devait s'immortaliser, et où dès lors il venait étudier la simplicité des draperies et le naturel des expressions, suivons ses condisciples en Italie, et cherchons ce qu'étaient devenus la peinture et les peintres dans cette patrie de Masaccio et de Raphaël; puis nous jetterons un coup d'œil sur la France, et, après avoir indiqué ce qu'avait été chez elle la peinture durant le siècle précédent, ce qu'elle était à l'époque où nous sommes, c'est-à-dire vers 1640, nous serons mieux en état de poursuivre le récit de la vie et des ouvrages de notre jeune artiste, et de l'apprécier avec vérité, lui et ses contemporains.

I

L'Italie, pendant le quinzième siècle, avait mis au monde tant de peintres éminents, qu'une période d'épuisement et de stérilité succéda brusquement à cette exubérante production. Dès qu'on a passé les premières années du seizième siècle on ne voit plus rien germer, tout commence à tomber ou à se flétrir. Regardez après la mort de Corregio, en 1534, ce qu'il restait encore de cette puissante génération dont il était un des plus jeunes représentants. Raphaël n'était plus depuis quatorze ans; Giorgione, Bellini, Fra Bartolomeo, Léonard de Vinci, le Pérugin, André del Sarto, l'avaient précédé ou suivi dans la tombe : de toute cette famille de peintres immortels, il n'y avait de vivants que Michel-Ange et Titien, tous deux âgés d'environ soixante ans, mais destinés, il est vrai, l'un et l'autre, à devenir presque centenaires. Michel-Ange était à la veille de renoncer à la peinture pour se livrer exclusivement aux travaux de Saint-Pierre. C'est en 1541 qu'il termina son *Jugement dernier*, et depuis ce moment il ne toucha plus ses pinceaux. Quant à Titien, il peignit, je crois, jusqu'à sa quatre-vingt-dix-neuvième année; mais, quelque temps après sa soixantième il entreprit ses voyages à Barcelone et en Allemagne, et l'on sait qu'après son retour ses tableaux n'ont plus offert qu'un reflet assez pâle de ses brillantes qualités, et que, semblables aux dernières tragédies de Corneille, ils ne doivent pas figurer dans ses œuvres. On peut donc dire que vers 1540, tous les grands peintres de l'Italie avaient cessé ou de vivre ou de peindre, et, depuis cette époque jusqu'à celle ou commence à paraître dans sa maturité une nouvelle génération dont tout à l'heure nous ferons connaître l'origine et le caractère, on voit s'écouler près d'un demi-siècle d'interrègne.

Pendant ce temps la peinture disparut-elle avec les peintres? Tout au contraire, jamais, à aucune époque, les tableaux ne furent aussi nombreux. Chacun de ces grands hommes venait de former une foule de disciples qui, se répandant sur toute l'Italie, l'eurent bientôt transformée en une vaste manufacture. C'est alors que commence l'histoire des écoles, histoire que les critiques italiens développent avec une admiration si complaisante, mais qui n'est en réalité qu'une affligeante démonstration de l'infirmité de l'art moderne et de l'éphémère fragilité de ses plus beaux triomphes. Ces prétendues écoles, qui auraient dû perpétuer sinon le génie de leurs fondateurs, du moins leurs traditions, leur style, leur esprit, qu'ont-elles fait? En est-il une seule qui soit restée fidèle à son drapeau? A-t-on vu les élèves marcher avec constance et respect sur les traces de leurs maîtres? A défaut de nouveautés originales que l'époque se refusait à produire, a-t-on continué à cultiver parallèlement, et en face les unes des autres, ces méthodes si diverses dont la variété formait un spectacle si beau et si complet? Non; au bout de quelques années les leçons étaient oubliées, les exemples abandonnés; un certain goût banal et conventionnel pénétrait dans tous les ateliers et leur donnait à tous une même physionomie.

A vrai dire, il n'y eut plus dès lors en Italie ce qu'on peut appeler des écoles, et, quand on emploie ce mot, on lui prête un sens purement géographique. C'est parce qu'un homme est né sur la rive droite du Pô plutôt que sur la gauche, ou bien à une demie-lieue en deçà ou au delà des États de l'Église et de ceux de Florence, qu'on l'incorpore dans l'école vénitienne, dans la romaine ou dans la florentine, sans qu'il y ait la plupart du temps entre sa manière et le style des chefs de ces écoles le moindre trait de ressemblance. Étranges classifications, qui prouvent l'impossibilité où se seraient trouvés les historiens de distinguer les uns des autres tous ces peintres du second ordre, s'ils eussent voulu les classer d'après leurs œuvres; ils ont choisi ce qu'il y a chez eux de plus caractéristique, le lieu de leur naissance.

Ainsi, les divins créateurs de la peinture italienne ont à peine cessé de vivre, que leur création s'altère et se décompose; leur noble semence produit des fruits bâtards; tout ce qu'il y avait en eux d'exquis, de céleste, d'immortel, s'évanouit et disparaît avec eux. Le plus pur de tous, celui dont les exemples devaient être sacrés, dont le souvenir devait être un culte, Raphaël, que reste-t-il de son style, de ses leçons, quelques années après sa mort?. Son disciple favori, Jules Romain, n'est-il pas immédiatement surpris en flagrant délit d'infidélité et d'oubli? Est-ce l'image de son maître qu'il avait devant les yeux, est-ce à son influence qu'il obéissait, quand il promenait si cavalièrement son pinceau sur les murs des palais de Mantoue? Je ne parle pas de ces tons de chair couleur de brique, de ces teintes noirâtres, de ces ombres outrées, ce sont chez lui de vieilles habitudes; mais pourquoi ces tours de force, ces attitudes tourmentées, ces compositions confuses, ces expressions grimaçantes? Qui pourrait deviner, sauf dans quelques ravissants détails d'ornementation, qu'il y a dix ans cet homme passait sa vie dans la contemplation des types de la plus suave beauté, que l'étude de la nature et de l'antique était sa loi, sa religion? Et les autres élèves bien-aimés, le *Fatore, Perino del Vaga*, ne se hâtent-ils pas aussi de répudier l'héritage du maître? Ne dirait-on pas qu'ils sont pris d'horreur pour tout ce qui ressemble à la grâce et à la beauté? Ne se jettent-ils pas avec passion dans ce genre exagéré et théâtral contre lequel ils devaient être si bien aguerris?

Il est vrai que le maître lui-même, dans les derniers moments de sa trop courte vie, leur avait donné un dangereux exemple. Le doute était entré dans son âme : cette image de la beauté simple et primitive, que jusque-là il avait adorée avec la ferveur d'un croyant, il commençait à la regarder d'un œil presque hérétique. Tout en protestant contre les novateurs, il se lançait bien qu'avec prudence dans la voie des innovations. Comment ses successeurs se seraient-ils faits les champions de son style et de ses préceptes, lorsque lui-même avait donné le signal de la désertion? Et le vieux Léonard, cet austère gardien des traditions du siècle passé, n'avait-il pas aussi, avant de quitter l'Italie, fait quelque petite infidélité à sa propre école? Son fameux carton de Florence était, dit-on, un chef-d'œuvre; mais était-il exempt d'une certaine exagération, d'un certain désir de faire effet à tout prix? L'entraînement était donc général; les forts comme les faibles, les vieux comme les jeunes, étaient frappés et soumis par je ne sais quelle influence contagieuse, dévorante, irrésistible.

Quelle était cette influence ? Il faut oser le dire, c'était celle d'un génie admirable, mais funeste. Depuis le jour où, devenu peintre malgré lui, Michel-Ange avait couvert les voûtes de la chapelle Sixtine de ses gigantesques et splendides peintures, une des créations les plus étonnantes de l'intelligence humaine, il avait jeté le trouble dans tous les esprits ; les notions simples du beau avaient été bouleversées ; les limites de l'art étaient devenues incertaines, arbitraires, conventionnelles. Les hommes d'un goût sévère sentaient bien que ce n'était pas là de la peinture, mais de la décoration théâtrale ; que ce qu'il y avait de vraiment beau, c'étaient les parties qu'on regardait le moins, les tableaux du milieu de la voûte représentant la création du monde, parce qu'on y lisait une pensée sublime traduite sous des formes aussi simples que grandioses ; que, quant à ces grands colosses des deux sexes et à cette multitude de personnages accroupis dans tous les sens, ils attestaient un prodigieux savoir, une étude extraordinaire de la partie musculaire et matérielle de l'homme, mais qu'il n'y avait rien là dont on se sentît touché, pas une figure dont on comprît la pensée, dont on pénétrât les sentiments et les passions, pour laquelle on éprouvât de l'aversion ou de la sympathie ; que c'était de l'art d'apparat, d'ostentation, qu'on devait contempler avec étonnement, avec respect, et presque avec effroi, mais qu'il ne fallait pas imiter. Voilà ce qu'on aurait pu dire si l'on eût été de sang-froid ; mais l'heure de la critique n'était pas encore venue : la foule était en extase ; on s'écriait que la peinture était grandie de cent coudées, que les anciens n'étaient plus que des nains, et que désormais l'art des modernes devait être l'art des géants.

Comment, au bruit de ces applaudissements, à la vue de ces nouveautés étourdissantes, l'esprit d'imitation se fût-il contenu? Quel est le peintre qui, en retournant chez soi, eût osé achever ce qu'il avait commencé la veille? Pour lui, tout était mis en question. On eût dit que des contrées nouvelles, que tout un monde inconnu venait d'être découvert. Chacun semblait se dire que devant cette autre poudre à canon il n'était plus moyen de se battre à l'arme blanche. Les mots de maigreur, de sécheresse, de pauvreté résonnaient aux oreilles des peintres comme autant d'anathèmes contre leurs doctrines et leurs ouvrages. Le grand goût, le grand style tournait toutes les têtes, et le désir du succès est une si impérieuse passion, que le projet de se modifier pénétrait, à leur insu, dans toutes les consciences d'artiste.

La tentation d'imiter devait être d'autant plus forte que les moyens d'imitation paraissent plus faciles. Quand on se propose pour modèle un chef-d'œuvre de simplicité, d'expression, de sentiment, dont la beauté provient de la précision du trait, de la finesse des contours, de la suavité du pinceau, n'imite pas qui veut; la maladresse et l'impuissance se trahissent aux yeux les moins exercés. Mais quand il s'agit de tourner le dos à la nature pour s'abandonner à la fantaisie, quand il n'est question que d'outrer, d'exagérer, d'enfler sans mesure toutes les proportions, il devient beaucoup moins difficile, je ne dis pas d'égaler un homme de génie, mais d'en être la caricature. Aussi tout le monde s'en mêla : il n'y eut pas, soit à Rome, soit à Florence, si petit barbouilleur qui ne voulût agrandir son style et ne se mît à singer la fougue du grand homme.

Quant aux habiles, ils cherchèrent à se rendre compte des moyens d'où résultaient de si prodigieux effets ; ils analysèrent les procédés du novateur et découvrirent que la principale différence entre eux et lui consistait dans une connaissance plus approfondie de la structure intérieure du corps humain ; que c'étaient ces notions exactes et scientifiques qui lui permettaient d'accentuer si vigoureusement ses figures, de leur donner des attitudes si audacieuses, et de produire ces raccourcis qui faisaient crier miracle ; ils en conclurent que la science de l'anatomie était son secret, et bien vite on se mit à disséquer avec fureur.

Au fond, Michel-Ange avait dans sa jeunesse donné à l'anatomie une assez sérieuse attention ; mais il ne faut pas croire qu'il y fût passé maître, ni qu'il en ait fait, comme on le répète, l'étude constante de toute sa vie. Les hommes du métier trouvent dans ses ouvrages, aussi bien dans les derniers que dans les premiers, certaines fautes assez choquantes, qu'une étude prolongée lui aurait certainement fait éviter. Il est donc probable qu'après avoir embrassé cette science dans son ensemble, après en avoir saisi les parties les plus saillantes avec la puissance ordinaire de son esprit, il avait fini par se former une anatomie à son usage, et qu'il la faisait obéir ainsi que tout le reste à son imagination.

Mais, comme on supposait qu'un grand savoir était la clef de son talent, les études anatomiques devinrent de ce moment partie intégrante et obligée de l'éducation des peintres. Études dangereuses quand elles ne sont pas dirigées par un sentiment vrai et par une saine méthode. Un critique célèbre a dit, je crois, qu'en peinture comme en morale, il fallait prendre garde de trop regarder sous la peau. En effet, la science anatomique a certainement plus gâté d'artistes qu'elle n'en a perfectionné. Quand on sait si bien par cœur tout ce mécanisme caché des muscles et des os, on est tenté, malgré soi, de l'accuser plus fortement que ne le permet la nature. On veut montrer ce qu'on sait, et on oublie ce ce qu'on voit. On risque même, à force de science, de tomber dans les plus grossiers mensonges, car il ne faut pas croire que chez un corps vivant les choses se passent de la même manière que dans un cadavre écorché : tous ces muscles, roidis par la mort, n'ont plus le même jeu, la même élasticité que lorsqu'une chaleur vivifiante les anime. Si donc vous prenez à la lettre votre anatomie, si vous vous contentez de recouvrir de chair et de peau cet écorché que vous avez dessiné avec tant de soin et d'exactitude, vous faites un être fantastique, qui n'est ni vivant ni mort, qui ne peut ni marcher ni agir. La science des amphithéâtres ne doit être pour le peintre qu'un moyen de mieux observer la nature vivante, et de ne pas se tromper sur certains effets que la superficie des corps n'indique pas toujours clairement; mais si le moyen devient le but, vous ne pouvez plus produire que de soi-disant figures humaines, aussi étranges dans leurs formes qu'inanimées dans leurs mouvements. Telle devait être la destinée de presque tous ces peintres qui, sur les traces de Michel-Ange, allaient tranformer leur pinceau en scalpel.

Ce n'était pas la première fois que l'anatomie et l'esprit scientifique étaient venus troubler la marche calme et régulière de l'art. Quarante ou cinquante ans auparavant, après la mort de Masaccio, après que ce précurseur, ce divin révélateur de la nature, eût fixé les jalons de la voie de vérité, où l'avenir n'avait qu'à le suivre, on avait vu Antonio del Pollaiulo, d'abord par curiosité, puis par système, s'adonner à l'anatomie, et, pour faire admirer sa science, abandonner dans son dessin les traditions de simplicité. Après lui, Luca Signorelli avait pris la même route, avec une hardiesse et un génie que Michel-Ange, comme on sait, n'a pas dédaigné de mettre à profit. L'influence de ces deux hommes, jointe à celle des premières gravures allemandes qui furent vers cette époque importées en Italie, est la cause de ce temps d'arrêt, de cette déviation si étrange, qui se manifeste tout à coup, vers 1460, dans le style jusque-là si chaste, si réservé, des maîtres de cette belle époque. Quand on voit dans la plupart des tableaux des Filippo Lippi, des Boticelli, des Ghirlandaïo, un oubli si complet du naturel, une tendance si marquée à l'exagération maniérée, on a peine à comprendre comment de telles peintures peuvent se trouver placées entre la primitive pureté de Masaccio et l'exquise perfection de Raphaël. L'explication est tout entière dans ces premières invasions de la science anatomique ; c'est à elle que ce trouble passager doit être attribué. Mais, heureusement, il y avait alors assez de séve et jeunesse dans les âmes, assez de discipline dans les esprits, pour que ce contact de la science ne fût pas mortel à l'art. Le génie du beau, c'est-à-dire de la simplicité, veillait sur les destinées de la peinture italienne, et le génie du médiocre, c'est-à-dire de la manière, ne devait pas encore triompher. Léonard vint prouver qu'on pouvait être savant et et conserver le caractère le plus ferme et le plus pur ; puis, enfin, Raphaël, par l'éclat et l'autorité de ses chefs-d'œuvre, acheva d'anéantir jusqu'aux derniers vestiges de l'esprit de pédantisme et d'affectation.

Mais, après les succès et les innovations de Michel-Ange, il n'y avait plus de digues assez hautes ni assez fortes pour contenir le flot du mauvais goût. L'âge d'or n'avait duré que que quelques jours. Belles et lumineuse journées, dont l'éclat ne s'est éclipsé que pour les yeux contemporains, mais qui brilleront à jamais d'une incomparable beauté !

Nous détournerons nos regards du triste spectacle qui leur succède. Qu'il nous suffise de dire que de jour en jour on vit s'étendre et s'affermir les conquêtes de la manière, c'est-à-dire de cette méthode expéditive et systématique qui applique les mêmes procédés, les mêmes formules, à tous les sujets, à toutes les situations. Mettre en relief les muscles les moins apparents, chercher les poses les plus tourmentées, les attitudes les plus violentes, les gestes les plus invraisemblables ; faire des Vénus qu'on prendrait pour des Hercule, des vierges qui ressemblent à des saints Christophe ; faire marcher hommes et femmes sur des espèces de colonnes torses en guise de cuisses et de jambes, telle fut la recette, on pourrait presque dire la consigne, adoptée avec enthousiasme dans ce pays qui vingt ans auparavant voyait produire la *Madona alla Seggiola* et les *Stanze* du Vatican.

Il y eut pourtant quelques résistances isolées et partielles. Parmi tous ces noms obscurs dont nous pourrions faire une insignifiante énumération, car l'histoire, qui garde un si regrettable silence sur tant de grands artistes du moyen âge, n'a pas manqué d'enregistrer toutes ces médiocrités de la grande époque ; au milieu, dis-je, de tous ces peintres dégénérés, on voit s'élever quelques individualités éparses qui, tout en cédant à l'entraînement général, conservent un certain caractère d'indépendance et d'originalité. Il y eut même quelques localités, qui pendant un temps eurent le privilége de rester presque impénétrables à la contagion. Ainsi Ferare, où Garofolo, un des élèves de Raphaël, s'était retiré, et où, de concert avec Dosso Dossi et quelques autres, il avait fondé une école, Ferrare devint un petit centre d'opposition, où pendant vingt-cinq ou trente ans on refusa, comme de contrebande, les idées à la mode, et où les traditions des maîtres furent observées, sans chaleur, sans vie, sans feu sacré, mais avec fidélité et respect. On vit aussi Venise, garantie en quelque sorte par ses lagunes, rester longtemps étrangère à la révolution qui venait de s'opérer. L'esprit novateur avait pris chez elle une autre direction : l'éclat et la magie des couleurs étaient devenus l'unique objet de l'étude et du juste orgueil de ses peintres ; la gloire qu'ils en acquéraient leur permettait de n'afficher aucune prétention au grand dessin, et de voir sans envie leurs voisins se livrer à leurs savantes extravagances. Paul Véronèse, bien qu'encore jeune quand la passion pour les effets à *la Michel-Ange* était le plus ardent, ne s'en laissa que faiblement atteindre, et resta presque toujours fidèle aux traditions de Titien, dont il venait suppléer la vieillesse. Tout le monde, cependant, ne fut pas aussi sage, et le Tintoret, si moelleux et si suavement éclatant quand il veut bien rester lui-même, ne se contenta malheureusement pas toujours de n'être que coloriste et Vénitien.

Ainsi, même dans les lieux où d'abord il y eut résistance, elle ne fut que momentanée et incomplète ; partout ailleurs ce fut une domination subite, générale, exclusive. Le grand artiste avait bien prévu qu'il donnait un si fatal exemple. Il avait tiré l'horoscope de ses imitateurs, et souvent il avait dit qu'une fois lancé sur ses traces, ils ne s'arrêteraient plus, pas même à l'absurde. Lui-même il verifiait sa prophétie, car il subissait sa propre influence. Comparez le *Jugement dernier* et la voûte de la Sixtine : quel redoublement systématique de témérités, d'effets outrés, de scientifique barbarie ! C'est qu'une fois hors du simple et du vrai, l'esprit devient insatiable de raffinements et de complications. Il lui faut chaque matin quelque chose de plus nouveau, de plus hardi, de plus extraordinaire. C'est comme les épices en gastronomie, comme le bruit en musique : on va de la trompette au trombone, du trombone à l'ophicléide, puis de l'ophicléide au tam-tam et au *colpo di canone.*

Aussi quel spectacle ! quelle peinture ! D'année en année, l'imitation devenait moins intelligente et plus désordonnée. Plus l'ombre de correction dans les détails, de raison dans l'ensemble, de fini dans l'exécution. Michel-Ange, en mourant, eu la douleur d'assister à cette anarchie, à ce chaos, suites inévitables de sa révolte contre le beau. Il haussait tristement les épaules, pendant que ces myrmidons levaient bravement la tête et se croyaient fort supérieurs à tous les peintres et à Michel-Ange lui-même. On ne peut rien imaginer d'égal à l'infatuation de cette époque. Le grand art des raccourcis, la science de l'emmanchement des os, donnaient au public comme aux peintres un orgueil extravagant. Tout le monde criait au progrès, et l'on prenait en pitié Raphaël, Léonard et les anciens.

On peut dire que, sous Clément VIII et sous Sixte V, le délire parvint à son comble. L'habitude de peindre de pratique avait été portée à tel point, que dans les ateliers on avait complétement perdu l'usage d'étudier le modèle vivant. On s'exerçait la main d'après certains exemples convenus, puis on prenait son vol. La fougue, le faire impétueux, couraient les rues. Improviser les tableaux sans faire de dessin, jeter les fresques sur les murailles sans faire de cartons, telle était la preuve convaincante de la supériorité et du génie. Tout ce qui n'était pas *fatto alla prima* ne méritait pas qu'on le regardât. Les Pomeranci, les Semino, les Calvi, et tant d'autres, n'étaient des colosses de réputation que parce qu'ils pouvaient couvrir de peinture deux toises carrées en un jour. Aussi Cambiasi, le Génois, après avoir bien cherché comment il pourrait surpasser ses rivaux et se donner une grande illustration, ne trouva pas de meilleur moyen que de se mettre à peindre des deux mains à la fois.

Quand les choses en sont à ce point, une réaction devient inévitable. Le signal en fut donné vers 1580 par les fils et le neveu d'un tailleur de Bologne, Antoine Caracci. Cette famille heureusement douée, mais qui cent ans plus tôt n'aurait occupé qu'une place honorable dans le cortége des grands maîtres, était appelée, grâce aux circonstances, à une immense célébrité. L'apparition des Carrache est un de ces événements qui s'amoindrissent en vieillissant, mais qui, vus de près, ressemblent à une révolution. Qu'avaient donc fait ces prétendus novateurs, pour causer tant de bruit?

Ils avaient eu la bonne foi de regarder attentivement quelques tableaux du Corrège et de se dire : Cela est tout autrement fait que ce qu'on peint aujourd'hui ; voilà de la couleur, de la transparence, de la chair, de la vie, de la peinture en un mot. Puis, devant Raphaël, ils étaient tombés dans une pieuse extase; ils avaient compris les grâces pénétrantes de Léonard ; la magique splendeur de Titien les avait émus, transportés, et ils avaient eu l'audace de proclamer tout haut leur admiration. Encouragés par quelques jeunes gens qu'un dégoût instinctif éloignait des ateliers à la mode, ils ouvrirent une école et l'appelèrent *Academia degli Desiderosi*, ce qui semblait dire : école de ceux qui regrettent le passé, qui méprisent le présent, et aspirent à un meilleur avenir. La nouvelle école déclara donc franchement la guerre aux routines et aux procédés de convention; elle réhabilita la mémoire et les chefs-d'œuvre des grands peintres. Mais, dès qu'il fut question de passer de la critique à l'action, et d'imprimer une direction à l'art qu'on voulait ressusciter, au lieu de se placer en face de la nature, de l'étudier à nouveau, de la traduire avec un sentiment qui leur fût propre, et de se créer ainsi un style nettement caractérisé, les Carrache crurent que leur mission consistait à fondre et à amalgamer toutes les qualités dominantes des différents chefs-d'œuvre. On eût dit que leur admiration, à force d'être impartiale, ne leur permettait pas de faire un choix, ou plutôt que, désespérant d'égaler le créateur de chaque genre en uttant avec lui sur son domaine, ils préféraient ne lutter avec personne en particulier, et se montrer, sinon plus parfaits, du moins plus complets que tout le monde. Manquant de courage ou d'inspiration pour prendre un parti net et simple, ils s'étaient arrêtés à un parti mixte, ou, comme on dirait aujourd'hui, à l'éclectisme.

Leur tentative n'en eut pas moins un immense succès d'estime; tous les hommes modérés, et le nombre en est grand après une si longue anarchie, accueillirent avec une joie profonde cette idée de ne rien exclure, d'éviter tous les excès, d'admettre toutes les beautés, de ne copier aucun maître et de les imiter tous. Puis c'était chose si nouvelle, qu'un tableau peint avec soin, étudié, travaillé, fini avec une certaine conscience! Bientôt on ne parla plus que des Carrache : ils furent proclamés, dans toute l'Italie, les restaurateurs de la peinture, les rénovateurs du goût.

Mais leur triomphe devait être bientôt troublé par de violentes agressions; au sein même de leur école se trouvaient des esprits entiers et résolus que ce régime d'impartialité et de tolérance universelle ne pouvait accommoder. Pour ceux-là ce n'était rien d'avoir renversé la tyrannie d'un genre exclusif, il fallait s'affranchir de tous les genres, rompre avec toutes les traditions, oublier toutes les règles, dédaigner tous les exemples, et ne suivre qu'un seul guide, n'adopter qu'un seul maître, la nature.

Le chef de ces dissidents fut un étrange et fougueux personnage, Michel-Ange de Caravaggio, fils d'un maçon et maçon lui-même dans son enfance, homme bilieux et querelleur, sans lettres, sans culture, mais coloriste par instinct et systématique jusqu'à la fureur. Il ne fit que passer dans l'atelier des Carrache; pour un homme de sa trempe, l'éclectisme était une pauvre muse. Ses maîtres lui firent l'effet de timides réformateurs : il les abandonna; puis, en vrai révolutionnaire, il alla jusqu'au bout de ses idées. Pour lui, l'art n'avait d'autre but que l'imitation littérale, mais vivante, de la nature, de la nature telle quelle, sans choix, sans exception : et, pour mieux prouver qu'il ne choisissait pas, et que tout, même le laid, lui semblait beau, pourvu que la traduction fût saisissante et vigoureuse, il affecta de ne s'attacher qu'à des modèles vulgaires et grossiers. Cette prédilection pour les cabarets et les corps de garde, ce mépris de l'Olympe et de ses habitants, de l'antique et de ses statues, cette audace triviale et populaire, tout en faisant le scandale et le désespoir de quelques-uns, charmaient une foule d'esprits blasés que les prudentes innovations des Carrache avaient à peine effleurés. Ceux mêmes que le côté cynique de cette peinture effrayait le plus ne résistaient pas toujours aux attraits d'une palette si chaude, d'oppositions si tranchées, d'effets si surprenants; enfin la vogue s'en mêla, et bientôt le parti des *naturalistes*, comme on les appelait, devint presque aussi nombreux qu'il était intolérant, et des hommes puissants et haut placés, cardinaux, comtes, et marquis, se déclarèrent ses protecteurs.

A la vue de ce radicalisme triomphant, les débris du vieux parti, les amis du grand goût et du style héroïque, se réveillèrent et rentrèrent dans la lice. Leur champion n'était pas un athlète aussi nerveux que Caravage, mais un homme remuant, pétri d'orgueil et d'intrigue, et capable de tenir la campagne à force de savoir-faire. Son nom est à peine connu de nos jours ; mais alors qui ne parlait en Italie du chevalier Joseph d'Arpino, ou, comme on disait à l'italienne, du Josépin (Giuseppino)? Il avait eu soin d'en parler avant tout le monde, et avait lui-même établi sa réputation par des moyens qui permettent de croire que, s'il ne fut pas un grand peintre, il eût été un grand journaliste. Aussi disait-on après sa mort que ses ouvrages étaient devenus muets dès qu'il avait perdu la parole.

Pour tenir tête à Caravage, Josépin eut l'art de conquérir la bienveillance et jusqu'à l'amitié de tous les papes sous lesquels il vécut, de se procurer dans toutes les villes d'Italie des protecteurs et des porte-voix, puis enfin de rajeunir et de discipliner ses sectateurs par l'invention d'un nouveau symbole, d'un nouvel article de foi. Caravage avait proclamé le *naturalisme*, Josépin inaugura l'*idéalisme*.

Ces deux mots une fois lancés dans le public, on se battit à outrance ; jamais peut-être querelle aussi envenimée n'avait troublé le domaine des arts. Ce serait une longue et dramatique histoire que le récit de cette controverse. Des flots d'encre coulèrent, et le sang même fut répandu, car le chef des *naturalistes* n'entendait pas raillerie, et, dans ce bruyant conflit d'arguments et de théories contradictoires, il trouvait quelquefois plus commode et plus prompt de répondre à coups de dague ou de stylet.

Ce qu'il importe de remarquer, c'est l'étrange abus qu'on faisait de ces deux mots *idéal* et *naturel*. Pour le Josépin, l'idéal n'était ni le beau, ni le vrai, ni le pur par excellence ; c'était le chimérique, le conventionnel, l'arbitraire. Et quant à Caravage, ce qu'il appelait le naturel n'était autre chose que le trivial. Le Josépin, aussi bien que Caravage, avait le plus parfait mépris pour l'antique, et Caravage, pas plus que le Josépin, n'aurait jamais consenti à imiter purement et simplement la nature, sans la farder, sans la systématiser. Il ne respectait pas même ce qu'il y a de plus sacré pour un peintre dans la nature, la lumière du jour ; il lui fallait une lumière de convention. Les murs de son atelier étaient barbouillés de noir, et il ne laissait pénétrer la clarté que par une étroite ouverture pratiquée près du plafond, afin d'éclairer vivement quelques parties de ses modèles, en laissant tout le reste dans une profonde obscurité. Ainsi, pour imiter la nature, il commençait par la déguiser : l'amour du factice et de l'artificiel avait pénétré si avant dans tous les esprits, que les plus indépendants ne pouvaient abandonner une manière sans retomber dans une autre.

Tel était l'état des choses vers les premières années du dix-septième siècle : d'un côté, Caravage, dans toute la fougue de ses innovations; de l'autre, Josépin ranimant, réchauffant, à force d'adresse, les vieilles traditions académiques ; puis, au milieu, les Carrache se posant en médiateurs, ne donnant raison à personne, contentant un peu tout le monde, et s'appuyant particulièrement sur ces hommes qui ne veulent pas se compromettre, et qui, devant un tableau, sont bien moins préoccupés du besoin d'être émus que la crainte de mal juger.

Caravage ne vécut pas longtemps : une fièvre violente l'emporta, en 1609, à l'âge de quarante ans. Le plus célèbre des Carrache, Annibal, mourut la même année. Quant à Josépin, il eut le talent de vivre plus de trente ans encore :

mais la mort de ses rivaux ne changea rien à sa vie militante. Caravage laissait des élèves tout aussi exclusifs, tout aussi passionnés que lui. Les Guerchin, les Ribera, loin d'éteindre le feu de leurs sarcasmes, donnèrent aux hostilités un caractère peut-être encore plus violent. Josépin soutint le choc et resta jusqu'au bout de sa longue carrière à la tête d'un parti puissant, quoique obscur, et dans les bonnes grâces d'une fraction notable du public italien.

Il est vrai qu'une heureuse diversion, en appelant ailleurs ses adversaires, lui avait permis de respirer. Ici se présente une nouvelle phase de cette histoire que nous cherchons vainement à ne pas trop prolonger.

De l'atelier des Carrache étaient sortis quelques hommes sur lesquels tous les regards commençaient à se fixer. L'un d'eux, le Guide, après avoir essayé du goût mixte et tempéré de ses maîtres, y avait renoncé comme Caravage, mais pour prendre la route opposée. Caravage s'était fait systématiquement obscur, le Guide résolut de se faire systématiquement lumineux. L'un n'introduisait la lumière que par le trou de la serrure, l'autre en inonda ses tableaux. A tout ce qu'il y avait de neuf et de séduisant dans ce parti pris, dans ce plein soleil systématique, ajoutez un dessin doux et facile, une touche gracieuse, une imagination souple, féconde, parfois brillante, et vous comprendrez les immenses, les triomphants succès de Guido Reni. Jamais peut-être aucun peintre, même dans la grande époque de l'art, n'avait excité pareil enthousiasme ; jamais pareille cohorte d'élèves et d'admirateurs ne s'était pressée dans un atelier.

Les *naturalistes*, laissant là le Josépin, tournèrent bien

vite leurs attaques contre le nouveau venu ; mais, soit que la place leur parût trop fortement gardée, soit que l'esprit de système, bien que diversement appliqué, établît entre eux et le Guide une certaine communauté sympathique, la guerre fut de courte durée, et ils préférèrent se ruer sur un autre élève des Carrache qui se proposait un tout autre but que son heureux camarade. Le Dominiquin avait formé le dessein de ne suivre aucun système, pas même l'éclectisme, de n'adopter aucune manière, de travailler à sa mode avec patience et réflexion. Sa bonne foi pleine de faiblesse, son esprit sévère, mais indécis, son imagination noble et pure, mais inégale, ne le rendaient pas propre à ce rôle hardi de réformateur. Il faisait souvent acte de résistance, mais souvent il cédait au torrent. Son intention n'en était pas moins réputée pour le fait, et le projet de n'appartenir à personne le faisait persécuter par tout le monde, aussi bien par l'Espagnolet au nom de Caravage, que par Lanfranc au nom de l'idéalisme.

Les essais du Dominiquin, ses tentatives d'indépendance et d'isolement, tentatives imparfaites, mais généreuses, furent les derniers efforts de l'individualité, de la vérité, de la conscience, contre la domination de la manière, contre le despotisme des ateliers. Aucun autre Italien, après lui, n'essaya de se révolter pour la liberté de l'art. Aussi, dès qu'il fut mort, ou même dès la fin de sa vie, de 1630 à 1640, on vit la peinture italienne descendre à un état encore plus banal, encore plus routinier, s'il est possible, que dans la période qui précède l'apparition des Carrache. Leur sagesse modératrice, l'originalité sauvage de Caravage, la suavité du Guide, la conscience du Dominiquin, n'avaient produit qu'un temps d'arrêt. La manière avait été rajeunie, modifiée, diversifiée; elle n'avait pas été étouffée, et son action, un moment comprimée, allait déborder et se répandre avec une puissance invincible.

L'Italie et l'Europe n'en étaient pas moins convaincues qu'elles assistaient au véritable âge d'or de la peinture. La fécondité, la puissance extraordinaire de tous ces maîtres, les parties vraiment brillantes de leurs talents, la passion toujours croissante des grands seigneurs, des prélats, du public, pour les tableaux; les controverses allumées, les querelles incessantes, tout, jusqu'aux coups de poignard et aux empoisonnements, donnait aux questions d'art un aspect dramatique et saisissant. Jamais la peinture n'avait fait tant de bruit. La vie politique du pays, qui au temps des Médicis bouillonnait encore au fond de quelques âmes, s'était complétement engourdie et avait fait large place à des passions plus innocentes, mais non moins vives. Les ateliers étaient des clubs agités, intolérants, tapageurs. Disserter sur la peinture était la première affaire de la vie. Il n'est donc pas étonnant que les contemporains aient pris le change et qu'ils aient cru que les choses dont on parlait avec tant de feu et de passion n'avaient jamais été aussi belles ni aussi parfaites. Les idées vraies sur la marche et sur l'histoire de l'art n'étaient encore soupçonnées de personne, et chacun s'imaginait qu'en peinture, comme dans les sciences physiques, l'expérience était la condition du progrès, et que le dernier mot était toujours le meilleur.

C'est au milieu de ces illusions, c'est dans cette atmosphère d'erreurs, de faux systèmes, de folles théories, que nos jeunes artistes français se lançaient avec une aveugle et confiante ardeur. Au travers des flots de poussière que soulevaient les hommes du présent, c'est à peine si leurs yeux pouvaient pénétrer jusqu'au passé. Ils apercevaient de loin l'antique et le quinzième siècle, ils les saluaient comme des reliques avec une pieté distraite, puis ils se plongeaient tout entiers dans l'étude des procédés, des formules, des recettes à la mode.

Voilà ce qui les attendait en Italie.

Voyons maintenant ce qu'ils trouvaient à leur retour en France. L'art avait-il eu parmi nous les mêmes destinées qu'au delà des monts? Les esprits avaient-ils subi les mêmes variations, obéissaient-ils aux mêmes influences? En un mot, quel avait été, et quel était alors l'état de la peinture en France? Il faut qu'on nous permette de jeter les yeux sur ces diverses questions, avant de revenir à notre sujet pour ne le plus quitter.

II

Lorsque le Primatice, et avant lui le Rosso, furent appelés par François Ier pour diriger les travaux de ses maisons royales, il n'existait rien en France qui eût la moindre analogie avec la peinture italienne. Nous avions bien des peintres, et même des peintres d'un certain talent, mais les uns coloriaient encore, comme au temps passé, de délicates miniatures, d'autres faisaient quelques portraits d'une exacte et naïve ressemblance, le plus grand nombre peignaient sur verre ou sur émail. La peinture sur verre, cet art qui avait grandi et prospéré sur notre sol, que l'Italie nous avait emprunté plusieurs fois, que jamais elle n'avait réussi à s'approprier, cet art tout national que nos gentilshommes exerçaient sans déroger, le moment approchait où il allait s'éteindre; mais ses dernières heures devaient être éblouissantes, et nos artistes semblaient tenir à honneur de ne pas l'abandonner.

Ainsi des miniatures sur vélin, des portraits, des modèles de tapisserie, des émaux, des vitraux, voilà ce qu'on faisait chez nous pendant qu'en Italie la peinture, après s'être glorieusement élevée à la plus haute perfection qu'elle puisse atteindre chez les modernes, inclinait déjà vers sa décadence.

Rien ne pouvait être plus funeste à la France que la tentative de la mettre d'emblée et d'un seul coup à l'unisson de l'Italie. En lui supprimant ses années d'apprentissage, on lui enlevait toutes ses chances d'originalité. Il faut à un pays, pour s'élever au sentiment de l'art, les épreuves d'un noviciat; il faut qu'il se fraye lui-même son chemin : si l'artiste passe subitement de l'ignorance au savoir le plus raffiné, ce n'est qu'à la condition de singer ce qu'il voit faire et d'employer des procédés dont il ne comprend ni le motif ni l'esprit. Faire fleurir la peinture en France était un louable projet, mais il ne fallait pas transplanter l'arbuste tout couvert de ses fruits; il fallait préparer le sol, faire germer la plante, la laisser croître en liberté, et l'acclimater par une intelligente culture. Notre jeune roi victorieux ne devait pas avoir cette patience. Aussi peut-on dire qu'avec les meilleures intentions du monde il exerça sur l'avenir de la peinture en France une assez fâcheuse influence. Les protecteurs des arts ont si rarement la main heureuse!

Il eut cependant pour son coup d'essai un merveilleux bonheur. Léonard de Vinci consentit à le suivre. C'était l'homme par excellence pour parler à nos esprits, pour nous inspirer le sentiment et l'amour du vrai beau, non par la passion et l'enthousiasme, mais par notre faculté dominante, l'intelligence. S'il eût été d'âge et d'humeur à faire notre éducation, nos artistes l'auraient admirablement compris. Il eût respecté leur goût simple, exact et naïf, tout en cherchant à l'épurer; il les eût dirigés sans les faire sortir violemment de la pente qui leur était naturelle.

Malheureusement Léonard était vieux, fatigué; il venait en France pour son repos bien plus que pour notre enseignement. Il ne daigna pas même jeter les yeux sur nos peintres ni s'enquérir de ce qu'ils faisaient; et pendant les trois années qui se passèrent entre son arrivée et sa mort [1], le seul travail qui l'occupa quelques instants, fut un projet de canal pour l'assainissement de la Sologne.

Son passage ne laissa point de trace, et bientôt les malheurs qui pesèrent sur la France firent évanouir tous ces projets d'importer parmi nous la peinture italienne.

Mais dix ans plus tard, lorsque le roi eut fait trêve avec sa mauvaise fortune, ses souvenirs d'Italie se réveillèrent, et il voulut que Léonard eût un successeur.

[1] 1516-1519.

On lui envoya de Florence l'homme qui était le moins fait pour comprendre nos artistes, pour guider leur inexpérience, pour tirer parti de leurs qualités. Le Rosso était un esprit exclusif et dédaigneux, ne comprenant que ce qu'il savait, n'estimant que ce qu'il faisait, peignant tout de pratique sans se soucier de la nature, ne respectant que Michel-Ange, et n'admettant même pas qu'il eût existé une peinture avant l'inauguration du grand style académique.

Il vint s'établir à Fontainebleau avec une petite légion d'artistes ses compatriotes que le roi lui avait permis d'amener, et dont les noms n'étaient pas tous obscurs; car on comptait dans le nombre Lucca Penni, Naldini, Domenico del Barbieri, Bartolomeo Miniati, et, parmi les sculpteurs, Lorenzo Naldini, Antonio Mimi, Francesco da Pellegrino, Gian-Battista della Palla.

Le Rosso n'avait pas voulu faire seul le voyage, parce qu'il était sincèrement convaincu que la France était un pays sauvage, et qu'il n'y trouverait personne pour lui nettoyer sa palette ou pour dégrossir une statue.

Bien qu'il pût être désabusé avant même d'avoir touché Fontainebleau, il n'en montra pas moins la plus grande pitié de tout ce qu'il voyait. La sécheresse, la minutieuse exactitude, la patience studieuse de nos *maîtres imaginiers*, excitaient sa compassion, et ses compagnons et lui en faisaient le sujet d'intarissables railleries.

Et pourtant, à côté de cette sécheresse et de ces tâtonnements maladroits, que de belles et nobles choses n'y avait-il pas alors dans ce pays prétendu barbare! Sans parler de nos églises, de nos donjons, et des monuments de toute sorte que produisait depuis trois siècles cette architecture audacieuse dont les témérités même décelaient le profond savoir, sans parler de tout ce qui devait survivre encore de notre architecture du treizième siècle, laquelle, soit dit en passant, et sauf à le prouver ailleurs, est une création qui n'appartient qu'à nous, et qui n'a pas d'analogue en Italie; sans parler enfin de ces éblouissantes verrières qui resplendissaient dans toutes nos églises, n'y avait-il pas dans la sculpture, et même dans la peinture contemporaine, une certaine bonhomie, un certain accent de vérité, d'expression et de sentiment, que les plus grandes incorrections ne pouvaient faire méconnaître? Eh bien, c'étaient lettres closes pour ces coryphées des écoles d'Italie; la routine et les règles de convention leur offusquaient si bien l'esprit que ces dons naturels dont ils étaient déshérités, ils ne pouvaient les apprécier ni même les apercevoir.

Toutefois, malgré son grand dédain pour nos artisans français, le Rosso fut contraint, par ordre du roi, d'en prendre un certain nombre à son service, et de les admettre dans sa colonie italienne. Leur éducation fut bientôt faite; les pratiques d'atelier ne sont pas de grands mystères, et en quelques années maître François d'Orléans, maître Simon de Paris, maître Claude de Troyes, maître Laurent Picart, étaient aussi bien en état de manier hardiment la brosse, de faire des muscles outrés et de donner à leurs figures des poses théâtrales, que s'ils eussent passé toute leur vie au delà des monts.

Les gens de cour crièrent miracle, le roi fut enchanté, et le Rosso se fit valoir. Il venait, disait-il, de civiliser la nation française en l'initiant aux secrets de l'art italien. Aussi, fut-il successivement nommé surintendant des bâtiments royaux, valet de chambre du roi, puis chanoine de la Sainte-Chapelle de Paris; il touchait de gros revenus et menait grand train de gentilhomme, avec force domestiques, chevaux et bonne table.

Mais au milieu de cette prospérité la mort le surprit: il avait à peine cinquante ans; il y en avait neuf qu'il était en France [1].

La Primatice lui succéda dans son emploi de surintendant des travaux de Fontainebleau; c'était un esprit plus fin, plus délicat, moins absolu que le Rosso. Il tenait, par ses premières études, à l'école de Raphaël, mais il s'était gâté la main et le goût; il était tombé dans la pratique et la manière en travaillant à Mantoue, sous les ordres de Jules Romain, devenu lui-même infidèle à ses traditions de jeunesse.

Ainsi, les leçons du Primatice, pas plus que celles de son prédécesseur, ne devaient nous reporter aux beaux temps de la peinture italienne [2]; il y avait dans les œuvres du nouveau surintendant quelque chose de plus élégant, de moins pédantesque; mais c'était la même habitude des procédés d'école, le même oubli des vérités et des inspirations primitives. L'un comme l'autre nous faisaient franchir à pieds joints près de deux siècles d'intervalle; lacune irréparable par laquelle nous tombions brusquement de cette simplicité qui s'essaye à étu-

[1] 1532-1441.
[2] Les seules leçons de la belle époque, les seuls exemples de l'âge d'or qui avait pénétré en France, c'étaient huit ou dix tableaux acquis par le roi, et qui ornaient son cabinet. Dans ce nombre, il y en avait quelques-uns de Raphaël, presque tous de sa dernière manière.

dier la nature, mais qui ne sait pas encore l'exprimer, à cette habileté qui ne daigne plus la consulter et qui la défigure en voulant l'embellir.

Si les faveurs royales avaient été prodiguées au Rosso, le Primatice en fut accablé. Le roi le mit à la tête de tous ses travaux, lui confia la direction de toutes ses fêtes, l'acquisition de tous ses tableaux ou statues ; rien enfin ne fut négligé pour qu'il exerçât une action souveraine sur tout ce qui dépendait des arts du dessin. Et cela dura non-seulement tant que vécut le roi, mais tant que régnèrent et son fils et deux de ses petits-fils. Ce ne fut qu'en 1570 que le Primatrice termina sa longue carrière : il y avait vingt-neuf ans qu'il jouissait d'une sorte de domination sur les travaux d'art à la cour de France ; il y en avait trente-huit que cette domination appartenait à un Italien. Et notez bien qu'indépendamment de ces influences permanentes, l'Italie n'avait cessé pendant ce temps d'agir sur nous, non-seulement par les émigrations fréquentes de subalternes et de manœuvres, mais par les voyages plus ou moins prolongés d'hommes d'un certain renom, tels que Nicolo de Modène, Vignola, Servio, Salviati et beaucoup d'autres.

Il ne faut cependant pas en conclure que le goût français se fût complètement italianisé, et qu'une subite métamorphose se fût opérée à la voix de François Ier. Les choses ne vont pas aussi vite ; même à la cour, il y avait deux partis. Il est vrai que ceux qui ne cédaient pas au torrent et qui se déclaraient médiocrement touchés de toute cette science italienne étaient en minorité ; mais à la ville, mais dans le pays, c'était tout le contraire.

Il est assez difficile de définir et de caractériser ce qu'était alors le goût français proprement dit ; il faudrait remonter jusqu'au treizième siècle pour trouver dans sa pureté et dans son énergie ce qu'on peut appeler notre goût national. Sous saint Louis, tout est simple, naturel, à grands traits ; le matériel de l'art, le métier, est encore novice, mais l'idée est puissante et le sentiment vivifiant. C'est là notre véritable renaissance, celle qui vient de nous-mêmes et qui n'appartient qu'à nous. Aussi, pas l'ombre de bizarrerie ni d'affectation : c'est la clarté, la netteté, la facilité de l'esprit français. L'influence germanique et l'influence italienne n'apparaissent pas encore ; mais bientôt une certaine subtilité à la fois naïve et raffinée, un certain naturel trivial en même temps qu'affecté, nous arrivent d'Allemagne et de Flandre par le chemin de la Bourgogne ; l'invasion commence au quatorzième siècle, elle est complète au quinzième. Heureusement, comme pour nous servir de contre-poison, le quinzième siècle est à peine à son déclin, que nous voyons venir de Lombardie un essaim de formes charmantes, pures, suaves, enchanteresses, comme tout ce qui se créait encore alors sous ce ciel privilégié.

C'est à cette double influence qu'obéissent presque tous nos artistes sous Charles VIII, sous Louis XII et dans les premières années de François Ier. Leurs compositions n'ont plus le cachet flamand ni germanique, elles ne sont pas non plus tout à fait italiennes ; c'est quelque chose de fondu, de tempéré, dont tous les éléments sont étrangers à notre sol, mais dont l'ensemble nous est propre et revêt notre caractère.

Je parle ici particulièrement de la sculpture et de l'architecture, parce que c'étaient alors les deux arts dominants, les deux arts populaires; néamoins, on peut en dire autant de la peinture sur verre, de la peinture de décoration, et même de la peinture de portraits : ce dernier genre, il est vrai, était loin d'avoir renoncé à ses habitudes d'imitation littérale et sèchement étudiée qui provenaient des traditions allemandes; mais il avait cependant adopté peu à peu quelque chose de cette finesse veloutée et transparente qui distinguait les beaux portraits exécutés en Lombardie. Ainsi, Janet, ou pour mieux dire, le dernier des Clouet [1], tout en appartenant à l'école d'Holbein, se rapprochait déjà par quelques points de celle de Léonard, et de ce mélange il résultait une manière toute particulière de traiter le portrait, manière qu'on pouvait appeler française.

— N'oublions pas enfin qu'à côté de ce goût lombardo-gothique, ou, pour employer des termes consacrés, à côté de ces formes du commencement de la *renaissance*, les formes purement et exclusivement gothiques conservaient encore des partisans, soit dans le fond de quelques provinces reculées, soit chez les personnes avancées en âge, dans les vieilles familles parlementaires, et parmi cette partie de la population qui s'associait au protestantisme et à sa haine de l'Italie. Ce n'étaient là toutefois que des exceptions, et presque toute la génération active et impartiale se livrait avec entraînement à l'amour de ce genre qu'on peut, si l'on veut, appeler bâtard, petit, mesquin, mais qui produisait les plus gracieux amalgames, les plus ravissantes combinaisons.

Eh bien, c'est à ce genre qui, depuis trente ou quarante

---

[1] On trouvera dans la 4ᵉ série de ces études un travail relatif aux trois peintres de ce nom.

ans, s'était si bien naturalisé français, que le Rosso et ses Italiens venaient, de ɩ r le roi, substituer brusquement le style florentin, le style *à la Michel-Ange*, le grand goût italien, le goût du jour. Fort heureusement la tentative n'eut qu'un demi-succès.

La première épreuve en fut faite à Fontainebleau lorsque le Rosso eut terminé sa galerie de François Ier. Tout le monde fut enchanté de la richesse des décoratious, mais pour les peintures, en général on parut n'y rien comprendre. Ceux qui admiraient, admiraient sur parole, parce qu'on leur disait que c'était la dernière mode d'Italie, le dernier degré de la science. Pour les gens de bonne foi, ils se hasardaient à dire que ces grandes attitudes et ces poses forcées n'exprimaient rien et leur étaient désagréables.

La soumission ne fut complète que de la part des artistes médiocres et de second étage. Ceux que le roi avait confiés au Rosso étaient de ce nombre. Ceux-là copièrent, adoptèrent, outrepassèrent les défauts qu'on leur donnait pour des beautés; mais il y eut froideur et résistance chez tous les hommes de quelque valeur. Ils ne voulurent pas sortir de ces régions tempérées qui convenaient si bien à leur genre de talent, et n'ajoutèrent rien à la légère dose d'esprit italien qui s'était déjà infusé dans notre goût national.

C'est à cette prudente opposition que nous devons la physionomie originale que nos artistes français conservèrent dans ce second tiers du seizième siècle aussi bien que dans le premier. Si le goût académique, eût tout envahi, si sa domination eût été immédiatement acceptée, ce ne sont pas seulement les portraits de Janet que nous aurions perdus, ce sont aussi les sculptures de Jean Goujon et tous ces trésors d'élégance, toutes ces fines et spirituelles fantaisies qui ressemblent si peu aux savantes et lourdes inventions qui sortaient alors des ateliers de l'Italie.

Rien ne contribua davantage à restreindre l'influence des peintres du roi et à retarder la contagion de l'exemple, que nos écoles provinciales. Nous avions alors à Tours, à Toulouse à Troyes, et dans quelques autres villes encore, des associations d'artistes dont une vive rivalité excitait le talent, qui se distinguaient les unes des autres par certaines différences locales, et qui, pour garder leur originalité, faissaient profession d'indépendance et ne prenaient le mot de personne. Chacune de ces villes devint un asile impénétrable aux nouveautés qu'on professait à Fontainebleau.

Le roi lui-même et les gens de cour furent souvent forcés de rendre hommage à ces célébrités provinciales. Ainsi il y avait à Lyon un peintre nommé Corneille qui excellait dans les portraits, et qui, pendant trente ans, fut recherché, au dire de Brantôme, pour peindre tout ce qu'il y avait de belles femmes et de jeunes seigneurs à la cour[1]. Lorsque Catherine de Médicis passa à Lyon, elle s'arrêta pour donner le temps à Corneille de faire son portrait et celui de ses deux filles. Eh bien, Corneille peignait encore plus à la française, c'est-à-dire d'une manière encore moins fondue que Janet; et il y avait plus de vingt-cinq ans qu'on faisait de la grande peinture

[1] Un certain nombre de portraits de Corneille, confondus dans la collection complète des Janet et des Porbus, avaient été conservés dans la galerie dite des Rois, au Louvre, mais l'incendie du 6 février 1661 réduisit en cendres et la galerie et tous les portraits.

italienne à Fontainebleau lorsque Corneille mourut sans avoir songé un seul jour à renoncer à sa méthode.

Dumoutier, qui faisait des portraits au crayon de couleur [1] avec une grande précision et une finesse un peu gothique, ne vit pas sa réputation diminuer ni ses dessins perdre leur prix devant les dessins largement estompés des artistes ultramontains.

Enfin Janet, qui ne vivait pas en province, mais qui passait sa vie dans les palais royaux, et qu'Henri II et Charles IX admettaient dans une sorte de familiarité, Janet fut parfaitement insensible aux théories qu'il voyait pratiquer à côté de lui, et persista dans sa manière sans y avoir introduit la moindre modification [2].

Ainsi cette grande faveur accordée par nos rois au Rosso, au Primatice et à leurs compagnons, n'eut pas toutes les conséquences qu'on pouvait craindre. Le bon sens de nos artistes, et toutes les causes secondaires que nous venons d'indiquer, en avaient atténué les dangers.

Il faut convenir aussi que le Primatice était singulièrement plus tolérant que le Rosso. Il n'avait pas de fanatisme

---

[1] Ce genre, si bien traité par Holbein, fut extrêmement à la mode pendant tout le seizième siècle. Il existe à la Bibliothèque du roi une collection peu connue de portraits de ce genre, dessinés avec une rare finesse, et qui représentent les personnages les plus célèbres des règnes de Henri II et Henri III. Ces portraits sont signés *Fulonius*, probablement Foulon. Aucun auteur ne parle de ce maître.

[2] Voyez cependant, dans la quatrième série de ces études, à propos d'un tableau attribué à Janet, et certainement peint par un artiste français vers 1555, le genre d'influence que l'école de Fontainebleau devait exercer alors, même chez les peintres les plus fidèles aux traditions françaises.

pour Michel-Ange. Sa manière conventionnelle aspirait plutôt à la grâce qu'à la force et aux grands effets. Il payait bien aussi de temps en temps son tribut à l'anatomie et à la science musculaire, mais il donnait plus volontiers à ses figures cette élégance svelte et allongée qu'affectionnaient aussi quelques-uns de nos artistes, et que Jean Goujon, par exemple, s'était appropriée avec tant de bonheur.

Le successeur du Primatice fut un Français, mais un Français plus Italien, plus académique, plus Florentin que le Rosso lui-même. Il se nommait Toussaint Dubreuil. Son père[1] Louis Dubreuil, était de ceux qui, quarante ans auparavant, s'étaient livrés aux Italiens sans restriction, sans se rien réserver de leur finesse, de leur esprit, de leur caractère français. Le fils avait hérité des traditions paternelles ; il dessinait avec lourdeur et fracas.

Je ne veux pas croire que Toussaint Dubreuil, devenu directeur des peintures de Fontainebleau (on ne lui avait donné que la moitié des dépouilles du Primatice, l'architecture était allée à Jean Bullant), je ne crois pas, dis-je, que Toussaint Dubreuil dût exercer une grande influence sur ses contemporains; mais il n'en faut pas moins noter que, vers cette époque, on voit apparaître d'assez importants changements. Les formes s'alourdissent en aspirant à plus d'ampleur ; la grâce disparaît, et ce n'est pas la force qui la remplace, c'est une certaine roideur tourmentée. Nos maîtres les plus habiles commençaient à disparaître. Jean Goujon n'était plus, et ceux qui survivaient semblaient

[1] D'autres disent son oncle.

avoir perdu le sentiment de leur individualité et le secret de leurs premiers succès. Quelle différence entre les productions qui sortaient alors des mains de Germain Pilon et celles de ses jeunes années! Jean Cousin lui-même, ce grand artiste qui, tout en se livrant avec amour à la partie scientifique du dessin italien, avait toujours conservé dans une si juste mesure la précision et la fermeté du vieux style français, Jean Cousin, touchant à la vieillesse, s'était fait une pratique qui lui enlevait en partie son ancienne physionomie.

C'est alors que nos troubles civils éclataient dans toute leur violence. Les dévastations de 1562 avaient déjà porté le désordre et la ruine dans presque toutes les villes où travaillaient nos écoles provinciales : les artistes s'étaient dispersés, les uns avaient fui, d'autres avaient pris le mousquet. Les réactions sanglantes de 1572 ne devaient pas être moins meurtrières pour l'art; et les intrigues, les agitations, les fureurs de la Ligue achevèrent de l'étouffer. Mais, lorsqu'au retour du calme et de la paix, le pays commença à reprendre haleine, on eût dit qu'on voulait réparer le temps perdu. Ce fut une vogue, une passion subite et singulière pour les beaux-arts, et, par une étrange mobilité dans les goûts du public, c'est la peinture qui, cette fois, devint l'objet d'une faveur marquée et d'une prédilection presque exclusive.

On a vu combien, pendant tout le seizième siècle, la peinture était restée sur le second plan. Tandis que l'architecture, la sculpture, la ciselure, produisaient de si gracieux chefs-d'œuvre, la peinture se débattant entre les influences contraires qui la précipitaient et la retenaient dans des sens différents, n'était parvenue à prendre aucune allure décisive, et s'était réduite à un rôle terne et secondaire. Sauf le roi François Ier et quelques grands seigneurs, personne en France n'avait encore professé un goût quelque peu vif pour la peinture : on faisait faire volontiers son portrait, mais qui achetait des tableaux? qui songeait à en orner sa demeure! où étaient les galeries, les collections?

Tout semble changer d'aspect dès que Henri IV est depuis quelques années sur le trône ; on dirait que tous ces autres arts, rivaux heureux de la peinture, ont péri dans nos guerres civiles, et qu'il n'en reste plus qu'une ombre. L'architecture est mise à l'écart; les maisons qu'on bâtit sont presque entièrement en briques, on ne pense plus à les décorer. Quant à la peinture sur verre, il n'en est plus question ; et pour la sculpture, elle qui puise sa plus forte séve au sein de l'architecture, il est tout simple qu'elle languisse quand sa compagne s'affaiblit. Les tableaux, au contraire, étaient comme des nouveautés dont tout le monde était friand ; c'était vers la peinture que se tournaient tous les hommages, et il était facile de prévoir que les peintres allaient bientôt devenir les personnages les plus importants dans notre domaine des arts.

La principale cause de cette réaction nous venait d'Italie ; les Carrache étaient alors dans leur plus grand éclat; les querelles entre les *naturalistes* et les *idéalistes* commençaient à devenir bruyantes, et l'écho en venait jusqu'à nous. Ceux de nos jeunes artistes qui, pendant les troubles, avaient quitté la France et passé les Alpes, faisaient à leur retour les plus merveilleux récits des miracles qui s'opéraient à Bologne.

Enfin, pour achever de nous séduire, on nous envoyait des bords de l'Arno une nouvelle reine pour qui les tableaux étaient devenus un luxe nécessaire, et qui allait faire de l'amour de la peinture la vertu obligée de courtisans.

Nous n'avions alors parmi nos peintres rien de bien remarquable à lui offrir. Le vieux Dubreuil vivait encore, et les glaces de l'âge ne lui avaient pas apporté le talent qu'il n'avait jamais eu. Cependant, le roi, qui avait repris avec ardeur les embellissements de Fontainebleau comme pour constater que la royauté continuait son œuvre, faisait, depuis quelques années, travailler, sous les ordres de Dubreuil, Ambroise Dubois[1], Bunel, Leramberg, Jean de Brie et quelques autres. Mais tous ces peintres se ressentaient du long sommeil dont on venait de sortir; ils n'avaient ni originalité personnelle, ni physionomie d'école.

Aussi, lorsque quelques années plus tard Dubreuil vint à mourir (vers 1607), ce ne fut pas dans leur rang qu'on chercha son successeur. La cour aurait désiré quelque grand nom d'Italie, mais il y avait alors à Rome un Français qui s'y était acquis une telle célébrité, que le choix du roi dut tomber sur lui. Son nom était Freminet : parti de France en 1592, il y avait quinze ans qu'il habitait l'Italie. Il s'é-

---

De tous ces peintres, Ambroise Dubois est le seul dont il reste quelque chose. Les tableaux encastrés dans le plafond de la salle ovale à Fontainebleau, salle où naquit Louis XIII, sont de la main d'Ambroise Dubois. Ils représentent les amours de Théagène et Chariclée. Sauf deux ou trois figures dont les airs de tête ne manquent pas d'élégance, il n'y a dans tous ces tableaux qu'un style tellement mou et banal, qu'au premier coup d'œil on ne sait à quelle époque ils appartiennent. L'exécution matérielle n'est cependant pas sans quelque mérite.

tait lié d'une étroite amitié avec le Josépin, et lui avait souvent prêté secours contre ses fougueux adversaires. Les biographes de Freminet ont soin de remarquer que, tout en étant l'ami de Josépin, son goût l'avait porté à imiter plutôt Caravage. Rien n'est moins exact. Freminet avait horreur du style grossier et sans façon des *naturalistes*; Michel-Ange était son Dieu. Mais il peignait d'un ton noirâtre et prononçait très-fortement ses ombres; c'est de là qu'est venue la méprise. Les travaux du Caravage sont noirs, ceux de Freminet le sont aussi; on en a conclu qu'ils étaient de même famille, tandis qu'au fond c'est l'eau et le feu.

Freminet, nommé premier peintre du roi, fut aussitôt chargé du travail des voûtes de la chapelle de la Sainte-Trinité à Fontainebleau, voûtes jusque-là toutes nues et qui avaient fait dire à l'ambassadeur d'Espagne qu'il n'y avait que Dieu qui fût mal logé chez le roi. Ce grand travail dura près de dix ans; il n'était qu'ébauché lorsque Henri IV fut assassiné.

Les peintures de Freminet existent encore, bien que le temps les ait profondément altérées; peut-être recevront-elles bientôt l'honneur de cette restauration laborieuse et intelligente qui a déjà rendu à la vie et à leur premier éclat presque toutes les grandes compositions du Primatice. En attendant, malgré de déplorables dégradations, on peut encore en saisir assez distinctement le caractère, les qualités, les défauts. On y voit, comme un reflet de cet aspect grandiose que le doigt de Michel-Ange impose à tout ce qu'il touche, mais on y trouve en même temps la reproduction plus que fidèle de tout ce que le grand homme s'est jamais permis de contours extraordinaires et d'effets contre nature.

Les yeux n'étaient pas préparés à ce spectacle. C'était la première fois peut-être depuis la Rosso qu'on nous donnait avec cette crudité une représentation du système florentin. On recula d'étonnement devant ces muscles en relief qui faisaient saillie même au travers des draperies, et la rudesse du coloris fit paraître encore plus dure et plus étrange cette extrême accentuation des formes. En un mot, il y eut à Fontainebleau grande foule de curieux pour contempler l'œuvre du premier peintre, mais le succès fut contesté. Freminet s'en aperçut, et le chagrin abrégea sa vie. Il mourut deux ou trois ans après, en 1619.

Vers cette même époque, la reine mère s'occupait à réaliser non sans beaucoup de peine et de négociations, le dessein qu'elle avait formé d'attirer à Paris une des plus grandes célébrités du siècle. C'était de sa part un acte d'impartialité, car il ne s'agissait pas d'un Italien. Le nom de Rubens était alors dans toutes les bouches. Pendant qu'au delà des monts on croyait à la résurrection de la peinture, pendant qu'on en célébrait les triomphes nouveaux, la Flandre avait vu s'opérer chez elle une révolution non moins éclatante. Otto Venius, à son retour d'Italie, s'était mis à peindre avec la chaleur de ton et la magie de couleur des Vénitiens. A vrai dire, il ne faisait que rendre à son pays ce que Venise lui avait emprunté, car ce sol brumeux de la Flandre, malgré son pâle soleil, est bien sans contredit la mère patrie du coloris. Ce n'est pas seulement l'art de peindre à l'huile que van Eyck a perfectionné ; il a connu et pratiqué la science de tous les grands effets lumineux. Voyez dans le musée de Bruges cette vierge glorieuse et le vieux donateur du tableau, ce chanoine à genoux entre ses deux patrons, saint Georges et saint Donat, peut-on pousser plus loin non-seulement le relief des carnations et de tous les détails du costume, mais même l'harmonie générale, la dégradation des plans, le fondu et l'empâtement des couleurs! On a peine à comprendre comment, après de tels exemples, les successeurs de van Eyck tombèrent si vite et restèrent si longtemps dans une sécheresse plate et décharnée. L'influence allemande les avait subjugués; mais, au premier signal donné par Otto Venius, les vieux instincts du pays se réveillèrent, et de ce jour l'école flamande redevint essentiellement coloriste.

Rubens, qu'on a si bien nommé le Michel-Ange de la couleur, eut à peine adopté le système de son maître [1], qu'il le porta à ses dernières conséquences. Pour lui, il n'y eut plus de formes dans la nature, il n'y eut plus que de la lumière colorée. Il était alors dans toute l'énergie de son talent; il n'avait que quarante-trois ans, et avait déjà rempli l'Europe de ses œuvres et de sa renommée. Son arrivée à Paris fit grande sensation : il reçut à la cour l'accueil le plus brillant, mais ses tableaux n'exitèrent pas une admiration aussi grande qu'on devait le supposer. Peut-être l'extrême rapidité avec laquelle furent achevées ces vingt-quatre grandes toiles destinées à la décoration du Luxembourg donna-t-elle à penser que le pinceau du maître n'avait fait que les effleurer. Ce soupçon suffisait pour mettre nos amateurs sur leurs gardes; car, dès cette époque, ils craignaient de se compromettre, et s'entendaient mieux à juger qu'à sentir. Il y avait d'ailleurs

---

[1] Otto Venius.

chez Rubens un parti pris beaucoup trop exclusif et trop violent pour nos esprits tempérés et moqueurs. Quand on s'abandonne sans réserve aux charmes de ce merveilleux pinceau c'est qu'on a la faculté d'oublier pour un moment qu'il y a dans ce monde autre chose que des carnations éblouissantes. C'était trop demander à des esprits français; les incontestables lacunes qui déparent ce grand génie n'échappèrent à personne, et la trivialité, la lourdeur, la bizarrerie de son dessin firent perdre à sa palette presque toute sa séduction et sa puissance.

Rubens ne devait donc pas faire école parmi nous. Pour réussir complètement à Paris, je ne dis plus en France, parce que pour les arts la France commençait dès lors à être toute entière dans Paris, pour obtenir, dis-je, à Paris un succès complet et assuré, il ne fallait rien d'exclusif, rien qui prêtât au ridicule, et par conséquent rien de trop vivement prononcé.

Freminet avait échoué, moins parce qu'il n'était pas un homme supérieur que parce qu'il s'était jeté sans prudence et sans modération dans l'imitation de Michel-Ange. Rubens n'avait réussi qu'à moitié, malgré son génie et son grand nom, parce qu'il y avait en lui quelque chose d'outré et d'excessif. Tous ceux qui se présentèrent dans ces mêmes conditions éprouvèrent le même sort. Ainsi, Blanchard, qui s'était fait exclusivement vénitien, le Valentin, qui n'avait étudié et qui n'imitait que Caravage, malgré de très-belles facultés et une grande verve de talent, ne furent que médiocrement goûtés : ils trouvèrent bien quelques chauds partisans, mais encore plus de détracteurs. Un seul homme devait joindre au privilége de ne blesser personne celui de plaire, pour ainsi dire, à tout le monde, et cet homme si habile ou si heureux, cet homme si bien fait pour ce public et pour cette époque, c'était Simon Vouet.

Il habitait l'Italie depuis quatorze ans, mais il avait eu la prudence de ne séjourner trop longtemps dans aucune ville et de ne s'attacher à aucun parti, pas même aux Carrache; ce qui ne veut pas dire qu'il se fût imposé la tâche d'être original et naturel, ni surtout qu'il eût eu le pouvoir de le devenir. Il s'était rendu familier le style de tous les maîtres à la mode et s'était fait une manière qui reproduisait jusqu'à un certain degré les qualités les plus saillantes de chacun d'eux. Son point de départ avait été le Caravage, puis il avait éclairci ses teintes en étudiant le Guide, et enfin il avait cherché à les échauffer en imitant Paul Véronèse, pour lequel étaient ses plus intimes affections. Son pinceau facile et abondant l'avait promptement rendu célèbre à Rome, à Venise, et surtout à Gênes.

Le roi Louis XIII, dont il était déjà le pensionnaire, lui donna l'ordre de quitter l'Italie et de venir occuper la charge de premier peintre, encore vacante, je crois, depuis la mort de Freminet. Parmi les nombreux talents de Vouet, on citait celui de peindre avec adresse le portait au pastel; or, le roi, qui s'exerçait déjà dans ce genre, avait résolu, d'après les conseils du cardinal, d'en faire une étude plus approfondie, et c'était à Vouet qu'il réservait l'honneur de lui servir de guide.

Le premier peintre prit possession de sa charge en 1627. Un logement lui fut donné dans les galeries du Louvre. Ce n'était que le prélude des biens et des faveurs qui allaient pleuvoir sur lui.

On ne s'imaginerait jamais l'admiration sincère et prolongée qu'excita cette façon de peindre, où se trouvaient fondus et mariés avec une certaine fraîcheur les différents styles dont l'Italie étaient alors si fière. C'est chose assez triste à dire, mais l'apparition du *Cid* ne produisit pas plus d'effet que les premiers tableaux de Vouet. Il fut proclamé tout d'une voix le restaurateur de la peinture, le fondateur de l'école française et le nom lui en est resté dans les livres. Tout le monde voulut avoir de ses œuvres. Sans parler du roi qui le fit travailler successivement au Louvre, au Luxembourg, à Saint-Germain; sans parler du cardinal, qui le chargea de peindre la chapelle et la galerie de son nouveau palais, on vit tous les seigneurs de la cour le supplier de décorer, celui-ci son hôtel, celui-là son château. C'est ainsi qu'en peu d'années il couvrit de ses peintures l'hôtel Bullion, le château de Ruel, le château de Chilly, l'hôtel Séguier, l'hôtel de Bretonvilliers.

Si l'on se disputait ses ouvrages, on ne fut pas moins avide de ses leçons. Il fut, pour ainsi dire, contraint d'ouvrir un atelier, et cet atelier, qui lui donna bientôt les moyens d'accroître encore ses succès et son autorité, devint aussi dans l'avenir sa sauvegarde contre l'oubli; car, ainsi que nous l'avons déjà dit, il eut la singulière fortune de compter parmi ses élèves presque tous les hommes qui, pendant le cours de ce siècle, s'illustrèrent à des titres et à des degrés divers comme peintres français.

C'est dans cet atelier que nous avons laissé Eustache Le Sueur. Nous connaissons le maître; voyons maintenant ce qu'allaient devenir entre ses mains les précoces talents du disciple.

III

Le Sueur suivit d'abord avec docilité les conseils de Vouet; il était trop timide pour affecter l'indépendance, trop modeste pour en avoir seulement la pensée. C'était à son insu, et comme entraîné malgré lui, qu'il devait s'écarter des traces de son maître et marcher dans la voie où l'appelait sa vocation.

Le maréchal de Créquy, en revenant de ses ambassades à Rome et à Venise (1634), avait rapporté une riche collection de tableaux que tout Paris courait visiter. Les élèves de Vouet furent admis à la voir, et leurs regards se portèrent tout d'abord et se fixèrent presque exclusivement sur les œuvres des maîtres contemporains, tels que l'Albane, le Guide, le Guerchin et autres célébrités de l'époque. Le Sueur seul ne s'arrêta pas longtemps à les contempler : il avait aperçu dans le fond de la salle d'autres tableaux qui n'étaient pas, il est vrai, aux places d'honneur, mais dont ses yeux ne pouvaient se détacher. C'étaient quelques peintures des maîtres du quinzième siècle; c'étaient aussi plusieurs Francia, un André del Sarto, et deux ou trois copies de Raphaël exécutées sous ses yeux.

De ce jour, s'il faut en croire ceux qui rapportent cette anecdote, Le Sueur comprit qu'il faisait fausse route. Il devint soucieux, rêveur, mécontent de tout ce qu'il essayait.

Il avait été comme frappé de révélation : la simplicité de l'ordonnance, le calme du dessin, la justesse des expressions, lui étaient apparus comme des vérités pour lesquelles il se sentait intérieurement prédestiné. Ce genre de peinture était, pour ainsi dire, familier d'avance à son esprit, mais c'était une nouveauté pour ses yeux. Les artistes ne disposaient pas alors comme aujourd'hui des moyens de tout connaître et de tout comparer; le pauvre jeune homme n'avait pas ses entrées dans le cabinet du roi où se conservaient les tableaux de Raphaël et de Léonard : il avait bien vu des copies de Raphaël, mais des copies comme on les faisait alors, c'est-à-dire des traductions plus que libres, des variations fantastiques sur un thème méconnaissable. C'est à peine si de nos jours, où théoriquement on sait ce que doit être une copie, il se trouve des mains capables d'en faire une fidèle; alors il n'y avait ni théorie, ni pratique : on faisait à Raphaël l'honneur de le rajeunir.

Le Sueur eût désiré peut-être faire des études chez le maréchal de Créquy; mais son maître, qui succombait alors sous ses innombrables travaux, avait besoin du secours de ses élèves les plus habiles et ne lui laissait pas une heure de liberté. La reconnaissance, plus encore que son embarras naturel, empêchait le jeune artiste de secouer cette tyrannie. Il passa ainsi quatre ou cinq années fort hésitant, fort combattu. Chaque jour, pour gagner du temps, Vouet adoptait des méthodes de plus en plus expéditives, et, pour ne pas laisser voir sur les toiles qu'il achevait la trace de deux pinceaux différents, il fallait que Le Sueur se conformât exactement à ces méthodes. Cependant le dégoût de cette manière lâchée augmentait en lui à mesure qu'il entrevoyait plus clairement un autre but, et il commençait à craindre, non sans raison, qu'à force de contracter de telles habitudes, il ne devînt incapable de s'en délivrer plus tard, même au prix de pénibles efforts.

Une occasion s'offrit enfin où son maître le laissa libre. Vouet avait été chargé de faire huit grands tableaux destinés à être exécutés en tapisserie. Les sujets devaient être tirés du poëme si bizarre du dominicain François Colonna intitulé le *Songe de Polyphile*. Ce travail ne plaisait pas à Vouet ; il l'abandonna complétement à Le Sueur, qui pouvait avoir environ vingt ans. Le jeune peintre entreprit cette tâche avec tant d'ardeur, qu'en moins de deux années il avait achevé les huit compositions.

Elles ne sont pas toutes parvenues jusqu'à nous, mais à en juger par celle qui nous reste, elles étaient remarquables par la disposition claire et facile des figures et par une expression à la fois digne et gracieuse qui convenait à ce sujet d'une mysticité presque érotique.

Ce début de Le Sueur eut un certain éclat et lui valut de bienveillants encouragements. Son maître toutefois ne parut que médiocrement satisfait : il ne put se dissimuler qu'il y avait dans ce coup d'essai une tentative d'affranchissement, un oubli volontaire de ses exemples, une critique indirecte de ses leçons. On dit même qu'il s'ensuivit entre le maître et l'élève un certain refroidissement.

Mais un événement plus important semble avoir dû aider Le Sueur à sortir complétement de tutelle, en exerçant sur sa vie d'artiste une solennelle influence.

Quelque temps avant que Simon Vouet quittât l'Italie et vînt fonder en France sa grande fortune, on avait vu s'établir silencieusement à Rome un Français qu'à son air grave et recueilli on aurait pris pour un docteur de Sorbonne, mais dont l'œil noir lançait, sous un épais sourcil, un regard plein de poésie et de jeunesse. Sa façon de vivre n'était pas moins surprenante que sa personne. On le voyait marcher dans les murs de Rome, ses tablettes à la main, dessinant en deux coups de crayon tantôt les fragments antiques qu'il rencontrait, tantôt les gestes, les attitudes, les physionomies des personnes qui se présentaient sur son chemin. Toujours seul, on ne lui connaissait pas même un domestique ; seulement il s'asseyait parfois le matin sur la terrasse de la Trinité-du-Mont, à côté d'un autre Français moins âgé de cinq ou six ans, mais déjà connu pour faire des paysages d'une telle vérité, d'une beauté si neuve et si merveilleuse, que tous les maîtres italiens lui rendaient les armes, et que depuis deux siècles il n'a pas encore rencontré son égal.

De ces deux artistes, le plus âgé avait évidemment sur l'autre la supériorité du génie sur le talent. Les conseils de Poussin, ses moindres paroles étaient recueillies par Claude, son ami, avec déférence et respect ; et cependant, à ne consulter que le prix qu'ils vendaient l'un et l'autre leurs tableaux, le paysagiste avait pour le moment une incontestable supériorité.

Qu'on se figure l'effet qu'avait dû produire dans Rome, à cette époque, l'impassible austérité, l'audacieuse indépendance dont l'artiste français faisait profession. En présence de l'orgueil délirant des ateliers, au milieu de leurs triomphes et de leurs colères, proclamer tout haut qu'il regardait comme non avenues toutes les écoles, toutes les traditions académiques et autres, se faire à soi-même sa méthode, son style, sa poétique, sans vouloir ressembler à personne, c'était évidemment s'exposer à passer pour fou, pour visionnaire, et, qui pis est, à mourir de faim. Toutefois, lorsqu'après avoir bien ri de pitié, les gens de bonne foi s'aperçurent que l'artiste n'en était pas ébranlé, qu'il ne transigeait pas, qu'il persévérait comme Galilée, ils furent saisis de vénération pour sa constance, et bientôt il fallut reconnaître que cette constance ne provenait que du génie. Chose vraiment singulière, les opinions régnantes n'en furent pas modifiées; on continua à se livrer à tous les caprices à toutes les aberrations des idées à la mode, et cependant on fit une place parmi les peintres, et même une place d'honneur, à cet homme qui protestait contre ces caprices et qui était la condamnation vivante de ces idées. On l'admit d'abord à titre de penseur et non de peintre; on lui reconnut le droit de parler à l'esprit, sinon de charmer les yeux : c'était un philosophe dont on admirait la morale sans se croire obligé de la pratiquer, un stoïcien à la cour de Néron. Mais, à quelque titre qu'il se fût fait accepter, le grand homme avait accompli son œuvre, et, après quinze ans d'efforts et de patience (c'est-à-dire vers 1639), il avait acquis dans Rome une célébrité presque populaire.

Le bruit s'en répandait depuis quelques années en France, au grand effroi de Vouet. Il y avait déjà douze ans que le *premier peintre* exploitait sa faveur : les rues étaient pavées de ses œuvres; le roi ne s'amusait plus à faire des pastels;

sa santé s'altérait, il se lassait de Vouet comme de tout le reste; il lui fallait du nouveau, et un jour la passion le prit de faire venir Poussin. Il ne pouvait lui offrir la charge de premier peintre, puisqu'elle était occupée par Vouet, mais il lui fit promettre de riches pensions et des avantages considérables. Poussin ne voulut à aucun prix quitter Rome : il résista pendant plus de six mois, et laissa presque sans réponse les lettres de M. Desnoyers, le surintendant des bâtiments royaux ; mais enfin le roi lui écrivit de sa propre main et dépêcha M. de Chanteloup à Rome pour le ramener. Il fallut bien céder et se mettre en route vers Paris [1].

Un carrosse du roi l'attendait à Fontainebleau et le conduisit au logement qui lui avait été préparé dans le jardin des Tuileries. Le lendemain on le mena faire sa cour au cardinal, qui l'embrassa et lui commanda quatre tableaux ; puis il fut conduit à Saint-Germain, où le roi lui fit l'insigne honneur de le recevoir à la porte de sa chambre, et dit en se retournant aux courtisans témoins de l'entrevue : *Voilà Vouet bien attrapé !*

Il n'est pas vrai que ce mot ait fait mourir Vouet six mois après [2]; mais on comprend qu'il dut porter la rage au cœur du peintre détrôné, et que Poussin, qui le prévoyait d'ailleurs, allait être en butte aux attaques d'une rivalité furieuse.

[1] A la fin de l'année 1640.
[2] Sur la foi de Félibien, presque tous les biographes supposent qu'il mourut le 5 juin 1641 ; mais il est aujourd'hui prouvé par pièces authentiques qu'il a vécu jusqu'au 30 juin 1649. C'est le frère de Vouet, peintre lui-même, qui est mort le 5 juin 1641. Voyez à ce sujet notre étude sur *l'Académie royale de peinture*, pages 74, 75, 83 et suiv.

Sans en prendre souci, il se mit au travail, et on le vit, en quelques mois, peindre d'abord un grand tableau représentant la *Sainte Cène* pour le maître-autel de l'église de Saint-Germain en Laye, puis pour le noviciat des jésuites à Paris, le *miracle de saint François Xavier*, cette admirable résurrection d'une jeune fille qui se voit au Louvre aujourd'hui. Bien d'autres toiles d'une moindre importance furent alors achevées par lui. Il vivait retiré, peignant ou écrivant toujours, sans bruit, sans autre distraction que la compagnie de quelques amis de jeunesse qu'il avait retrouvés à Paris.

Mais pendant qu'il restait fidèle à ses laborieuses habitudes, l'intrigue n'avait cessé d'agir et grandissait sourdement. Déjà même elle en avait tant fait et tant dit contre lui, que ses protecteurs eux-mêmes, M. Desnoyers, M. de Chanteloup, le roi, et jusqu'au cardinal en étaient comme embarassés, et semblaient presque se dire qu'en le faisant venir ils s'étaient mis sur les bras une méchante affaire.

Les attaques devinrent enfin si vives, que Poussin n'eut plus le courage de les mépriser. Il quitta ses pinceaux et prit la plume. La querelle s'était animée à l'occasion du *Miracle de saint François Xavier*, qu'on avait exposé dans l'église des jésuites vis-à-vis d'un tableau de Vouet, tableau d'une fadeur plus qu'ordinaire. On donna la palme à Vouet, cela va sans dire : puis il fallut faire le procès à Poussin : on prouva que son tableau était d'une immobilité glaciale, et on demanda ce qu'on pouvait penser d'un homme qui poussait la manie des statues antiques jusqu'à donner à son Christ la figure d'un Jupiter tonnant.

Poussin fit une excellente réponse : « Quant au Christ,

dit-il dans sa lettre à M. Desnoyers, je n'en ai pas fait un Jupiter, j'ai seulement voulu lui donner la figure d'un dieu et non pas un visage de *torticolis* ou d'un *père Douillet*. » C'était caractériser en deux mots la mollesse contournée, non-seulement de Vouet et de ses élèves, mais de Lahire qui prétendait faire école à part, et de presque tous les autres peintres alors en réputation.

Jusque-là on s'en tenait aux plaisanteries : les grandes fureurs éclatèrent à propos de la galerie du Louvre. Poussin avait été chargé par le roi d'en régler et d'en ordonner les décorations : il pensait que cela voulait dire qu'un plein pouvoir lui était donné pour disposer tout selon son goût. Mais, sans compter Vouet qui prétendait avoir des droits sur ce travail, deux autres adversaires vinrent le lui disputer : d'abord Lemercier, architecte du roi, qui avait fait un projet de décoration pour la galerie et qui en partie déjà l'avait mis à exécution, puis un Flamand, Fouquières, peintre de paysage, qui s'était fait donner, par le surintendant des bâtiments, l'ordre de peindre une ville de France sur chaque trumeau de la galerie. Ce Fouquière avait été introduit à la cour par la reine mère il y avait vingt ans; il était en grande renommée et d'un orgueil plus grand encore. C'était le marquis de Tuffière du paysage ; il se croyait noble et ne peignait jamais que l'épée au côté. Aussi Poussin, dans ses lettres, l'appelle-t-il avec un grand sérieux monsieur le baron de Fouquières [1]. Or, ce Fouquières voulait que ses

[1] « M. le baron de Fouquières est venu me parler avec sa grandeur accoutumée. Il trouve fort étrange qu'on ait mis la main à l'œuvre de la grande galerie sans lui en avoir communiqué aucune chose. Il dit avoir un ordre du roi, » etc. (Lettre à M. de Chanteloup.)

paysages fussent le principal ornement de la galerie; et comme les plans de Poussin contrariaient ses projets, il les trouvait détestables. Quant à Lemercier, c'était encore bien pis : Poussin avait fait jeter bas toutes les corniches, tous les caissons dont il avait surchargé les voûtes de la galerie. Lemercier criait au sacrilége, au scandale, au vandalisme.

Poussin fit un long mémoire justicatif dans lequel il démontra avec une admirable lucidité et par des raisons toutes techniques combien son plan était irréprochable, combien celui de ses adversaires était impraticable et ridicule; puis, il terminait en demandant s'il avait été oui ou non chargé, sous sa responsabilité, de décorer la galerie du Louvre. La réponse s'étant fait attendre, il renouvela sa question, mais en termes plus nets et plus pressants. On lui fit dire qu'avec du temps tout pouvait s'accommoder : dès lors il comprit que la place n'était plus tenable, et son parti fut bientôt pris. Sous prétexte d'aller mettre ordre à ses affaires et de ramener sa femme, il demanda la faveur d'un congé pour retourner à Rome. Ce projet d'absence ne déplut pas à la cour; c'était un moyen d'ajourner une difficulté, et pour quiconque est au pouvoir, un ajournement est toujours bienvenu. Mais cette fois, l'ajournement fut éternel. A peine de retour à Rome [1], Poussin apprit que le cardinal venait de mourir; puis cinq mois plus tard, le roi suivit le cardinal M. Desnoyers ne conservait pas à la nouvelle cour sa charge de surintendant. Si, malgré ce puissant patronage, Poussin, pendant son séjour en

---

[1] Le 5 novembre 1642.

France, avait éprouvé tant de traverses et d'ennuis que serait-il devenu après la mort et la retraite de tous ses protecteurs? Il renonça donc pour jamais à revoir la France, et reprit ses habitudes romaines pour ne plus les quitter qu'avec la vie.

Pendant ces deux années que Poussin avait passées à Paris, Le Sueur avait-il pu ne pas chercher à le connaître? Il eût fallu presque un fâcheux hasard pour qu'il n'eût pas occasion de le voir, de lui parler, de s'en faire remarquer; et du moment qu'entre eux certaines relations devenaient nécessaires, comment ne pas admettre qu'elles devaient être bienveillantes? L'élève de Vouet avait avec Poussin des affinités naturelles, et mille liens secrets les préparaient à s'unir. Chez eux tous les instincts, tous les penchants étaient les mêmes. C'étaient même candeur, même sérieux amour, même respect de l'art; et, d'un autre côté, pas un seul germe de discorde, la différence d'âge excluant toute rivalité. Aussi, jusqu'à ces derniers temps, une tradition, qui semblait respectable, voulait qu'entre nos deux grands peintres se fût alors formé un commerce amical, qui avait survécu à leur séparation. On allait jusqu'à dire que Poussin, de retour à Rome, n'avait pas renoncé à veiller sur son jeune ami; qu'il lui continuait ses conseils, l'aidait à s'affranchir des derniers restes de son éducation, à s'affermir dans la voie où, de lui-même, il s'engageait déjà; et que, de temps en temps, joignant l'exemple au précepte, il lui faisait passer des croquis, des dessins, presque toujours d'après l'antique, d'après quelques figures choisies à son intention, et dont il lui développait les beautés.

Qu'y a-t-il là qui rabaisse le génie de Le Sueur? et d'où vient que d'estimables érudits, qui ont récemment publié sur les peintres de ce temps-là, et en particulier sur Le Sueur, d'intéressantes recherches, s'attaquent à cette tradition comme à un conte imaginaire, à une fable ridicule [1]? S'ils se bornaient à dire qu'aucun document écrit, de date contemporaine, ne la confirme expressément, nous en tomberions d'accord, pourvu qu'il fût en même temps constaté qu'aucun document écrit ne l'infirme non plus [2].

[1] C'est aux auteurs du recueil intitulé *Archives de l'art français*, et particulièrement à l'un d'eux, M. Dussieux, que sont dues les recherches dont nous parlons. Elles ont été publiées sous ce titre : *Nouvelles recherches sur la vie et les ouvrages d'Eustache Le Sueur*, par L. Dussieux, avec un *catalogue des dessins de Le Sueur*, par A. de Montaiglon.

M. Dussieux et ses collaborateurs ont eu l'heureuse idée de demander, et sont parvenus à obtenir communication des papiers de l'ancienne Académie de peinture, déposés depuis la Révolution aux archives de l'École des beaux-arts. De ce précieux dépôt resté trop longtemps en oubli, ils ont tiré la matière de plusieurs volumes pleins d'utiles renseignements. Ce ne sont pas seulement les procès-verbaux et les comptes rendus des travaux académiques qui sont là conservés ; outre ce genre de documents, qui lui-même n'est pas sans intérêt, on y trouve un grand nombre de pièces manuscrites qui racontent la vie et décrivent les œuvres des principaux membres de la Compagnie, et notamment de ses douze principaux fondateurs. Ces notices, écrites par ordre de l'Académie, sous son contrôle, par ses secrétaires historiographes ou par des membres honoraires, amateurs éclairés, présentent assurément les meilleures garanties d'exactitude et de véracité. Sans les tenir pour infaillibles, on doit les consulter en toute confiance.

[2] Nous insistons sur ce point. A la manière affirmative dont M. Dussieux traite d'*imaginaires* les relations de Le Sueur avec Poussin, on est d'abord tenté de croire qu'il est en possession d'un texte où l'impossibilité de ces relations est expressément démontrée; mais pas du

Les preuves manquent de part et d'autre, voilà le vrai ; mais, du côté de la tradition, il y a des vraisemblances, des probabilités, ce qui est bien quelque chose. Que deviendrait l'histoire s'il fallait la réduire aux faits strictement authentiques ? est-il un moyen moins sûr et plus aride d'arriver à la vérité que cette méthode négative qui met tout en question, ne croyant que ce qui est écrit, méthode de greffier plutôt que d'historien. Du moment qu'il faut reconnaître, et personne ne cherche à le nier, pas même les érudits dont nous parlons, que le style de Poussin dut être pour Le Sueur l'objet de sérieuses études, et que la transformation de l'élève de Vouet dut provenir au moins autant de ses réflexions

tout : M. Dussieux ne s'appuie sur aucun texte, il fonde son incrédulité uniquement sur le *silence* que gardent les notices trouvées par lui et ses collaborateurs à l'École des beaux-arts. De ce que ces notices ne disent rien des relations supposées entre les deux artistes, il conclut que ces relations sont *absolument imaginaires*.

Cette façon d'argumenter pourrait avoir quelque valeur si les documents en question entraient dans certains détails sur la vie privée de Le Sueur. Supposons qu'on nous donnât les noms de quelques personnes avec lesquelles il était lié, l'omission du nom de Poussin deviendrait significative ; mais loin de là, ces notices, ainsi qu'on le verra plus loin, sont, en ce qui concerne la personne et la vie de l'artiste, d'un laconisme extrême ; elles n'en disent que deux mots, sans y attacher d'importance, ne s'occupant que des tableaux, et encore, dans le peu qu'elles disent de sa personne, il y a des inexactitudes, ainsi que M. Dussieux le reconnaît lui-même. On y voit, par exemple, que Le Sueur n'avait pas de frères, tandis qu'il en avait trois ; que sa femme ne lui avait donné qu'un fils et une fille, tandis qu'on sait qu'il a eu quatre enfants. (Voy. les quatre actes de naissance, — années 1645, 1648, 1651, 1655, — donnés par M. Dussieux, p. 54). Nous ne devons donc pas tout accepter dans ces notices, encore moins attacher un sens même aux choses qu'elles ne disent pas.

sur ce style que d'une connaissance plus ou moins imparfaite des œuvres de Raphaël, comment se révolter si fort contre une tradition qui, après tout, ne dit presque rien de plus.

Ne nous hâtons donc pas d'effacer toute trace de la rencontre de ces deux hommes et même de leur amitié. Et si la tradition nous dit encore qu'après le départ du grand peintre le jeune artiste se sentit tristement isolé, qu'en prenant un tel guide il avait encouru l'inimitié de son ancien maître, la froideur de ses camarades, la malveillance de toutes les médiocrités ameutées contre l'homme de génie, n'allons pas crier au roman, et ne haussons pas les épaules. Il n'y a dans tout cela rien que de très-plausible; et même, à la rigueur, nous admettons aussi, comme on l'affirme encore, que les amis de Poussin furent, après son départ, l'appui principal et comme le refuge de Le Sueur. Il est vrai que le nombre n'en était pas très-grand; et, à l'exception de Stella, qui avait su se mettre assez bien en cour, tout ce petit cercle était composé de personnages ou trop solitaires ou trop obscurs pour être d'un grand appui dans le monde.

Il y en avait un pourtant qui, comme artiste et comme homme, pouvait porter certain secours : je veux parler de Philippe de Champagne. C'était la plus vieille amitié de Poussin à Paris; ils s'étaient liés vingt ans auparavant, lorsque habitant ensemble au collége de Laon, ils peignaient des panneaux de portes au Luxembourg sous les ordres de Duchêne, le peintre ordinaire de la reine Marie de Médicis. Champagne n'avait ni la force de conception, ni la richesse et l'élévation de pensées de Poussin; mais, à un dégré différent, il avait pris parmi les peintres de l'époque une attitude presque aussi indépendante et aussi originale. Jamais il n'avait sacrifié à la mode; il n'était tombé dans aucun des écarts du style italien dégénéré. Son esprit droit, simple, laborieux, son inflexible conscience, peut-être aussi son origine flamande, mais avant tout son rare talent à peindre le portrait, voilà ce qui l'avait sauvé de la contagion. Toujours en face de figures vivantes, dont il fallait saisir et traduire l'expression, il ne lui avait pas été possible de perdre de vue la nature, et il n'avait eu ni le temps d'apprendre, ni la pensée d'employer tous ces moyens alors en usage pour l'ennoblir et la contrefaire. Ce grand art du portrait n'avait pas seulement préservé son goût, il avait servi sa fortune en lui assurant la bienveillance d'une foule de puissants personnages; grâce à leur protection, il pouvait se permettre, mieux qu'un autre, de braver le goût dominant et de faire de la peinture autrement que tout le monde. Même pendant la toute-puissance de Vouet, Champagne vit son talent respecté; et, sans ses scrupules de fidélité envers la reine mère, il est à croire que toutes les faveurs du cardinal auraient été pour lui. Les peintres se consolaient en disant que ses tableaux étaient froids, son style mesquin et pauvre; mais personne ne contestait qu'il eût un grand talent, et il occupait dans les arts ce qu'on appellerait aujourd'hui une position considérable.

Le Sueur s'en fit-il un abri? puisa-t-il une force nouvelle dans les conseils, dans l'affection de ce nouvel ami? nous le croyons sans pouvoir l'affirmer, car sur ce point, comme à l'égard de Poussin, la tradition ne fournit pas ses preuves. Et ce n'est pas seulement cette première partie de la vie de

Le Sueur, ses débuts, sa jeunesse, ses premières relations, ses premières amitiés, qui sont enveloppés de doute et d'incertitude ; sa vie entière, cette vie si courte et si remplie, est elle-même, presqu'un mystère. Il n'y a de clair et de visible que son talent et ses ouvrages : quant à lui-même, il reste à demi-voilé aux yeux de la postérité.

Le nombre est grand pourtant de ceux qui ont parlé de lui. Les biographes ne lui ont pas fait défaut ; mais ceux-là même qui l'avaient pu connaître, qui avaient vécu de son temps, comme Félibien, par exemple, ne donnent qu'une incomplète idée de sa personne et de sa vie. On n'avait pas, en ce temps-là, le genre de curiosité qui est aujourd'hui si répandu : on ne se plaisait pas aux minutieux détails, aux intimes particularités. Félibien, Brice, Perrault, Papillon de la Ferté, d'Argenville, Florent-le-Comte, toute la première série des biographes de Le Sueur ne s'arrêtent que devant ses tableaux, et passent en glissant sur le reste. On sait par eux qu'il vivait retiré, qu'il était timide et modeste, aimable et bon, qu'il se maria de bonne heure à la sœur d'un de ses camarades d'atelier, et que la passion du travail qui avait altéré sa santé, finit par abréger sa vie : voilà tout ; c'est seulement de nos jours, il y a peut-être cinquante ans, qu'une autre série de biographes, MM. Landon[1], Gence[2] et Miel[3], voulant éveiller l'attention, semèrent de quelques broderies ce tissu trop simple à leurs yeux. Ils avaient par malheur prêté l'oreille aux confidences, aux prétendues traditions de famille que Le Sueur, le musi-

---

[1] *Vies et œuvres des peintres les plus célèbres* (1812).
[2] *Biographie universelle*, t. XXIV.
[3] *Notice* insérée dans le t. II de la *Galerie française* (in-4°, 1821).

cien, débitait à qui voulait l'entendre[1]. Cet homme d'un certain talent avait la double manie de se croire noble et de vouloir descendre d'un frère d'Eustache Le Sueur : deux prétentions dont l'une excluait l'autre. Le pauvre sculpteur de Montdidier n'avait transmis à ses quatre fils que le sang le plus plébéien, et quant à l'auteur de la *Caverne*, quoique originaire de Picardie, il n'y avait entre Eustache et lui aucune espèce de parenté[2]. N'importe, il n'en cherchait pas moins à décerner des lettres de noblesse à son prétendu grand-oncle.

De là des anecdotes purement imaginaires, entre autres un certain coup d'épée donné par le jeune peintre à je ne sais quel gentilhomme, cartel dont la tragique issue aurait forcé Le Sueur à chercher un refuge au couvent des Chartreux[3].

---

[1] Landon le reconnaît lui-même : « C'est M. le chevalier Le Sueur, dit-il, qui nous a fourni quelques-unes de ces particularités dont il a conservé les titres ou la tradition, et qu'on ne trouve dans aucun des biographes de Le Sueur. »

[2] L'abbé Tiron, qui avait été avec Le Sueur enfant de chœur pendant six ans à Amiens, a publié dans la *France musicale* (1840, p. 157 à 161) des détails biographiques qui ne laissent aucun doute à cet égard.

[3] Voici en quels termes M. Miel raconte cette anecdote : « C'est à la barrière de Lourcine qu'il eut à repousser l'injure faite à un de ses subordonnés par un gentilhomme. Insulté lui-même, il demanda satisfaction par les armes. Le noble reçut avec dédain le cartel d'un commis, mais Le Sueur se nomma, et l'agresseur, qui l'avait souvent admiré, sans le connaître, voulut bien consentir à une réparation. Ils se rendirent à l'instant sous les murs des Chartreux, et l'artiste eut la malheureuse adresse de tuer son adversaire d'un coup d'épée. Le Sueur se retira dans le couvent des Chartreux, qui lui donnèrent asile jusqu'à ce qu'on eût apaisé la famille du gentilhomme. »

Est-ce la noblesse de naissance, ou seulement la noblesse du talent, que le gentilhomme reconnut chez Le Sueur, et qui le détermina à lui

Qu'on fasse bon marché de semblables sornettes, qu'on en démontre le ridicule, rien de mieux. Il ne faut pour cela ni documents nouveaux, ni preuves inédites : le simple bon sens suffit, et c'est sans autre secours, sans autre autorité, que nous-mêmes, il y a plus de vingt ans, nous en avions fait justice. Mais de ce qu'on ne peut être trop sévère pour des supercheries qu'on a vu fabriquer, dont on sait l'origine, s'ensuit-il que toute tradition même ancienne et de source inconnue, qui n'a pas ses papiers en règle, doive être tenue pour suspecte? encore un coup nous ne le pensons pas. Mais n'insistons pas davantage; laissons là Champagne et Poussin, et rendons plutôt grâce à nos contradicteurs de leur bonne fortune, de la trouvaille qu'ils ont faite. On leur doit toute une série nouvelle de biographies de Le Sueur, notices inconnues, inédites, qui dormaient depuis cent ans et plus dans de poudreux cartons transmis par héritage de l'ancienne Académie royale de peinture à l'école actuelle des beaux-arts.

Quels sont ces documents? Quels en sont les auteurs et les dates? Ce nouveau dossier de Le Sueur, si l'on peut s'exprimer ainsi, se compose de sept pièces, de sept notices manu-

---

donner satisfaction? La question reste douteuse; mais ce qui est au moins aussi étrange que cette aventure romanesque, c'est ce titre de *commis* dont Le Sueur se trouve affublé. Pour le comprendre, il faut savoir que, quelques lignes auparavant, M. Miel nous apprend que le jeune artiste remplissait un emploi d'inspecteur des recettes aux entrées de Paris. C'est là un fait dont, avant lui, personne n'avait dit un mot, et comme il n'indique aucune preuve à l'appui de son allégation, comme nous savons au contraire par d'infaillibles indices, que Le Sueur, en ce temps-là, était entièrement absorbé par l'étude de son art, on doit tenir pour aussi peu sérieux l'emploi d'inspecteur des octrois que le fait d'armes de la barrière de Lourcine.

9.

scrites. La plus ancienne, celle qui a servi de modèle aux six autres, et qu'elles reproduisent toutes, à quelques variantes près (même celle dont le comte de Caylus est l'auteur), a été lue devant la compagnie, le 5 août 1690, trente-cinq ans par conséquent après la mort du grand artiste. L'auteur, Georges Guillet, plus connu sous le nom de Guillet de Saint-Georges [1], n'était pas d'âge à avoir vu Le Sueur, ou du moins à en avoir gardé des souvenirs personnels; il n'en parlait que par ouï-dire; mais il était historiographe de l'Académie, il écrivait pour elle, sous sa dictée en quelque sorte, et, bien que déjà la mort eût frappé la plupart des confrères de Le Sueur et presque toute sa génération, le souvenir de sa personne, et surtout de ses principaux ouvrages, devait encore survivre dans ce lieu.

Voyons donc ce que cette notice de Guillet nous apprend de nouveau sur Le Sueur.

Touchant sa personne et sa vie, presque rien. Comme Félibien, comme tous les premiers biographes, Guillet effleure à peine ce côté du sujet. Vouloir tirer quelque chose de neuf du peu de mots qu'il en dit, c'est se donner une peine inutile.

---

[1] Voyez au tome Ier de ces *Études* (page 105) ce que nous disons de Guillet de Saint-Georges.

La notice dont il est l'auteur porte le n° 3.

Les autres sont des copies de ce n° 3, copies presque textuelles. On y remarque tout au plus quelques légers changements de rédaction. Le n° 5, qui est l'œuvre de Lépicié, et le n° 1, qui porte le nom du comte de Caylus, contiennent çà et là quelques appréciations qui sont personnelles aux auteurs; mais quant aux faits, ils sont tous empruntés à la notice de Guillet.

On se demande quel a pu être le motif de ces reproductions multipliées, qui ne sont ni de franches copies, ni des œuvres originales.

EUSTACHE LE SUEUR. 155

Avec deux ou trois phrases, non exemptes de quelque inexactitude [1], comme soi-même on en convient, il n'y a pas moyen de nous faire un Le Sueur nouveau. On ne réussit à prouver ni qu'il était riche, ou du moins à son aise dès le début de sa carrière [2], ni qu'il avait sciemment et systématiquement refusé de voir l'Italie, ni que pendant deux années il avait soigneusement évité toute occasion de rencontrer Poussin à Paris. On a beau commenter les mots, interpréter même le silence, on n'obtient rien de tout cela, et la figure de

[1] Notamment les contradictions sur le nombre des enfants et de frères de Le Sueur.

[2] M. Dussieux met au nombre des « erreurs débitées sur Lesueur sa prétendue pauvreté. » Il se fonde: 1° sur ces mots de Guillet de Saint-Georges (notice n° 3) : « il (Le Sueur) a laissé un fils et une fille, qui sont tous deux pourvus à leur avantage; » 2° sur cette phrase de M. de Caylus (notice n° 1) « il a laissé un fils et une fille, et vraisemblablement quelque bien, car l'un et l'autre ont été bien établis dans la suite; » 3° sur cette circonstance que Le Sueur, décédé sur la paroisse de Saint-Louis en l'Isle, a été transféré et enterré à Saint-Étienne-du-Mont, ainsi que le constate l'acte de décès conservé aux archives de l'hôtel de ville de Paris.

Or personne n'a jamais prétendu que Le Sueur, au moment de sa mort, fût encore dans la gêne. Mais parce que, après vingt ans de travaux assidus, après avoir usé sa vie à décorer nombre d'hôtels de grands seigneurs et de riches magistrats, il avait *vraisemblablement quelque bien*, parce qu'après lui ses enfants ont pu être *pourvus à leur avantage;* parce qu'ils ont pu faire enterrer son corps dans une autre paroisse que la sienne, s'ensuit-il qu'à ses débuts, quand il étudiait chez Vouet et quand ses camarades partaient pour l'Italie, il fût en mesure de les suivre? Il faudrait pour cela que son père eût eu lui-même quelque bien, ce qui est plus que douteux, puisqu'il était venu de Montdidier à Paris (comme la notice n° 5 nous le dit) pour apprendre la profession de tourneur, et qu'il avait d'ailleurs quatre enfants, lourd fardeau, même pour le tourneur le plus habile et le mieux achalandé.

l'artiste, sa vie privée, son entourage, ses affaires, ses habitudes restent dans ce même demi-jour où les premiers biographes les avaient prudemment laissés, et qui n'est que la conséquence du caractère même de cette modeste et laborieuse vie. Mais si la notice de Guillet est à peu près muette sur la personne, elle parle amplement de l'œuvre, et jette ainsi sur l'artiste des clartés vraiment neuves et d'un grand intérêt.

D'abord, et c'est bien là sa plus vraie nouveauté, elle met hors de contestation un fait que jusqu'ici deux hommes seulement, Florent-le-Comte et d'Argenville, de tous les biographes

---

Il n'y a donc là rien qui infirme l'opinion généralement admise sur le défaut d'aisance de Le Sueur dans sa jeunesse.

On tire, il est vrai, parti d'un mot de Guillet de Saint-Georges, répété par le comte de Caylus. Le Sueur, disent-ils l'un et l'autre, « fit des études très-exactes sur les meilleurs ouvrages des maîtres italiens qui se trouvaient en France, mais il ne *voulut* jamais aller à Rome ». De ce mot on conclut que ce n'est pas la gêne qui l'a fait rester à Paris; qu'il aurait pu faire le voyage; qu'il en avait les moyens, puisqu'il y avait volontairement renoncé.

La conséquence n'est pas très-rigoureuse. Bien des gens savent ne pas vouloir ce qui n'est pas en leur pouvoir de faire. Témoin le renard de la fable. Ce n'est pas, croyons-nous, dans le sens littéral qu'est pris ici le mot *voulu*. L'intention a été tout simplement de constater un fait, de dire que le jeune artiste n'avait pas imité la plupart de ses camarades; qu'il n'était pas allé à Rome achever son éducation, soit faute d'argent, soit humeur casanière, soit tout autre motif. Mais quant à croire qu'à cette époque l'idée fût venue à un jeune étudiant d'éviter l'Italie comme dangereuse et compromettante pour l'avenir de son talent; que par système et de parti pris il se fût refusé au voyage, c'est confondre tous les temps et faire un pur anachronisme. L'idée est toute moderne, et si Le Sueur, comme nous persistons à le croire, a plutôt gagné que perdu à ne pas faire ce voyage, c'est certainement à on issu que ce bonheur lui est arrivé.

de Le Sueur les moins accrédités peut être, avaient non pas même attesté, mais indiqué, commme en passant, et fort à la légère. Ce fait est que Le Sueur a travaillé au Louvre.

Guillet de Saint-Georges nous dit que M. Le Camus, surintendant des bâtiments, celui qui eut pour successeur M. Ratabon[1], *employa M. Le Sueur pour un grand tableau qui fut placé dans la chambre du roi.* C'est ce tableau dont parle Florent-le-Comte, sans même dire s'il a été exécuté et mis en place, composition allégorique représentant la monarchie française appuyée sur un globe couronné et entourée de trois autres figures de femmes, la Justice, la Valeur et la Renommée. Or, Guillet de Saint-Georges ajoute que dans cette même chambre notre peintre exécuta quatre bas-reliefs en camaïeux sur fond d'or représentant les quatre parties du monde, et dans un cabinet, à côté de la chambre du roi, un autre tableau allégorique où trois figures étaient groupées, le Temps, l'Histoire et l'Autorité; l'Autorité assise sur un trône, le Temps un livre ouvert à la main et l'Histoire écrivant sur ce livre, puis au bas du tableau des enfants jouant avec un lion, symbole de force et de douceur.

Ce n'est pas tout, il nous dit que : « la sérénissime reyne Anne d'Autriche étoit si légitimement prévenue du mérite de M. Le Sueur, qu'elle lui fit faire au Louvre plusieurs peintures pour l'appartement des bains, non-seulement dans la chambre où Sa Majesté couchoit, mais encore dans le cabinet qui est tout proche. » Ces peintures, presque toutes de pe-

---

[1] Voyez dans notre essai sur l'Académie royale de peinture (p. 105 et suiv.) le rôle qu'a joué M. Ratabon dans l'histoire de cette compagnie.

tite dimension, de demi-nature tout au plus, étaient, d'après son dire, semées à profusion. Plafonds, dessus de portes, embrasures de croisées, volets, tout en était couvert. Dans l'alcôve de la reine, les boiseries, divisées en nombreux compartiments, encadraient une suite de compositions représentant toute l'histoire de Junon : ici Junon planant sur Carthage et lui versant ses libéralités ; plus loin Junon des hauteurs de l'Olympe contemplant l'incendie de Troie, et vingt autres sujets de ce genre. Enfin dans le cabinet des bains, attenant à la chambre, la mythologie faisait encore les frais de la décoration ; mais, au lieu de tableaux *colorés au naturel*, comme dans la chambre, c'étaient des camaïeux de couleur bleue sur fond d'or qui couvraient les panneaux des lambris et tout le corps de la menuiserie. Sur le plafond de forme cintrée qui surmontait l'enceinte des bains on voyait l'histoire de Psyché et de l'Amour divisée en divers panneaux, puis sur l'autre partie du plafond deux tableaux de forme octogone, traités comme tout le reste en camayeu de couleur bleue et représentant l'un Jupiter dans sa cour donnant des ordres à Mercure, l'autre Minerve présidant l'assemblée des Muses sur le sommet du Parnasse. Cette dernière composition, dont le dessin existe au Louvre, passe, à bon droit, pour un des chefs-d'œuvre du maître. Nous omettons bien d'autres figures de nymphes et de naïades, bien d'autres ornements qui complétaient la royale élégance de cette décoration.

Tout cet ensemble de peintures entièrement composées par Le Sueur et même exécutées par lui, sauf quelques accessoires confiés à d'autres peintres sous sa conduite, Guillet de Saint-Georges en parle comme témoin oculaire ; il les a vues, elles existaient de son temps; seulement il nous dit qu'il ne restait dans les appartements du roi que les bas-reliefs représentant les quatre parties du monde; que les deux tableaux allégoriques en avaient été enlevés, et que « le bruit commun en attribuoit la cause à une jalousie de M. Romanelli, peintre italien que M. le cardinal Mazarin avoit fait venir de Rome. » Quant aux bains de la reine mère et aux peintures qui les décoraient, aussi bien celles de la chambre à coucher que celles du cabinet des bains lui-même, « elles se sont conservées, nous dit-il, dans leur force et leur beauté par les soins de M. Bélot, qui est valet de chambre du roy, et qui garde dans le Louvre tout cet appartement de la reyne mère. Feu M. Bélot, son père, disposa cette auguste princesse à se servir en cette occasion du pinceau de M. Le Sueur dont il était grand ami. »

Ainsi voilà qui est clairement établi; la plupart des peintures faites par Le Sueur au Louvre étaient encore en place et même en bon état vers 1690, époque où Guillet de Saint-Georges a écrit sa notice. Vingt ans plus tard elles existaient encore, ou du moins il en est question dans l'*inventaire général des tableaux du roy*, fait en 1709 et 1710 par un sieur Bailly, garde desdits tableaux. A la page 230 de cet inventaire, volume in-folio, conservé aux archives du Louvre et cité par M. Dussieux, sous cette rubrique : *Eustache Le Sueur — appartements des bains de la reyne mère*, on trouve l'indication de huit tableaux qui se rapportent assez exactement aux peintures de la chambre de la reine telles que Guillet de Saint-Georges nous les décrit. Mais à partir de là il n'en est mention nulle part. Mariette, en 1744, dans le catalogue du cabinet Boyer-d'Aguilles, décrivant une estampe gravée d'après un dessin de Le Sueur, ce même dessin que le Louvre possède, l'admirable dessin du *Parnasse*, déclare qu'il ne sait pas « si le célèbre Le Sueur a exécuté cette pensée en peinture. Ce seroit, ajoute-t-il, un des tableaux qui lui feroient le plus d'honneur. On connaît peu de compositions aussi nobles et aussi poétiques que celle-ci. Elle est digne de Raphaël,...etc. » Rien de plus judicieux que cette appréciation ; mais si le plafond du cabinet des bains eût conservé, en 1744, sa décoration primitive, si les deux tableaux octogones, *peints de bleu sur fond d'or*, eussent encore existé, un curieux aussi bien instruit que Mariette n'eût pas manqué d'en savoir quelque chose et n'aurait pas émis le doute qu'il exprime [1].

Pas plus que Mariette, trente ans plus tard, en 1772, Blondel ne semble avoir connu ces peintures de Le Sueur : dans sa description du Louvre si complète et si minutieuse, il n'en dit pas un mot ; et ce qui est plus extraordinaire, Brice, qui écrivait avant Mariettte, et qui décrit aussi le Louvre et en particulier les appartements de la reine mère, ne parle pas non plus de peintures de Le Sueur, ce qui donne lieu de croire que peu de temps après 1710 cette partie du Louvre devait avoir subi dans sa décoration quelque notable changement.

On comprend donc qu'il y a vingt ans, un fait dont le

[1] A moins que Mariette ne considérât pas un camaïeu comme un tableau ; ce qui peut à la rigueur se soutenir, puisque c'est un simulacre de bas-relief. Mais s'il eût connu le plafond du cabinet des bains, Mariette se serait autrement exprimé. La peinture, même en camaïeu, est l'œuvre du pinceau.

souvenir s'était si promptement et si complétement éteint, ne pouvait être, à la légère, accepté de nouveau, et que Florent-le-Comte et d'Argenville, qui seuls en faisaient mention, et en termes si brefs, ne devaient guère trouver crédit. Mais aujourd'hui la question est jugée. Le témoignage de Guillet de Saint-Georges ne laisse aucune incertitude. Nous savons tout, même comment et par qui cette bonne fortune était venue à Le Sueur, et l'inventaire de Bailly ajoutant à ces détails précis un supplément d'autorité, c'est désormais chose acquise et prouvée, que Le Sueur a exécuté au Louvre des travaux d'une certaine importance.

Il ne s'en suit pas que sa faveur ait dû jamais être bien grande ; M. Le Camus d'une part, M. Bélot de l'autre n'auraient pas eu besoin de lui venir en aide s'il eût habituellement reçu de semblables commandes : ce devait être son début, et tout donne à penser qu'il n'eut pas autre occasion d'exercer ses pinceaux dans les demeures royales. Mais il n'en faut pas moins rectifier sur ce point la tradition généralement admise. On ne peut plus représenter Le Sueur comme un peintre méconnu, négligé et presque disgracié par la cour ; si petite qu'elle soit, il a eu sa part de soleil.

C'est pour nous un extrême regret et une vraie lacune dans l'œuvre de Le Sueur que la perte de ces peintures du Louvre. Guillet nous dit qu'elles étaient de son meilleur temps, « de sa dernière manière, correcte et gracieuse, » et le dessin qui nous en reste, ce merveilleux dessin du *Parnasse*, d'un faire si souple et si fin, d'un style si élégant et si noble, nous prouve que Guillet a raison. Le Sueur n'a rien produit de plus parfait que ce dessin. On ne peut donc trop déplorer la fatale incurie qui a laissé disparaître toute une série de compositions si précieuses et si bien encadrées dans un ensemble décoratif harmonieux et homogène. Mais, quel que soit notre regret, il y a telle autre création du maître, d'une moins bonne époque, d'une moins fine exécution, dont la perte peut-être serait encore plus grave et porterait un plus sérieux dommage à sa gloire ; telle serait par exemple la vie de saint Bruno, cette chaste et candide légende. Supposez-la détruite, vous n'avez plus qu'une imparfaite idée du génie de Le Sueur : tous ses autres tableaux, même les plus austères, les plus religieux ne peuvent remplacer ceux-là, vous ne connaissez plus qu'à moitié aussi bien l'homme que le peintre.

On ne sait pas exactement comment ce grand travail lui fut donné. Ses habitudes de piété l'avaient-elles, comme on l'a dit, mis en rapport avec le prieur des Chartreux? peu importe. Celui-ci faisait restaurer le petit cloître de son couvent, qui, dès l'an 1350, avait été peint à fresque et dont on avait renouvelé les peintures une première fois en 1508. Les nouvelles réparations exigeaient ou qu'on blanchît les murailles ou qu'on les peignît de nouveau. Il fut décidé qu'on devait les peindre, et ce fut à Le Sueur qu'on en confia le soin.

Le prix offert était modeste. Les chartreux de Bologne donnaient à cette même époque une fois plus d'argent au Guerchin pour sa seule *Vision de saint Bruno* qu'il n'en coûtait à leurs frères de Paris pour faire peindre tout leur cloître. Mais Le Sueur acceptait avec joie cette pieuse et noble tâche, sans regarder au salaire. Il avait alors vingt-huit ans

(1645). Marié depuis une année, il allait être père [1]. Sa vie était réglée, tout entière au travail et aux affections de famille. Pendant les trois années écoulées depuis le départ de Poussin, son talent s'était fortifié par de constantes réflexions et par l'heureuse nécessité de se gouverner lui-même. L'œuvre qu'il entreprenait eût demandé de longues préparations, beaucoup d'études de détail, beaucoup de réflexions : on ne lui en laissait pas le loisir. Les frères étaient impatients de jouir de leur cloître; il fallut obéir, et l'on sait avec quelle rapidité tout fut achevé. Dès 1647, la plupart des tableaux avaient reçu la dernière touche, et vers le commencement de 1648, c'est-à-dire en moins de trois années, ils étaient complétement terminés. Il est vrai que Le Sueur s'était fait aider par ses frères Pierre, Philippe et Antoine, et par Goussay son beau-frère. Mais il avait tout composé, tout dessiné, et plusieurs panneaux avaient même été entièrement couverts de sa main.

Ces vingt-deux tableaux excitèrent d'abord un sentiment de surprise encore plus que d'admiration. Il faut avoir bien présente à la pensée la manière de composer et de peindre des Sébastien Bourdon, des Lahire, des Dorigny, de tous ceux en un mot dont les ouvrages étaient alors généralement compris et goûtés, pour se figurer combien on dut être étonné de cette simplicité, de cette absence complète de recherche et d'apparat. L'étonnement était respectueux, parce qu'une œuvre si capitale n'est jamais traitée légèrement par la foule, même quand la foule ne la

[1] Son premier-né, portant comme lui le nom d'Eustache, est venu au monde le 11 juillet 1645.

comprend pas. On louait la grande facilité de l'artiste, la promptitude de l'exécution; puis, comme les conceptions supérieures finissent toujours, sur un point quelconque, par triompher des préjugés, on convenait que ce style était bien approprié au sujet, que c'était de la peinture comme il en fallait aux chartreux, qu'à l'aspect de ces tableaux on respirait la vie du cloître. On admirait donc, puisqu'on sentait cette harmonie locale, cette unité d'impression qui est le premier mérite de ces tableaux, mais on admirait en faisant des réserves et en attribuant l'effet produit, non pas au principe de vérité et de simplicité qui inspirait le talent de Le Sueur, mais à une circonstance heureuse qui s'était rencontrée d'accord avec ce genre de talent.

C'est là ce qui peut expliquer comment cette *Vie de saint Bruno*, tout en excitant une vive curiosité et une estime qui ne fit que s'accroître d'année en année, ne changea rien cependant ni au goût du public ni à la direction d'études de nos peintres. Il est peut-être sans exemple qu'une production à la fois si neuve et si supérieure n'ait pas éveillé l'esprit d'imitation. C'est ordinairement la conséquence naturelle, inévitable, de tout ce qui a seulement l'apparence de la nouveauté; eh bien, ici, où ce n'était pas seulement une apparence, et où quelque chose de réellement neuf et de hardiment novateur se produisait pour la première fois, personne n'eut la pensée d'imiter. Il fallait être le frère ou le beau-frère de Le Sueur pour songer à suivre sa trace : c'était de la complaisance de famille; mais du reste, pas un élève, personne qui s'avisât de lui demander son secret.

C'est qu'aussi ce secret n'était pas de ceux qui se divulguent. Il possédait ce qui s'imite le moins, le don de l'expression. Otez l'expression de ces tableaux et cherchez-en le mécanisme, c'est-à-dire, la partie matérielle dont pourrait s'emparer l'imitation, vous ne trouverez rien. Il n'en est pas de même de Poussin : il se sert de moyens, de procédés dont sans doute il est l'inventeur, et qu'il emploie très-légitimement, mais dont l'usage répété constitue une manière et donne plus de prise aux imitateurs. Aussi, quoique Poussin soit resté longtemps comme isolé parmi nos peintres, il y en eut quelques-uns qui, même d'assez bonne heure, se façonnèrent à son image, et ils ont fini par l'imiter tous un peu, si ce n'est toutefois dans ce qu'il a d'inimitable. L'expression chez Poussin n'apparaît presque jamais sur les physionomies, elle se manifeste dans la pantomime, dans les attitudes, et surtout dans la liaison et dans l'ajustement des figures entre elles, dans l'ordonnance générale de la composition, et jusque dans les lignes des plans les plus reculés ; elle procède de ce qui est extérieur et résulte de la combinaison du tout. Chez Le Sueur c'est le contraire, l'expression est intime ; on la sent comme concentrée dans l'intérieur même des personnages, elle se reflète ensuite sur les physionomies, descend dans les gestes, dans les attitudes, et pénètre enfin dans toutes les parties de la composition, mais d'une manière plus vague et sans y laisser apercevoir ces contrastes, ces balancements savamment combinés qui donnent la vie aux tableaux de Poussin. Ainsi, pour imiter Le Sueur, la première condition serait d'avoir son âme : et c'est là, encore une fois, ce qui ne se dérobe pas.

Cette *Vie de saint Bruno*, malgré l'état déplorable où l'ont réduite d'abord les odieuses profanations de l'envie contemporaine, puis le respect même des bons religieux qui, en mettant sous clef leurs tableaux et en les privant d'air, les avaient exposés à d'autres sortes de dégradations, puis enfin la mise sur toile et les restaurations de 1776, sans compter les retouches sous l'Empire et quelques autres plus récentes, cette *Vie de saint Bruno*, dis-je, est encore aujourd'hui un des plus beaux monuments de la peinture moderne comme œuvre de sentiment et de naïveté sans effort ni affectation. La légende du frère Raymond le Tartufe, qui sert de préambule à celle du saint, est écrite dans les quatre premiers tableaux avec une clarté et une franchise pittoresque qui se marie merveilleusement à une certaine crédulité tout historique. Puis viennent le recueillement, la prière, la vocation du saint, ce tableau d'une seule figure et qui pourtant est si bien rempli par la seule émotion du pieux personnage si puissante et si visible sous les plis de sa longue robe; puis la distribution de ses richesses aux pauvres, la prise d'habits, la lecture du bref du pape, et par-dessus tout la mort du saint, cette scène religieusement tragique, si fortement conçue, si mystérieusement exprimée : en dépit des dégradations et des restaurations, ce sont là autant de chefs-d'œuvre d'expression qui, tant qu'il en restera vestige, feront les délices de toute âme sensible à la poésie de la peinture.

Sans doute, il y a dans cette belle œuvre quelques taches et quelques faiblesses. La prestesse de l'exécution dégénère trop souvent en négligence; le coloris, quoique toujours harmonieux et facile, manque quelquefois de force et de profondeur; le dessin, dans certaines parties, est négligé; quelques figures sont trop courtes, d'autres un peu longues; à côté d'expressions saisissantes, il y en a quelques-unes de banales et tombant presque dans la manière. Il en serait autrement si toutes les figures eussent été étudiées sur nature comme celles des moines : aussi, ce qu'il y a d'incomparablement plus beau, plus vrai, plus touchant dans ces tableaux, ce sont toujours les moines. C'est que Le Sueur avait eu l'heureuse idée de faire poser quelques frères non-seulement pour copier leur costume, mais pour saisir sur le fait leurs gestes habituels et tous les détails de leur physionomie. C'était encore une innovation; Poussin lui-même, malgré ses goûts de vérité, n'a jamais composé ses tableaux les yeux fixés sur la nature; ce n'est pas qu'il n'eût pour elle un sincère respect; il l'aimait, il l'adorait autant que l'antique, ce qui est tout dire; mais à la nature comme à l'antique il ne demandait que des indications, des souvenirs qu'il réglait ensuite par la pensée. Aussi ses compositions même les plus animées ont-elles un caractère abstrait : elles viennent de l'esprit et s'adressent à l'esprit. Le Sueur, en ne consultant pas seulement, mais en étudiant la nature, faisait œuvre de peintre : son seul tort était de s'arrêter en chemin; ces figures faites de pratique, à côté de figures vivantes, font tache; elles ne disent rien et semblent même encore plus conventionnelles qu'elles ne le sont réellement.

Le Sueur sentait les imperfections de son ouvrage, et il allait au-devant de la critique, en disant sans cesse, même à ceux qui le félicitaient, qu'il n'avait fait que des ébauches. Il avait raison; oui, ce sont d'admirables ébauches, des ébauches de génie; mais Le Sueur pouvait-il s'élever au delà? Nous allons bien le voir tout à l'heure produire des ouvrages plus terminés; mais toujours il donnera à sa pensée ce caractère de concision, de premier jet, d'indication elliptique qui exclut les développements approfondis. Le développement en peinture, c'est l'art d'exprimer tous les moindres détails de la vie physique et morale, c'est-à-dire de l'individualité, sans que l'harmonie et l'unité disparaissent. Merveilleuse alliance qui constitue l'ineffable beauté de quelques œuvres, je ne dis pas de toutes les œuvres, de Raphaël et des grands maîtres de son temps. Mais pour unir ce rendu dans les détails au sentiment spontané de l'ensemble, pour être à la fois Léonard de Vinci et Le Sueur, suffit-il de naître seul, isolé, perdu dans un siècle abâtardi? Ne faut-il pas tenir dans sa main, comme un fil conducteur, cette chaîne de traditions qui ajoute à notre valeur personnelle le secours de tous les perfectionnements acquis par nos devanciers? C'est ce secours que nulle force humaine isolée ne peut remplacer. Des études sur nature continuées pendant la plus longue vie d'homme n'y pourraient suffire : l'individu est trop infirme et trop débile pour une telle tâche; et voilà pourquoi, lorsqu'une fois l'art s'est élevé au sommet de la perfection, et qu'il en tombe, il n'y remonte plus, à moins qu'il ne change de forme; mais il faut que le monde en change aussi, ce qui n'a lieu que de la main des barbares et par une résurrection comme le christianisme. Ce sont là des questions qui nous mèneraient loin, mais dont la solution serait toute à la gloire de Le

Sueur ; car plus nous reconnaîtrions combien est invincible l'impossibilité de toucher encore une fois la borne qu'atteignit un seul jour la peinture moderne, plus grande nous paraîtrait sa fortune de s'en être approché de si près.

Bien que ses contemporains n'eussent compris qu'à moitié le don qu'il venait de leur faire, il n'en vit pas moins croître presque aussitôt sa renommée, et de ce jour l'opinion générale le plaça à un rang éminent même parmi les peintres en faveur. Aussi, lorsqu'en cette même année 1648 un arrêt du conseil institua l'Académie royale de peinture et de sculpture, Le Sueur fut un des douze artistes qui par le suffrages de leurs pairs furent investis du titre d'*anciens* ou fondateurs de la nouvelle compagnie. Nous avons dit ailleurs avec trop de détails à quelle fin, en quelles circonstances, et à travers quelles vicissitudes, cette corporation d'un nouveau genre s'était formée, pour ne pas renvoyer le lecteur au récit que nous en avons fait [1]. Qu'il nous suffise de rappeler la généreuse ardeur, le parfait désintéressement, le véritable amour de l'art dont notre jeune peintre donna de constantes preuves en se mêlant de cette affaire.

Ce n'était ni la crainte ni la rancune personnelle qui lui faisaient déclarer la guerre au corps de la maîtrise. Il ne cherchait pas à restreindre cette tyrannique puissance faute d'avoir le droit d'en profiter lui-même, car, au contraire, il était *maître*, la confrérie l'avait reçu à bras ouverts, depuis déjà quelques années, et pour sa réception il lui avait donné

---

[1] Voir notre *Étude historique sur l'Académie royale de peinture et de sculpture* (1861), chap. II. Voir aussi chap. V, p. 168 et suiv.

un tableau dont elle faisait grand cas et qu'elle conservait avec soin, un *saint Paul à Éphèse*, expulsant les démons des corps des possédés[1]. Il était donc en règle, il pouvait user des franchises que son titre lui assurait et se livrer sans trouble à l'exercice de son art ; mais son propre repos ne lui suffisait pas, il pensait à celui des autres. Les procédés, les exigences, les poursuites judiciaires de la maîtrise révoltaient son esprit de justice. Il était mal à l'aise dans ce corps mercantile : s'abriter derrière un monopole lui semblait humiliant, et, comme dit Guillet, le « zèle qu'il avoit de voir en France sa profession florissante et libre de toute servitude » lui faisait prendre en dégoût son propre privilége. Il s'en dépouilla donc ; et, quittant la maîtrise, il épousa la cause de ceux qui la combattaient, ou qui du moins sollicitaient, pour se garder de ses attaques, un contre-privilége, l'érection de l'Académie.

Ce fut alors (vers la fin de 1647), qu'il renoua commerce avec Lebrun récemment revenu d'Italie et plus en crédit que jamais. Ils firent campagne ensemble en faveur de l'Académie, mais poursuivant chacun un but tout différent : Le Sueur franchement ami d'une saine liberté de l'art, Lebrun ne travaillant à l'affranchir que pour le mieux réglementer et l'organiser à sa mode. Aussi à chaque phase de cette laborieuse négociation, on les vit embrasser un parti opposé. La lutte entre ces deux hommes ne datait pas d'un jour. Elle avait pris naissance dès leur rencontre à l'atelier de Vouet ; lutte de convictions, encore bien plus que de personnes. La meilleure volonté du monde ne pouvait faire qu'ils fussent du même avis.

[1] On a perdu la trace de ce tableau.

Pour nos artistes, et surtout pour Le Sueur, c'était presqu'un événement que ce retour de Lebrun. Il arrivait chargé de sa moisson d'Italie, soutenu par l'autorité de son voyage, précédé d'une réputation que sa présence allait encore ranimer. Ajoutez le brillant accueil qui l'attendait à la cour ; la reine mère lui demandant un tableau pour son oratoire : le cardinal Mazarin le présentant au jeune roi; le surintendant Fouquet lui confiant la décoration de son château de Vaux avec douze mille livres de pension, et tout cela en quelques jours, toujours grâce aux bontés du chancelier Séguier ! Ce n'est pas tout; Lebrun pour sa bienvenue fit ce qu'on appelait alors le tableau du *May*. L'usage était que chaque année, le 1er du mois de mai, la confrérie des orfévres de Paris, en souvenir d'une ancienne dévotion, fît offrande à l'église Notre-Dame d'un grand tableau religieux. Les peintres les plus renommés recherchaient l'honneur de faire ces tableaux, dont l'exposition était entourée d'une grande solennité. Lebrun avait pris pour sujet le *martyre de saint André*, et son tableau, exécuté par lui en Italie avec un grand soin et une grande dépense de savoir et d'imagination, avait contribué puissamment à lui préparer cette célébrité toute faite qui l'attendait à son retour. Le Sueur ne pouvait trouver plus belle occasion de se mesurer avec son émule. Il se présenta et fut choisi pour peindre le *May* de l'année suivante (1649).

Son succès fut complet ; le *saint Paul prêchant à Éphèse* fit pâlir le *saint André* : il est vrai que, sans rien sacrifier de sa pureté accoutumée, sans se permettre aucune exagération, aucun oubli de la vérité, Le Sueur n'avait rien négligé de ce qui pouvait donner un grand éclat à sa composition, et produire sur le spectateur une sensation profonde. Il y a dans ce tableau un mouvement, une chaleur de ton, une ampleur de dessin qui semble, au premier abord, se rapprocher un peu du style académique ; mais plus on regarde et plus on reconnaît que, pour être animée, la pantomime n'en est pas moins toujours vraie, que les expressions comme les gestes sont d'une merveilleuse justesse, et qu'en un mot ce sont les mêmes qualités que dans ses autres ouvrages avec plus de force dans le pinceau et une exécution plus terminée.

Lebrun fut piqué au jeu et voulut prendre sa revanche. Ses amis ne manquaient pas de dire que la palme lui était restée ; mais, bien que la nature de son esprit et son genre de talent ne le rendissent pas très-sensible à certaines perfetions de son rival, il avait cependant le goût trop exercé pour ne pas sentir de quel côté était la victoire. Il demanda donc et obtint la faveur assez rare de peindre un second tableau du *May* et deux ans après, le 1er mai 1651, il fit porter à Notre-Dame son *Martyre de saint Étienne*. On sait quelle fut l'immense réputation de ce tableau. Les habiles décidèrent que Le Sueur pouvait être plus correct, mais que l'imagination, l'inspiration, le feu du génie appartenait à Lebrun. On se gardait bien de lui demander compte de la pose plus que maniérée de ce Christ sur les nuages, des attitudes théâtrales de ces bourreaux posés en gladiateurs, de l'emphase déclamatoire de toute la composition ; c'était précisément ce qu'on admirait comme le sublime du genre académique italien ; en un mot, Lebrun faisait ce qu'avait fait Vouet vingt ans auparavant, il nous apportait un composé de tout ce qu'on applaudissait alors à Rome et surtout à Bologne, car les Carrache avaient sa prédilection. Seulement, il possédait de plus que Vouet une grande facilité de composition, une majesté naturelle de style, un pinceau riche et exercé, et le souvenir un peu effacé de quelques conseils de Poussin. Tel était l'homme qu'une sorte de prédestination appelait à régner sur les arts en France dès que Louis XIV aurait pris le gouvernement de l'État, tant il y avait d'harmonie et de concordance entre les facultés de l'artiste et les goûts du souverain.

Mais n'allons pas si vite, et revenons à Le Sueur. A peine était-il sorti de cette lutte avec Lebrun, qu'il allait en soutenir une autre, et cette fois ce n'était pas dans le chœur d'une église et sur des sujets sacrés, que devait se vider la querelle. Un riche magistrat, M. Lambert de Thorigny, avait récemment fait construire, à la pointe de l'île Saint-Louis, un hôtel, ou plutôt un petit palais qu'il voulait, à l'exemple des Augustin Chigi et autres seigneurs romains, décorer à l'italienne, c'est-à-dire avec force peintures exécutées sur place. Sa bonne étoile l'avait mis en rapport avec Le Sueur, alors encore à ses débuts, et c'est à lui qu'il avait confié le soin de décorer son hôtel[1]. C'était avant 1645, avant la grande en-

---

[1] C'est là un fait tout nouveau qu'ont révélé les manuscrits de l'École des beaux-arts. Les biographes affirmaient tous que Le Sueur avait commencé ses travaux à l'hôtel Lambert seulement après 1648, après le retour de Lebrun et simultanément avec lui. Or Guillet de Saint-Georges (m* n° 3), après avoir parlé des tableaux sur *le Songe de Poliphile* et des copies de ces tableaux exécutés en tapisserie aux Gobelins, à l'époque où Le Sueur suivait encore la manière de Vouet s'exprime ainsi : « Quelque temps après (c'est-à-dire de 1640 à 1645) il fit plusieurs ouvrages dans une maison qui appartient à M. Lambert de Thorigny, président de la chambre des comptes. Comme quelques-unes

treprise du cloître des Chartreux. Le Sueur, qui avait pris avec feu ce travail, dut pourtant l'interrompre, pour commencer sa *Vie de saint Bruno*, mais non sans s'être fait déjà grand honneur à l'hôtel Lambert. Il y avait achevé de nombreuses grisailles, entre autres celles de l'escalier, et avait peint dans le cabinet du président, cette délicieuse histoire de l'amour, dont nous n'avons au Louvre que les épisodes principaux[1].

de ces peintures sont de la première manière de M. Le Sueur et quelques autres de son meilleur goût, il est évident qu'entre un travail et l'autre il y a eu l'intervalle de plusieurs années, » etc. M. de Caylus (m* n° 1) ajoute : « Il y a travaillé à diverses reprises (*à l'hôtel Lambert*); aussi l'on pourrait, en quelque façon, dire qu'il y a été occupé pendant toute sa vie. »

Cette explication étant conforme au caractère, très-divers des œuvres de Le Sueur dans l'hôtel Lambert, il y a certainement lieu de la tenir pour vraie.

[1] Les pilastres, les encadrements, les petits panneaux, les panneaux de portes, tous les accessoires, en un mot, de la décoration du *cabinet de l'amour*, portant soit des emblèmes, des trophées, des arabesques, soit des figures et des compositions mythologiques, le tout formant plus de trente sujets variés, sont depuis cinquante ans en Berry, au château de Lagrange, où M. le comte de Montalivet, alors propriétaire de l'hôtel Lambert, les avait fait transporter.

Avant M. de Montalivet, l'hôtel avait appartenu à la marquise du Châtelet, et *la chambre des bains*, dont les admirables peintures et la délicieuse petite coupole sont encore en place, était devenue pendant quatre ans le cabinet de Voltaire.

Passé des mains de madame du Châtelet dans celles de M. de la Haye, qui céda à M. d'Angevilliers pour le compte du roi Louis XVI, en 1677, les peintures conservées aujourd'hui au Louvre, l'hôtel Lambert, après avoir appartenu à M. de Montalivet, de 1807 à 1816, fut acquis par l'administration des lits militaires, et plusieurs fois menacé de ruine; mais par bonheur, depuis 1842, il est devenu la propriété de madame la princesse Czartoriska, dont le goût éclairé est une sauvegarde pour les précieux restes de peinture qui couvrent encore une partie des lambris et des murailles de cette belle habitation.

Son cloître terminé, il était revenu chez M. de Thorigny ; mais celui-ci, dans l'intervalle, voyant Lebrun, depuis son retour, accueilli, fêté, vanté par tout le monde, l'avait prié de mettre aussi la main à la décoration de son hôtel ; et c'est ainsi que la salle principale, la grande galerie, dont le plafond en voussure, offrait à la peinture un champ si favorable, était devenu le partage de Lebrun.

Heureusement Le Sueur avait l'esprit bien fait; il accepta la part qui lui était laissée, c'est-à-dire la chambre de la présidente, le petit appartement des bains, et çà et là quelques plafonds, quelques trumeaux, quelques lambris de dimension moyenne. Loin d'éviter la lutte, il la cherchait plutôt ; et dans ce modeste cadre, il ne négligea rien pour la bien soutenir.

Lebrun, de son côté, avait choisi, comme on pense, le sujet le plus propre à le faire valoir, sujet à grand fracas, l'*Apothéose d'Hercule*. Il le traita dans le goût des *Carrache*, avec savoir, ampleur et majesté, mais sans sortir du lieu commun, tandis qu'à ses côtés, Le Sueur redoublait de grâce, de distinction, de sentiment et de délicatesse. On peut dire qu'il se surpassa, surtout dans la salle des Muses (la chambre de la présidente), et rien ne fait mieux connaître ses admirables facultés, la souplesse de son esprit, son aptitude à percevoir toutes les formes du beau, que de mettre en regard ses créations presque simultanées du cloître des Chartreux et de l'hôtel Lambert ! Sa vocation, sa pente naturelle le portaient au style religieux, mais de quelle bonne grâce il se prête à un autre langage ! Son imagination presque dévote, accepte sans restriction, quoique avec une chaste réserve, toutes les données de la mythologie : il semble qu'il voulût frayer la route à Fénelon pour passer du cloître dans l'olympe, en lui montrant comment on peut mêler au plus sévère parfum d'antiquité, cette tendresse d'expression, et cette sensibilité pénétrante qui n'appartiennent qu'aux âmes chrétiennes. Aussi, vous ne trouverez dans ses figures de dieux et de déesses, ni les sévérités de la statuaire antique, ni les mignardes voluptés des danseuses de ballet; c'est un type à part, une forme qu'il a trouvée, et qui a non-seulement l'attrait de la nouveauté, mais le charme d'une douce pureté de lignes unie à la simplicité d'expressions toujours vraies.

Il n'était guère possible, malgré les préjugés et les erreurs du goût, qu'on restât insensible à tant de séductions. Les partisans les plus outrés des lois académiques ne pouvaient nier que, si ces peintures dérogeaient au grand style, elles étaient d'une élégance et d'une légèreté ravissante. Aussi, lorsque le président de Thorigny ouvrit sa maison au public, la foule qui suit son plaisir, et ne s'arrête qu'à ce qui la charme, passa rapidement devant les magnificences de la *galerie d'Hercule* et ce fut dans les salons décorés par Le Sueur qu'elle se porta de préférence. On veut même qu'en cette occasion, Lebrun ait eu le déplaisir d'entendre dire au nonce qui visitait l'hôtel, et qui passait de la galerie d'Hercule dans le salon des Muses : « A la bonne heure! voilà qui est d'un maître, le reste est *una coglioneria.* » Ce propos n'est guère vraisemblable; mais ce qui est peut-être plus vrai, c'est que Lebrun, après avoir fait au nonce les honneurs de la galerie, se mit à doubler le pas en traversant les pièces peintes par Le Sueur, et que le noncé, l'arrêtant, lui dit : « Pas si vite, je vous prie, car voici de bien belles peintures. »

Ce qui semble prouver que telle fut en effet l'issue de cette lutte, et qu'entre ces deux rivaux, la faveur du public s'attacha cette fois au plus pur et au plus délicat, c'est de voir que Lebrun, sa galerie terminée, ne toucha plus à ses pinceaux chez M. de Thorigny, tandis que Le Sueur, comme s'il fût resté maître de ce champ de bataille, ne cessa pas d'y travailler à divers intervalles ; on dit même que peu de jours avant sa mort, il peignait encore la petite coupole de la salle des bains, la dernière et, peut-être, de ses productions de ce genre, la plus fine et la plus exquise.

Les *Chartreux* et l'*hôtel Lambert*, voilà dans cette vie, les deux points dominants, les deux œuvres où le regard s'attache, et qui semblent avoir tout rempli : ce n'est pourtant, à vrai dire, que la moindre partie des créations de Le Sueur. Sans parler de ces peintures du Louvre qui viennent de se révéler, et qui sont elles-mêmes tout un ensemble, un autre *hôtel Lambert* ; sans compter ce qu'un tel travail comportait de détails, ce qu'il a du lui prendre de temps, combien d'œuvres éparses n'a-t-il pas enfantées? Combien d'autres hôtels, que de plafonds, que de murailles, que de lambris n'a-t-il pas décorés? La liste en est presque incroyable. Déjà Florent Lecomte, à la suite de sa biographie, avait dressé, vers 1699, un catalogue des ouvrages de Le Sueur, et le nombre en était si grand que le catalogueur, d'ailleurs un peu suspect, et brocanteur habile plutôt que critique éclairé, n'avait pas obtenu complétement créance ; mais la notice de Guillet de Saint-Georges contrôlée par l'Académie, et écrite environ dix ans avant que Florent Lecomte dressât son catalogue, est une autorité qu'il faut bien accepter.

Or, si Guillet ne cite pas comme authentiques tous les ouvrages que Florent attribue à Le Sueur [1], il en désigne un beaucoup plus grand nombre dont Florent n'a pas dit un mot, et il donne les noms des personnes pour qui furent faits les tableaux, il indique les maisons, les hôtels où les peintures existaient de son temps. C'est une interminable suite de plafonds, de dessus de portes, de dessus de cheminées, de trumeaux, de panneaux, soit chez M. de Nouveau, à la place Royale, soit chez M. de Fienbet, rue des Lions, près l'Arsenal, ou bien encore chez M. de Guénégaud, rue Saint-Louis (au Marais), chez M. Lecamus, rue Vieille-du-Temple; chez M. le président Brisonnet, près des Enfants-Rouges; chez madame la comtesse de Tonnay-Charente, rue Neuve-Saint-Médéric, chez madame de Seneçay, à Conflans, près de Charenton, etc., etc.

N'oublions pas surtout l'oratoire de l'hôtel de Condé, que Le Sueur décora à la demande de Charlotte de Montmorency, la princesse douairière, la mère du grand Condé. Guillet nous dit que le tableau d'autel représentait une *Nativité*, le plafond une *Gloire céleste*; que le lambris était enrichi de plusieurs figures, et de quantité d'ornements exécutés avec soin. C'était donc un travail complet, c'était une œuvre, dans son genre, tout aussi regrettable que les peintures du Louvre. Et dans combien d'églises, outre cet oratoire, dans combien

---

[1] Les ouvrages que Florent Lecomte attribue à Le Sueur, et dont Guillet ne parle pas, M. Dussieux suppose qu'il faut en faire honneur soit aux frères de Le Sueur, soit à son beau-frère Thomas Goussé (ou Goussey), lesquels imitaient sa façon de peindre assez bien pour avoir pu tromper un juge tel que Florent Lecomte.

de couvents et de communautés, soit à Paris, soit hors Paris. Le Sueur n'avait-il pas semé quelques-unes de ses œuvres? Il suffit de nommer Saint-Étienne-du-Mont, Saint-Germain l'Auxerrois, Saint-Gervais, les Capucins de la rue Saint-Honoré, le séminaire de Saint-Sulpice, l'abbaye de Marmoutiers, l'église de Mitry près Dammartin, l'église de Conflans Sainte-Honorine; et ce n'est pas tout, il faudrait faire une autre liste, une liste plus longue encore, celle de tous les particuliers, nobles ou simples bourgeois, qui possédaient de ses tableaux[1].

Toutes ces compositions, plus ou moins importantes, tirées pour la plupart des saintes Écritures, empruntées quelquefois, soit à la Fable, soit à l'Histoire, œuvres de toutes dates et de toutes manières, qui toutes, aujourd'hui auraient pour nous tant de prix, que sont-elles devenues? Un très-grand nombre a dû périr, celles-là surtout qui adhéraient aux murailles, ou qui couvraient des lambris. Puisqu'au Louvre, il n'est rien resté de ces sortes de décors, faut-il chez des particuliers s'étonner de semblable disgrâce? On a sauvé pourtant quelques plafonds, quelques panneaux, et des toiles en bien plus grand nombre; mais tout cela est dispersé et même en partie hors de France. Vous trouvez des Le Sueur en Angle-

[1] Par exemple, M. Lecoigneux, M. de Creil, M. Bézart, M. Dufresnoy, M. Héron, M. Bacque, M. Le Roy, M. Guillain, M. de Grandmont, M. Bernard de Rozé, M. Dulys, M. Pilon, médecin, M. Boudan, M. Foucaut, M. Buron, chirurgien, M. Pelletier, M. de Périgny, M. Poucet, M. Plaisan, M. Balthazar; ajoutons encore à tous ces noms ceux de personnages plus connus, M. le maréchal du Plessis, madame la princesse de Guéménée, madame la comtesse de Tournechaux, M. l'évêque de Boulogne, M. de Cambray, M. de Pontchartrain, etc., etc.

terre, dans plus d'une galerie, chez lord Houghton, chez lord Besborough, chez M. Miles, dans les collections du duc de Devonshire, de lord Exeter, du comte de Schrewsbury[1]. Vous en trouvez à Berlin, à Bruxelles, même en Russie à l'Ermitage, et c'est à Munich enfin qu'est un de ses plus parfaits chefs-d'œuvre, ce *Jésus chez Marthe et Marie*, noble et touchant tableau, adorable surtout par l'expression, la pose et le style de *Marie*. C'était une des perles de la galerie du cardinal Fesch ; une perle qui n'aurait dû jamais sortir de cet écrin que pour rentrer en France! mais la France n'a pas même eu l'idée de la disputer aux Bavarois.

Cependant, malgré nos pertes et nos fautes, c'est encore seulement chez nous, c'est dans notre musée, qu'on peut vraiment connaître, aimer et admirer Le Sueur. Cinquante tableaux environ, y compris, il est vrai, les vingt-deux *Saint-Bruno* et treize fragments de l'hôtel Lambert, nous font juger de son génie, sous presque tous les aspects. C'est d'abord ce *Saint Paul à Éphèse*, œuvre puissante et magistrale, qui suffirait à la gloire d'un maître, et qui, depuis trente ans que nous la regardons, semble croître tous les jours, et de vigueur de ton, et de grandeur morale; c'est cette *Messe miraculeuse de saint Martin*, exquisse qui est elle-même un miracle, et qui semble éclairée par je ne sais quels rayons divins, tombant de cette hostie lumineuse; c'est l'*Apparition de sainte Scholastique à saint Benoît*, angélique tableau, où s'entrevoit la vie du ciel sous les traits de

---

[1] Voyez l'ouvrage de M. Waagen intitulé *Œuvres d'art et artistes en Angleterre*. 2 vol. Berlin, 1857-1858

cette chaste sainte, au geste modeste et doux, au regard tendre et virginal; c'est ce *Jésus traînant sa croix* devant sainte Véronique, si simples tous les deux, l'un dans son humilité sublime, l'autre dans son pieux respect; c'est encore cette admirable *Descente de croix*, qui, parmi les mille et mille tableaux de tous les temps et de tous les pays que cette sainte page de l'Écriture a inspirés, se distingue par un caractère si particulier d'onction, de tendresse et d'ascétique douleur. Où trouver une émotion plus vraie, un désespoir plus déchirant? Et cependant quelle douce pureté, surtout dans ces figures de femmes, quel calme dans leurs draperies! quelle simplicité de moyens pour un si grand effet! c'est la suavité de contours d'un bas-relief antique, vivifiée par le feu intérieur de la foi. Enfin n'oublions pas ce *martyre de saint Gervais et de saint Protais*, grande page historique, un peu trop ordonnée peut-être, et d'une ordonnance un peu froide, mais qu'animent et réchauffent ces deux figures de saints vraiment surnaturelles, ces deux frères de *Polyeucte*, s'élançant, comme lui, à la mort, à la gloire!

Voilà bien des chefs-d'œuvre, et pourtant, si nombreux, si variés qu'ils soient, vous n'avez qu'une incomplète idée du génie de Le Sueur, si vous ne connaissez que ses peintures. Heureusement, depuis quelques années, le Louvre s'est décidé à tirer des cartons et des portefeuilles, où longtemps ils avaient dormi, nos principaux dessins de maîtres. Ils sont rangés par écoles; une série de salles est occupée par eux. Voyez donc dans cette collection, une des plus riches de l'Europe, voyez à quelle hauteur se tient Le Sueur, et quelle place il occupe à lui seul. Rien ne fait mieux sentir son rang et sa valeur, que ses dessins ainsi mis en regard de ceux des plus grands maîtres[1]. Cette forme intime de sa pensée, ces premiers jets, ces confidences de son crayon, le révèlent seuls tout entier ; et c'est seulement aussi dans ces croquis, dans ces études que vous avez la chance de retrouver quelques compositions de ses tableaux perdus ou ignorés. Passez donc en revue ce précieux dépôt; cherchez même, en dehors du Louvre, toute occasion de voir, d'étudier Le Sueur dans ses dessins. Et ne vous bornez pas là : demandez à la gravure les idées qu'il lui a confiées, et qu'elle a plus ou moins bien traduites. Voyez ces encadrements, ces vignettes, ces riches frontis-

---

[1] Consultez pour étudier les dessins de Le Sueur l'essai de catalogue dressé par M. de Montaiglon, et imprimé à la suite des recherches de M. Dussieux.

Voici comment s'exprime au sujet de ces dessins le comte de Caylus (ms. n° 1) : « Les études de Le Sueur sont le plus ordinairement sur du papier gris, à la pierre noire, légèrement rehaussées de blanc; son trait est pur, il est simple, et ses draperies ont la perfection de justesse et de grandeur de plis ; il paraît même qu'il a été plus occupé dans toutes ses études à bien disposer ses draperies, qu'à disposer exactement le nu. Il était persuadé, et il pouvait s'appuyer sur des autorités respectables, qu'il est plus aisé de dessiner une figure nue que de disposer convenablement une draperie. Ce grand homme avait encore un soin dont je ne puis m'empêcher de faire l'éloge, parce que cette exactitude me paraît fort négligée aujourd'hui : c'était celle de bien établir ses figures sur leurs *plans*. Il ne s'en écartait jamais, non-seulement par une suite de la connaissance parfaite qu'il avait de la perspective, mais on s'en apercevait encore jusque dans les premières esquisses de ses compositions, où l'on voit l'échelle perspective qui lui servait à poser ses figures juste à la place qu'elles devaient occuper ; il avait affaire dans son temps à des gens extrêmement savants dans la perspective, et qui n'épargnaient point ceux qui péchaient contre les règles. Il ne voulait pas éprouver les critiques humiliantes qu'il entendait faire des ouvrages de Lebrun, son émule. »

pices, dont, à l'exemple de quelques peintres de son temps, il a orné certains livres de luxe, et notamment des thèses de droit, de médecine et de théologie. Que de trésors de grâce et d'imagination dans ces dessins de librairie! Il y a là telles compositions qui valent ses meilleurs tableaux, telles figures conçues, posées, drapées avec un charme sévère qui n'est ni la pureté antique, ni la noble science de Poussin, mais quelque chose d'absolument nouveau, sans le moindre vestige d'imitation, ni de réminiscence [1].

[1] Nous citerons parmi ces dessins de thèses, parmi ces frontispices, d'abord la composition pour la *thèse de M. Claude Bazin de Champigny*, qui est vraiment tout un tableau ; les quatre figures qui forment l'encadrement, et principalement les deux femmes placés dans le haut sont du style le plus exquis ; le frontispice de *la Vie du duc de Montmorency*, celui de *la Doctrine des Mœurs*, et celui des *Œuvres de Tertullien*, sont conçus avec une facilité, une souplesse de talent, que domine toujours une sagesse alors si nouvelle et si rare. Dans le dernier, on voit saint Augustin et Tertullien assis vis-à-vis l'un de l'autre et dialoguant sur la théologie. Il est impossible de caractériser ces deux hommes avec plus d'esprit et de vérité. On conserve aussi le frontispice d'une *Histoire universelle* par un certain père jésuite dont le nom m'échappe, composition élégamment classique, dans laquelle le Temps, l'Histoire et une troisième figure sont heureusement groupés. Enfin, c'est encore un charmant petit tableau que cette *Adoration de la Vierge* gravée en miniature comme frontispice d'un office à l'usage des chartreux (*diurnale cartusiense*). Mais, parmi toutes ces gravures d'après les dessins de Le Sueur, celle qui porte le cachet le plus original, et qui peut le mieux faire sentir tout ce qu'il y a de neuf, de spontané, d'individuel dans ce suave génie, c'est un portrait de la Vierge porté par les anges, composition qu'il avait faite probablement pour quelque communauté de femmes : on ne trouve pas d'indication. Deux grands anges tiennent suspendu le portrait de la Vierge, que trois petits chérubins, gracieusement groupés, font effort pour sou-

Abondance d'idées, veine large et rapide, production presque exubérante, voilà donc, outre la grâce, la tendresse, la simplicité, la justesse, et souvent même la profondeur du sentiment, ce qui caractérise Le Sueur. A comparer ce qu'il a fait avec le peu qu'il a vécu, on croit à quelque méprise ; on ne sait comment expliquer, ce qui dans ces deux termes paraît inconciliable ; on est en face d'une énigme, dont on ne peut trouver le mot. Il n'est en ce genre qu'un problème peut-être encore plus insoluble, la vie et l'œuvre de Raphaël.

Et maintenant nous étonnerons-nous si chez Le Sueur la force et la santé se sont éteintes avant l'âge? Il n'était pas besoin, pour abréger sa vie, que le plus grand des chagrins, comme on l'a cru probablement a tort[1], eût déchiré son

---

tenir ; d'autres chérubins semblent jouer dans les angles du tableau avec des images représentant certains symboles des litanies. Tout cela est disposé avec clarté, avec simplicité, sans recherche ni confusion ; puis, dans le milieu, la figure de la Vierge brille d'un éclat radieux : ce n'est pas la Vierge de Raphaël, encore moins celle de Carrache ou du Guide. Dans cette tête, la beauté provient surtout de l'expression ; c'est une jeune fille chaste, pensive, un peu fière, et pourtant c'est bien aussi la Vierge : son front rayonne de sainteté.

[1] Voici le fait sur lequel on se fonde pour ne pas admettre que Le Sueur, comme l'ont dit plusieurs biographes, eût perdu sa femme dans les derniers temps de sa vie, et que le chagrin eût été en partie cause de sa mort prématurée. On a trouvé dans les registres des naissances de la paroisse de Saint-Louis-en-l'Ile l'acte de baptême de la dernière fille de Le Sueur, à la date du 18 février 1655 ; or, il est mort le 1er mai de cette même année, c'est-à-dire moins de deux mois et demi après que sa femme était accouchée. Les partisans de la tradition répondent que madame Le Sueur a très-bien pu mourir en couches ou des suites de ses couches ; mais comme on possède les *registres des morts* de cette même année, comme on y trouve au 1er mai le décès de Le

âme; la passion du travail suffisait. Supprimons donc, puisqu'on le veut, ces détails inutiles et peut-être apocryphes : sauvons à Lesueur la douleur d'avoir survécu à sa femme! qu'il meure au milieu des siens, dans son logis, et non dans les bras des Chartreux; le deuil n'en est pas moins grand de voir tomber ainsi à peine à moitié de sa course, un tel talent, qui grandissait encore.

Sa mort est du 1er mai 1655; il achevait à peine sa 38e année.

IV

Le Sueur était du nombre de ces hommes dont la fin prématurée est en quelque sorte écrite au front de leur génie. Il y a dans presque toutes ses œuvres, comme dans celles de Raphaël, comme dans les accords de Mozart, je ne sais quelle teinte mélancolique qui semble un avertissement. Il a sans doute assez vécu pour rester immortel parmi les hommes, pas assez pour avoir joui de sa gloire. Ses plus belles journées furent des demi-triomphes, ceux qui le louèrent le plus ne le comprirent qu'à moitié. Il mourut honoré, regretté comme homme de bien, estimé comme artiste, mais à peu près au même titre que ses onze confrères d'Académie ; et le

Sueur, et qu'il n'y est au contraire fait aucune mention de celui de sa femme, il y a tout lieu de croire que la tradition est fondée sur un fait sinon tout à fait impossible, du moins très-improbable.

jour où son génie fut enlevé aux arts, personne dans tout le royaume ne mesura la perte que venait de faire la France.

Lebrun seul peut-être en avait le sentiment. Le bruit courut alors qu'étant venu par bienséance rendre les derniers devoirs à son confrère, il avait dit en s'en allant que *la mort lui ôtait une grande épine du pied*. Je doute que ces paroles aient été prononcées, bien que le fait soit rapporté par un chartreux, Bonaventure d'Argonne : elles sont bien naïves pour être vraies ; mais ce qu'il n'aura pas dit, comment croire qu'il ne l'ait pas pensé! Quelque ingrate qu'elle eût été jusque-là, pour Le Sueur, la Fortune, s'il eût vécu, ne pouvait-elle pas enfin lui sourire? Le Sueur mort, au contraire, Lebrun n'avait plus rien à redouter. Quel était le peintre français qui pouvait lui disputer le pas? Mignard? il ne daignait pas même entrer en lice avec lui. Poussin vivait encore, mais à Rome, mais déjà vieux et irrévocablement fixé en Italie. Le seul homme qui pouvait faire ombrage à Lebrun, et qui ne songeait guère à l'inquiéter, c'était Philippe de Champagne. Au milieu de toute cette peinture académique sur laquelle Lebrun allait bientôt régner, Champagne seul, depuis la mort de Le Sueur, restait comme représentant de la vérité et du naturel. Il peignait encore avec ardeur malgré ses cheveux blancs, mais il n'avait pas la moindre brigue, pas la plus légère ambition. On l'avait fait recteur de l'Académie presque malgré lui; et pourtant sa longue carrière, la grande estime qu'il s'était acquise non moins par ses vertus que par ses œuvres, lui donnaient, sans qu'il s'en souciât, une telle puissance, que, lorsqu'après la mort de Mazarin, le roi, voulant mettre toutes choses sur un pied nouveau, décida qu'il aurait un premier peintre (la charge était vacante depuis la mort de Vouet), il y eut grande indécision parmi ses conseillers pour savoir si son choix devait s'arrêter sur Philippe de Champagne ou sur Lebrun, et, sans la chaude intervention de Colbert, peut-être ce dernier n'avait-il pas les chances de son côté.

Que serait-il advenu de l'école française, si Champagne eût été préféré? Aurait-il réformé les banalités académiques? Aurait-il fait dominer les idées de simplicité? Non, quand même il eût été plus jeune et cent fois plus hardi. Il y a des réformes impossibles. Et d'ailleurs l'hypothèse est inutile; car, entre Louis XIV et Lebrun, il y avait, nous le répétons, harmonie préétablie.

Champagne, en apprenant qu'il avait succombé, remercia Dieu sans doute de lui avoir évité ce calice. Son détachement du monde augmentait tous les jours ; parmi les choses de la terre il ne restait plus fidèle qu'à son art : l'admirable portrait de sa fille la religieuse et cet autre portrait de madame Arnaud, si effrayant de vérité, prouvent que, même au fond des solitudes de Port-Royal, son talent avait conservé toute son énergie. Mais bien qu'il dût prolonger sa vie encore pendant douze ans, il était mort pour Paris, pour la cour, et jamais le bruit de son nom ne vint importuner celui dont il avait été le rival sans le vouloir.

Lebrun était donc maître du terrain. Pendant que le roi et M. de Colbert organisaient l'État et les finances, le premier peintre se mit en devoir d'organiser les arts ; et non-seulement les arts, mais toutes les industries entre les doigts desquelles il voyait un crayon. Une main sur l'Académie, dont il était le chef, l'autre sur les Gobelins, dont il était directeur, il devint l'arbitre et le juge suprême de toutes les idées d'artiste, le dispensateur de tous les types, le régulateur de toutes les formes : c'est d'après ses modèles que les enfants dessinaient dans les écoles ; c'est lui qui donnait aux sculpteurs le dessin de leurs statues ; les meubles ne pouvaient être ronds, carrés ou ovales, que sous son bon plaisir, et les étoffes ne se brochaient que d'après les cartons qu'il avait fait tracer sous ses yeux.

Il est vrai qu'il résulta de cette prodigieuse unité d'organisation une espèce de grandeur extraordinaire, un spectacle imposant, dont tous les yeux furent éblouis.

Un tel régime pouvait-il durer?

Lebrun put croire qu'il serait éternel. Quand il mourut, en 1690, ni son maître ni lui n'avaient encore laissé entamer leurs frontières. Mais dans la main de Mignard, et de Mignard déjà vieux, l'autorité perdit cette puissance irrésistible ; on commença même à la voir vaciller ; et quand enfin ce fut à un Lafosse qu'appartint le gouvernement, on perdit bientôt autant de batailles sur ce terrain-là qu'en perdait sur un autre M. de Villeroy.

La peinture avait beau s'envelopper de l'ampleur de ses draperies et invoquer dans sa détresse l'Italie, l'Académie et l'ombre de Lebrun, son théâtre était vermoulu, et tout ce grandiose de friperie allait tomber, usé comme un vieux rideau, devant le dégoût général.

Après une si longue oppression, le besoin de la liberté ne pouvait produire que des saturnales. On ne se contenta pas de répudier le genre académique italien, on voulut insulter à sa cendre comme à celle du vieux monarque; on le dépouilla de son riche manteau pour l'affubler d'une veste de berger ou d'un petit domino de taffetas, on le frisa, on le poudra, on lui mit des mouches, et c'est à cette mascarade que la foule, naguère à genoux devant d'héroïques mannequins, apporta ses hommages et ses couronnes.

Watteau sans doute était homme d'esprit et de talent, vrai coloriste, et rendait merveilleusement la nature de son temps; mais il faut convenir que l'art ainsi compris est en pleine licence et bien près de sa chute. Watteau, c'est la peinture sortant de servitude et brisant, dans un gai délire le sceptre de Lebrun.

Si la tyrannie du goût sous Louis XIV avait enfanté Watteau, ce même Watteau, puis après lui Boucher et toute cette école de boudoir, à force de libertés licencieuses et de naturel dévergondé, allaient nous ramener sous un autre joug. Le nouveau despotisme ne devait être ni moins pédant ni moins gourmé que celui de Lebrun, sans avoir comme lui le mérite de la grandeur et de la majesté. Inventé par l'érudition à la vue des premières fouilles d'Herculanum, adopté par la philosophie politique, outré par le fanatisme républicain, ce genre soi-disant antique a fait peser sur nous sa main sèche et glacée pendant près de quarante années.

Mais l'ennui nous en a délivrés : nous sommes libres aujourd'hui ; chacun suit son chemin comme il veut, quelques-uns avec plus d'éclat que de vérité, d'autres avec une laborieuse conscience. Notre jeune phalange d'artistes voit à sa tête quelques chefs habiles ; il en est un dont les plus grands maîtres auraient envié la main ferme et sûre : que nous manque-t-il donc? Il nous manque d'être venus moins tard, et surtout d'être moins savants. Pour ceux qui veulent être académiques rien de mieux que ces trois siècles de peinture qui se déroule sous leurs yeux : il leur faut des exemples, des patrons, des modèles; mais, pour qui aspire à la vérité, à la simplicité, quel danger que de si bien connaître les moyens qui furent jadis employés pour être vrai et simple! Quelle tentation d'imiter au lieu de créer, et de tomber ainsi dans cette naïveté intentionnelle et systématique qui n'est, elle aussi, qu'une *manière* comme les formules académiques!

C'est un écueil que n'a pas connu Le Sueur : il a été simple, vrai, naïf, parce que sa nature le voulait, jamais de propos délibéré. Il ne s'est pas fait une méthode rétrospective il ne s'est pas donné je ne sais quel aspect de moyen âge, il s'est montré tel qu'il était : seul moyen de ne ressembler à personne. Aussi, quand on l'appelle le Raphaël français, on se trompe, si l'on veut dire qu'il fut l'imitateur du grand peintre romain : jamais il n'a imité ses œuvres, mais il a trouvé, par bonheur, la route que Raphaël aurait suivie s'il eût été Le Sueur, la voie du vrai beau, c'est-à-dire de l'expression et de la simplicité.

III

LES PEINTRES
FLAMANDS ET HOLLANDAIS
EN FLANDRE ET EN HOLLANDE

Notre musée du Louvre est, à coup sûr, un des plus riches qui soient au monde. Pour qui veut étudier soit les maîtres italiens, soit la peinture hollandaise et flamande, soit, à plus forte raison, notre peinture française, il n'est pas d'enseignement plus sûr, plus varié, de collection mieux assortie en œuvres rares et vraiment authentiques. Quiconque cependant n'aurait vu que le musée du Louvre, l'eût-il revu cent fois, se ferait l'idée la moins complète, et partant la moins juste, du véritable caractère, de la physionomie propre, des traits individuels qui ont distingué l'art de peindre dans les diverses contrées d'Europe.

Pour ce qui regarde l'Italie, cela se comprend sans peine. La fresque occupe en ce pays, et notamment à Florence et à Rome, une place si considérable dans l'ensemble des œuvres de peinture, les véritables grands maîtres, les plus suaves comme les plus hardis, sont tellement au-dessus d'eux-mêmes quand ils pratiquent cette façon de peindre, ils l'ont presque tous adoptée avec un tel amour, une telle préférence, qu'évidemment, en deçà des monts, nous sommes condamnés à n'avoir dans aucun musée un fidèle et complet témoignage de leur génie tout entier. Il faut, bon gré mal gré, les aller voir sur place, devant ces murailles qui ne voyagent pas. Tant que nous les jugeons sur leurs panneaux et sur leurs toiles, nous ne connaissons, à vrai dire, que la moindre partie, la face la moins noble, la moins originale et la moins éloquente de l'art italien.

Ce qui devient d'une explication moins facile, c'est que, dans cette même Italie, il est des lieux où la fresque fut à peine en usage, comme Venise par exemple, et que là nous marchons aussi de surprise en surprise devant de simples tableaux à l'huile. Les maîtres les plus célèbres et les plus répandus en Europe, ceux dont partout on croit le mieux connaître le talent, se montrent là sous un jour tout nouveau. On fait devant leurs œuvres de véritables découvertes. Est-ce l'influence du climat, l'effet de la lumière, la présence des lieux où sont nées ces peintures? Est-ce le choix plus nombreux, la variété plus abondante des œuvres de chaque maître, et une certaine harmonie locale qui prédispose à mieux sentir et à mieux admirer? Je ne sais; mais il n'est pas un voyageur qui n'en ait fait l'expérience: nulle part comme à Venise on ne comprend, on n'aime, on n'apprécie les maîtres vénitiens.

Eh bien, il faut en dire autant des Hollandais et des Flamands. Eux aussi, ce n'est vraiment qu'en Flandre et en Hollande qu'on arrive à les bien connaître. Ils sont pourtant goûtés, recherchés, admirés en tout pays, en tout climat, ces enfants gâtés de la mode! De toutes les peintures, c'est bien là la plus cosmopolite, celle qui répond partout au goût du plus grand nombre, et qu'à New-York, aussi bien qu'à Paris, on se dispute au prix des plus grandes folies. Ces merveilleux petits chefs-d'œuvre ont, dans le monde entier, surtout depuis quinze ou vingt ans, une valeur marchande non moins certaine, non moins universelle que les pierres fines et les métaux précieux. C'est vraiment au carat qu'on les achète et qu'on les vend, et même ils ont cet avantage sur les autres matières d'affinage et de joaillerie que la mine en est épuisée, et que ni le Pérou ni la Californie n'en peuvent fournir de nouveaux. On croirait donc que des trésors d'un prix si bien connu devraient, à peu de chose près, sauf les variations du change, avoir sur tous les marchés du monde non-seulement même valeur, mais aussi même beauté; il n'en est rien pourtant. Ils ont un attrait incomparable dans leur pays natal. Ce n'est point prévention, c'est pure vérité. Il faut voir en Hollande Paul Potter et Rembrandt, aussi bien que Titien à Venise.

Bien d'autres avant moi ont fait cette remarque, et moi-même, depuis déjà trente ans, j'en ai plus d'une fois vérifié la justesse, sans que l'idée me soit venue d'en entretenir le public; mais tout dernièrement, pendant quelques journées passées aux Pays-Bas, ce lieu-commun s'est rajeuni pour moi d'une façon si saisissante qu'on me pardonnera, j'espère, d'en chercher ici les raisons.

Ce n'est pas seulement chaque maître en particulier qui, sous le reflet de ce ciel un peu pâle, même en ses meilleurs jours, dans cette atmosphère de canaux, au milieu de ces maisons proprettes, ombragées et luisantes, paraît mieux à son jour, plus en valeur, plus attrayant; c'est l'école elle-même, ou plutôt ce sont ses deux branches qui, vues dans leur ensemble, dans leur complet développement, depuis leur commune racine jusqu'à leur dernier rameau, prennent une ampleur, une importance, une richesse traditionnelle et hiérarchique dont ailleurs que dans le pays même on ne peut avoir aucun soupçon.

Trois causes principales mettent, à mon avis, la Flandre et la Hollande hors de pair avec tous les pays réputés les plus riches en tableaux hollandais et flamands.

La première est qu'on ne peut voir qu'en Flandre cinq ou six vieux chefs-d'œuvre, derniers et incomparables témoins de l'art flamand primitif; la seconde, qu'au dix-septième siècle, à son âge viril, ce même art a produit en Hollande certaines œuvres vraiment exceptionnelles et par la dimension des toiles et par la puissance du pinceau, œuvres restées dans le pays, destinées à n'en jamais sortir, et qui révèlent chez ceux qui les créèrent des dons et des facultés qu'ailleurs on ne leur connaît pas. Vient enfin la troisième cause, qui risque par malheur de disparaître un jour, et qui déjà s'est beaucoup affaiblie : je veux parler des collections particulières que l'esprit de famille a sauvées jusqu'ici, dernier reste des nombreux cabinets formés il y a deux siècles, aux jours les plus brillants de l'école hollandaise; petits musées harmonieux et épurés, où chaque maître semble avoir travaillé pour un ami ou pour un bienfaiteur, et s'est comme efforcé de dire son dernier mot.

Il y a là, comme on voit, trois sortes de priviléges dont la

Belgique et la Hollande sont seules en possession et qui leur garantissent le pèlerinage obligé de quiconque veut connaître à fond les origines, les diversités et les perfections de leur féconde et ingénieuse école. Reste à mieux indiquer et à suivre avec quelque détail ces divisions que je viens de tracer.

I

LES FLAMANDS PRIMITIFS

HUBERT ET JEAN VAN EYCK. — HEMLING.

Ce n'est pas sans raison et par vain plaisir d'érudits qu'aujourd'hui la plupart des critiques ont en si grande estime les œuvres des vieux maîtres. Même indépendamment de leur propre valeur et des beautés naïves qu'on ne trouve que là, les premiers essais d'une école sont, pour les œuvres de sa maturité, tout à la fois un titre de noblesse et le plus attachant commentaire. Glissez sur Cimabue, sur Giotto, sur cette longue série d'artistes qui ont précédé, préparé et comme engendré Léonard, Raphaël et Titien : que devient l'histoire de la peinture italienne? Vous en supprimez l'intérêt et la vie. L'ère de la perfection, cette ère fugitive et brillante, n'apparaît plus que comme un météore imprévu, isolé, que rien n'explique, qui ne se lie à rien. Aussi Lanzi lui-même et les critiques de son école, tout dédaigneux qu'ils sont de l'archaïsme, se gardent bien de mettre absolument dans l'ombre l'archaïsme italien. Ils ont certains égards pour les *quatrocentistes* et même pour les *trecentistes*. Sans leur rendre complet hommage, on voit qu'ils comptent avec eux, et tout au moins ils prononcent leurs noms. Pour les Pays-Bas, au contraire, jamais on n'a pris tant de peine. Qui s'inquiète en Europe de la généalogie de Terburg, de Metzu, de Ruysdaël ou d'Hobbema? Quel cabinet, quel galerie les met en compagnie de leurs ancêtres légitimes, des premiers maîtres de leur art national? On les traite en enfants trouvés, on ne voit, on n'admire que leurs œuvres sans s'informer de leurs aïeux. N'en serait-il pas autrement, si ces aïeux nous étaient mieux connus, si des liens plus visibles unissaient l'une à l'autre ces deux générations d'artistes que deux siècles séparent? Quelle source nouvelle d'observations et d'études dans cette noble filiation? D'où vient qu'elle est comme ignorée, et que si peu de gens pensent aux deux van Eyck en admirant leurs fils?

C'est que rien n'est plus rare qu'un van Eyck véritable, et que les faux van Eyck ne donnent guère envie de connaître les vrais. L'Italie, sur ce point, est encore beaucoup mieux partagée. Ses peintres archaïques ont ce grand privilége, que, même quand ils sont médiocres, ils n'ont pas l'air barbares. Un certain reflet d'idéal protége leur médiocrité. Les misères de leur coloris, les faiblesses de leur dessin sont comme déguisées par le charme et par la noblesse des types qu'ils imitent et des traditions qu'ils respectent. Il n'y a pas sous cet heureux ciel complète disparate entre les chefs d'école et leurs humbles imitateurs, tandis qu'en Flandre, et dans le Nord en général, l'archaïsme, lorsqu'il n'est pas de premier ordre, tombe aussitôt presque au dernier. La distance est immense entre le maître et l'apprenti : dès qu'on sort des chefs-d'œuvre, on tombe dans les platitudes, non qu'il n'y ait encore, même aux rangs secondaires, un certain éclat de palette et le précieux du pinceau ; mais la pensée, le sentiment sont dépourvus de justesse aussi bien que d'élévation : c'est une imitation de la nature minutieusement littérale, à la fois lourde et affectée, qui, sous prétexte d'expression, tombe souvent dans la grimace et parfois dans la caricature. De vieux flamands de cette sorte, on en rencontre en tout pays : je ne sais guère un musée qui n'en possède quelques-uns et qui ne les décore des noms les plus pompeux ; mais les véritables maîtres, les vrais fondateurs de l'école, les deux van Eyck par exemple, quelles sont les galeries d'Europe qui enseignent à les connaître? Ce n'est pas notre Louvre, bien que je croie à l'authenticité de ce petit tableau, le seul dont chez nous on fasse honneur à Jean van Eyck ; ce n'est pas même le musée de Munich ni celui de Berlin, bien qu'ils soient l'un et l'autre, et le dernier surtout, plus riches en ce genre qu'aucun autre : c'est avant tout une église de Flandre. Là seulement les deux patriarches de la peinture moderne se révéleront à vous dans leur toute-puissance, dans leur éblouissante naïveté.

Supposez qu'il n'y ait pour un voyageur aucun motif d'aller à Gand, que cette grande ville, plus d'à moitié moderne, ne soit ni la patrie de Charles-Quint, ni l'ancien et tumultueux théâtre des mémorables luttes de la bourgeoisie flamande ; qu'elle n'ait conservé pas un pan de muraille historique, ni son beffroi, ni son hôtel de ville, pas un de ses canaux ni de ses anciens ponts, pas un de ses pignons sculptés à l'espagnole ; que dans ses rues longues et tortueuses il n'y ait plus rien à voir que de rares habitants ; il n'en faudrait pas moins venir à Gand, ne fût-ce que pour passer deux heures à Saint-Bavon. A lui seul, Saint-Bavon vaut vraiment le voyage, moins pour l'édifice lui-même que pour le trésor qu'il renferme.

C'est une grande église, svelte, hardie, comme toute église du treizième siècle, mais habillée à la moderne au moins jusqu'à la ceinture. Si vous levez la tête, vous reconnaissez les voûtes, les arêtes, les nervures, les chapiteaux du grand siècle de l'art chrétien ; si vous regardez devant vous, tout est changé ; plus d'élégance, plus de légèreté, les supports élancés qui soutiennent la voûte sont comme emprisonnés jusqu'au tiers de leur hauteur par un épais revêtement de marbre noir et blanc, dressé, taillé, sculpté dans le goût et selon les profils de la renaissance espagnole. Cette décoration se prolonge sur le chœur tout entier, en dehors comme en dedans, et sur toutes les chapelles latérales. On dirait une église tendue de deuil en permanence, tenture magnifique, imposante, mais froide et lourde encore plus que lugubre. Ce n'est pas pour cette marbrerie, si précieuse et bien travaillée qu'elle soit, que je vous ai fait venir, pas même pour ce long cordon d'écussons peints et dorés qui sert de couronnement à l'intérieur du chœur : bigarrure pittoresque et curieux assemblage, qui nous rappelle que Philippe II a tenu dans ce chœur un splendide et dernier chapitre de l'ordre de la Toison-d'Or. Rien de plus fier, de plus original, comme ornement d'église, que cette frise héraldique ; mais nous avons mieux à faire que d'en étudier les blasons. Je vous conduis à l'une de ces chapelles aux portes de bronze et aux cloisons de marbre, la cinquième à main droite, à partir du transsept. Si le bonheur veut qu'il soit quatre ou cinq heures du soir, par un beau jour d'été, un rayon lumineux frappera la muraille qui surmonte l'autel et qui vous est cachée par quatre rideaux verts. Peu à peu, grâce au suisse dont vous êtes suivi, ces rideaux tomberont, et les quatre tableaux qu'ils recouvrent s'illumineront pour vous.

Je me souviens du jour où, à cette même heure, je vis pour la première fois s'écarter ces rideaux. Je n'étais pas préparé. Je m'attendais à une de ces œuvres dont je parlais tout à l'heure, à un van Eyck, ou soi-disant tel, brillant, haut en couleur, ingénieusement peint, mais sec, anguleux, trivial. Quelle fut ma surprise! J'avais devant les yeux une scène splendide, une vision du paradis, des visages célestes, des regards séraphiques, et un art, un dessin, un coloris aussi souple que solide, aussi moelleux que précis, tous les dons en un mot de la grande peinture, et les dons les plus opposés. Sans la disposition un peu trop symétrique de quelques groupes de bienheureux, sans les contours un peu trop arrêtés de ces délicieux fonds de paysages, jamais je n'aurais pu dire de quel âge était cette peinture. Pour la croire quatre fois séculaire, ce n'était pas trop de ces traces d'inexpérience et de cette fidélité à d'antiques traditions se mêlant aux perfections techniques d'un art tout à la fois si précoce et si consommé. Me dira-t-on que c'était la surprise qui m'avait disposé à tant d'admiration? Non, car j'ai maintes fois recommencé l'expérience sans être moins enthousiasmé, et c'est peut-être encore à la dernière épreuve que j'ai senti la plus vive impression.

J'hésite en vérité à décrire ce chef-d'œuvre, tant il est célèbre et connu. On en sait le sujet : c'est l'adoration de l'Agneau, de l'Agneau pur et sans tache, forme mystique du Sauveur du monde. L'Agneau est sur l'autel, au centre de la composition ; les premiers qui l'adorent sont des anges, splendidement vêtus, l'encensoir à la main ; après les anges, à genoux et en demi-cercle, les patriarches, les prophètes, les apôtres et les confesseurs ; puis, derrière eux, toute la milice de Jésus-Christ, les papes, les docteurs, les ermites, les pèlerins, les femmes saintes, les vierges martyres, s'acheminant pour adorer l'Agneau des quatre coins du monde. L'action se passe dans une vaste campagne, sur un pré vert et fleuri, en vue de la Jérusalem céleste, dont les remparts et les tours se dessinent à l'horizon.

Ce n'était pas petite chose, surtout il y a quatre siècles, que de mettre en mouvement tous ces bataillons de fidèles, de les conduire ainsi vers un centre commun, par groupes variés de caractères et d'attitudes, sans confusion et sans roideur, non comme un régiment ou une procession, mais comme une foule ardente, passionnée, et cependant modeste et recueillie. Tel est pourtant le spectacle qui se déroule ici dans la partie inférieure du tableau. Je me trompe, ce n'est point un tableau, c'est un ensemble de peintures combinées et unies entre elles, mais de deux ordres différents, et divisées en deux étages. La partie supérieure est la plus grande ; c'est la région du ciel. Là point de mouvement, point d'action dramatique, une éternelle placidité. Au lieu de ces centaines de petits personnages qui sur terre vont adorant l'Agneau, il n'y a dans ce ciel que de grandes figures, assises, isolées, se détachant non plus sur un vert paysage, mais sur un fond tout idéal, sur un fond d'or. Au centre est Dieu le père, magnifiquement vêtu de pourpre, coiffé de la mitre papale, ruisselant d'or et de pierreries. Ce n'est pas ce vieillard paterne, ce Jupiter grisonnant auquel depuis le seizième siècle tous les peintres nous ont accoutumés ; c'est un majestueux monarque dans la force de l'âge, prince et pontife à la fois, d'une beauté un peu efféminée, une sorte d'empereur d'Orient. Le type byzantin de la toute-puissance survivait donc encore il y a quatre cents ans sur les bords de l'Escaut. A la droite de Dieu le père est la vierge Marie, à sa gauche saint Jean-Baptiste. Tous deux prient avec ferveur, saint Jean drapé modestement, la sainte Vierge splendidement parée. Elle lit ses heures avec l'humilité de la plus pauvre jeune fille, bien que son front porte le diadème et son épaule le somptueux manteau de l'impératrice du ciel. *Astitit Regina a dextris, in vestitu deaurato.*

S'il faut en croire la tradition, ces trois grandes figures sont l'œuvre d'Hubert van Eyck, et Jean, son jeune frère et son élève, n'a fait que les achever. Il a seul au contraire, sinon conçu, du moins exécuté la scène principale, l'adoration de l'Agneau. Tout semble confirmer cette anecdote séculaire : le système de peinture, le procédé technique, est bien à peu près le même dans les deux parties de l'œuvre, mais le style est si différent qu'on est comme forcé de faire à chaque frère sa part distincte et séparée. Hubert est mort à Gand en 1426, pendant qu'il travaillait à ces peintures, voilà qui est certain : il est mort près de vingt ans avant son frère, et son frère était né vingt-quatre ans après lui. Ils appartiennent donc, malgré leur communauté de nom, de gloire et d'atelier, à deux générations, j'ose même dire à deux écoles différentes. Hubert procède de l'école colonaise, Jean est le fondateur de l'art flamand. Tous deux, ils étaient nés dans le duché de Gueldre, près du Limbourg, en Hollande par conséquent, ou pour mieux dire en Allemagne, et lorsqu'ils vinrent en Flandre et s'établirent à Bruges, Jean n'était qu'un enfant comme sa sœur Margaretha, Hubert était un homme, et déjà peintre en renom. C'est donc aux bords du Rhin et sans doute à Cologne qu'il avait acquis son talent et reçu ces impressions premières qui chez l'artiste ne s'effacent jamais.

Cologne était alors comme une autre Venise; elle menait de front le commerce et les arts. Grand comptoir levantin et berceau de la peinture du Nord, elle avait, elle aussi, contracté l'habitude du luxe, des étoffes, des goûts de l'Orient, et inspiré de bonne heure à ses peintres, avec le style idéaliste, le culte de la couleur. Un même courant commercial avait porté mêmes semences sous le ciel argenté de l'Adriatique et sous les brumes de la mer batave. Aussi remarque-t-on la plus étrange analogie et comme un lien de parenté entre les premiers peintres colonais, les Wilhelm, les Stephan, et les Vénitiens primitifs, les précurseurs de Bellini. Tel *trecentiste* florentin ou même siennois ressemble infiniment moins à un vieux maître de Venise que l'auteur du *Saint-Géréon* de la cathédrale de Cologne. Rien n'est donc moins difficile à reconnaître qu'une œuvre de l'école colonaise; et tous les traits qui la caractérisent, ce goût des teintes fortes, des tons sonores, des riches draperies, des pierreries, des perles, des galons, de l'éclat oriental en un mot, s'unissant à cet aspect sérieux, à cette onction solennelle, à cette majesté pieuse que le catholicisme, au commencement du quinzième siècle, communiquait encore presque universellement à l'art européen, ce mélange de pompe et d'austérité, de spiritualisme et de couleur, ne le trouvons-nous pas dans les trois figures à fond d'or de la chapelle de l'Agneau?

Ce qui me frappe en elles avant tout, c'est qu'elles n'ont rien de flamand. Ce n'est pas un fruit du terroir. Il y a dans ce saint Jean, surtout dans cette Vierge, une noblesse, une grâce, une distinction, une suavité presque idéale, dont les beautés flamandes, même les plus parfaites, n'ont jamais dû donner l'idée. Nous verrons tout à l'heure dans le petit musée de Bruges la véritable Vierge du pays, la madone opulente et bourgeoise, chef-d'œuvre de Jean van Eyck, et de lui seul, car la date est 1436, dix ans après la mort d'Hubert. Cette madone est peinte encore plus savamment que la Vierge de Saint-Bavon : la touche est plus moelleuse, le modelé plus fin; mais quelle santé, quel embonpoint! quelle robuste ménagère? N'est-il pas évident que l'auteur de cette Vierge-là n'a pas fait celle que j'ai devant les yeux, et que c'est bien à Hubert qu'appartient celle-ci? Je la compare dans ma pensée aux Vierges italiennes du même siècle : ni les Boticcelli, ni les Lippi, ni même les Ghirlandaïo, n'ont donné à la mère de Dieu une piété si douce, une expression si noblement modeste. Et tous ces maîtres, notez bien, étaient à peine enfants, et fra Angelico lui-même était encore novice, ou tout au plus profès à San-Marco, lorsqu'en 1426 Hubert mourait à Gand. Ce n'était donc pas en Italie qu'il avait pris ses modèles, ce n'était pas même à Cologne, car, tout en respectant jusqu'à son dernier jour ses souvenirs de jeunesse, à quelle distance de ses maîtres n'était-il pas déjà! Où trouver un morceau comparable à ces trois figures dans l'école entière de Cologne? N'oublions pas enfin qu'il y avait chez Hubert un esprit inventif en même temps que fidèle aux nobles traditions de l'art, et que sa part est, dit-on, la plus grande dans la célèbre découverte dont son frère a presque seul l'honneur, parce qu'il l'a pratiquée et popularisée plus longtemps, la découverte, disons mieux, le perfectionnement de la peinture à l'huile. N'est-ce donc pas justice de s'arrêter avec un peu de complaisance devant celui de ces deux frères que la postérité a traité le moins bien? Et pourtant gardons-nous de ne rien dire de l'autre : la renommée n'a presque jamais tort. Si Jean nous laisse voir des goûts moins élevés, moins de style et de poésie peut-être, s'il descend d'un degré dans l'échelle de l'art, il est plus fécond que son frère; il possède les dons que la postérité prise avant tous les autres : il est original et créateur. N'eût-il fait que ce soubassement des peintures de Saint-Bavon, il faudrait encore le compter pour un des plus hâtifs et des plus puissants artistes des temps modernes.

Ici la scène change : non-seulement nous quittons le ciel, mais je n'aperçois plus ni Cologne ni Venise, je suis à Bruges, à Gand, en pleine Flandre. Regardez ces visages, quelle vérité! quelle étude, de mœurs! quelle comédie de caractères! Comme le trait individuel de chaque personnage est admirablement marqué! Toute l'école hollandaise et flamande n'est-elle pas dans ces trois cents figures? Ce goût de vérité, d'imitation, de portrait, ces instincts réalistes, pour parler la langue d'aujourd'hui, ils étaient donc déjà bien forts chez ce jeune homme, pour qu'échappé de la veille à la tutelle de son frère, il les laissât percer dans ce sujet mystique, dans cette scène de piété? Voilà sans doute, au milieu de ces groupes, de nobles et austères figures, de vraies figures de saints; mais comme elles sont entremêlées de figures plus mondaines, et surtout mieux nourries! Cette rotondité flamande qui, deux siècles plus tard, fournira tant de joyeux modèles aux van Eyck sécularisés, elle est là devant l'Agneau sans tache et jusqu'au pied de son autel. Jean ne peut s'empêcher de voir et de traduire le côté grotesque et risible de la nature humaine; dans les rangs mêmes de ses prophètes, de ses docteurs, de ses apôtres, il glisse des visages d'une telle bonhomie et d'un si franc comique, qu'il provoque à sourire même en ce voisinage d'ascétisme et de mysticité. Teniers n'a qu'à venir au monde, il trouvera sa tâche faite. Son esprit est déjà sur la toile, tempéré seulement et comme contenu par la gravité du sujet et par la fermeté concise de la touche.

Et que dire maintenant de la composition? On sait déjà quel étonnant mélange d'ordre et de mouvement règne dans cette foule. Ne regardez que les plans inférieurs, les deux ou trois premiers rangs de figures, c'est la perfection même. Je défie l'art moderne et ses plus nobles représentants d'imaginer une action mieux conçue, des mouvements plus justes, des poses plus naturelles, de plus heureux enlacements, et tout cela paré de la couleur le plus harmonieuse et la plus magistrale. M. Ingres, dans ses meilleurs jours, ne saurait pas mieux peindre, ni Poussin mieux composer. Où donc est le point faible, car tout chef-d'œuvre a le sien, surtout un chef-d'œuvre archaïque, exposé par son âge à tant de défaillances?

Il est ici aux arrière-plans : un certain reste des influences et des routines du moyen âge s'y laisse apercevoir. Le public n'était pas alors aussi complaisant pour les peintres qu'il l'est devenu depuis. Il ne se prêtait pas aux mystères et aux sous-entendus de la perpective aérienne. Même au fond d'un tableau, il lui fallait une image précise des objets imités. Ces teintes vaporeuses, ces traits vagues et indéterminés, tous ces *je ne sais quoi* qui, pour nous, expriment les lointains mieux encore que la décroissance des lignes, auraient semblé en ce temps-là une impertinence d'artiste. Le peintre était tenu de représenter les choses avec un soin égal, quel qu'en fût l'éloignement, et de les faire voir, non telles qu'elles apparaissent à distance, mais telles qu'elles sont réellement. De là, dans les tableaux de cette époque, ce luxe de détails qui va se prolongeant jusqu'au plus extrême horizon, et qui détruit du même coup l'illusion et la vérité : genre de faute que le moindre écolier saurait éviter aujourd'hui, et dont van Eyck ne pouvait se défendre. Il ne se complaît pas dans l'ornière comme la plupart de ses contemporains; mais il n'essaye pas d'en sortir. On l'y sent retenu, et par les habitudes de son public, et par sa propre dextérité, par la finesse de son pinceau. Il veut tout rendre, tout exprimer ; plus les objets s'éloignent, plus il les étudie. Aux premiers plans, l'est artiste : il compose, il dessine en peintre; aux derniers, il devient géographe; c'est à vol d'oiseau qu'il dessine, s'attachant à nous faire pénétrer jusque dans l'intérieur de ses groupes, c'est-à-dire à nous montrer des choses qui sont dans la nature tout à fait invisibles ou partiellement éclipsées.

Malgré ces invraisemblances, ces fautes d'harmonie, ces infractions de perpective, l'œuvre de Jean van Eyck s'empare du spectateur, le charme, le séduit, sans lui laisser le temps de consulter sa date. Ce n'est qu'à la réflexion que l'archaïsme se laisse voir; tout d'abord c'est l'art seul qui paraît. La vérité des premiers plans, l'éclatant relief de l'ensemble dominent tout le reste. Et que serait-ce donc si l'œuvre était complète, si nous l'avions tout entière sous les yeux ! car, j'oublie de le dire, Gand n'en possède qu'une partie, la meilleure, il est vrai, puisque c'est le cœur même du sujet, le centre de la composition, mais à ce centre se rattachaient deux ailes, et les ailes n'y sont plus ! Depuis quand ? On ne le croira pas, cette mutilation n'a pas un demi-siècle ; elle date de 1815.

L'œuvre dans son entier, telle que l'avaient conçue les deux frères pour la chapelle de la famille de Vydt et telle que Jean l'acheva, se composait de douze pièces. C'était d'abord le grand panneau carré et les trois longs panneaux arrondis par le haut qui sont encore à Gand, formant, comme aujourd'hui, retable au-dessus de l'autel; puis deux volets, chacun en quatre feuilles et peints, selon l'usage, en dehors aussi bien qu'en dedans. Ces volets, ou plutôt ces huit feuilles, avaient la même forme et la même surface que les quatre panneaux qu'ils devaient recouvrir : d'où il suit que lorsqu'ils étaient fermés la superficie de peinture était encore égale à ce qu'elle est aujourd'hui, et qu'elle devenait double lorsqu'ils étaient ouverts. Ce grand retable ainsi monté, avec ses douze pièces au complet, ses volets bien fixés sur charnières, fut porté à Paris sous le premier empire et exposé dans le musée du Louvre. Qu'il n'y soit pas resté, que la guerre nous ait pris ce que nous avait donné la guerre, ce n'est pas là ce qui m'étonne; mais au moins fallait-il qu'en le revendiquant, on mît à le garder autant d'ardeur qu'à le reprendre, et que ceux qui nous l'enlevaient se donnassent la peine de n'en pas perdre en route la moitié. Comprend-on qu'à son retour à Gand l'*Agneau* n'avait plus ses volets? Qu'étaient-ils devenus? Personne n'en prit souci, sauf un célèbre expert et marchand de tableaux qui, un beau jour, vers 1818, se trouva les avoir vendus à un Anglais, M. Solly, moyennant 100,000 francs. Jugez du flegme des Gantois! ils laissèrent consommer le marché sans dire un mot, et quinze ou vingt ans plus tard gardèrent, je crois, même silence, lorsqu'à son tour M. Solly, au prix de 410,000 francs, revendit ces volets au musée de Berlin[1].

C'est donc Berlin qui possède aujourd'hui ce que Gand s'est ainsi laissé prendre. Une fois dérobées, mieux valait à coup sûr que ces nobles reliques entrassent dans un dépôt public, à l'abri de nouveaux brocanteurs : elles ne seront, j'espère, ni vendues, ni détruites, ni même divisées; mais si bien qu'elles soient à Berlin, c'est à Gand que je les voudrais voir. Pour un tableau moderne, le dommage est déjà grand de n'avoir

---

[1] Les deux volets ne sont pas tout entiers au musée de Berlin. Des huit panneaux dont ils se composaient, deux sont retournés à Gand, je ne sais comment. Ils représentent Adam et Ève. Ces deux figures sont cachées au public, faute d'être assez vêtues; on les garde sous clef dans la sacristie, scrupule un peu tardif, puisqu'il n'est né qu'après plus de trois siècles. Rien n'est d'ailleurs plus chaste en général que les nudités archaïques.

pas de cadre ; il est autrement grave pour un tableau du quinzième siècle de perdre ses volets. Le cadre n'est qu'un moyen d'isoler l'œuvre du peintre, les volets font corps avec elle, ils la prolongent et la développent, à peu près comme les coulisses de nos théâtres complètent les toiles de fond. Restituez ces volets, et aussitôt qu'elle diffférence ! Comme l'ardeur de cette foule devient plus manifeste ! A droite, à gauche, de tous cotés, la voilà qui déborde ; derrière les groupes du tableau j'en vois d'autres accourir et puis d'autres encore, à pied, à cheval, par de rudes chemins, à travers les ravins, les forêts, les montagnes. Tel est le spectacle qu'avaient combiné les deux peintres. C'en est fait, on ne le verra plus. Ce qu'ils avaient uni est maintenant divisé, et à toujours probablement : séparation fatale pour le tableau lui-même, bien plus encore pour les volets, qui par eux seuls n'ont plus de raison d'être.

Aussi le savant directeur de la galerie de Berlin a-t-il voulu leur rendre, au moins en simulacre, leur destination première. Au lieu de les placer séparément comme autant de tableaux, il les a réunis des deux côtés d'un retable construit exprès pour eux. Ainsi groupés, tous ces panneaux se font valoir les uns les autres : d'un coup d'œil on les embrasse tous, on suit l'enchaînement, on comprend l'action de tous ces personnages, on marche avec ces pèlerins, avec ces cavaliers ; mais le but où ils tendent, le centre du retable, n'est par malheur qu'une copie : œuvre habile cependant et des plus respectables, puisqu'elle a près de trois cents ans. Elle est de la main même de Michel Coxcie, faite, dit-on, par ordre de Philippe II et portée à Madrid, d'où je ne sais quel hasard l'a conduite à Berlin. Son principal mérite est dans cette *patine*, dans cet aspect d'ancienneté qui ne s'acquiert qu'avec le temps. C'est par là seulement qu'elle est en harmonie avec ces majestueux volets; mais son caractère de copie, cet indélébile cachet du travail sans inspiration, le temps ne peut pas l'effacer. Ce n'est pas la photographie seule qui semble pétrifier la vie en la reproduisant : les copies de main d'homme en font toutes autant, à des degrés divers, et ne donnent pas en échange ces miracles d'exactitude que la photographie révèle quelquefois. Pour moi, le travail de Michel Coxcie ne ressemble pas plus à l'œuvre des van Eyck qu'un clair de lune aux rayons du soleil. C'est terne, sans vigueur, la touche est hésitante. Aussi l'effet de ce retable, moitié vrai, moitié faux, n'est-il pas complétement heureux : c'est une idée plus ingénieuse que vraiment profitable, même aux volets des van Eyck, car s'ils font pâlir la copie, la copie à son tour, par cette pâleur même, semble les accuser d'un peu trop d'énergie et et presque de dureté.

Voilà pourquoi je disais tout à l'heure qu'on ne pouvait, même à Berlin, vraiment connaître les van Eyck : c'est donc à Saint-Bavon, c'est à Gand, qu'il vous les faut chercher; je devrais ajouter à Bruges, et m'arrêter devant cette éclatante Vierge, si riche, si prospère, si Flamande, dont j'ai déjà dit un mot, devant ce vieux van der Poelen, ce chanoine replet, le donateur du tableau, à genoux, en prière au pied du trône de Marie, entre saint George et saint Donat, ses deux patrons, l'un cuirassé de pied en cap, l'autre en habits sacerdotaux. Quelle étonnante étude! quel prodigieux rendu! Le plus patient des Hollandais et le plus chaud des Vénitiens parviendront-ils jamais à faire ainsi luire une armure et briller l'or et les rubis? Tout n'est-il pas vivant chez ce vieux donateur, depuis son bréviaire, ses gants et ses lunettes jusqu'aux plis, jusqu'aux rides de sa carnation fatiguée? Le peintre de l'*Agneau* s'est ici surpassé lui-même dans l'art du relief, dans l'imitation des détails de la vie. C'est bien là son chef-d'œuvre, l'effort suprême de son talent; d'où vient donc que dans mon souvenir ce merveilleux tableau s'efface malgré moi devant une peinture plus calme et plus modeste que je vois à deux pas de là? D'où vient que ce nom de Bruges m'apporte une autre idée que la gloire des van Eyck, que cette vieille ville me semble consacrée au culte, à la mémoire, non pas de Jean qui l'habita presque toute sa vie, que bien des fois encore on nomme *Jean de Bruges*, mais d'un autre homme, d'un étranger peut-être, d'un simple voyageur traversant la cité, d'un artiste mystérieux, ignoré dans l'Europe entière il y a moins de trente ans, ou connu tout au plus de cinq ou six personnes, d'un peintre dont la naissance est un problème, l'histoire une légende, et le nom lui-même une énigme?

Pour moi, je l'appelle Hemling, tout en reconnaissant qu'il y a de savantes raisons d'adopter une autre orthographe. Est-ce une M, est-ce une H qui commence ce nom? Les M du quinzième siècle ont-elles eu Flandre, comme on le dit, comme on en cite des exemples, la même forme que les H? Il y a là tout un débat de paléographie où je ne veux pas m'engager[1]. Jusqu'à plus ample informé, je dis Hemling par

---

[1] Je pourrais cependant soumettre une objection assez sérieuse, ce me semble, à ceux qui tranchent aujourd'hui cette question alphabétique au détriment de l'H et en faveur de l'M. A les en croire, la lettre

habitude. Aussi bien ce n'est pas le nom, c'est l'homme, c'est son œuvre qu'il nous importe de connaître, et que j'ai hâte d'aborder.

Mais d'abord un mot sur la légende. Que l'artiste s'appelle Hemling, Memling, ou même Hemmelinck, qu'il soit de Flandre ou d'Allemagne, les tableaux qu'il a laissés à Bruges, et, tout à l'heure nous le verrons, il n'en est presque point ailleurs, ces tableaux, à l'exception d'un seul, sont tous dans

initiale de la signature du peintre, dont la forme équivoque est la cause du débat, se trouve employée comme M majuscule dans plusieurs documents anciens, notamment dans un registre indicatif des biens de l'hôpital Saint-Jean en 1466, et *jamais*, ajoutent-ils, *cette même lettr n'est employée comme un H*. (*Notice des Tableaux du Musée impérial*, p. 151.) C'est cette dernière assertion que je me permets de contester, et cela sur la foi du meilleur des témoins dans la cause, c'est-à-dire des inscriptions elles-mêmes sur lesquelles on argumente, inscriptions tracées sur les cadres des deux triptyques de Bruges, et dont personne ne conteste l'authenticité. Dans ces deux inscriptions, le mot HEMLING est précédé de ceux-ci, OPVS JOHANIS, et l'H dans le mot Johanis est identiquement de même forme que la première lettre du mot Hemling, d'où il suit que si, comme on le prétend, nous devons lire *Memling*, il nous faudrait par la même raison lire *Jomanis*, ce qui est évidemment impossible. Dira-t-on que la lettre qui est un H dans le mot Johanis devient un M dans le mot Hemling, parce que dans celui-ci elle est *majuscule*, et que dans l'autre elle ne l'est pas? Je demanderais alors quels sont les alphabets, même les plus barbares, qui se permettent de telles amphibologies. Que dans un même mot la même lettre affecte deux formes différentes par la raison que l'une des deux est majuscule, cela se conçoit; mais que cette majuscule devienne dans un mot voisin une toute autre lettre, c'est quelque chose de si étrange qu'il faudrait, pour y croire, des preuves qu'on ne donne pas. Ce qui est certain, au contraire, malgré l'assertion déjà citée plus haut, c'est que la lettre initiale du mot Hemling, telle qu'elle est figurée dans les deux inscriptions de Bruges, était au quinzième siècle employée comme un H, témoin le mot Johannis.

un hôpital. Pourquoi? C'est là ce qu'à défaut de preuves, la tradition se charge d'expliquer. En l'année 1477, trente-deux ans après la mort du dernier van Eyck et peu de jours après la bataille de Nancy, un soldat de Charles le Téméraire entrait blessé à l'hôpital Saint-Jean de Bruges. La guérison se fit attendre, et pendant les ennuis de la convalescence, le patient, se souvenant qu'il était peintre, demanda des pinceaux. Les sœurs hospitalières tombèrent en extase devant l'œuvre de leur malade. On le choya, on l'adopta dans la maison; il y passa plusieurs années, et par reconnaissance, lorsqu'il quitta ces bonnes sœurs, il leur donna ses tableaux.

Est-ce une histoire, est-ce un roman? Le recit, quel qu'il soit, n'a rien d'invraisemblable. Qu'on songe à la splendeur de Bruges, alors la reine de la Flandre, à l'éclat qu'avait pris son école de peinture, où depuis les van Eyck on voyait accourir, aux dépens de Cologne, toute la jeunesse du nord; que dans cette ruche d'artistes le plus habile n'ait pas été le plus heureux; que, malgré son talent, par dégoût, par dépit, par inconduite ou par caprice, il ait voulu se faire soldat ou le soit devenu à son corps défendant, de par les recruteurs du duc de Flandre et de Bourgogne, il n'y a rien là de très-extraordinaire. Un grand peintre caché sous la cuirasse et sous le hoqueton, se révélant dans une salle d'infirmerie, c'est après tout une plausible explication du trésor de peinture enfoui dans cet hôpital.

Ce qu'il y a de certain, c'est que le trésor existe, qu'il est là depuis bientôt quatre cents ans, et que jamais il n'est sorti de ces silencieuses murailles. Ni les commissaires de notre République, ni les préfets de notre Empire, lorsqu'ils faisaient leur moisson de chefs-d'œuvre, n'ont su découvrir ceux-là. Qui leur en eût parlé? L'ancienneté de ces peintures était leur première sauvegarde; on professait alors un si parfait dédain pour ce qu'on appelait les productions de l'art à son enfance! Si l'*Agneau* de van Eyck n'avait pu être soustrait au périlleux honneur du voyage à Paris, c'est qu'il trônait dans une cathédrale, au milieu des cierges et de l'encens, qu'il était l'orgueil de sa ville. C'est presque à titre de relique qu'on l'avait enlevé, tandis que notre pauvre hospice a si chétive apparence, ses murs de briques sont si simples et sa porte est si basse, que l'idée ne vint pas d'y heurter. Aussi les tableaux d'Hemling ont encore leurs volets.

Cette complète obscurité, qui alors fut leur salut, on ne peut la comprendre aujourd'hui. Comment croire, quand on voit ces peintures, qu'on les ait oubliées un seul jour? Ces sortes d'apathies publiques qui peu à peu suppriment le souvenir d'un chef-d'œuvre, sans qu'on sache comment, ne sont pourtant pas sans exemple, témoin l'histoire du *Cenacolo* de Florence. Seulement ce n'est pas sous la suie qu'on a découvert ces tryptiques comme la fresque de Raphaël : il y a même lieu de croire qu'ils ont toujours été conservés avec soin; mais sans les négliger on les laissait dans l'ombre. Je n'exagère rien en disant qu'il y a trente ans encore, un étranger, un curieux passant à Bruges une journée, n'avait aucune chance de rencontrer quelqu'un qui lui donnât conseil de visiter l'hôpital, et que si, par hasard, il entendait parler d'une certaine châsse admirablement peinte et dévotement conservée dans ce lieu, essayer de la voir était du temps perdu, car il trouvait les portes closes. Je me souviens des peines que dut prendre pour me les faire ouvrir, il y a tout justement un peu plus de trente ans, en 1829, un habitant de Bruges, ministre actuel du roi des Belges, et qui déjà, quoique bien jeune encore, était en crédit dans la ville par sa famille, sans parler même de son esprit. M. van Praet, dès le premier guichet, fut contraint de parlementer. La châsse était dans la chapelle; à peine la pouvait-on voir, et d'un côté seulement. Quant aux tableaux, placés dans un ancien parloir, ce fut toute une affaire que d'en trouver la clef; notre insolite curiosité avait porté le trouble dans la paix de cette maison.

Quel contraste aujourd'hui ! La porte est tout ouverte; on vous attend ; vous faites partie du contingent de visiteurs que chaque journée doit fournir. Ne craignez plus qu'on vous laisse partir sans vous parler d'Hemling : tout Bruges le connaît maintenant : c'est le nom populaire, le premier nom que vous diront ces guides qui vous guettent au sortir du wagon. Ces odieux persécuteurs, en vous promenant par la ville, vous feront encore voir, comme autrefois, et le beffroi, ce campanile incomparable, le plus hardi, le plus fier des clochers, et le tombeau de Marie de Bourgogne, et la chapelle du Saint-Sang, et la maison de ville, et la grande cheminée, sans compter tant de groupes de maisons pittoresques que vous rencontrerez çà et là dans ces rues, dans ces places si vastes et si désertes; mais tout cela pour eux est comme suranné : ce qui est maintenant la nouveauté de Bruges, c'est l'hôpital Saint-Jean. Que dis-je, l'hôpital? Il faut dire le musée : voyez plutôt ce gardien en permanence et l'album obligé pour inscrire votre nom. Dans ce lieu, naguère si maussade aux artistes, où les médecins étaient seuls bien venus, il n'est plus question de malades, c'est de peinture qu'il s'agit. Tout pour les visiteurs. La châsse n'est plus dans l'église, elle est là au milieu de la salle. Tournant sur un pivot, on peut la voir dans tous les sens. A côté des tableaux, des deux triptyques et du diptyque, voilà des photographies qui, plus ou moins bien, les rappellent ; on vous les offre, on vous les vend. Rien n'y manque. La salle seule n'est pas changée : c'est toujours notre vieux parloir, et pour ma part je n'en voudrais pas d'autre ; mais bientôt, j'en ai peur, la salle aura son tour : les maçons ont envahi l'hospice, les cours sont pleines de matériaux. Encore un peu, et nous verrons Hemling logé dans quelque petit palais.

D'où viennent ces métamorphoses ? Est-ce un caprice de la mode, un engouement de moyen âge factice et passager ? Non ; la lumière s'est faite, et voilà tout. La gloire n'a pas été prompte pour le pauvre soldat blessé ; mais une fois venue, elle devait aller vite et grandir en marchant. Ce n'est pas en effet à quelques raffinés que cette peinture s'adresse. Son moindre prix est dans sa rareté. Il n'y a là ni tour de force, ni précocité merveilleuse ; ce n'est pas, en un mot, de la curiosité, c'est de l'art, de l'art profond, de l'art durable, bien que portant encore des traces d'archaïsme et de naïveté. Je dis mieux : si vous ne tenez compte que du maniement du pinceau, de la pratique matérielle, rien ne vous avertit que trente ans ont passé entre Hemling et les deux van Eyck : il n'y pas de progrès sensible ; on pourrait presque dire qu'il y a moins de métier. Est-ce l'effet d'un parti pris, d'une sorte d'obstination à ne pas peindre à l'huile, à ne pas adopter l'innovation des van Eyck, à se distinguer d'eux par une fidélité systématique aux anciens procédés de l'école de Cologne? Cette thèse a été soutenue : je n'oserais prononcer. Les chimistes eux-mêmes hésitent, comme on sait à distinguer dans un ancien tableau, seulement à la vue, dans quelle espèce de liquide des couleurs ont été préparées. Plus on regarde de près ces peintures de l'hôpital Saint-Jean, surtout la châsse de sainte Ursule, le joyau le plus fin, sinon le plus précieux, de l'œuvre d'Hemling, plus on est tenté de croire qu'il y a là quelque chose de plus que la détrempe. Je laisse juger les experts; mais en admettant même qu'Hemling ne se soit pas volontairement privé des ressources de la peinture à l'huile, il n'en est pas moins vrai que sa touche a l'aspect moins moderne que celle de Jean van Eyck, qu'il empâte moins son modelé, surtout dans les carnations et procède par petites hachures apparentes tout à fait analogues au travail de la miniature sur le vélin des manuscrits. Ainsi, dans l'ordre technique, point de progrès, et même si l'on veut, des penchants rétrogrades; dans l'ordre moral, au contraire, dans la sphère du sentiment et de la pensée, progrès immense, progrès dont j'ose à peine indiquer la mesure.

Hemling est un de ces artistes qui sont de tous les siècles. Son temps ne lui impose qu'une enveloppe transparente qui laisse percer son âme. Sous un autre costume, c'est l'âme de Le Sueur : même famille et même sang. Comme le peintre de *Saint Bruno*, l'auteur des triptyques de Bruges connaît à fond tous les mystères des cœurs que la grâce a touchés. Sur les visages de ses saints, on lit ces joies du ciel et ces tristesses de la terre dont nous voyons aussi l'ineffable mélange dans les regards de nos chartreux. C'est la même onction, la même humilité, je ne sais quoi de chaste, de modeste et de tendre. Aussi quel ami que ce peintre ! comme son souvenir vous charme et vous nourrit ! quelles douces pensées il entretient en vous ! comme il vous initie à la puissance de son art ! Pour moi, je ne sais rien qui m'ait déterminé plus vivement dans ma jeunesse à tenter de comprendre le langage des arts que ma première visite à l'hôpital de Bruges. J'aimais la psychologie, je la croyais ma vocation; j'appris là qu'on en pouvait faire devant l'œuvre d'autrui d'une façon plus attrayante qu'au dedans de soi-même; j'entrevis les perspectives infinies qu'un peintre peut ouvrir, tout ce qu'il sait dire de l'âme humaine et du monde idéal. D'autres ont eu sans doute, en parlant ce langage, de plus parfaits accents : dans la famille des grands peintres, il est des génies plus complets, plus sublimes, il en est de plus souples et de plus gracieux; mais des révélateurs plus vrais et plus directs de l'intérieur des âmes, je n'en ai guère trouvé.

Mon but n'est pas de décrire ces tableaux. Bien que trop peu nombreux, s'il me fallait montrer figure par figure tout ce qu'ils me semblent exprimer, le lecteur ne me suivrait pas : j'aime mieux l'engager à les voir; mais je voudrais au moins en indiquer ici les divers caractères, car s'ils sont tous de même main, et presque de même date, il s'en faut qu'ils se ressemblent tous.

Et d'abord rien n'est plus différent que la célèbre châsse et le grand tableau à volets, qui fait face à la porte d'entrée. C'est d'un côté ce qu'on nomme aujourd'hui de la peinture d'histoire, de l'autre c'est de la miniature. Sans doute il y a des trésors d'esprit dans ces scènes microscopiques qui décorent les parois du précieux reliquaire, sorte d'église en bois doré qui n'a guère que trois pieds de haut. Le sujet est heureux; c'est le pèlerinage et le martyre de sainte Ursule et de ses compagnes. On suit le charmant cortége de tous ces blonds visages depuis la côte d'Angleterre jusqu'à la ville éternelle. Les détails de la navigation du Rhin, le passage à Cologne et à Bâle, la bénédiction du saint-père sous les remparts de Rome, puis au retour Ursule et ses compagnes percées de flèches par de cruels soldats, tout cela est rendu avec une adresse incroyable ; mais ne vous semble-t-il pas que le fini des détails, l'éclat du coloris, la délicatesse de la touche, sont le but principal de l'artiste? N'y a-t-il pas dans ces figures plus de finesse que de sentiment? Les expressions sont gracieuses, jamais profondes. C'est une merveille dans son genre, mais dans un genre limité, et de même ordre à peu près que certaines peintures dont les beaux missels de ce temps sont souvent enrichis ; chefs-d'œuvre de patience, plus voisins de la bijouterie que de l'art véritable.

Dans le grand triptyque au contraire, tout est sérieux, tout est senti. On dirait qu'en se rapprochant des proportions de la nature, le peintre agrandit aussi l'échelle de ses pensées et poursuit un plus noble but. Il songe à autre chose qu'à nous séduire les yeux ; il veut nous toucher, nous convaincre. Ces figures, au moins six fois plus grandes que celles de la châsse, n'ont pas le même charme, mais elles parlent bien mieux. Ce n'est plus de la calligraphie et comme un badinage de pinceau; point de manière, rien de banal, rien de conventionnel : autant de portraits que de têtes, et des portraits où respire un certain idéal, bien qu'on les sente étudiés sur nature. Le sujet du panneau principal est le mariage de sainte Catherine, la mystique légende que tant de peintres ont traduite chacun à sa façon. Ici l'ordonnance est austère et le ton solennel comme les arceaux gothiques sous lesquels nous sommes introduits. La sainte, qui reçoit l'anneau de la main du divin enfant, est à genoux devant lui, au pied du riche dais sous lequel sa mère est assise. En face d'elle est sainte Barbe, qui tient un missel à la main et semble lire à haute voix. Toutes deux sont vêtues comme les grandes dames de la cour de Bourgogne. Des deux côtés du dais, deux anges aux ailes déployées sont les témoins du mariage, et derrière eux, debout, en méditation respectueuse devant le mystère qu'ils contemplent, deux nobles figures de saints, les deux saints Jean, patrons de l'hôpital et du peintre lui-même. Sur la face intérieure des volets, encore les deux saints Jean : l'évangéliste d'un côté, dans l'île de Pathmos ; de l'autre, le précurseur mis à mort ; à l'extérieur enfin, des figures peintes plus librement, avec moins de recherche, mais peut-être plus vraies et plus nobles encore, deux frères de l'hôpital, à genoux, en prière, sous l'assistance de leurs patrons, saint Jacques et saint Antoine ; puis, vis-à-vis, deux sœurs hospitalières, agenouillées aussi et protégées par sainte Claire et sainte Agnès, deux têtes admirables dont je renonce à décrire l'ineffable expression.

Pour moi, c'est dans cette grande page et dans deux autres compositions où les figures sont à peu près de même taille et dont bientôt je vais parler, qu'Hemling m'apparaît sous son aspect le plus puissant et le plus original. Je reconnais que le petit triptyque, de dimension moyenne, représentant l'*Adoration des Mages*, est une œuvre plus achevée, plus harmonieuse, et que de très-bons juges lui peuvent donner la palme. Les dissonances y sont plus rares, la roideur archaïque s'y laisse moins sentir : la touche en est plus fine et plus égale ; on dirait la limpidité d'un Metzu ou d'un Gérard Dow ; seulement les figures sont encore trop petites pour se prêter à cette étude approfondie des caractères qui fait d'Hemling un peintre à part au milieu de ses contemporains. Dans ces petites têtes, il y a sans doute un charme extrême : j'admets qu'elles sont d'un style déjà plus franc et plus individuel que les figures de la châsse ; mais comparées à celles du grand triptyque, elles manquent de cachet et de distinction. Si d'abord on se passionne pour l'*Adoration des Mages*, parce qu'elle est plus irréprochable, on ne veut plus quitter le *Mariage de sainte Catherine* quand une fois on y revient ; on s'y attache, on s'en pénètre ; sans cesse on y découvre quelque chose de plus. C'est une de ces symphonies qui semblent plus nouvelles à mesure que l'oreille les entend plus souvent.

Il est pourtant à Bruges une autre œuvre d'Hemling que je préfère encore à celle-ci. J'en aime la couleur autant que la pensée ; elle est claire, argentine et chaude en même temps. Le faire en est moelleux, bien que ferme et précis. C'est encore une étude de haute psychologie dans un délicieux tableau. Les figures, sans être des plus grandes, sont d'une proportion qui permet de tout exprimer. C'est un triptyque aussi. Le sujet du panneau central est le divin baptême dans les eaux du Jourdain. Pas l'ombre de couleur locale, je n'ai pas besoin de le dire. Le Jourdain coule dans de vertes prairies, de vraies prairies flamandes; il est limpide et profond. La tête du Sauveur, son corps surtout laissent à désirer. Le nu est toujours l'écueil de la peinture de ce temps, surtout dans les pays du Nord. La tête, sauf qu'elle n'est pas divine, ne manque cependant pas de beauté; mais le saint Jean, quelle sublime figure! quelle sainte humilité! quelle austère componction dans ces traits amaigris! quel regard soumis et prophétique! Puis, vers le premier plan, voyez cet ange qui vous tourne le dos, à genoux sur le bord du fleuve, préparant le précieux tissu qui tout à l'heure, au sortir des eaux, va couvrir le corps du Sauveur. Avec quel attention, quel respect, quelle joie il accomplit son ministère! Comme il contemple le divin baptisé! comme il l'adore! quelle foi et quel amour! Cet ange est une des belles figures qui aient jamais été peintes. Sa tête, sa chevelure, le riche vêtement, la chape pontificale qui couvre ses épaules, tout est exécuté avec une hardiesse et une perfection que Jean van Eyck lui-même a rarement égalées. Et maintenant regardez les volets, votre admiration va peut-être s'accroître ; vous n'y trouvez pourtant que de simples portraits, un père et son fils d'un côté, une mère de l'autre avec ses quatre filles; mais ces figures agenouillées sont disposées avec tant d'art dans un fond de paysage qui va se rattachant aux rives du Jourdain, elles encadrent si bien la scène principale en même temps que par leur ferveur elles y sont comme associées, ces jeunes filles ont des regards si limpides et si modestes, leur mère les recommande à Dieu de si bon cœur, le père est si loyal et le fils si honnête, ils sont tout à la fois si pleins de vie et si bien vus sous leur plus noble aspect, que cette simple scène de famille s'élève à la hauteur d'un poétique tableau. Il n'y a pas jusqu'aux arbres, aux rochers, aux gazons qui ont aussi ce double caractère de vérité et de noblesse. Il faut recommander aux peintres de paysage l'étude de ces volets : ils ont tous des leçons à y prendre, aussi bien ceux qui veulent reproduire tous les accidents du feuillage et tombent dans la découpure, que ceux qui, barbouillant leurs arbres, font de la mousse au lieu de feuilles. Ils apprendront de ce vieux maître que, pour tout rendre, il faut savoir choisir. Que manque-t-il à ces grands hêtres s'élevant en bouquet dans cette gorge de rochers? Quel détail, quel brin d'herbe le peintre a-t-il oublié? Et cependant quelle harmonie! Le grand Ruysdaël et Hobbema lui-même, ce merveilleux faiseur de feuilles, ont-ils mieux compris la nature? Qu'ont-ils fait de plus vrai, de plus mystérieux, de plus rêveur que cet intérieur de forêt?

Ce n'est pas à l'hôpital Saint-Jean qu'il faudra chercher ce chef-d'œuvre : je crois l'avoir déjà dit, c'est au musée ou, pour mieux dire, dans le local modeste où se tient à Bruges l'académie de dessin. C'est là que tout à l'heure nous avons déjà vu la *Vierge au vieux Chanoine* de Jean van Eyck[1]. Les deux tableaux sont dans la même salle, suspendus à la même muraille; on veut que nous les comparions. Il y en a d'autres alentour qui peut-être sont bons; on ne saurait le dire, tant on est peu tenté de leur donner la moindre part du temps dont on dispose. Tout semble médiocrité en regard

---

[1] Il existe au musée d'Anvers (dans la collection van Erthorn) une reproduction de ce tableau, qui a la prétention d'être l'original. Je crois la prétention mal fondée. Pour moi, l'original est incontestablement à Bruges.

de telles œuvres. Ne songez qu'à les comparer : ce parallèle en dit plus que toutes les théories sur la question du réalisme et du spiritualisme dans l'art. Voilà deux hommes qui sont tous les deux coloristes; tous deux à des nuances près, portent dans la peinture la même exactitude, le même soin, la même conscience; ils imitent tous deux, et du plus près qu'ils peuvent, en traits aussi précis, tous les détails de la nature : d'où vient donc que je remarque entre eux un si profond contraste? Ils sont aux antipodes l'un de l'autre; la distance n'est pas plus grande de M. Ingres à M. Delacroix, chez lesquels tout diffère, crayon, pinceaux, couleurs aussi bien que les yeux. Jean van Eyck n'éveille en nous que des idées terrestres, même quand il fait des saints; chez Hemling, tout nous enlève au ciel, lors même qu'il ne veut peindre que les choses de la terre. Ce ne sont donc pas les moyens matériels qui font la différence, c'est l'âme de l'artiste. Ne dites plus que la couleur, la peinture ferme et solide, n'appartiennent qu'aux réalistes, que c'est un monopole qu'on ne peut leur ravir : ils ne l'ont point; allez à Bruges, vous vous en convaincrez.

On doit comprendre maintenant comment ce nom d'Hemling, une fois sorti de l'hôpital Saint-Jean, ne devait pas rester longtemps obscur. Ce n'est pas seulement en Flandre, c'est dans toute l'Europe qu'il est aujourd'hui connu et vénéré. L'effet inévitable de ce brusque retour de fortune était de faire éclore non moins subitement une effrayante quantité de soi-disant Hemling. Partout on s'est hâté de baptiser ainsi les vieux tableaux flamands d'attribution douteuse. Il faut se défier, même à Bruges, de ces Hemling improvisés. Il en est à la cathédrale, il en est au musée, il en est même à l'hôpital, et par exemple on vous y montrera une petite *Descente de Croix* qui n'est pas sans mérite, mais apocryphe évidemment. Et quant à ce portrait en buste d'une femme coiffée du vieux bonnet flamand, quoique peint avec finesse et transparence, il y a tout à parier qu'Hemling n'en est pas l'auteur.

Je crois pouvoir réduire à cinq les œuvres authentiques qu'il a laissées à Bruges. C'est d'abord le triptyque du musée, puis, à l'hôpital, la *Châsse de sainte Ursule*, le *Mariage de sainte Catherine*, l'*Adoration des Mages*, et deux petits panneaux, se repliant l'un sur l'autre, dont nous n'avons parlé jusqu'ici qu'en passant, et qui ne sont pas le moins intéressant morceau de cette admirable collection. Le côté droit de ce diptyque représente la sainte Vierge, et l'enfant Jésus dans ses bras. Sur le panneau de gauche, on voit le donateur en prière. Ce sont des figures à mi-corps, mais de même proportion que celle du grand triptyque. Les deux Vierges ont même pose, même costume, mêmes traits; c'est presque une répétition, ou tout au moins une même pensée. Quant au donateur, il n'est pas anonyme; nous avons et son âge et son nom : une inscription du temps l'atteste, il a vingt-trois ans et se nomme Martin van Newenhoven. Il appartient à une famille qui donna, dit-on, vers ce temps-là, des bourgmestres à la ville. Ce jeune homme est sérieux, ses traits sont énergiques et d'une individualité fortement accentuée. Rien de plus délicieux que les détails de son ameublement; il y a surtout des vitraux peints dont on ne peut détacher ses yeux ; ce n'est ni sec ni minutieux, c'est de l'imitation vive, hardie, spirituelle, à la façon de Pieter de Hooghe. Je ne sais si, comme facture et comme souplesse de pinceau, ce n'est pas dans ce diptyque que l'artiste est le plus passé maître. C'est aussi le dernier ouvrage que nous ayons de lui. Les deux triptyques de l'hôpital sont datés de 1479, la châsse de 1480[1]; on lit sur le diptyque : 1487.

Voilà le compte exact des richesses de Bruges; mais n'y a-t-il donc que là des Hemling véritables? Si jeune qu'il ait pu mourir, ce peintre, dans sa vie, n'aura-t-il fait que cinq tableaux? Je ne le prétends pas, et me garde de contester qu'on puisse ailleurs trouver de ses ouvrages; mais pour que ceux qu'on lui attribue aient vraiment droit à cet honneur, j'y veux trouver une sérieuse analogie avec ceux qui sont seuls authentiques, avec les Hemling de Bruges. Or, ne l'oublions pas, dans les tableaux de l'hôpital, nous avons reconnu deux genres bien différents. Les perfections qu'on admire dans la *Châsse* et même dans l'*Adoration des Mages*, vous pouvez, jusqu'à un certain point, en retrouver des traces chez d'autres miniaturistes de cette époque dont les noms nous sont inconnus. Cette finesse exquise de pinceau n'est pas un attribut d'Hemling assez particulier et assez exclusif pour que partout où on la rencontre, on se permette d'affirmer que l'ouvrage est de sa main, de même qu'elle lui est trop naturelle pour

---

[1] Il paraît résulter de recherches récemment faites dans les comptes de l'hôpital, qu'en 1480 la châsse fut seulement commandée, mais qu'elle ne fut achevée qu'en 1486. L'exposition publique en fut même retardée jusqu'en 1489. La commande avait été faite par Adrien Reims, alors président de l'hôpital, et le peintre, entre 1480 et 1486, fit deux fois le voyage de Cologne dans l'intérêt de son travail. Il est aisé de reconnaître qu'il a dû étudier sur place la silhouette des monuments de Cologne.

qu'on ait droit de soutenir qu'il ne vient pas de lui. Dans le champ de la miniature, la liberté des conjectures ne peut donc être limitée, de même que la certitude ne peut pas être établie. Ainsi je vois au Louvre deux charmants petits fragments de triptyques, d'abord attribuées à van Eyck, quand ils appartenaient à Lucien Bonaparte, et achetés depuis comme œuvre d'Hemling à la vente du roi des Pays-Bas : qu'en puis-je dire? sinon que je regarde l'attribution nouvelle comme infiniment mieux fondée que la première, qu'il y a les meilleures raisons pour que ces deux figures, si sveltes, si rêveuses, d'un ton si argentin, et qui évidemment ne sont pas peintes à l'huile, n'appartiennent pas à van Eyck ; qu'il y en a même d'excellentes pour supposer qu'Hemling en est l'auteur ; mais affirmer que lui seul le peut être, que de son temps personne n'aurait pu peindre ainsi, que dans l'école si nombreuse de Rogier van der Weyden, où, selon toute apparence, Hemling avait dû prendre ses premières leçons, il n'avait pas un seul émule qui nous ait pu laisser ces deux petits volets, qui l'oserait ? Notre terme de comparaison, c'est-à-dire le *spécimen* des miniatures d'Hemling que nous voyons à l'hôpital, n'a pas un caractère assez individuel pour nous tirer d'incertitude. Si, au contraire, je voyais quelque part des figures de demi-nature, cette proportion presque insolite à cette époque, et si dans le tableau où seraient ces figures je trouvais même touche, même modelé, mêmes expressions, même genre de composition que dans les grands triptyques de Bruges, alors, sans hésiter, je proclamerais l'auteur de ce nouveau chef-d'œuvre, n'y eût-il ni signature, ni tradition, ni aucun autre signe qui me le fît connaître, et dans ce cas l'affirmation me serait aussi facile que, dans l'autre, la réserve me semble obligatoire.

Or j'ai beau parcourir les principaux musées d'Europe et les plus riches cabinets, nulle part je n'aperçois ce frère de nos grands triptyques. Je ne le vois ni a Berlin, ni à Munich, ni dans aucune autre ville ou d'Allemagne ou de Flandre. Les Hemling qu'on me montre avec plus ou moins d'assurance sont tous des nains à côté de celui que je cherche. La taille, bien entendu, ne me suffirait pas pour établir une fraternité certaine; mais on comprend qu'en cette circonstance elle est un signe de parenté tout à fait nécessaire. Je suis bien loin de contester que sous ce nom d'Hemling il n'y ait dans quelques galeries de délicieux tableaux; mais tous ou à peu près sont de même famille que nos petits volets du Louvre, ou, s'il en est qui soient plus grands sans atteindre pourtant les proportions de la demi-nature, la manière dont ils sont peints, conçus et exécutés, le style, le dessin, la couleur, viennent détruire toute possibilité de les considérer comme de vrais Hemling. C'est ainsi qu'à Munich certains critiques, non moins éclairés qu'obligeants, voulant concilier les affirmations du *livret* avec leurs souvenirs de Bruges, en sont réduits à supposer qu'il aurait existé deux Hemling, de talent et de style tout à fait différents, à tel point que l'auteur des tableaux de Munich et le peintre de l'hôpital de Bruges n'auraient rien de commun que le nom. Ce que nous disons là des Hemling de Munich, il faut le dire aussi d'un tableau remarquable et plein de vraies beautés, mais d'une inégalité désolante, qui a récemment été légué[1] à la ville de Douai. On

---
[1] Par M. le docteur Escalier.

connaît l'origine de cette grande page qui se développe sur une longue série de volets : elle provient de l'ancienne abbaye d'Auchin; mais l'idée de l'attribuer à Hemling n'a pris naissance que de nos jours, depuis que ce nom est à la mode. J'ai vainement cherché en étudiant l'œuvre elle-même, une raison plausible de croire à cette attribution.

De si fréquents mécomptes m'avaient rendu comme incrédule. Aussi, lorsque dans ces dernières années j'entendis raconter qu'il y avait à Bordeaux, chez un vieux serviteur de l'Empire, le général d'Armagnac, un tableau qu'il avait rapporté d'Espagne, que depuis quarante ans il gardait dans sa chambre, et qu'il donnait pour un Hemling, j'avoue que j'eus à peine la curiosité de le voir. Je croyais tout au plus à une de ces œuvres estimables et problématiques auxquelles le nom de notre peintre est trop souvent asssocié. Je fus donc étrangement surpris lorsqu'au premier regard jeté sur ce tableau, je me trouvai en pays de connaissance. Cette sainte Vierge assise sous un dais, c'était la Vierge du grand triptyque de Bruges : même figure, trait pour trait ; la taille à peine un peu moins grande, mais la pose, l'ajustement et l'expression complétement identiques. La ressemblance était la même entre les saints patrons représentés sur la face extérieure des grand volets de l'hôpital et ce saint Dominique, ce saint Jacques, que je voyais debout des deux côtés du dais. Je ne parle pas des détails, dont les similitudes me frappaient de toutes parts ; qualités de la touche, travail du modelé, style, couleur et facture rien n'y manquait.

La chose était donc claire ; pour cette fois, c'était un véritable Hemling, sans problème et sans contestation possibles.

Aussi, lorsqu'en regardant de près les bordures du tapis jeté sous les pieds de la sainte Vierge je découvris le monogramme du peintre, tel qu'on le lit à Bruges, et avec cette différence qu'il était là sur le tableau lui-même, et non pas seulement sur le cadre, je n'éprouvai qu'une satisfaction secondaire : la preuve était surabondante; la signature du maître était partout dans ce tableau.

Ce qui valait mieux pour moi que la découverte du monogramme, ce qui ne m'étonnait pas moins que la beauté de l'œuvre, c'était sa conservation. Le *Mariage de sainte Catherine* a subi en 1826 une restauration maladroite qui, Dieu merci, n'a pas atteint les parties nobles de la composition, mais qui a laissé des traces trop visibles sur quelques draperies et dans certains accessoires. Ici le bonheur veut que, depuis sa sortie d'Espagne en 1810, ce grand panneau n'ait pas été touché, et rien ne laisse apercevoir des restaurations antérieures.

Il faut pourtant le dire, si ce tableau, maintenant à Paris[1], est identique aux grands triptyques et au diptyque de Bruges par la dimension des figures, par le style et par l'exécution, s'il leur est même jusqu'à un certain point supérieur par un état de conservation plus parfaite, il n'est pas leur égal à tous les points de vue, et ne suffirait pas pour donner une complète idée du génie de l'artiste. Au lieu d'une conception entièrement religieuse et poétique, d'une œuvre d'imagination, c'est un grand portrait de famille ou plutôt le portrait de toute une tribu, tant le père et la mère ont de nombreux enfants. Ils sont dix-neuf, tous en prières, dans le chœur d'une

---

[1] Il appartient à M. le comte Duchâtel.

grande église, rangés par sexe selon la coutume, les garçons moins nombreux que les filles, et de chaque côté s'échelonnant par âge. Ce spectacle naïf et un peu trop réel serait d'une symétrie presque antipittoresque sans le talent du peintre qui l'anime, l'échauffe et le diversifie à force d'exprimer en traits vivants la variété de ces physionomies ; mais ce qui ennoblit surtout, ce qui relève cette scène de famille, c'est la présence surnaturelle de l'Enfant-Dieu, de sa sainte mère et des deux bienheureux patrons des deux parents Or cette scène mystique n'est ici qu'accessoire et presque au second plan, tandis que dans le *Mariage de sainte Catherine* nous ne trouvons aucun mélange de la réalité, pas même sur les volets, car c'est seulement à leurs revers que sont modestement placés les donateurs. De cette séparation de l'idéal et du réel résulte une clarté plus grande, plus d'unité, moins de confusion, une impression plus solennelle et plus profonde. Mais, cette réserve faite et ce chef-d'œuvre mis à son rang, n'est-il pas juste d'ajouter que l'artiste y révèle certains dons naturels à peine aperçus à Bruges et par exemple une manière à lui de comprendre et d'interpréter les grâces du jeune âge? Parmi tous ces portraits, il y a des têtes enfantines d'un charme inexprimable. Ce parfum d'innocence, cette fraîcheur souriante, cette souplesse de carnation, je ne vois guère que Greuze, dans un système de peinture absolument contraire, qui parfois les rencontre aussi.

Je n'ajoute qu'un mot pour indiquer un lien de plus entre l'Hemling de Paris et ses aînés de Bruges. Grâce au diptyque de l'hôpital, deux choses vous sont connues : la date de ces portraits, le nom de cette patriarcale famille. Regardez en effet ce jeune homme, non pas celui qui vient immédiatement après le père, jeune abbé déjà tonsuré, mais celui qui le suit : ne vous souvient-il plus de cette énergique figure? Elle n'est pas vulgaire, on ne peut l'oublier : regardez bien, c'est Martin van Newenhoven, le donateur du dyptique. Il avait vingt-trois ans en 1487, il peut ici en avoir deux de moins : vous avez donc la date du tableau. Et quant au nom de la famille, ce sont, vous le voyez, les Newenhoven grands et petits, qui ont eu la très-heureuse idée de passer à la postérité en posant devant ce grand peintre.

Ainsi, après avoir bien cherché, nous n'avons trouvé hors de Flandre qu'un seul tableau authentiquement d'Hemling, c'est-à-dire évidemment conforme à son type le plus original. Un jour peut-être on en trouvera d'autres, surtout en fouillant l'Espagne : tous les chefs d'œuvre dont Philippe II et les gens de sa cour ont dépouillé les Pays-Bas ne sont pas au fond de la mer; mais avant qu'un heureux hasard nous cause encore même surprise, il pourra se passer du temps. Jusque-là notre unique ressource pour étudier ce maître merveilleux, ce fondateur d'un style qui par malheur s'est éteint avec lui, c'est un tableau, un seul, et qui n'est pas public. N'avais-je pas raison de dire en commençant que sans aller en Flandre on ne peut pas connaître les Flamands primitifs.

Et ce n'est pas seulement pour ces grandes figures; pour Hemling et pour les van Eyck, qu'il faut plus d'une fois visiter Bruges et Gand; sans descendre jusqu'à la foule, jusqu'aux derniers étages de l'archaïsme du Nord, il est en Flandre, au quinzième siècle et dans les commencements du seizième, quelques hommes de premier ordre dont on se fait la plus mesquine idée tant qu'on n'a pas, dans leur pays, vécu quelque temps avec eux.

Je ne parle pas de Lucas de Leyden, ce génie tombé dans sa fleur, qui eut à peine le temps de peindre, dont les tableaux authentiques sont introuvables même dans sa patrie, et qui ne fonde vraiment sa gloire que sur ses immortelles gravures, ce qui donne à tous les pays un droit égal à le connaître ; mais Rogier van der Weyden, ce successeur de Jean van Eyck, comment comprendre le crédit, l'immense renommée dont il jouissait au quinzième siècle, sans avoir vu au musée d'Anvers l'admirable triptyque légué par M. Ertborn? J'en dis autant de Quintin Matsys. Ce forgeron devenu peintre, dont en Europe on ne connaît qu'un seul tableau, toujours le même, cet éternel peseur d'or à la figure grimaçante, le voilà à Anvers, dans ce triptyque immense, aussi fécond, aussi hardi, aussi souple que les plus grands maîtres, et sur le volet de gauche, ce jeune page qui verse à boire à la table d'Hérode, il faut, pour l'avoir créé, être à la fois Rubens et Jean van Eyck.

On ne perd donc pas sa peine à parcourir ainsi les Flandres à la recherche des vieux maîtres flamands ; mais gardez-vous d'aller trop loin dans le seizième siècle, n'en passez pas le seuil au delà de la vingtième année ; vous ne trouveriez plus que des flamands bâtards, de faux italiens, des singes de Raphaël, lourds, pesants, sans esprit ; les Bernard van Orley, les Mabuses, les Coxcie, les Floris, les Martin de Vos, je n'en finirais pas si je les nommais tous ; la Belgique en est inondée. Ils sont pleins de talent sans doute, mais dans les arts la bâtardise est le pire de tous les péchés. Ces soi-disants flamands, on les connaît assez sans sortir de chez soi; je plaindrais ceux qui pousseraient la conscience jusqu'à voyager pour eux. Aussi, nous allons terminer cette étude sans insister sur le seizième siècle; nous le franchirons de plein saut, et passerons à cette grande époque qui voit l'art hollandais éclore, et l'art flamand reprendre sa séve originale.

II

LES HOLLANDAIS. — REMBRANDT ET VAN DER HELST.

Après les chefs-d'œuvre archaïques que les Flandres possèdent seules, après les Hemling de Bruges et les van Eyck de Gand, je ne sais rien qui appartienne plus en propre et plus exclusivement aux Pays-Bas, rien qui soit plus introuvable ailleurs, d'un effet plus inattendu, plus difficile à décrire, plus impossible à deviner, que les grandes toiles du musée d'Amsterdam. J'entends par là certains tableaux qui, par leurs dimensions et par la taille de leurs personnages, sortent complétement des données habituelles et presque nécessaires de l'école hollandaise. Tout à l'heure nous verrons pourquoi, même en Hollande, ces sortes de peintures sont en si petit nombre et comment elles n'en sont pas sorties. Pour le moment, je ne veux insister que sur l'effet qu'elles produisent, sur la surprise qu'elles causent, sur le souvenir qu'elles laissent à tous ceux qui les voient, car ici tout le monde est bon juge : le don de sentir, de comprendre n'est plus un privilége. Pour être juste appréciateur, il n'est besoin ni de comparaisons ni d'études ; plus de part à faire, comme pour les maîtres primitifs, à l'inexpérience du passé ; il faut seulement avoir des yeux : le but suprême de la peinture imitatrice, la reproduction de la nature, est ici complétement atteint.

Entrons donc dans le *Trippenhuis*, dans cette maison d'un ancien bourgmestre transformée maintenant en musée, petit édifice à pilastres, sorte d'hôtel à la française, dont l'architecture un peu molle ne manque pas d'élégance, et qui, construite en pierre et s'élevant carrément parmi tous ces pignons de briques aigus et chantournés qui tapissent le Kloveniers-Burgwal, semble à distance un monument public de certaine importance. Bientôt, en y entrant, l'illusion se dissipe. Comme dans toutes les maisons hollandaises, un simple corridor tient lieu de vestibule ; nulle part le jour ne vient d'en haut, et les salles sont toutes de proportions bourgeoises. Il en est une cependant plus grande que les autres, la première à droite en entrant. A chaque extrémité, un seul tableau couvre toute la muraille : c'est ici que nous nous arrêtons.

Deux hommes sont en présence dans cette salle, deux hommes de renommée bien inégale, van der Helst et Rembrandt. L'un a rempli l'Europe de son nom et de ses œuvres ; l'autre, hors de son pays, est à peine connu autrement que par des portraits : un seul tableau de van der Helst se voit au Louvre, et si parfait qu'il soit, jamais sur cette miniature on n'attendrait du maître l'œuvre qui est là devant nous. Ainsi deux sortes d'étonnements pour qui pénètre dans cette salle :

d'abord des tableaux hollandais de quinze à vingt pieds de long, et des scènes de grandeur naturelle; puis la lutte de ces deux hommes, deux manières absolument contraires de tenter la même entreprise et d'interpréter le même art. Talent, méthode, moyens d'effet, tout diffère dans ces deux toiles; mais avant d'étudier ce contraste, qui explique et résume toute l'école hollandaise sous ses deux principaux aspects, ne faut-il pas d'abord avoir dit quelques mots de cette école elle-même, ou du moins de sa naissance et de ses premiers pas?

A l'époque où Jean van Eyck s'établissait à Bruges et en faisait comme la capitale de l'art flamand, au quinzième siècle, la Hollande n'existait pas; même encore au seizième les provinces dont elle s'est formée, confondues dans les possessions du duché de Bourgogne, n'avaient pas de vie propre. Il est donc à peu près certain que, sans la réforme et sans les luttes qu'elle engendra, sans le mouvement national qui de 1560 à 1580 arracha le Néerlande à la domination espagnole, nous n'aurions jamais eu de peinture hollandaise. Les semences pittoresques qui couvaient dans ce sol, ou n'auraient pas germé, ou ne seraient sorties de terre qu'au profit de la peinture flamande, sans rien produire d'original. Pour constituer une école de peinture il faut d'abord un peuple, une nation, si petite qu'elle soit, un groupe d'hommes se gouvernant à sa mode, ayant ses lois, ses mœurs, ses instincts, ses coutumes. L'Italie telle qu'on la veut faire aujourd'hui, l'Italie unitaire, centralisée, sans frontières intérieures, n'aurait jamais produit cette variété d'écoles qui a fait sa gloire; elle n'aurait eu qu'un seul art, l'art de sa capitale, et çà et là, dans ses provinces, quelques serviles et plates imitations. De même aux Pays-Bas : tant que la Flandre et la Hollande ne font qu'un seul État, elles n'ont qu'un seul art. Cherchez dans les Sept-Provinces, vous n'y trouverez pas un peintre qui se distingue en quoi que ce soit des artistes flamands. A Leyde, à Harlem, à Utrecht, on peint, au quinzième siècle exactement comme à Bruges, au seizième comme à Anvers. Pas la moindre originalité, pas le plus mince effort pour sortir de la voie battue. Jamais on ne dirait que cette Flandre du Nord est à la veille de fonder une école et d'avoir sa peinture à soi. Elle est comme absorbée dans son négoce et dans ses pêcheries : à peine fournit-elle son contingent de peintres à la patrie commune, et le peu qu'elle en donne n'a que des noms obscurs. C'est la Flandre du Sud qui seule alors conserve encore un certain feu sacré. Anvers est l'héritière du commerce et des splendeurs de Bruges; c'est à Anvers que sont les peintres avec le mouvement et la vie.

J'ai déjà dit quelle est au juste la valeur de ces Flamands du seizième siècle. La séve nationale s'est retirée de leur école; les successeurs de van Eyck et d'Hemling ont déserté la tradition et mis au monde un fastidieux mélange de goût flamand et de style italien. Or cette bâtardise régnait au delà du Mordyck tout aussi bien qu'en deçà. On voit au musée d'Amsterdam un tableau d'un des Hollandais du seizième siècle le plus en renom, Corneliszen de Harlem, tableau daté de 1590 et représentant un massacre des innocents : c'est une œuvre considérable, et l'auteur n'est pas sans talent; mais de tous les imitateurs de Michel-Ange, de tous les faiseurs de pastiches florentins que produisait alors la Flandre proprement dite, je n'en connais pas un qui ait entassé sur une toile autant de raccourcis, autant de jeux de muscles, autant d'efforts anatomiques, sans que ces tours de force soient au moins rachetés par la fierté de style dont, au delà des monts, on trouve encore la trace même en ce temps de décadence. C'est le pédantisme académique interprété et mis à nu par la bonne foi batave.

Ainsi, vers les dernières années du seizième siècle, pendant que les Sept-Provinces affermissaient leur liberté naissante grâce aux efforts de ces *gueux* héroïques qui, sur terre et sur mer, continuaient l'œuvre du Taciturne, rien n'annonçait encore qu'en matière de peinture ce nouveau petit peuple fût près de s'affranchir. Ce devait être là son dernier acte d'indépendance, moins périlleux que tous les autres, mais presque aussi laborieux.

Ce n'est en effet que vers 1630, un demi-siècle après l'affranchissement de la patrie, qu'apparaissent les premiers tableaux qu'on peut vraiment appeler hollandais, genre de peinture jusque-là sans exemple, et d'une nouveauté aussi originale que l'étrange pays où il prenait naissance.

Qu'avait-il fallu faire pour en arriver là? D'abord, cela va sans dire, se délivrer du style *italo-flamand* : c'était la condition première; mais sur ce point l'exemple était venu de la Flandre elle-même. Dès le commencement du dix-septième siècle, dès la première jeunesse de Rubens, l'école d'Anvers était entrée en pleine réaction. D'une part, ce vigoureux génie, bien qu'épris des maîtres vénitiens jusqu'à leur emprunter certains secrets de leur palette, certains procédés d'ordonnance et de composition, n'en avait pas moins rompu avec l'esprit italien, avec la décadence florentine, avec la fausse antiquité, et laissé libre essor à ses instincts flamands, à son dédain des nobles formes, à son goût des luxuriantes carnations. D'un autre côté, sur un plan plus modeste, des hommes tels que Jean Breughel, Paul Bril, Peter Neefs, sans posséder les aptitudes variées et presque universelles du grand peintre anversois, sans prétendre à autre chose qu'à la patiente imitation de simples paysages ou d'intérieurs d'églises, avaient peut être contribué plus puissamment encore à dégoûter leur pays du clinquant exotique et à le ramener à ses goûts naturels.

Ce qu'il y a de remarquable, c'est que Brenghel et Paul Bril avaient d'abord passé de longue années à Rome. Ils s'y étaient livrés à cette manière expéditive et lâchée de traiter le paysage qui alors y faisait seule fortune, et l'un et l'autre de retour à Anvers avaient pris aussitôt une touche nouvelle dont la précision, la finesse, la minutieuse exactitude, contrastaient étrangement avec leur éducation romaine. On eût dit qu'en rentrant au foyer paternel, les traditions de van Eyck et d'Hemling, oubliées depuis près d'un siècle, s'étaient pour eux réveillées tout à coup. Ils avaient reconnu combien chez ces vieux maîtres les fonds de paysage rendaient fidèlement la verdure un peu crue, mais brillante, des campagnes flamandes ; combien cette manière nette et naïve d'interpréter la nature devait plaire à leurs compatriotes et rajeunir leur goût blasé. Ils le comprirent si bien que Jean Breughel et Paul Bril semblent, au premier aspect, sortir directement de l'ancienne école de Bruges : rien dans leur œuvre ne laisse voir la lacune qui les en sépare ; ils s'y sont comme soudés volontairement. Et quant à Peter Neefs, le lien qui l'y rattache semble encore plus étroit : cette façon un peu sèche, bien que mystérieuse, de comprendre l'architecture, d'en accuser les contours et jusqu'aux moindres arêtes, ne la dirait-on pas littéralement empruntée à van Eyck et à ses premiers successeurs?

On le voit donc, même avant qu'en Hollande la moindre innovation se fût encore fait jour, avant que la peinture eût essayé de triompher des préoccupations de la nouvelle république et des querelles théologiques qui la mettaient en feu, elle s'émancipait en Flandre, et particulièrement à Anvers. Tout ce midi des Pays-Bas semblait se consoler du joug qu'il n'avait pu rompre, en chassant du moins de ses tableaux les influences étrangères et en reprenant possession de son vieux goût national. De 1600 à 1630, ce mouvement est manifeste, et se produit sous deux formes tout à fait distinctes : d'une part, la fougue de Rubens, aussitôt imitée, à des degrés divers, par Gaspard de Crayer, par Jordaens, puis bientôt par van Dyck, tous trois nés à Anvers, et de quelques années seulement plus jeunes que leur chef; d'autre part, la modération naïve, exacte, presque-archaïque, de tout ce groupe de peintres dont Paul Bril, Jean Breughel et Peter Neefs sont pour nous les représentants.

Mais ce réveil de l'art flamand n'avait aucun des caractères d'une révolution radicale ; ce n'était qu'un timide prélude de ce qui allait s'accomplir en Hollande. Au fond, rien à Anvers n'était changé, sauf la routine italienne : mœurs, religion, gouvernement, tout restait à sa place. Les peintres n'avaient besoin de modifier ni les dimensions de leurs toiles ni les sujets de leurs tableaux. Il n'en était pas de même en Hollande. Là, pour inaugurer une peinture nationale, ce n'était pas assez d'un retour au passé, il fallait faire du neuf. Le pays avait du même coup changé de religion et de foi politique : il n'était plus catholique et s'était fait républicain.

De là pour la peinture tout un monde nouveau. Sans le catholicisme, plus de tableaux d'église, plus de chapelles à décorer, plus de saints, plus de martyrs, plus de madones, plus d'*agneau* ; avec la république, plus de cour, plus de luxe, plus de palais princiers, plus de lambris assez vastes pour recevoir de grands tableaux. Les mœurs économes et simples, les habitudes sédentaires, les habitations exiguës de ces populations amies de leur foyer, républicaines sans vie publique, n'allaient plus tolérer qu'un seul genre de peinture, la peinture de chevalet. Rien que de petits tableaux et point de tableaux d'église, tel était le régime des futurs peintres hollandais. Pour eux était tarie la source où, dans tous les pays, la peinture depuis deux siècles puisait à pleines mains, source éternelle, toujours féconde, le Nouveau et l'Ancien Testament. A défaut des sujets sacrés, pouvaient-ils s'emparer des fictions de la Fable, des caprices de l'allégorie? L'austérité protestante s'en accommodait encore moins. Sur quoi donc leurs pinceaux allaient-ils s'exercer? Ni religion ni poésie! Un culte sans images, un peuple sans imagination, et tout cela sous un ciel sombre et brumeux, sans transparence ni couleur! Assurément la Providence avait un parti bien pris de faire fleurir la peinture en Hollande, puisque de tant d'obstacles, accumulés comme à plaisir, nous allons voir sortir autant d'effets nouveaux, de beautés inconnues, autant de causes d'agrément, de perfection et d'originalité.

Et d'abord remarquez qu'à partir de 1606, l'année où Rembrandt vint au monde, tout un essaim d'artistes de premier ordre éclôt dans les Sept-Provinces presque au même moment. En moins d'un quart de siècle, avant 1630, coup sur coup, vous avez vu naître Albert Cuyp, Terburg, Jean Both, les deux Ostade, van der Neer, Metsu, van der Helst, Nicolas Maas, Philips Wouverman, Berghem, Paul Potter, Hobbema, Ruysdael et bien d'autres encore que j'oublie. Ce n'est jamais en pure perte que se produit ainsi tout un groupe de grands talents. Ces sortes d'éclosions subites sont, dans l'histoire de la peinture, le symptôme assuré ou d'un progrès notable ou tout au moins d'un mouvement nouveau, d'une tentative inconnue. De Giotto jusqu'à Raphaël, on en peut compter cinq ou six, et, sans rien comparer d'ailleurs, il est permis de dire que ni dans l'Ombrie vers le milieu du quinzième siècle, ni à Florence, ni à Venise, ni à Augsbourg, ni à Nuremberg aux approches du seizième, il n'était né en aussi peu d'années autant d'hommes doués de l'esprit pittoresque et si bien faits pour agir en commun sur les destinées de leur art que cette compacte phalange qui sort de Dordrecht, d'Amsterdam, de Leyde et de Harlem dès le début du dix-septième siècle.

Une fois en âge de produire, qu'allaient faire tous ces jeunes gens? Une œuvre absolument nouvelle, on ne peut trop le répéter. Ils allaient tous faire des portraits : non pas des portraits d'hommes ou de femmes seulement, il y avait longtemps qu'on en faisait partout, mais des portraits de leur patrie. Cette terre de Hollande, ce sol natal, ce sol chéri, si récemment, si rudement conquis sur les flots et sur l'Espagnol, chacun d'eux, selon son aptitude, allait amoureusement en étudier, en imiter, en reproduire une partie : celui-ci les vertes prairies, les vastes pâturages émaillés de bestiaux et de fleurs; celui-là les forêts, les moissons, les sablonneux rivages de la mer; cet autre, la mer elle-même, tantôt furieuse, écumante, tantôt paisible et douce, limpide et comme endormie, sillonnée de gracieux navires et se perdant au loin dans les pâles vapeurs d'un interminable horizon.

Était-ce donc la première fois que la peinture prenait de tels modèles? N'avait-elle jamais essayé de retracer les scènes de la nature, non plus comme accessoires, mais comme sujet principal d'un tableau? Le paysage en un mot était-il un genre inconnu? Non, puisque les Breughel et les Paul Bril faisaient, nous l'avons vu, des paysages à Anvers depuis quinze ou vingt ans; puisqu'à ce moment même les Carrache et le Dominiquin en faisaient à Bologne; puisqu'à Venise, près d'un siècle plus tôt, Giorgione, Titien, Tintoret en avaient fait aussi. Mais quelle différence! Le paysage italien est la traduction libre et non l'exacte reproduction de la nature. A Bologne, aussi bien qu'à Venise, les maîtres qui s'étaient permis ce genre de délassement n'avaient cherché que l'occasion de composer des sites, de combiner des lignes. de faire du style, en un mot, non plus avec des hommes, mais avec des rochers et des arbres. Et quant à nos Flamands, bien que moins occupés de l'effet idéal et plus enclins à la patiente imitation, n'était-ce pas alors de vérités conventionnelles qu'ils tapissaient aussi et leurs fonds de montagnes et même leurs premiers plans? Le paysage ainsi compris n'est pas une invention moderne, il ne remonte pas au seizième siècle seulement; l'antiquité le connaissait, et sur les murs de Pompéi combien d'exemples n'en citerait-on pas? Dans les petits médaillons, dans les gracieux cartouches suspendus entre les colonnettes dont ces murs sont souvent décorés, ne voit-on pas les rives de la mer, des jardins en terrasse, des charmilles et des bocages? Qu'est-ce autre chose qu'un avant-goût du paysage italien, peinture décorative, moitié mensonge et moitié vérité, réminiscences de la nature entremêlées de fantaisie?

Tel n'était pas le but qu'allaient poursuivre nos Hollandais. Ils trouvaient leur pays trop beau, ils l'aimaient trop pour essayer d'en embellir l'image. Changer quoi que ce fût à ce plat horizon qui les cernait de toutes parts, à ces longs canaux rectilignes qui coupaient la campagne en tout sens, à tout ce grand radeau flottant, couvert de verdure symétrique, sur lequel ils passaient leur vie, qui d'entre eux s'en serait avisé? L'ardeur de leur patriotisme les détournait de l'idéal comme d'une irrévérence et d'une profanation. Chacun à sa manière, et avec une variété d'accent qui n'est pas leur moindre mérite, ils allaient imiter la nature telle qu'elle s'offrait à eux, sans fard, sans choix, presque au hasard, et par nature il faut entendre ici non-seulement la terre et la mer, les plantes et les animaux, mais l'espèce humaine elle-même, ou, pour mieux dire, tout le peuple hollandais. Marines, paysages, scènes de mœurs, intérieurs de familles, figures de tout rang, de toute condition, pauvre artisan, opulent bourgmestre, cabanes et châteaux, élégants parloirs, tabagies enfumées, dégoûtants cabarets, tout pour la naissante école devenait matière à peinture ; tout modèle lui semblait bon, pourvu qu'il posât bien, qu'il fût pris sur le fait, traduit avec esprit, rendu avec exactitude.

C'était là, je le dis encore, une entreprise absolument nouvelle, sans aucun exemple connu. S'ensuit-il que tous ces novateurs eussent même foi, même persévérance? Resteront-ils tous en Hollande sans rêver d'autres cieux, d'autres foyers d'inspiration? Le soleil d'Italie, les charmes de la France n'en séduiront-ils pas quelques-uns? Tout à l'heure nous verrons qu'il y eut plus d'un transfuge ; mais avant d'en parler et de montrer quel fut, pour eux-mêmes et pour l'école, le résultat de leurs émigrations, il faut nous arrêter à quelque chose de plus étrange et de plus considérable, à cet homme qui, sans être jamais sorti de la Hollande, est le moins hollandais des peintres, et qui semble isolé parmi cette jeunesse qu'il instruit, qu'il domine et qu'il éclaire de son génie.

Je parle de Rembrandt. A coup sûr, son premier tableau, daté du moulin de son père, ce tableau qui lui fit toucher ses premiers cent florins, ne brillait pas encore de cette lumineuse audace à laquelle plus tard il devait s'élever : les toiles de sa jeunesse sont, comme on sait, sobres et presque timides ; mais cette modération laisse déjà percer une façon de sentir la nature, un don de l'exprimer, qui ne sont qu'à lui seul et qui diffèrent essentiellement du système d'imitation qui allait prévaloir dans l'école hollandaise. Rembrandt, même à ses débuts, n'était pas homme à voir les choses telles qu'on les voit en général ; il les percevait autrement et, pour les rendre à sa manière, il les transfigurait en véritable idéaliste. Seulement ce n'étaient pas les formes, mais la lumière qu'il idéalisait. Il avait pour les formes la plus parfaite indifférence, et les prenait telles qu'il les rencontrait; je ne sais même si sa prédilection n'était pas pour les moins élégantes, les moins nobles et les moins pures. Le hasard seul ne l'aurait pas conduit, surtout quand il peignait des femmes, à des modèles presque toujours si laids. Il y mettait du sien évidemment et recherchait de préférence les êtres les plus disgraciés ; mais ces formes ingrates qu'il avait l'air d'affectionner, se poétisaient chez lui par la vertu de la couleur. Il les voyait illuminées de je ne sais quels rayons si vifs et si concentrés qu'elles en doublaient d'éclat, de relief et d'expression. De là ces portraits merveilleux, ces éblouissantes figures, plus vivantes que la vie même, mélange indéfinissable d'idéal et de vulgarité qui captive les yeux, séduit l'esprit, pénètre jusqu'à l'âme, sans toujours satisfaire la raison.

On a tout dit sur ce grand magicien, et les miracles de sa palette ne sont depuis deux siècles un secret pour personne. Je me demande seulement si tout le monde estime à quel point il est original, si son vrai rang parmi les coloristes est suffisamment établi, car non-seulement il est au niveau des plus grands, mais il est unique en son genre. Son procédé n'est celui de personne : cette manière de ne rien dessiner, de n'accuser aucun contour, de n'arrêter aucune silhouette et cependant de tout mettre en saillie, de donner à tout sa rondeur, de tout enlever, soit en vigueur, soit en clair, par des épaisseurs raboteuses, par d'audacieux empâtements mêlés, on ne sait comment, aux plus subtiles dégradations, aux passages les plus imperceptibles de l'ombre et de la lumière, sorte de jeu mystérieux que la seule nature avait connu jusque-là, c'est quelque chose qu'il a trouvé tout seul, sans maître, sans exemple, sans autre guide qu'un instinct de génie. Assurément Rubens est, lui aussi, profondément original, sa touche se distingue entre mille, ses tableaux se reconnaissent d'aussi loin qu'on les voit ; mais ce qui fait son originalité, c'est son exécution, son tour de main, si j'ose ainsi parler : ce n'est pas son système d'imitation. Ce système est au fond semblable, ou peu s'en faut, à celui d'autres grands coloristes de tous les temps et de tous les pays, Vénitiens ou Espagnols, tandis que chez Rembrandt c'est le principe même de sa peinture, c'est le système, aussi bien que le faire, qui porte son cachet, qui n'est qu'à lui, et qui le place à part, tout à la fois comme le plus réel et le plus fantastique des peintres.

Ce qui m'étonne, c'est que de son vivant on ne l'ait pas imité davantage. Les novateurs un peu hardis ont rarement cette fortune : plus leur audace est grande, plus prompte est la contrefaçon. D'où vient que pour Rembrandt elle fut lente et timide ? N'avait-il pas réussi ? Cette manière de peindre absolument nouvelle ne fut-elle de son temps ni goûtée ni comprise, comme souvent il arrive aux véritables nouveautés ? Au contraire, le succès fut subit, immense, incontesté. Ces flegmatiques Hollandais s'étaient passionnément épris du jeune téméraire et couvraient d'or ses tableaux. Appelé par la faveur publique de Leyde à Amsterdam, il y ouvrit une école où accoururent tous ses contemporains, même ses aînés. Il avait vingt-quatre ans et devint aussitôt le guide, le mentor de sa génération, le véritable père de la peinture hollandaise. Comment donc ses élèves lui ressemblent-ils si peu ?

Voyez Rubens : Crayer et van Dyck sont ses fils, cela saute aux yeux ; ils ont leur physionomie propre, ils sont eux-mêmes ; mais quel air de famille, et comme ils vivent de sa vie ! Rembrandt eût-il aussi des Crayer, des van Dyck? Son imitateur déclaré, Dietrick, n'a vu le jour que quarante ans après sa mort. De son temps, on ne peut guère citer que Santwoort, Nicolas Maas, Govaert Flinck, van den Eeckhout, Ferdinand Bol, qui parfois s'approprient, avec hésitation, l'épaisseur de ses empâtements et sa touche heurtée. Chez ceux-là, j'en conviens, ses leçons ont laissé quelques traces ; chez tous les autres, on n'en voit pas vestige. Gérard Dov, par exemple, est un de ses élèves, un de ses favoris ; il passa chez lui trois années, Gérard Dov, l'homme aux contours fins et précis, à la touche serrée, le dernier rejeton des van Eyck et d'Hemling, la souche des Miéris et même aussi des van der Werf! Comment comprendre que Rembrandt ait mis au monde Gérard Dov? Il n'était donc systématique que pour lui-même, ce génie pétulant, cet homme de parti pris? Il laissait donc aux autres la liberté qu'il ne se donnait pas? Évidemment, quand il se vit le chef de ses émules, de ces esprits tranquilles et minutieux, de ces patients observateurs, la peur le prit de les lancer hors de leurs voies. Il respecta chez eux l'instinct d'imitation naïve, la bonhomie batave, ne leur montrant pas la nature sous l'aspect où lui-même la voyait. Ses secrets, ses mystères, ses procédés capricieux, il les garda pour lui, enseignant ce qu'il ne faisait pas, n'enseignant pas tout ce qu'il faisait.

Et, cependant, on se tromperait fort en supposant qu'autour de lui il ne sema rien de lui-même. Son influence fut immense. Tous ceux qui prirent directement de ses leçons, et ceux même qui, comme Albert Cuyp, par exemple, s'instruisirent à la vue de ses œuvres sans fréquenter son atelier, lui doivent en partie cette largeur de touche, ce faire gras, abondant, exempt de minuties, qui est un des caractères de la peinture hollandaise dans sa première période. C'est l'âme de Rembrandt, on n'en saurait douter, c'est sa puissance et sa chaleur qui rayonnent ainsi sur ses contemporains.. Son action n'est pas apparente : il semble séparé d'eux parce que prudemment ils évitent de singer ses témérités ; mais au fond son esprit les pénètre, et ils s'échauffent à son soleil.

Chez lui, l'indépendance se trahissait en toutes choses, même dans le choix de ses sujets. J'ai déjà dit que, depuis la réforme, depuis que la peinture était bannie des églises, on n'avait plus fait en Hollande de tableaux de piété. Rembrandt seul, ou presque seul, s'obstine à s'inspirer encore de la Bible et de l'Évangile. Il y revient sans cesse, comme graveur et comme peintre. Il est vrai que ses traductions des saintes Écritures sont si libres et si bizarres que les moins orthodoxes n'en pouvaient prendre ombrage. Il se place en dehors de toute tradition, supprime, ajoute, invente, comme il lui plaît, tels et tels personnages, prête à ceux-ci des attitudes, à ceux-là des costumes souvent grotesques, toujours de fantaisie. Le spectateur est dérouté. Qu'a-t-il devant les yeux ? Ce petit homme souffreteux, d'un type si misérable, d'une expression si basse, est-ce donc le divin Sauveur? Ces rustres, ces bohémiens déguenillés, sont-ce les saints apôtres? Et faut-il voir le groupe des saintes femmes dans ces disgracieuses commères? Ne vous rebutez pas : sous ces travestissements, il y a je ne sais quoi de touchant, de profond, d'onctueux et de tendre. Que ce Samaritain est charitable! que cet enfant prodigue est repentant! que ce père lui ouvre bien son cœur! Que de compassion, que de larmes dans ces gestes, dans ces mouvements, surtout dans ces jets de lumière!

Dirons-nous pour cela de Rembrandt, comme quelques-uns de ses admirateurs, qu'aucun peintre avant lui n'avait compris le christianisme, qu'il le sent et l'exprime mieux que tous les grands maîtres de la catholique Italie, que seul il a trouvé le Christ véritable, le Christ des humbles misères? A quoi bon comparer? Notre enthousiasme est plus modeste. Sans détrôner personne, nous laissons à chacun sa part. Celle de Rembrandt est immense. Pour peu qu'on pénètre au delà de cette écorce inculte, presque difforme, qui trop souvent nous cache ses pensées, on découvre en lui la puissance et parfois les éclairs d'un Shakspeare. Si dans les sujets religieux il trouble nos habitudes, s'il déconcerte nos souvenirs en s'abaissant au trivial, que de fois il s'élance et nous entraîne au pathétique! Seulement c'est toujours son grand moyen d'effet, c'est-à-dire la lumière, qui produit chez lui l'expression.

Prenez ses *descentes de croix*, ses *résurrections de Lazare*, ses *Disciples d'Emmaüs*, son *Abraham averti par l'Ange*, et tant d'autres chefs-d'œuvre dont le seul souvenir nous émeut en nous éblouissant; supprimez-en par la pensée les combinaisons lumineuses, ces clartés presque inexplicables qui, au milieu d'un fond obscur, vont frapper certains visages ou certains points du tableau; n'en conservez que ce qu'il faut pour éclairer la scène, à peu près comme en plein midi, par un jour ordinaire : que vous restera-t-il? Le plus terne et le moins émouvant des spectacles. Le principal agent de l'émotion est donc ici un certain luxe combiné d'obscurité et de lumière. Voilà pourquoi Rembrandt ne pouvait se passer des sujets religieux, et pourquoi son instinct l'y ramenait sans cesse. Eux seuls lui fournissaient un prétexte plausible à ces illuminations magiques sans lesquelles il perdait une partie de sa puissance. Pour dire tout ce qu'il y avait dans son âme et sur sa palette, il lui fallait d'étincelantes auréoles projetant au loin leurs lueurs, des rayons incompréhensibles, des traits de feu sillonnant les ténèbres, du surnaturel en un mot.

Sous cette grotte obscure où l'Homme-Dieu, debout au-dessus d'un tombeau, somme la mort de lui rendre son ami, ce qui séduit Rembrandt, ce qui pour lui signifie résurrection, miracle, bonté divine, stupeur des assistants, crie de joie et de reconnaissance, c'est un éclat subit de splendide clarté qui, à la voix et sous le geste du Sauveur, fait comme explosion dans la grotte. Toute sa composition se résume dans cette invasion de lumière. C'est un coup de tam-tam, un de ces effets matériels dont un musicien coloriste ferait certainement usage s'il voulait peindre cette scène. Il frapperait l'oreille au moment solennel : Rembrandt frappe les yeux. Il étourdit son spectateur par une sorte de sonorité visible, et le miracle ainsi interprété s'explique aux sens, pour ainsi dire. Maintenant transportez-vous aux Thabor, au Golgotha, au souper d'Emmaüs, partout même moyen, mêmes rayons miraculeux; partout, grâce au surnaturel, les effets de pinceau les plus étourdissants. Aussi, sans méconnaître qu'il y eut chez ce grand maître un profond sentiment de la misère humaine et un sérieux instinct de chrétienne tendresse, les sujets religieux plaisaient, je le maintiens, encore bien plus à son talent qu'à ses croyances; il y cherchait plutôt des thèmes lumineux que des rêves humanitaires.

Mais je m'oublie à parler de Rembrandt. Que n'en pourrait-on pas dire ! — Je ne voulais indiquer qu'une chose, la place qu'il occupe dans l'école hollandaise, comment il la domine sans presque en faire partie; comment, tout en étant son chef, tout en faisant sa gloire, il en est, à vrai dire, isolé et compose à lui seul une école. Revenons maintenant à nos deux grandes toiles, rentrons dans le *Trippenhuis*.

C'est l'œuvre de Rembrandt, c'est la *Ronde de nuit*, qui va d'abord nous attirer. Ce tableau est, je crois, un peu plus près de la porte d'entrée que celui de van der Helst; fût-il plus éloigné, il n'en aurait pas moins notre premier regard. Il force à venir à lui par une invincible attraction. On se dirige malgré soi vers cette foule qui s'avance, vers ces deux personnages qui marchent les premiers et sortent de la toile d'un air si résolu ; encore un pas, ils franchiront le cadre. Je ne crois pas que jamais en peinture on ait plus vivement rendu le mouvement et la vie ; et ce n'est pas l'effet d'un vulgaire trompe-l'œil, d'une combinaison d'optique, ni même de ces violens moyens d'illusion dont usent les Ribera, les Caravage, les Valentin, tous ces hardis faiseurs d'oppositions outrées. Non, c'est de l'art, de l'art fougueux, mais contenu et mesuré. Si le contraste est grand entre ces ombres et ces clairs, les transitions sont ménagées, rien n'est cru, rien n'est dur, tout est harmonieux. La saillie de ces personnages n'est ni de pierre ni de carton, c'est de la chair. On en sent la chaleur sous ces souples manteaux : une sorte d'électricité s'en dégage. En un mot, ces hommes sont vivants, ils respirent, ils marchent.

Mais où vont-ils et que font-ils? Vous aurez quelque peine à le dire. Sous le charme du premier coup d'œil, ces questions ne se présentent pas : on s'en inquiète à peine; on regarde, on admire; puis peu à peu l'envie vient de comprendre. Que se passe-t-il donc? Pourquoi ces armes, ces tambours? Pourquoi cet homme, tout en marchant, charge-t-il ainsi son mousquet? L'ennemi assiége-t-il la ville? Ces gens-là s'en vont-ils combattre ou ne vont-ils qu'à la parade? Impossible d'en rien savoir. Devine-t-on du moins de quelles maisons ils sortent et en quels lieux ils sont? Pas davantage. Ce fond d'architecture s'est obscurci sans doute avec le temps, il a poussé au noir, mais dès le premier jour il devait être énigmatique. Tout n'est-il pas problème dans cette œuvre? Regardez bien : à quel moment l'action se passe-t-elle? Est-ce la nuit, est-ce le jour? Le nom traditionnel que porte le tableau veut que ce soit la nuit; mais, pour un clair de lune, la lumière est bien vive, et si c'est le soleil, quelle clarté douteuse! Seraient-ce des flambeaux? Vous n'en voyez pas trace. L'énigme est donc partout. Prenez l'ensemble, descendez aux détails, interrogez figure par figure, vous n'en conclurez rien. Les expressions sont vives, animées, pittoresques, encore plus incertaines; elles défient votre sagacité. Que fait là par exemple cette petite blonde qui se détache en clair, avec sa robe jaune, sur tous ces noirs pourpoints, seule figure de femme jetée dans ce tumulte? Est-ce une naine, est-ce un enfant? Se moque-t-elle de ses voisins? en est-elle effrayée? Le peintre a pris plaisir à ne pas vous le dire. Il veut vous intriguer à la façon d'Hoffmann, assaisonner la vie réelle d'ingrédients fantastiques, vous séduire et vous tourmenter. Après tout, son énigme est vivante; comment ne pas s'y plaire? Cette chaude peinture, ces mouvants reliefs, ces mystères de pinceau vous charment, vous captivent, vous retiendraient pendant des heures entières; mais l'impossibilité de découvrir le sens, le vrai sens de tout cela, finit par vous causer comme un certain malaise, comme un léger vertige.

Quand vous en serez là, retournez-vous et regardez cette autre grande toile qui fait face à la *Ronde de nuit*; vous passez brusquement d'un monde dans un autre : ne vous hâtez pas de juger. Souvenez-vous que vers la fin d'un bal, quand les bougies brûlent encore, bien qu'au dehors il fasse jour, si par hasard on vous ouvre un volet, si vous regardez dans la rue, les maisons, les arbres du voisinages prennent pour vous le plus étrange aspect, je ne sais quoi de blafard et de plat. C'est le soleil pourtant qui les éclaire; c'est de la vérité ou jamais il n'en fut. La saillie, la couleur, les contours des objets, tout doit vous sembler juste et tout vous paraît faux. Vos yeux, prenez-y garde, se sont faussés eux-mêmes dans cette atmosphère de poussière et de lumières factices; attendez quelque peu, ils reprendront goût à la vérité. C'est exactement là ce qu'il vous faut subir lorsqu'en tournant la tête vous vous trouvez en face de ce banquet et de tous ces convives d'humeur joyeuse et fière, assis à cette table si richement servie. Il fait grand jour, un jour sans équivoque, sans contrastes et sans repoussoirs; or vous avez encore sur la rétine les teintes enfumées et les énigmes de Rembrandt. Cette simple clarté vous paraît un peu pâle, et ces figures vous semblent presque froides ; mais peu à peu votre vue se dégage, vous acceptez et bientôt vous aimez cette façon candide de présenter les choses. Vous vous plaisez à pénétrer dans ces physionomies lucides où tout se voit, où tout se lit. Pas le moindre mystère ; ce que le peintre pense, il le dit, il l'étale ; c'est clair, c'est net comme de la bonne prose.

Quant au sujet, ne s'explique-t-il pas en quelque sorte de lui-même ? La seule question est de savoir pour quelle solennité patriotique ces hommes sont attablés, car à coup sûr ils ne célèbrent pas une simple fête de famille, ce n'est pas un repas ordinaire. Ces riches vêtements, ces galons, ces drapeaux, ces insignes à la fois militaires et civils, l'air de contentement, l'énergique assurance qui règnent sur ces visages, tout semble nous apprendre qu'un grand événement va s'accomplir pour la Hollande et que les chefs de la garde civique s'en réjouissent en commun. Et, en effet, il s'agit de la paix de Munster, de ce traité qui met fin à la guerre de Trente ans, et qui, après soixante et dix ans d'efforts, fait pour la première fois accepter par l'Europe l'indépendance de Provinces-Unies.

C'est le 18 juin 1648 que fut donné ce célèbre banquet, et van der Helst a daté son tableau de cette même année ; il l'a donc fait en quelques mois, véritable prodige quand on pense que ces vingt-cinq figures, de grandeur naturelle, sont autant de portraits étudiés sur nature, que ces portraits pour la plupart sont des merveilles d'exécution, et que tous les accessoires du tableau sont terminés et rendus avec un soin, une délicatesse et des perfections de détail dont les chefs-d'œuvre de chevalet peuvent seuls donner l'idée. On croit peut-être qu'un tel fini sur une telle échelle doit donner lieu à quelque sécheresse, que cette étude individuelle, cette série de personnages imposés à l'artiste et non choisis par lui sont à peu près incompatibles avec un grand effet d'ensemble, et qu'au lieu d'un tableau le peintre n'a pu faire qu'un faisceau de portraits agglomérés dans un seul cadre. Il n'en est rien; pour moi du moins, l'unité, l'harmonie me semblent satisfaites dans cette radieuse peinture; j'en aime les détails sans qu'ils absorbent mes regards, et la composition n'en est pas moins habile que la touche et que l'exécution. Ce n'est cependant pas une œuvre sans défauts, mais elle n'a qu'un tort grave et qu'un point vulnérable, c'est d'être ainsi placée en face de Rembrandt.

Il faut, pour l'estimer à sa valeur, oublier tout à fait ce redoutable voisinage; il faut se garder aussi d'un autre souvenir plus lointain, mais non moins dangereux, souvenir que cette longue table en travers du tableau, cette nappe, ce couvert, ces convives, risquent de réveiller en vous. Si vous alliez penser au sublime et divin cénacle de Sainte-Marie-des-Grâces à Milan, vous ne daigneriez plus jeter un coup d'œil sur ce prosaïque banquet. Écartez tout cela, isolez-vous, ne demandez à van der Helst que ce qu'il entend vous donner. C'est de l'histoire, de la chronique, demi-bourgeoise, demi-guerrière; c'est l'exacte expression, l'intelligent reflet des mœurs de son pays. A défaut de la Muse, il s'inspire du patriotisme. Voilà ces hardis commerçants qui tiendront tête à Louis XIV;

vous les voyez, ces loups de mer, vous leur parlez; ils sont là en habits de gala, rudes et simples comme dans leurs comptoirs, comme sur leurs navires : que de bon sens, que d'énergie, quelle gravité, et au fond quelle orgueil sous cette gaieté rubiconde!

Lorsque vos yeux se sont accoutumés au ton vrai, à l'accent naturel de cette peinture tempérée, lorsque l'esprit du peintre s'est emparé de vous et vous a comme identifiés à son œuvre et à ses personnages, ne tournez pas trop tôt la tête, car la *Ronde de nuit* pourrait bien à son tour vous causer un certain mécompte. Il faudra vous réaccoutumer à ce désordre poétique; ces teintes chaleureuses vont vous sembler exagérées. En un mot, van der Helst prend sa revanche sur Rembrandt. Pour lui rendre mauvais service il est au moins son égal : ce qui veut dire seulement que ces tableaux sont mal placés.

Et pourtant dans presque tous les *guides*, et même aussi dans de sérieux ouvrages, on cite comme une heureuse idée, comme une instructive antithèse, le contraste de ces deux grandes pages, d'aspect si différent, ainsi placées l'une en face de l'autre. Moins elles se ressemblent, dit-on, plus elles se font valoir. Je me permets d'être d'un sentiment absolument contraire et je voudrais communiquer ma conviction aux directeurs du musée d'Amsterdam. Je sais qu'il y a prescription, que depuis cinquante ans ces tableaux sont ainsi placés, qu'on aime à respecter les habitudes du public; mais n'a-t-on rien changé à l'intérieur de cette salle? N'en a-t-on pas diminué la longueur? Une cloison récente en a retranché près du tiers, et, les tableaux par conséquent sont plus rapprochés qu'autrefois. Quand la distance était plus grande, l'inconvénient du vis-à-vis se faisait moins sentir. La distance équivaut à un isolement. Maintenant ils sont trop voisins pour qu'en passant de l'un à l'autre on ait le temps de changer d'impression. Peu s'en faut que d'un seul coup d'œil on ne les embarasse tous deux. Je voudrais qu'on fît l'expérience d'établir provisoirement quelque séparation, ne fût-ce qu'un rideau, et si chaque tableau venait à grandir ainsi dans l'estime des connaisseurs, on rendrait la séparation définitive en choisissant une autre salle pour y placer le van der Helst.

Certains contrastes, je le sais, ajoutent des beautés à certains objets d'art exposés face à face; encore faut-il que ces contrastes aient quelque chose d'harmonieux. Ici c'est plus que de l'opposition c'est de l'antipathie : chacun de ces deux tableaux fait ressortir trop violemment ce que l'autre n'a pas, pour qu'ils n'y perdent pas tous deux. Mais si nous écartons le van der Helst, que mettrons-nous à sa place? Je ne vois que Rembrandt lui-même qui puisse soutenir le voisinage de Rembrandt.

Justement, dans ce même musée, il est une autre de ses œuvres, moins grande que la *Ronde de nuit*, et cependant de taille à figurer en face d'elle : c'est le portrait des syndics de l'ancien Staalhof. Cinq marchands drapiers d'Amsterdam, les chefs de la corporation, sont en séance autour de leur bureau couvert d'un ample tapis rouge. Ils ont tous leur chapeau sur la tête, chapeaux de feutre à haute forme, à larges bords; tous ils sont habillés de même : vêtements de drap noir, grand collet de chemise, uni et rabattu. Ils parlent et discutent, non sans vivacité. Un domestique, tête nue, est debout derrière eux. La salle est simplement meublée, et le décor en est seulement indiqué. Il n'y a là, comme on voit, rien de très-poétique, rien de très-pittoresque, et quant à la lumière, elle est franche et largement diffuse, sans mystère, sans apparente combinaison. Le peintre a dédaigné ses artifices ordinaires, et, sans autre secours que la pure vérité, il a fait, selon moi, son chef-d'œuvre. Cette conversation de cinq hommes d'affaires, où chaque interlocuteur soutient son rôle et nous fait presque entendre ses raisons et ses arguments, ce dialogue en relief est une page de Molière. C'est la vie même, et, au fond, comme une pointe d'ironie sur l'importance agitée de ces cinq personnages. Les caractères sont exprimés avec cette souplesse et cette netteté qui n'appartiennent en général qu'aux seuls dessinateurs, et c'est en même temps toute la fougue et tout l'entrain du plus puissant des coloristes. Il y a plus de jeunesse dans la *Ronde de nuit*, mais aussi plus d'écarts et plus d'exubérance. Ici la sève déborde encore, et de plus vous avez le fruit. Dix-neuf ans d'intervalle séparent les deux tableaux : l'un est de 1642, l'autre de 1661. Peut-être la distance est-elle encore plus grande, si vous mesurez les deux œuvres. La *Ronde* cependant étonne davantage et plaît plus à la foule. Aux yeux de la critique, les *Syndics* sont d'un autre ordre. On pourrait presque dire que, pour Rembrandt, c'est une *vierge de San Sisto*, le dernier terme de son art.

Dans la salle où ce chef-d'œuvre est aujourd'hui placé, on voit, en face, un grand et bon tableau qu'il écrase et qu'il humilie. Le peintre est Karel du Jardin ; le tableau représente encore un syndicat, les cinq chefs d'une autre compagnie. Si les *Syndics* de Rembrandt n'étaient plus là, ceux de Karel du Jardin prendraient une importance, un intérêt et même un coloris dont on n'a pas la moindre idée. C'est une peinture élégante, bien composée, pleine d'esprit, d'un ton vrai; mais on la dirait délavée, blême, éteinte : elle a les pâles couleurs, grâce aux reflets formidables que lui lance son chaleureux voisin. Nous aurions donc tout à gagner en transportant les *Syndics* de Rembrandt en face de la *Ronde de nuit*, puisque d'abord pour Karel du Jardin ce serait une résurrection, et que Rembrandt lui-même, dans un plus grand espace, avec plus de reculée, produirait encore plus d'effet. Ajoutez que la *Ronde de nuit* n'aurait rien à souffrir de ces nouveau-venus : bien qu'éclairés d'une façon plus franche, ils sont de même race, et cet air de famille suffit pour tout harmoniser. Ce qui importe à la *Ronde de nuit*, c'est d'être délivrée de l'indiscrète vérité, de la clarté désespérante du grand *Banquet* de van der Helst.

Reste à choisir pour celui-ci une place plus favorable, loin des Rembrandt, dans une salle à part. Peut-être faudra-t-il faire exprès cette salle, et par exemple dans les combles du musée, en prenant la lumière d'en haut, seul mode d'éclairage admissible pour les grands tableaux. Le *Trippenhuis*, sur ce point, laisse, nous l'avons dit, beaucoup à désirer : on a peine à comprendre que cette ville d'Amsterdam, dont la gloire principale est la gloire de ses peintres, laisse leurs œuvres si mal logées et, pour tout dire, presque invisibles. Le profit serait double à séparer Rembrandt de van der Helst, puisqu'il faudrait, pour l'un des deux, créer une salle nouvelle, et que par occasion on remettrait probablement à neuf tout le second étage du musée. Jusque-là ni la *Ronde de nuit* ni le *Banquet* ne seront parfaitement connus.

J'en dis autant d'une autre grande toile, un des joyaux de la Hollande, reléguée maintenant dans la plus triste place, la plus basse, la plus mal éclairée. De même que les *Syndics* de Rembrandt me semblent seuls capables de faire face à la *Ronde de nuit*, de même ce second *van der Helst* serait le vis-à-vis naturel et obligé du célèbre *Banquet*. Postérieur de neuf ans, il est d'une exécution plus savante et plus parfaite encore ; il a plus de chaleur, le modelé en est plus puissant, la perspective plus profonde, sans que le rendu des détails soit pour cela moins merveilleux. C'est encore un groupe de portraits, et de portraits de syndics, mais de syndics de haut parage, vêtus de velours et de soie, les syndics des arbalétriers. Ils sont plus solennels de pose et de manières que leurs confrères du Staalhof ; au lieu de parler tout simplement d'affaires, ils distribuent des prix, les prix du tir de l'arc, et se passent gravement de main en main les pièces d'orfévrerie destinées aux vainqueurs. Ne reconnaît-on pas, à ce signalement, notre petit diamant du Louvre ? C'est le même sujet, ce sont les mêmes personnages : les variantes sont presque nulles, l'échelle seule diffère du tout au tout ; mais cela seul suffit pour établir entre les deux tableaux d'assez profondes différences. Le nôtre est la première pensée du peintre : il est daté de 1653, quatre ans plus tôt que celui d'Amsterdam ; il a les qualités de sa petite taille, il est surtout charmant, tandis que l'autre, bien qu'identique en apparence, est d'un tout autre caractère : il a l'ampleur et la noblesse qui conviennent à ses dimensions.

Je n'insisterai pas sur ces remaniements du musée d'Amsterdam que je me permets de demander. L'idée m'en est venue sur place ; je les croirais utiles, et si je les propose aux directeurs de ce précieux dépôt, c'est sur la foi de l'excellent *livret* que nous devons à leur sollicitude. Quant on aime assez les tableaux pour les décrire ainsi, on doit comprendre chez les autres l'envie de les bien voir. Cette notice, à mon avis, est un petit modèle. A la fois sobre et abondante, elle en dit assez, jamais trop. Chez nous aussi, on a fait récemment de louables efforts en ce genre, et je n'en voudrais pas médire : nos *livrets* sont maintenant remplis de détails biographiques d'un sérieux intérêt ; mais ce luxe d'érudition, contraint de se cacher sous une forme microscopique, est-il bien à sa place? J'avoue que je préfère les documents modestes et le texte lisible du *livret* d'Amsterdam. J'y trouve avec plaisir un recolement exact des tableaux, des descriptions minutieuses mais complètes, sans mélange de conjectures et d'appréciations, des *fac-simile* de signatures, des faits enfin, rien que des faits. Ceux qui ont gratifié le public d'un si bon instrument d'étude ne lui refuseront pas, j'espère, un genre d'enseignement plus instructif encore, la vue des tableaux eux-mêmes, bien placés et bien éclairés.

Mais revenons à la *Distribution des prix* de van der Helst, ou plutôt à ces deux formes d'une même pensée, à la fois si semblables et si diverses. L'échelle d'un tableau est donc par elle-même quelque chose de considérable, quelque chose qui influe sur la nature du style. Ces démarcations matérielles dont on a souvent abusé, ces classifications des genres d'après la dimension des toiles ne sont donc, après tout, ni complétement fausses, ni toujours arbitraires. S'il est quelques rares tableaux qui nous semblent immenses dans vingt centimètres carrés, s'il en est d'autres au contraire qui, sur d'immenses toiles, font l'effet de très-petits tableaux, la vérité n'en est pas moins qu'en général, dans les arts du dessin, on ne s'élève à certaines hauteurs, à certain ordre d'idées, d'impressions et d'effets, qu'en donnant à la figure humaine sa grandeur naturelle. Aussi je ne puis m'étonner assez que ces artistes hollandais, ceux-là du moins qui avaient reçu le don de composer et de peindre autrement qu'en dimensions réduites, n'en aient pas fait un plus fréquent usage, et que, de parti-pris et non par impuissance, ils aient négligé ce moyen d'élever, d'élargir, de diversifier leur style. La liste des essais en ce genre, des toiles dépassant le patron ordinaire, n'est pas longue à dresser. Cinq ou six au musée d'Amsterdam[1], deux au musée de La Haye[2], voilà le compte exact de la

---

[1] J'en compte six, parce qu'il est juste d'ajouter aux deux Rembrandt, aux deux van der Helst et au Karel du Jardin, un grand Govaert Flinck, exécuté comme le *Banquet* de van der Helst en commémoration de la paix de Münster. Quant aux Corneliszen de Harlem et autres peintres du seizième siècle, je n'en parle pas, puisqu'ils sont antérieurs à l'art hollandais proprement dit.

[2] De ces deux tableaux du musée de La Haye, l'un n'est pas beaucoup plus grand qu'un grand tableau de chevalet ; mais je le cite parce que les figures, vues, il est vrai, seulement à mi-corps, sont de grandeur naturelle. C'est le chef-d'œuvre de la jeunesse de Rembrandt, une scène peu attrayante et pourtant justement célèbre, la *Leçon d'anatomie*. L'autre tableau est une tentative que le succès absout sans qu'on doive en recommander l'exemple. C'est l'application du principe de la grandeur naturelle non plus à l'homme seulement, mais aux bestiaux. Pendant que ses compatriotes se faisaient tant prier pour donner à l'espèce humaine sa grandeur véritable, Paul Potter s'amusait à

grande peinture hollandaise, voilà ce qu'a laissé son âge d'or, le dix-septième siècle, non-seulement en Hollande, mais dans le monde entier. Quel singulier contraste avec la Flandre, qui, vers la même époque, ne se peuple que de grands tableaux, et qui voit son école prête à outre-passer les proportions de la nature plutôt qu'à rester en deçà! Le style décoratif est l'écueil de ses peintres : ils cherchent le grandiose et tombent dans l'enflure; ils négligent, ils dédaignent les petites surfaces, et la peinture de chevalet tomberait presque en décri, surtout après la mort des Breughel, s'il ne lui survenait un vigoureux soutien, un de ces champions qui valent une armée, le plus piquant, le plus fécond des peintres. Téniers, en compagnie de tous ces grands Flamands, semble un enfant perdu, ou, pour mieux dire, un émigré; il s'est trompé de patrie, c'est un Hollandais déplacé : non que par l'esprit et par la touche il ne procède de Rubens bien plus directement que de Terburg ou de Mestu; non que dans sa gaieté il y ait la moindre trace soit des grimaces des Ostade, soit des trivialités de Jean Steen; mais, tout Flamand qu'il est, il voit, comprend et mesure les choses à l'échelle hollandaise : son théâtre est brillant, son drame est plein de vie, mais il ne donne à ses acteurs que la taille de marionnettes.

D'où vient donc, je me le demande encore, d'où vient

rendre cet hommage aux vaches et aux taureaux. A mesure qu'on descend dans l'échelle des êtres, la grandeur naturelle devient moins nécessaire. Appliquée aux arbres et aux rochers, elle serait absurde et mpossible. Pour le règne animal lui-même, l'homme excepté, elle est d'une utilité et d'un effet très-contestables; mais Paul Potter n'en a pas moins fait un merveilleux chef-d'œuvre.

chez tous ces Hollandais, chez la nation comme chez les peintres, cette prédilection pour les petites toiles, cet amour de la nature réduite, de l'imitation en petit? Les raisons que j'en ai données ont, je crois, leur valeur. L'exiguïté des habitations, exiguïté traditionnelle et presque nécessaire sur un sol si difficile à conquérir et à défendre, la nouvelle forme du gouvernement, les préjugés républicains, les habitudes commerciales, l'austérité de la vie de famille, les sévérités protestantes, la suppression des couvents, la transformation des églises, tout cela suffit assurément pour expliquer les dimensions démocratiques exclusivement affectées par la peinture hollandaise; mais n'y a-t-il pas encore quelque raison cachée?

Si les peintres l'avaient bien voulu, les occasions leur eussent-elles manqué de produire de plus grandes œuvres et même d'en trouver l'emploi? A défaut des églises, des couvents, des chapelles, à défaut de maisons assez considérables, de trumeaux assez larges pour y prendre de grands tableaux, n'y avait-il pas et des hôtels de ville et de vastes locaux où se réunissaient tant de nombreuses corporations? Les exemples trop rares que nous avons cités, les coups d'essai de van der Helst et de Rembrandt ne démontrent-ils pas que, sans abandonner cette peinture de chevalet qui serait restée leur gloire, nos peintres hollandais pouvaient alors s'ouvrir une nouvelle voie, s'élever d'un degré, et se créer un genre original entre l'histoire et le simple portrait? S'ils ne l'ont pas voulu, s'ils n'ont pas essayé davantage, j'en crois voir la raison, mais j'hésite à la dire. Quand on aime les gens, on craint de divulguer un de leurs gros défauts. Quel est donc ce secret? Ils aimaient trop l'argent. Un certain goût de lucre naturel au pays, une sorte d'émanation de l'esprit commercial régnaient à des degrés divers, dans tous ces ateliers. Or les petits tableaux avaient cet avantage, non-seulement de se placer partout, de convenir à tout le monde, d'être par conséquent un bon objet d'enchère, mais de se transporter à volonté, de voyager en tous pays et de remplir en quelque sorte le même rôle que la lettre de change, tandis que les grandes toiles, par leur destination spéciale, devenaient des valeurs mortes et immobilisées dont le prix relatif était nécessairement beaucoup moins rémunérateur.

On cherche de nos jours à disculper Rembrandt, à le laver de ces accusations de sordide avarice que de crédules historiens lui avaient prodiguées. Je crois qu'on a raison : on peut affirmer du moins que Rembrandt ne thésaurisait pas, puisqu'il est mort dans la misère. La passion des gravures, des statues, des tableaux, des armes, des costumes, lui fit faire des folies : il s'endetta si bien que la vente de sa collection, faite de son vivant par autorité de justice, ne lui laissa pas de quoi vivre, pas même de quoi s'acheter un cercueil. Il n'en est pas moins vrai que dans le cours de sa vie il gagna des sommes prodigieuses, et ne cessa d'évaluer à poids d'or chaque minute de son temps. Or je suppose qu'après avoir reçu le prix de sa *Ronde de nuit*, si bien payée qu'elle pût être, il dut se dire que dans les heures passées à couvrir cette toile il aurait peint trois ou quatre portraits, deux ou trois intérieurs, autant de paysages, et qu'ainsi, tout bien compté, il avait fait un très-mauvais marché. Faut-il donc s'étonner qu'il en soit resté là ?

Peut-être aussi les vrais coupables sont-ils ces magistrats, ces syndics, qui n'auront pas stimulé par assez de largesses le dévouement des peintres. Quelle qu'en soit après tout la véritable cause, une chose certaine, c'est la rareté de ce genre de chefs-d'œuvre dont on serait aujourd'hui si jaloux. S'en est-il égaré quelques-uns? En existerait-il en d'autres lieux que la Hollande? Rien n'autorise à le penser. Propriété d'associations publiques, ces sortes de tableaux ont eu depuis leur origine ce qu'on peut appeler une histoire ; la disparition en eût été signalée. Il est donc très-probable que la Hollande possède encore tout ce que ses peintres ont tenté en ce genre ; d'où je conclus, comme au début de cette étude, qu'il faut ou renoncer à connaître sous tous ses aspects et à tous ses étages la peinture hollandaise, ou que c'est en Hollande qu'il la faut étudier.

En peut-on dire autant dès qu'il n'est plus question que des petits tableaux, c'est-à-dire, à proprement parler, de l'école hollandaise tout entière? Franchement non. Cette aptitude à voyager, ces dimensions portatives et commerciales, le charme cosmopolite que donnent à ces peintures les séductions de la couleur et la finesse du pinceau, tout semblait les prédestiner à sortir peu à peu de Hollande. Dès l'origine de l'école et du vivant de ses fondateurs, cette exportation commençait. Il y a plus d'un musée, même plus d'un cabinet en Europe, dont les tableaux hollandais furent acquis en partie au dix-septième siècle, au moment même où ils venaient d'être faits ; mais ce courant extérieur n'était pas encore si rapide qu'à l'intérieur on dût s'en ressentir. La Hollande, à vrai dire, regorgeait alors de tableaux, tant la production en était incessante et comme surexcitée par le goût national. Rien ne peut donner juste idée de cet amour de la peinture chez un peuple si froid, si grave, et en apparence si peu fait pour les arts. On aurait compté les familles, même parmi les plus modestes, qui n'avaient pas alors quelques tableaux, et quiconque faisait fortune mettait son premier luxe et sa suprême ambition à se faire un cabinet.

C'était en ce temps-là qu'il fallait voyager en Hollande ! mais aujourd'hui tout est changé : depuis un quart de siècle, les prix extraordinaires que ces tableaux obtiennent en tout pays les ont fait sortir des retraites qui les avaient si longtemps abrités. On a vu peu à peu les cabinets se dégarnir, puis disparaître tout à fait. La galerie du souverain lui-même, ensemble exquis, collection superfine, s'est dispersée comme les autres, et maintenant c'est à qui fouillera les plus humbles demeures pour y surprendre un chef-d'œuvre isolé. Çà et là cependant vous retrouvez encore quelques débris de collections; il en est même qui se forment et qui peut-être grandiront; puis enfin, comme consolation, comme garantie d'avenir, vous avez deux grands dépôts publics, les musées d'Amsterdam et de La Haye, que personne, jusqu'à présent du moins, ne parle de livrer à la spéculation.

Ces deux musées sont vraiment riches. Les maîtres principaux y figurent dignement, sans qu'aucun d'eux ait à rougir des œuvres qu'on lui attribue, et l'étude attentive de ces morceaux d'élite suffirait pour vous initier aux variétés et aux richesses de l'école hollandaise. Mais dirai-je que ce genre de service ne vous serait rendu par aucune autre galerie ? qu'il y ait là quelque chose de tout particulier, sans équivalent nulle part ? qu'à Dresde, par exemple, en mettant même de côté et

Paris et Madrid, et Vienne et Saint-Pétersbourg, qu'à Dresde, pour étudier à fond les maîtres hollandais, il n'y ait pas des ressources encore plus abondantes, plus de choix, quelques pièces plus rares et plus distinguées? Les Hollandais eux-mêmes ne le voudraient pas dire. Ce qui est unique, hors ligne, incomparable dans leurs musées, surtout dans celui d'Amsterdam, ce sont les grandes toiles. Quant aux petites, elles sont en général de la plus fine qualité; les moins bonnes ne sont pas médiocres; ce sont des perles d'un grand prix, mais non pas des trésors introuvables.

Voici, au contraire, quelque chose qu'aucun autre pays ne pourra vous offrir. Parmi ces anciennes familles qui, par ostentation ou par goût éclairé des arts, fondèrent, il y a deux siècles, à Amsterdam, ces galeries particulières, aujourd'hui disparues, supposez qu'on puisse en citer deux où l'héritage paternel se soit, par grand hasard, religieusement conservé et survive dans son premier état; supposez qu'on s'engage à vous montrer dans leurs vieux cadres et presque aux mêmes places où l'ancien possesseur les avait suspendus, des tableaux faits pour lui, sous ses yeux, avec des soins particuliers et dans des conditions à peu près sans exemple, par les maîtres les plus célèbres de son temps, à la fois ses clients et ses amis, ne penserez-vous pas qu'on abuse de votre crédulité?

Et bien, ce n'est point un rêve : ces familles existent; en insistant un peu, vous pourrez voir ces collections. Vous trouverez chez M. Six, l'arrière-petit-fils du célèbre bourguemestre, du protecteur, de l'ami dont si souvent Rembrandt a reproduit les traits, tantôt par le pinceau, tantôt par la gravure, d'abord deux merveilleux portraits de ce maître :

c'est le bourguemestre et sa femme. M. Six les tient directement de son bisaïeul, et il conserve en outre la moitié de l'ancien cabinet de M. van Winter, son beau-père. M. van Loon, son beau-frère, possède l'autre moitié, en même temps qu'un certain nombre de tableaux de choix provenant de sa propre famille.

Dans les deux collections, tout n'est pas venu par héritage. Chemin faisant, depuis deux siècles, il y est entré des tableaux. Il y a des additions qui les ont enrichies, d'autres moins parfaites, mais c'est le petit nombre. Au reste, le vieux fonds se distingue sans peine. Chez M. van Loon, une des salles, la salle *aux cadres noirs*, aux cadres primitifs, ne contient que de purs trésors provenant de sa famille. Il y a là un grand Philips Wouverman de 1656, le meilleur temps de ce maître élégant, tableau d'une dimension que rarement il aborde, et qui dépasse à mon avis tout ce qu'il a jamais fait de plus brillant et de plus cavalier. Plus loin je vois un Ostade, de taille peu commune aussi, qui me réconcilie avec ses personnages et son grotesque de convention, grâce à un certain fond de paysage d'un charme incomparable. Je ne parle ni d'un délicieux Metsu, ni de la gracieuse *Partie de cartes* de Terburg que j'aperçois dans une autre salle, ni de ce Both splendide et tout à fait hors ligne, ni de ces grands portraits de la jeunesse de Rembrandt, ni des huit ou dix autres pages qui, dans les musées les plus riches, auraient une place d'honneur. Je crains les énumérations et fais grâce au lecteur de mes notes de voyage. Ce ne sera pourtant pas sans avoir dit un mot, ne fût-ce que par équité, de l'autre moitié de l'héritage de M. van Winter. Ceux qui ont fait les lots avaient l'œil juste assurément; de part et d'autre, les chefs-d'œuvre sont si bien compensés qu'on aurait grand'peine à choisir. Dans un local d'arrangement plus moderne et sous un jour plus vif, un jour venant d'en haut, cette collection de M. Six nous montre aussi des morceaux excellents de Rembrandt, de Terburg, de Jean Both, d'Ostade, de Wouverman; ajoutez-y Ruysdaël et surtout Albert Cuyp. Deux charmants petits pâturages de ce merveilleux maître, de ce peintre universel, deux effets lumineux, bien connus par la gravure, sont chez M. van Loon. Chez M. Six, il y en a deux aussi, mais de première importance et par la qualité et par les proportions. La *marine* surtout, grand effet de soleil, est une œuvre vraiment capitale.

C'est quelque chose de si franchement beau qu'une belle marine de Cuyp! Pour en trouver d'égales à celle-ci, je ne vois qu'un moyen, c'est de passer en Angleterre, car les Anglais sont les premiers qui, dans le dernier siècle, par je ne sais quel instinct d'hommes de mer, se mirent à accaparer et à faire monter de prix les œuvres de ce peintre méconnu de ses contemporains. Seul de sa génération peut être, Cuyp mourut presque de faim en faisant des chefs-d'œuvre. La mode lui reprochait de négliger sa touche, de n'avoir pas un assez beau fini, et cela parce qu'avec un art suprême et un discernement exquis il s'arrêtait juste au moment où le travail risquait de compromettre la vérité, où finir davantage c'eût été refroidir, où l'œuvre du sentiment se fût changée en œuvre de patience. L'obstination de Cuyp à peindre avec largeur, sans aiguiser son pinceau, sans se jeter non plus dans les audaces à la Rembrandt, cet entêtement stoïque qu'il soutint pendant quarante ans aux dépens de sa bourse et de sa renommée, par conviction d'artiste, par pur amour du vrai, c'est en son genre quelque chose d'aussi beau que les vingt-cinq premières années de la carrière de M. Ingres. Mais le pauvre Albert Cuyp est mort sans avoir vu le jour de la réparation, sans goûter et sans même entrevoir cette gloire tardive et sûre dont M. Ingres, grâce à Dieu, est maintenant en possession.

Dussiez-vous, dans la collection Six, ne pas voir autre chose que ce grand Albert Cuyp, et chez M. van Loon ne pénétrer, pour un instant, que dans la salle *aux cadres noirs*, vous seriez payé de vos peines. Surtout ne l'oubliez pas, il vous faut insister. N'en croyez pas vos guides, ils vous détourneront de frapper à ces deux portes; c'est en dehors de leur tournée, et je connais des voyageurs, se piquant de bien voir, qui sont partis d'Amsterdam sans avoir même entendu dire qu'il y avait par la ville de telles raretés.

Après tout, mettons la chose au pis : vous aussi, vous n'aurez pu voir ni les tableaux de M. Six, ni ceux de M. van Loon, ni la galerie van der Hoop, léguée récemment à la ville, ni d'autres cabinets d'une moindre valeur, mais encore riches en bons tableaux. Je vais plus loin : les portes du musée lui-même vous seront brutalement fermées pour cause de vacance ou de réparation; à La Haye, à Dordrecht, à Rotterdam, vous aurez même sort; vous quitterez donc la Hollande sans avoir vu un seul tableau : eh bien, vous n'en aurez pas moins fait un progrès immense dans l'art de sentir, de goûter, de classer sainement la peinture hollandaise, car vous aurez vu le pays, vous en aurez saisi l'aspect, le caractère, les singularités; vous ne jugerez plus seulement sur parole de la fidélité de ses portraits. Si rapide que vous l'ayez fait, votre voyage vous donnera d'abord un franc dégoût de ces prétendues merveilles du pinceau hollandais devant lesquelles nos pères se pâmaient d'enthousiasme il y a quarante ou cinquante ans, et qu'ils payaient à si grand prix. La décadence raffinée, qui commence au dernier des Miéris et qui aboutit d'une part aux visages de cire, aux carnations d'ivoire du chevalier van der Werf, de l'autre aux mythologiques fadeurs de Gérard de Layresse, il suffit de trois jours en Hollande pour vous en guérir à jamais. Vous n'aimerez, vous ne pourrez plus voir que les peintres de la grande époque, et même encore, dans ce dix-septième siècle, garderez-vous toutes vos affections? Que ferez-vous de ces maîtres qui se sont laissé prendre au soleil d'Italie, désertant leur *polders*, leurs dunes, leurs canaux? Ils vous plairont encore, mais comme des virtuoses sans foi, sans conviction, sorte de *condottieri* pittoresques qui prennent du service chez un maître étranger. Il y a là pourtant de beaux noms et d'exquises palettes; ce n'est pas seulement Asselyn, Breemberg, Pinacker, Lingelback, c'est Jean Both et Berghem, c'est Karel du Jardin, c'est Wouverman aussi, qui s'en va peindre au loin ses riches cavalcades, ses beaux seigneurs empanachés. Sans doute ils sont charmants ces déserteurs, mais quelle différence avec les vrais enfants de la Hollande, avec ceux qui ne l'ont point quittée, qui l'aiment uniquement et se donnent à elle tout entiers, avec Paul Potter et Albert Cuyp, avec Ruysdaël et Hobbema, avec Metsu, Terburg, Wynants, Peter de Hoogh, van der Heyden!

Voilà des hommes bien divers et de rangs inégaux, mais tout

également sincères, également convaincus ; tous ils se vivifient par le patriotisme. Chez eux, point de compromis ; rien d'indécis, rien de bâtard : aussi quelle vérité, quelle force, quelle puissance ! La peinture hollandaise ainsi comprise n'est plus un jeu d'enfants, une œuvre de dextérité, une sorte de chinoiserie : c'est de l'art grand et fort, de l'art qui touche, émeut et parfois même élève l'âme.

Expliquons-nous pourtant : n'oublions pas, dans notre admiration, l'éternelle hiérarchie qui règle, quoi qu'on fasse, le domaine de l'art.

Si jamais vous entrez dans le musée d'Anvers, vous verrez, au milieu de la galerie principale, sur la gauche, un tableau qui, parmi les merveilles flamandes et hollandaises exposées à l'entour, vous frappera d'abord par un air étranger. Sans avoir en lui-même rien de très-séduisant, ce tableau vous attire : il vous paraît plus imposant, plus noble, presque d'une autre race que les autres ; il semble les dominer. Quel est-il donc ? C'est un Titien, non pas même de premier ordre, un tableau qui, dans sa patrie, pourrait bien, à son tour, paraître prosaïque devant la moindre toile de Léonard ou de Sanzio. Si, malgré sa faiblesse, il se soutient ainsi entre tous ces chefs d'œuvre, il y a donc en lui quelque chose qui n'est pas en eux ! Ce quelque chose, c'est le style, c'est un certain reflet de la flamme idéale, un imparfait rayon de céleste beauté devant lequel pâlit la plus parfaite image des beautés de ce monde.

IV

J.-L. DAVID

David avait les qualités d'un chef d'école, un caractère ardent et enthousiaste, une volonté énergique ; malheureusement, à cette âme d'artiste, était uni un esprit de logicien. Pour faire un grand peintre, il faut sans doute la force et la puissance de Michel-Ange ; mais il faut aussi, pour guider cette force et cette puissance, un esprit ouvert à toutes les idées, à tous les sentiments, amoureux de la nature telle qu'elle est, observateur sans système, en un mot, l'esprit d'un Léonard de Vinci. David, au contraire, était doué d'une de ces intelligences plus vigoureuses qu'étendues, qui se représentent vivement les choses, mais à la condition d'en embrasser un petit nombre, et qui, une fois qu'elles ont adopté une idée, s'y enferment, pour ainsi dire, et la poursuivent jusqu'à ses dernières conséquences sans se mettre en peine de rester ou non fidèles à la réalité. Tout ce que son esprit lui faisait voir, David avait le don de l'exprimer sur la toile avec supériorité : de là ces étonnantes beautés qu'on admire dans ses tableaux; mais son esprit ne lui faisait pas voir assez, de là ce qu'il y a d'incomplet, de froid, d'inanimé dans ses plus beaux ouvrages. Unissez un tel esprit à un tel caractère, il faudra de toute nécessité que vous soyez fanatique en politique et systématique dans les arts; c'est là une de ces lois que David était condamné à subir aussi bien à la Convention que dans son atelier.

Ce qui l'avait frappé vivement chez les peintres qu'il voulait détrôner, c'était l'incorrection du dessin et l'oubli systématique des formes du corps humain. On se rappelle à quel excès était porté cet oubli : sous prétexte de n'être fidèle qu'à la nature, on ne prenait conseil que de la mode; bon gré mal gré, toutes les bouches devaient être en cœur, tous les nez à la Roxelane. David, par la trempe de son esprit, était nécessairement destiné à tomber dans l'excès opposé. Dès qu'il prenait à tâche de respecter la forme, il devait ne plus songer qu'à elle. Quant à ce qui vit au dedans de nous, quant à cette force intérieure dont la forme n'est que l'enveloppe et la manifestation, il devait à peine s'en occuper; le corps de l'homme est l'homme tout entier, voilà quelle était sa devise. Aussi, le Poussin qu'il avait d'abord pris pour guide, ne tarda pas à ne plus le satisfaire, il lui allait quelque chose de plus arrêté, de plus absolu. Les marbres antiques frappèrent ses regards : il y trouva cette pureté de lignes et de contours, cette beauté tout extérieure à laquelle il aspirait, et dès lors, sans s'inquiéter si le but véritable de son art n'allait pas lui échapper, il se décida à faire de son pinceau l'émule du ciseau grec.

Ce n'est pas à dire qu'il n'étudiât point la nature ; de longs et opiniâtres travaux lui avaient révélé les secrets de l'anatomie, et sans cesse il exerçait son pinceau en présence de modèles vivants. Mais ces études, il ne les faisait pas pour elles-mêmes ; la nature ne lui semblait pas une autorité qui méritât toute sa confiance : elle était trop diverse, trop variable. Tout en l'étudiant, il la soumettait, pour ainsi dire, au contrôle de certains types abstraits qu'il regardait comme les lois du beau. S'il s'en fût rapporté à la seule nature, il eût craint de se laisser aller à ce dessin arbitraire et capricieux qu'il reprochait à ses prédécesseurs. Son esprit ne pouvait trouver le repos que dans une idée dominante, dans un système. C'est là ce qui explique la manière incomplète dont il vit la nature ; il ne l'étudiait qu'au profit de ses idées, c'est-à-dire en cela seulement qu'elle ne les contrariait pas.

Une fois entré dans cette voie nouvelle, une fois toutes ses forces concentrées vers un seul point, David atteignit son but à pas de géant. Ses premiers essais furent des coups de maître. Toutes les innovations qu'il méditait, il les réalisa et dès l'abord il les porta à la plus extrême puissance. Les *Horaces*, le *Brutus*, le *Bélisaire*, sont des modèles de ce style rigoureusement sévère, de ce dessin grandiose et arrêté dont jusque-là l'antique seul avait offert l'exemple. Aussi rien ne peut donner l'idée de l'enthousiasme qui accueillit ces nouveautés. Peut-être à une autre époque n'auraient-elles excité qu'une admiration mêlée de censure, mais au temps où elles parurent les esprits ne savaient ni aimer ni haïr à demi : exclusifs en politique, ils l'étaient en toute chose ; on se passionna donc avec David pour cette espèce de beauté qu'il venait de mettre en honneur, et, selon la coutume, on déclara qu'elle était la vraie beauté, la seule et unique beauté. Le bon goût venait d'être enfin retrouvé, et l'âge d'or de la peinture allait commencer. Une sorte d'idolâtrie pour les formes antiques s'empara de tous les esprits ; c'était le paroxisme d'une révolution. On ne s'imagine pas quel concert d'indignation s'éleva contre ces misérables peintures que la veille on admirait : elles furent vouées, pour ainsi dire, à la haine publique avec tout le reste de l'ancien régime. Et pourtant dans ces fades compositions il y avait tout au moins une bonne intention qu'il ne fallait pas dédaigner, l'intention d'imiter la vie. Mais nul ne se leva pour en tenir compte. Les peintres italiens eux-mêmes, relégués dans les greniers depuis la marquise de Pompadour, ne gagnèrent pas grand'chose à cette réaction : s'ils retrouvaient quelques admirateurs, c'étaient des gens qui venaient de lire le *Laocoon* de *Lessing*, ou qui sentaient d'instinct que les lois de la peinture et celles de la statuaire ne peuvent pas être les mêmes. Mais, en général, on savait peu de gré aux maîtres italiens de leurs beautés ; ils n'avaient pas assez étudié l'antique.

Aujourd'hui que nous sommes plus calmes, que nous sentons ce que les systèmes ont d'étroit et d'incomplet, et que nous commençons à concevoir qu'on peut être républicain sans prendre des noms et des habits romains, et que la beauté antique n'est pas la seule beauté possible, les tableaux de David ont perdu en quelque sorte un de leur mérite, le mérite de circonstance. Et néanmoins, telle est la puissance de celui qui les créa, qu'on ne saurait les contempler sans éprouver quelque chose de ce plaisir respectueux qui nous saisit à l'aspect des œuvres du génie.

On peut ne pas sympathiser avec ces figures dont aucune affection humaine ne semble altérer les traits; on peut trouver dans la manière dont elles sont disposées quelque chose de trop symétrique, de trop analogue à l'ordonnance d'un bas-relief; mais il est impossible, à moins qu'on ne soit prévenu par le système contraire, de ne pas être frappé de cette harmonie de toutes les parties entre elles, de cette unité de conception qui se reconnaît dans les moindres détails, et de ces formes idéales, il est vrai, mais d'un type si pur et si parfait. A la vérité c'est là un plaisir tout rationnel, tout réfléchi : il en est des tableaux de David comme des tragédies classiques; pour être juste à leur égard, il faut les sentir avec la raison, il faut se placer au point de vue où les a conçus l'auteur. Si vous vous arrêtez devant les *Horaces* ou devant les *Sabines*, en sortant d'examiner une tête de Léonard, une madone du Corrége, toute cette partie de votre âme qui vient d'être émue par l'expression vivante et passionnée du pinceau italien, ne trouvera plus rien qui s'adresse à elle; vous vous sentirez glacé; en vain votre raison réclamera en faveur des beautés qui sont de son domaine; vous vous direz : ces tableaux n'expriment rien; et vous passerez avec dédain. Mais consentez à détourner les yeux de la nature telle qu'elle est, rêvez, comme l'a fait David, des êtres animés d'une vie plus froide, plus sévère, moins passionnée que la nôtre; ou bien encore, imaginez-vous que ces *Horaces*, ce *Brutus*, ce *Léonidas*, viennent d'être découverts sous les cendres d'Herculanum ; alors moins exigeant, vous deviendrez plus juste; vous admirerez ces beautés que l'absence d'autres beautés dérobait à vos regards.

Ce n'est que de cette manière qu'on doit juger les hommes qui ont mis leur génie au service d'un système. C'est ainsi qu'il faut lire Alfiéri, c'est ainsi qu'il faut écouter la musique de Gluck; Alfiéri, Gluck et David, trois grands artistes trois esprits puissants, mais qu'il faut admirer pour des qualités en quelque sorte étrangères aux arts qu'ils ont cultivés. Gluck disait souvent : « Quand je compose je tâche d'oublier que je suis musicien. » Ce n'était pas de la musique, mais de la déclamation qu'il voulait faire. Alfiéri, quoique auteur dramatique, n'était guère jaloux que du titre de poëte ou de penseur. Enfin, David aussi semble s'être dit parfois comme Gluck : « Oublions que je suis peintre. »

Toutefois on apprécierait mal le talent de David, si l'on croyait qu'il fut toujours esclave de son système. Il excellait dans certains genres d'expression. Nul mieux que lui n'a rendu le courage réfléchi, la force d'âme : qu'on regarde ce guerrier assis à la gauche du *Léonidas*. Et dans le tableau des *Sabines*, quoi de plus gracieux et de plus animé que le groupe des enfants? Quoi de plus suave et de plus tendre que les filles de Brutus? Il a prouvé aussi qu'il savait sortir de la nature idéale ; témoin son magnifique dessin du *Serment du jeu de paume*, et surtout le groupe du clergé dans le tableau du *Couronnement* : le pape et tous les prêtres qui l'entourent sont vivants, c'est la nature prise sur le fait. Enfin n'oublions pas ce merveilleux portrait de Pie VII, une des plus belles œuvres de notre école et de la peinture moderne. Peut-on pousser plus loin la magie de l'expression et de la couleur? Cette admirable étude ne soutient-elle pas la comparaison avec ce que les grands maîtres ont fait de plus parfait en ce genre

Depuis son exil, David avait donné à son talent une direction nouvelle. C'est vers le coloris qu'il avait tourné ses efforts; dans les deux tableaux qu'il a envoyés en France, l'Amour et Psyché et Mars et Vénus, on peut dire qu'il a prodigué toutes les richesses de la palette vénitienne. Mais selon la coutume des esprits exclusifs, il n'a acquis une qualité qu'en en perdant une autre; que sont devenus dans ces deux tableaux le goût noble et sévère, le dessin pur et élégant, de l'auteur des *Horaces* et de *Léonidas*?

PAUL DELAROCHE

LA SALLE DES PRIX A L'ÉCOLE DES BEAUX-ARTS

Au fond de la cour intérieure de l'École des Beaux-Arts, de cette cour au pavé de marbre, élégant souvenir d'Italie que profane notre climat, vous entrez dans une salle semi-circulaire, éclairée par le haut, disposée en amphithéâtre, et réservée pour la distribution des prix. Les parois qui s'élèvent au-dessus des gradins présentent une surface de cinq à six mètres de hauteur sur un développement de vingt-cinq mètres environ. Cette muraille ne pouvait rester nue; elle appelait la peinture, et offrait à un pinceau laborieux et hardi le champ d'une vaste composition.

M. Paul Delaroche s'est chargé de cette œuvre difficile. Il est du petit nombre de nos artistes contemporains dont les succès ne font pas sommeiller le talent, et qui s'imposent quelquefois la tâche de faire mieux et autrement qu'ils n'ont fait. Quand on possède, comme lui, le secret des faveurs du public, quand on a la certitude, en s'imitant soi-même, de recueillir de faciles et lucratifs applaudissements, il est bien rare qu'on se lance volontiers dans des voies nouvelles; mais, Dieu merci, cette noble ambition de l'artiste, cette confiance aventureuse qui aspire sans cesse à quelque chose de plus grand et de plus élevé, n'est pas encore complétement éteinte; aussi, quand même il n'eût pas réussi, et ne fût-ce que pour l'honneur de l'exemple, nous féliciterions M. Delaroche d'avoir voulu faire ce noble et périlleux essai de peinture monumentale.

Sans doute ce n'est pas à la dimension des tableaux que se mesure le génie des peintres. Dans la plus petite toile, il y a place pour le plus grand chef-d'œuvre. La *Vision d'Ezéchiel*, ce miracle de l'art, n'a qu'un pied carré tout au plus. Mais on ne peut disconvenir que, plus les proportions s'étendent, plus il faut de ressources pour concevoir et de force pour exécuter. La difficulté grandit encore, ou plutôt elle change de nature quand ce n'est plus sur une toile ou sur un panneau, mais sur le monument lui-même que l'imagination de l'artiste doit s'exercer. Cette peinture, qui se fait sur place, sans le secours des fictions de l'atelier, est une œuvre à part qui a ses lois et ses secrets. Autre chose est faire des tableaux, ces créations mobiles qu'un cadre doré isole et met en harmonie avec tous les lieux où le hasard les transportera, autre chose jeter sur une muraille des pensées qui s'y fixent à jamais, qui font corps avec l'édifice, et qui, se mariant à l'architecture, doivent s'approprier, comme elle, à la destination du monument. Là plus de touche ingénieuse, plus d'effets mystérieux, plus de glacis délicats, aucune autre séduction que la vérité de l'expression, la justesse de la couleur, la clarté et la grandeur de la composition.

Je ne veux pas dire que l'un de ces deux genres soit inférieur à l'autre. Ce serait réveiller un procès dont l'érudition s'est naguère emparée et que l'art doit laisser dormir. J'indique seulement que ce sont deux genres distincts. L'un demande plus de perfection, l'autre plus de puissance. Ils obéissent à des règles qui leur sont propres, ce sont presque deux arts différents. Aussi vous ne connaissez qu'à moitié Raphaël si vous n'avez jamais admiré que ses tableaux ; vous ignorez presque le Pérugin si vous ne l'avez vu sur les murs de Pérouse ; André del Sarto n'est pas sous les arcades de l'Annunziata le même homme que dans les galeries où brillent ses plus beaux chefs-d'œuvre, et vous ne retrouvez ni dans les tableaux, ni dans les dessins de Léonard, la main qui devait tracer la *Cène* de Milan.

Il y a donc pour un artiste qui, vers le milieu de sa carrière, se hasarde dans ce genre nouveau, toutes les émotions, tous les périls d'un début.

Le rêve de M. Delaroche avait été de faire ce premier essai sous les voûtes de l'église de la Madeleine. Inspiré par une pieuse et touchante légende, il avait rapidement ramassé les matériaux d'un si beau poëme. Déjà tout était préparé, ses compositions étaient faites, il allait les transporter sur la pierre, lorsqu'il dut tout abandonner. Il se retira, non par vaine susceptibilité, mais par conviction d'artiste. Pour quiconque a le sentiment de l'art, la première condition de ce genre de peinture, c'est l'unité d'exécution.

Dites à deux peintres de vous faire un tableau, donnez à celui-ci la moitié des figures, à celui-là l'autre moitié, et voyez ce que produira cet amalgame. Eh bien, ici le tableau, c'est le monument tout entier. Aucune de ces peintures qui le décorent ne forme un tout à elle seule; ce ne sont que les fragments, les parties d'un grand ensemble : or il faut qu'entre toutes ces parties il existe la même harmonie qu'entre les figures d'un seul et même tableau. Ce n'est pas là une théorie inventée à plaisir ; l'expérience en fait foi. A tous les âges de la grande peinture italienne, au quatorzième siècle sous le Giotto, comme au seizième sous Raphaël, à Padoue comme à Rome, à Assise comme à Florence, c'est toujours de la main ou sous la direction d'un seul homme qu'ont été créées ces grandes séries de peintures dont certains monuments nous présentent l'ensemble harmonieux. Quelle disparate au contraire quand les colosses d'un Michel-Ange viennent, comme dans la chapelle Sixtine, heurter les figures gracieuses et presque mignonnes d'un Pinturicchio! Sans doute il est des lieux et des circonstances où de telles dissonances peuvent être tolérées; mais quand fut-il jamais plus grand besoin d'unité que pour tracer la vie de cette sainte qui, sous tant d'aspects différents, doit conserver toujours la même nature et la même beauté? Nous en jugerons bientôt. Certes on aura choisi des gens habiles, et pourtant il est presque impossible que de leur association ne sorte pas la plus triste incohérence de couleur et de pensées [1].

---

[1] Ceci était écrit en 1841. Nos prévisions ne furent que trop justifiées, ainsi qu'on peut s'en assurer aujourd'hui.

Exilé de la Madeleine, M. Delaroche s'en fait de cet hémicycle de l'École des Beaux-Arts un théâtre moins brillant, mais qui pouvait être à lui sans partage. Il était sûr qu'on y respecterait sa solitude, et en même temps il y trouvait une lumière plus vive, plus égale, une moins grande élévation, moins de fatigue pour l'œil du spectateur. L'artiste, tout consolé, s'est donc mis à l'œuvre, et après quatre ans de travaux opiniâtres, cette grande page est aujourd'hui terminée.

Quel en est le sujet? La destination du monument nous l'indique d'avance; le programme était, pour ainsi dire, tout tracé. Nous sommes dans l'École des Beaux-Arts, dans la salle où se distribueront les prix : évidemment les arts du dessin, la peinture, la sculpture, l'architecture, sont ici des personnages obligés, et il faut qu'un rôle soit réservé à l'émulation, cette muse des lauréats.

On s'attend, j'en suis sûr, à une scène de mythologie : jamais la fable et l'allégorie ne semblèrent mieux de saison, et la plupart des peintres n'auraient pas hésité à se placer en plein Parnasse. Peut-être auraient-ils bien fait : on peut parler même les langues mortes; le talent peut tout ressusciter. Mais chacun suit sa nature. Or M. Delaroche, par la trempe de son esprit, par la direction de ses études, est historien plus encore que poëte : ses idées se plaisent peu dans le champ des abstractions symboliques, elles revêtent plus volontiers le costume d'un pays ou d'une époque, elles s'attachent à un lieu, à une date, elles se spécialisent et se personnifient. Où d'autres verraient l'art, il aperçoit l'artiste : la sculpture, pour lui, c'est le sculpteur. Aussi, qu'est-il arrivé ?

En promenant ses yeux sur cette longue muraille qu'allait couvrir son pinceau, il a vu s'y dessiner la silhouette, non pas de tel ou tel génie assis sur un nuage et tenant un attribut à la main, mais bien de tous les grands hommes qui sur cette terre ont eu le bonheur de peindre, de bâtir, ou de sculpter des chefs-d'œuvre. C'était ainsi que son sujet devait lui apparaître : c'étaient là les acteurs qu'il lui fallait. Il lui a semblé qu'il les voyait tous réunis, quel que fût leur siècle, quelle que fût leur patrie ; qu'il les entendait discourir entre eux sur leur art, et bien vite il a pris sa palette pour nous faire assister à ce dialogue des morts, en nous traduisant, sinon leurs paroles, du moins leurs traits, leurs attitudes, leurs regards, comme autant de leçons et d'exemples pour cette jeunesse avide de gloire qui chaque année viendra sur ces bancs en goûter les flatteuses prémices.

Cette manière de concevoir un tel sujet ne demande ni moins d'imagination ni moins d'esprit créateur que s'il fallait évoquer tout un cortége de divinités. Sans doute ce sont des personnages connus, des figures historiques qu'il s'agit de reproduire ; mais suffit-il d'habiller des mannequins et de leur donner des noms? n'existe-t-il pas des traditions sur la physionomie, sur le costume, sur le caractère de chacun de ces grands artistes? Pour les faire agir et parler avec vérité, que d'études et de recherches! que de pénétration, que d'intelligence pour vivifier ces études! C'est un drame où tout est à inventer et où pourtant rien ne peut être de fantaisie. Et, d'un autre côté, comment, avec une série de portraits, composer une action qui touche, qui intéresse? comment grouper tous ces personnages? par quels liens les réunir? comment donner un sens à leur colloque, et faire planer sur eux une sorte d'idéal qui fasse comprendre que ce sont des ombres et non pas des vivants? Les difficultés abondent, comme on voit, et nous ne les disons pas toutes. Cherchons à indiquer comment l'artiste s'est proposé d'en triompher.

Un long portique à colonnes d'une élégante simplicité occupe presque tout le fond de la scène. Vers le milieu de cette colonnade, c'est-à-dire au centre de l'hémicycle, on voit dans une sorte d'enfoncement, auquel on monte par des degrés, un banc de marbre sur lequel sont assis deux vieillards, et entre eux un homme dans la force de l'âge. Tous trois ils portent pour vêtement un manteau blanc qui couvre à peine leurs épaules; leur front est ceint d'une couronne d'or; leur attitude est calme, majestueuse; il y a dans leur visage cette sérénité presque divine dont les anciens se servaient pour exprimer l'apothéose.

Quels sont ces trois hommes, ces trois demi-dieux, et que font-ils sur ce tribunal? Le plus jeune est Apelle, les deux autres Phidias et Ictinus; Apelle, le dernier des grands peintres de la Grèce; Ictinus, l'architecte du Parthénon, le représentant du grand siècle de l'architecture; Phidias, le créateur de la sculpture à la fois idéale et vivante, de la plus grande et de la plus vraie des sculptures. Admis au sacré sacerdoce, ces trois génies se reposent dans leur immortalité. Ils sont là comme juges suprêmes et éternels de nos concours. C'est sous leurs yeux, c'est en leur nom, que cette noble et belle fille au teint oriental, au regard bienveillant, ramasse une couronne et se dispose à la lancer au lauréat.

A leurs pieds sont deux jeunes femmes assises de chaque

côté des degrés : elles gardent un respectueux silence. L'une, par son profil, rappelle le type grandiose de certaines médailles grecques; l'autre, le front ceint d'un diadème, a plutôt le caractère des têtes impériales. C'est l'image et la personnification de l'art antique sous ses deux formes les plus saillantes, la forme grecque et la forme romaine. On voit à leur pose calme et impassible que leur œuvre est accomplie. Elles écoutent à peine, et comme un bruit lointain, les noms de nos jeunes vainqueurs que l'écho de la salle apporte à leurs oreilles; elles n'en détournent pas la tête et semblent comme absorbées dans la contemplation intérieure des merveilles qu'elles ont enfantées.

Mais voici deux autres femmes, qui, debout sur le devant des degrés, ont un aspect moins sévère et semblent se rattacher encore, par quelques liens secrets, au monde des vivants.

L'une porte au ciel un regard rêveur : sur ses épaules, qu'enveloppe un étroit et chaste manteau, ses blonds cheveux retombent en nappes onduleuses; une grâce virginale se mêle dans ses traits à une tendre et suave langueur, et sur son front, où brille l'inspiration céleste, on aperçoit ce découragement mélancolique que nous inspire le sentiment de notre infirmité comparée à la grandeur de Dieu. Une palme à la main, ce serait une sainte; mais ce modèle d'une église gothique nous trahit son secret. C'est le génie de l'art du moyen âge, de ce sublime novateur qui trouva le chemin du beau sans autre guide que la foi.

Quel contraste entre cette figure et sa compagne! Celle-ci est belle aussi, mais sans retenue, sans mesure, sans pudeur.

Ses riches vêtements retombent en désordre, sa brillante coiffure se dénoue et s'échappe au hasard; courtisane audacieuse, passionnée, inconstante, c'est l'image de l'art moderne depuis son affranchissement des idées chrétiennes, avec ses phases de bons et de mauvais jours, avec ses beautés et ses excès. Des souvenirs au lieu de croyances, l'amour de la mode, le besoin du succès à tout prix, d'admirables instincts étouffés par l'esprit de système, des charmes éblouissants fardés par la coquetterie, voilà ce que respire toute sa personne.

Ces deux femmes sont comme le chaînon qui relie la partie antique et tout idéale du tableau avec sa partie moderne et presque vivante. Tournons, en effet, les yeux à droite et à gauche de ce muet aréopage : là plus de graves et immobiles figures ; c'est une foule qui se meut et qui parle ; étrange et brillant assemblage des costumes les plus variés, des figures les plus diversement caractérisées. Ces hommes-là ne sont pas séparés de nous par vingt siècles comme les divins maîtres de l'art antique ; le feu sacré qui les anima sur la terre ne doit pas avoir cessé de briller dans leurs yeux ; on dirait qu'ils ont encore un pied dans ce monde, tant ils parlent avec plaisir, tant ils s'interrogent avec curiosité sur ce qu'ils y ont vu, sur ce qu'ils y ont fait.

Ils sont là sans façon, sans apparat, les uns debout, les autres assis sur un long banc de marbre en avant du portique. Entre eux point de hiérarchie de talent, point de distinction de pays; le Florentin se confond avec le Français, le Flamand et l'Espagnol avec le Vénitien ; seulement, ce qui est bien naturel, les architectes cherchent de préférence les architectes, les sculpteurs s'adressent aux sculpteurs, et quant aux peintres, eux qui sont de beaucoup les plus nombreux, ils se partagent et se divisent selon leur nature et leurs sympathies, les grands dessinateurs d'un côté, les grands coloristes de l'autre.

Ainsi l'ensemble de la composition se fractionne en cinq groupes distincts, mais artistement enchaînés. Au milieu le groupe idéal, l'art antique dans une sorte de demi-teinte et d'éloignement vaporeux, à droite le groupe des architectes, de l'autre coté les sculpteurs, puis, aux deux extrémités, les peintres.

Ces classifications symétriques, qui n'altèrent en rien l'unité du tableau, y introduisent un principe d'ordre, de clarté, d'harmonie, sans lequel il n'est point de véritable œuvre d'art. Ce ne sont pas des divisions sèchement accusées : elles ne se manifestent même pas au premier abord ; la réflexion seule les découvre. Elles servent comme de repos à l'œil du spectateur, qui, ne pouvant saisir d'un seul regard l'ensemble de cette longue série de personnages, a besoin de s'arrêter de distance en distance. Le problème était donc de faire, pour ainsi dire, plusieurs tableaux en un seul, de leur donner à tous une physionomie particulière, et de les relier si fortement entre eux, que les points de jonction fussent à peine visibles.

Ce n'est pas tout : dans chacun de ces groupes on aperçoit bientôt des subdivisions, c'est-à-dire à côté de la scène principale des accessoires épisodiques qui s'y rattachent. Ainsi, quand vos yeux se tournent du côté des grands dessinateurs, ils sont frappés d'abord d'une noble figure de vieillard dont la longue barbe blanche laisse tomber ses reflets argentés sur une riche pelisse de velours cramoisi. C'est Léonard, le patriarche du dessin; il expose de la voix et du geste ces fécondes et savantes idées dont son esprit ne cessa d'être assailli durant sa vie. Autour de lui tous gardent le silence; Raphaël lui-même l'écoute avec respect, sinon avec une entière soumission. Fra Bartolomeo le contemple dans un pieux recueillement; le Dominiquin s'attache à ses paroles avec une ardente curiosité; Albrecht Dürer admire la justesse de ses démonstrations, et fra Beato Angelico lui-même, s'arrachant à ses prières et à ses saintes visions, s'avance pour l'écouter. Mais tout le monde ne lui prête pas ainsi l'oreille. Seul, assis sur ce chapiteau renversé, tournant le dos à Léonard et à ses auditeurs, Michel-Ange semble faire bande à part; absorbé dans ses propres idées, il ne cache pas son dédain pour celles des autres, et veut rester étranger à tout ce qui se passe autour de lui. Plus loin le Giotto, Cimabuë, Masaccio, sont aussi dans une sorte d'isolement; ils écoutent à peine Léonard, et leur regard étonné semble dire qu'ils ne peuvent s'accoutumer aux étranges déviations dans lesquelles l'art est tombé depuis ces jours où ils essayèrent de lui frayer son chemin. Enfin, à l'extrémité du tableau, cette grande figure vêtue de noir, au front large, à l'œil vif, vous la connaissez, c'est notre Poussin, penseur sublime, esprit solitaire; lui aussi il s'écarte de la foule, mais ses yeux se tournent avec amour sur cet auditoire où se trouveront désormais réunies toutes les espérances de la peinture française : ce regard du Poussin sur notre école, regard paternel, mais sévère, est en quelque sorte le résumé et la pensée morale de tout le tableau.

Dans le groupe des architectes, c'est le vieux Arnolfo di

Lapo qui prend la parole, c'est autour de lui que sont réunis presque tous les maîtres du grand art de bâtir. Debout dans sa longue robe florentine, l'architecte de Sainte-Marie-des-Fleurs raconte sans doute au milieu de quelles ténèbres il dirigea ses pas, quels furent ses efforts et ses hésitations, alors que l'Italie, n'acceptant pas encore le retour aux règles antiques, résistait néanmoins à l'invasion de ce système dont toute la chrétienté du Nord admirait les saintes témérités. Robert de Luzarche, qui détourne la tête, lui dira tout à l'heure quels trésors renfermait ce mystérieux système, et combien, sous son apparence hasardeuse et incorrecte, il cachait de science et de pureté. Bramante, à son tour, indiquera tout ce que le génie moderne pouvait puiser de noblesse et de grâce, non dans l'imitation, mais dans l'intelligence des grands modèles de l'antiquité; et quant à Palladio, il expliquera sans doute, pour se justifier, comment devaient s'altérer sitôt entre ses mains ces traditions de simplicité et de grandeur qu'il avait reçues encore si fraîches et si pleines d'avenir. En attendant, le vieillard continue son récit, et tous ils le regardent en silence; Brunelleschi, assis sur le banc de marbre, l'écoute, mais d'un air un peu distrait : on voit qu'il pense encore à sa coupole. Pierre Lescot, avec la pétulance d'un Français, s'avance pour écouter le vieux Florentin, et s'appuie familièrement sur l'épaule de Bramante : on conçoit que ces deux hommes se soient pris d'intimité dans l'autre monde; mais que Robert de Luzarche et Palladio marchent ainsi tendrement, unis comme deux frères, c'est ce qui n'est pas si facile de supposer, à en juger du moins par ce qui se passe ici-bas.

Au contraire, il est tout à fait probable que si le Sansovino et Erwin de Steinbach se sont jamais rencontrés, ils auront eu mille choses à se dire; je ne m'étonne donc pas de les voir causer là, sur ce banc, en tête-à-tête, et tellement appliqués à ce qu'ils disent, qu'ils n'aperçoivent rien de tout ce qu'on fait autour d'eux. Le maître allemand dit peut-être au Vénitien : Pourquoi avoir chassé nos ogives de vos lagunes? elles y poussaient de si charmants rameaux! elles s'y mariaient si bien à la riche mollesse de l'Orient? Et l'autre lui répond, avec une insouciante bonhomie et un laisser aller de grand seigneur : Que voulez-vous? Peut-on toujours faire et admirer la même chose? Et connaissez-vous rien de plus gracieux que ma bibliothèque de la Piazzetta? — A cet *à parte* entre Erwin et Sansovino, ajoutez la figure isolée de Philibert de Lorme, dont la pensée soucieuse semble poursuivre quelque problème de construction; puis, à l'autre extrémité, Vignole convenant avec lui-même que, s'il revenait au monde, ce n'est pas seulement dans sa grammaire qu'il apprendrait l'art de bâtir, et vous en aurez fini avec les architectes.

La scène principale, dans le groupe des sculpteurs, est une conversation entre le vieux André Pisano et Lucca della Robbia; Donatello et Ghiberti se disposent à y prendre part, ils ont bien le droit de dire aussi leur mot. Derrière les deux interlocuteurs, on aperçoit ce présomptueux Bandinelli, qui, comme de coutume, laisse percer dans son sourire une envieuse malignité; Jean Goujon, au contraire, et plus loin Germain Pilon, cherchent à écouter avec un empressement qui témoigne de leur déférence. Puget, assis au bout du banc, ne fait pas attention aux paroles des deux vieillards; il est retenu par

Jean Bologne, qui paraît un intrépide causeur. Derrière eux, Benvenuto Cellini, distrait et dédaigneux, s'éloigne en murmurant quelque sarcasme, pendant que Bernard Palissy rêve à ses expériences et regrette ses fourneaux. Enfin, le groupe est terminé par deux figures calmes et silencieuses, notre Pierre Bontemps, qui recueille précieusement les leçons de della Robbia, et le rustique et naïf Peters Fischer, qui a l'air tout résolu à conserver ses idées aussi bien que son costume germaniques.

Parvenus à l'autre extrémité de l'hémicycle, nous voici de nouveau en présence des peintres; mais ici c'est le rendez-vous de ces génies lumineux qui ont cherché la poésie de leur art moins dans la beauté des lignes et dans l'expression de la pensée que dans les mystérieuses harmonies de la couleur. Ce groupe renferme, comme les autres, plusieurs scènes distinctes. Et d'abord nous rencontrons les quatre plus grands artistes qui aient jamais exprimé les beautés du paysage, Claude le Lorrain, Guaspre Poussin, Ruysdaël et Paul Potter. Ils sont là se racontant en confidence par quels artifices ils ont pu lutter victorieusement, les uns contre toutes les pompes de la nature, les autres contre toutes ses naïvetés. Plus loin, le théâtre s'agrandit : c'est Rubens, van Dyck, Rembrandt, Murillo, Velasquez, l'honneur de la Flandre et de l'Espagne, qui écoutent la savante parole de Titien. Van Eyck lui-même prend plaisir à l'entendre, lui le précurseur et le père de tous ces grands coloristes. Vêtu d'une de ces robes de brocart d'or dont son pinceau vigoureux rendait si bien les éblouissants reflets, il préside avec la majesté d'un doge cette brillante assemblée de famille. Debout à ses côtés, Antonio de Messine semble faire l'office d'un page soumis et docile; on voit que depuis longtemps le vieux Flamand a pardonné au jeune aventurier de lui avoir dérobé son secret et de l'avoir colporté sous un ciel où il devait enfanter de tels chefs-d'œuvre. Pour écouter Titien, le sombre Caravage lui-même semble imposer silence à sa mauvaise humeur ; Jean Bellini, malgré son imperturbable gravité, se complaît intérieurement aux paroles de son illustre élève; et quant à Giorgione, son admiration a quelque chose de guerroyant; il se pose en spadassin, tout prêt à tirer la dague pour l'honneur du lion de Saint-Marc et pour la suprématie de son école. Paul Véronèse, au contraire, a l'air plus modeste et plus tolérant : à la manière dont il se retourne vers le Corrége, ne semble-t-il pas lui dire : « Avancez donc, et venez aussi nous raconter vos secrets, vous qui êtes lumineux comme nous, qui faites aussi de la couleur une éclatante satisfaction pour les yeux, et qui, de plus, avez trouvé moyen de la faire parler à l'âme. »

Nous ne terminerions pas cette description si nous voulions seulement indiquer tout ce qu'un tel sujet peut renfermer de pensées et d'intentions; nous avons même, chemin faisant, oublié beaucoup de figures, entre autres ces deux graveurs Edelinck et Gérard Audran, si finement jetés au dernier plan. Il est une foule de délicatesses que les yeux seuls peuvent saisir, et ce n'est pas avec des mots qu'on peut traduire une œuvre d'art. Si nous nous sommes arrêté si longtemps à cette analyse, c'est qu'il fallait montrer au moins par aperçu tout ce que ce travail exigeait de combinaison, de calculs, d'esprit et d'habileté.

Sous tous ces rapports, je ne crois pas qu'il puisse s'élever la moindre controverse. Tout le monde conviendra que l'ajustement de tous ces costumes, l'enchaînement de tous ces groupes, le balancement de toutes ces lignes, révèlent une puissance et une souplesse de talent dont M. Delaroche avait assurément déjà donné des preuves, mais qui jamais ne s'étaient manifestés chez lui avec cet éclat incontestable. Il n'est vraiment pas possible qu'une action soit plus sagement conduite, plus clairement ordonnée. L'accumulation des personnages n'engendre pas la moindre confusion. Cette multitude de jambes et de bras qui s'entremêlent ne cause pas au spectateur le plus petit embarras, la plus légère inquiétude. Tout est aisé, simple, naturel, tout se lit et s'explique au premier coup d'œil; et pourtant, pour distribuer ses plans, pour étager ses figures, le peintre n'a fait emploi d'aucun procédé d'école, d'aucun moyen de convention ; point d'effets de perspective, point d'ombres largement portées pour détacher les parties lumineuses; il a fait saillir ses personnages en plein jour, il les a tous éclairés également, et, pour ainsi dire, par le même rayon de soleil ; en un mot, il n'est presque pas une difficulté qu'il n'ait voulu aborder de front, et dont il n'ait triomphé avec plus de bonheur encore que de hardiesse.

Que dira donc la critique? car il faut bien qu'elle ait aussi sa part. Les ouvrages des plus grands génies ont eux-mêmes leur côté vulnérable, et personne n'a le privilége d'échapper à la commune loi.

Un des écueils du sujet, je ne parle pas encore du tableau, c'était la nécessité de faire un choix parmi tant de noms illustres que chaque siècle et chaque pays présentent à notre admiration. Pour l'antiquité, point d'embarras : lorsqu'on ne déifie que trois artistes et qu'on choisit de tels noms, qui pourrait se plaindre d'être oublié? Mais pour les temps modernes, en élargissant le cadre, on le rend plus difficile à remplir. Recevoir dans cette noble assemblée tous les hommes qu'on proclame les premiers dans leur art, n'est-ce pas risquer de se mettre en querelle avec les amis de ceux qu'on n'admet pas? C'est ici un livre d'or, un registre de noblesse! l'oubli ressemble à une exclusion. Bien des gens, par exemple, demanderont à M. Delaroche comment il n'a pas trouvé place pour le Guide, pour le Guerchin, pour les Carrache. Quant à moi, je ne lui en veux nullement, bien que j'aie pour quelques tableaux de ces hommes habiles une très-juste vénération ; je lui pardonne également de n'avoir pas admis Salvator Rosa, et je consens même, quoique avec plus de peine, à ne pas voir le Tintoretto ; mais j'aurais voulu que, bon gré mal gré, il fît entrer parmi les architectes Léon-Baptiste Alberti, dût-il même exclure cet Inigo Jones, auquel je ne veux aucun mal, mais qui n'est là évidemment que par politesse pour l'Angleterre.

Certes, si jamais homme a dû figurer parmi les représentants de la véritable architecture italienne, c'est-à-dire de cette pureté presque attique, de ce goût fin et délicat qui ne devait régner, pour ainsi dire, qu'un jour, cet homme est Alberti. Et parmi nos artistes français comment expliquer l'absence de Jean Cousin? Ne fût-ce qu'à titre de peintre verrier et pour rendre hommage à un art tout national, ce grand artiste ne devait-il pas être admis? Je vais plus loin ; je ne trouve pas que Robert de Luzarche et Erwin de Steinbach me représentent à eux seuls l'art chrétien, l'art du moyen âge : c'est élaguer de cette grande époque deux ou trois siècles qui ne sont pas les moins glorieux; j'aurais voulu, pour remplir cette lacune, un groupe d'abbés, de prieurs et d'évêques, groupe anonyme, indifférent à la renommée de ce monde, mais portant au front la flamme de l'inspiration religieuse. Enfin, qu'il me soit permis de signaler encore un dernier oubli, qui n'est pas le moins regrettable; je veux parler de Philippe de Champagne. Cette sévère et noble figure n'était pas à dédaigner : ce n'est pas lui, dans sa pieuse modestie, qui se plaindrait d'être exclu, mais Lesueur et Poussin s'en étonnent assurément.

Après tout, dira-t-on, qu'importe qu'il manque quelques personnages? Ceux que le peintre a représentés sont-ils vivants? sont-ils vrais? expriment-ils l'idée qui s'attache à leur souvenir? Voilà les questions à résoudre. Nous en avons assez dit pour qu'elles soient presque résolues d'avance. Toutefois, nous soumettrons ici à M. Delaroche quelques observations, ou plutôt quelques doutes qui se présentent à notre esprit.

Pour obéir aux exigences de l'harmonie et pour éviter, dans quelques parties importantes de sa composition, la rencontre trop fréquente de certaines couleurs, il a cru devoir donner à quelques-uns de ses personnages des costumes qui ne sont pas ceux qu'on leur voit d'habitude, et qu'une tradition à peu près constante semble avoir consacrés. Ainsi Rubens, que tous ses portraits nous montrent vêtu de noir, selon la mode du temps et de son pays, Rubens dans ces habits de satin blanc, se fait à peine reconnaître; sa physionomie si fine, si expressive, au lieu de ressortir avec son feu accoutumé, semble en partie éteinte par l'éclat insolite de ces vêtements. Mais Rubens a été ambassadeur : je le sais, et je veux bien croire que dans les cours étrangères il portait du satin blanc, quoiqu'à mon avis le contraire soit plus probable; mais ce n'est pas l'ambassadeur que je veux voir ici, c'est le grand peintre, c'est l'homme de génie. Ne cherchez pas à dire trop de choses, car vous ne les direz qu'à moitié.

La même remarque ne s'applique-t-elle pas à Raphaël? Ce riche costume, ce manteau blanc et bleu de ciel me déroutent complétement. Ce n'est pas là le Raphaël que je connais, dont ma mémoire me conserve l'image. Je sais bien que vers la fin de sa vie il avait pris goût à une certaine recherche dans ses vêtements, mais n'est-ce pas là une de ces circonstances dont il faut tenir peu de compte? Lui-même n'en a-t-il pas ainsi jugé, car il a fait quelquefois son portrait et jamais s'est-il représenté dans cet apparat théâtral? M. Delaroche nous dira qu'un vêtement noir se serait mal ajusté avec les costumes environnants, et aurait fait un trou dans son tableau. J'ai toute confiance dans le savoir et dans le goût du célèbre artiste, mais peut-être les peintres sont-ils trop préoccupés de certaines lois qu'eux seuls ont promulguées, et qu'ils pourraient impunément se permettre d'enfreindre. Pour moi, je crois que, même en supposant qu'un vêtement trop foncé eût troublé certaines harmonies, mieux vaut encore risquer d'offenser les yeux que de causer à l'esprit une inquiétude ou un regret.

Que si, au contraire, ce n'est pas pour obéir aux exigences du coloris que le peintre a si richement habillé son Raphaël, si c'est en toute liberté, avec intention, et, par exemple, pour indiquer que ce grand génie s'élève au-dessus de ses rivaux comme un prince au-dessus de ses sujets, n'hésitons pas à le dire, une telle idée manquerait de justesse; il y a plus, elle serait dangereuse. Se servir du costume comme moyen d'expression, lui prêter un langage, lui donner un rôle qui n'appartient qu'à l'homme même, ne serait-ce pas matérialiser l'art? C'est seulement par je ne sais quel feu secret jaillissant de ses yeux, par l'inspiration, rayonnant de son front, que cette tête de Raphaël devrait effacer toutes les autres et prendre un air de domination et de souveraineté. Aussi, je l'avoue, j'éprouve quelque regret à trouver, au lieu du roi des peintres, ce jeune homme que les plaisirs, non moins que le travail, vont bientôt flétrir dans sa fleur. Oui, cette figure souffrante, amaigrie, a peut-être été celle du grand artiste; oui, les derniers éclairs d'où sortit la *Transfiguration* furent entremêlés de ces langueurs et de cette pâle tristesse; mais est-ce là ce que nous venons voir? Est-ce aux accidents de sa vie humaine qu'il convient de faire allusion dans ce séjour de gloire et d'immortalité? N'est-ce pas au contraire la partie divine et immatérielle de ces nobles physionomies que l'art doit mettre en relief, tout en empruntant à leur individualité quelques traits caractéristiques pour les faire reconnaître?

Heureusement M. Delaroche n'a pas conçu tous ses personnages dans cet esprit. Si quelques reproches du même genre peuvent être adressés aux figures de Lesueur, d'Orcagna, de Michel-Ange, et à quelques autres de moindre importance, en revanche, j'aperçois le Titien, Giorgione, Bellini, Ghiberti, Poussin, et je trouve en eux cet aspect grandiose, cette noblesse d'attitude et de pensée, en un mot cette hauteur de style qui n'accepte les détails individuels et biographiques que pour les dominer et les laisser seulement entrevoir.

Ce sont là, selon moi, les conditions sans lesquelles il n'est point de grande peinture, et par conséquent point de peinture monumentale, c'est celle qui élève, épure, ennoblit tout ce qu'elle touche, et qui met en saillie le côté profond et sérieux des choses.

Ce n'est pas à dire que, pour atteindre à cette hauteur, il faille enlever aux hommes ce qu'ils ont d'humain, et tomber dans les abstractions et les bas-reliefs coloriés : non, partout où l'homme est en scène il faut que le sang circule et que le cœur fasse entendre ses battements ; mais si la vie vient à prédominer, si l'idéal ne la gouverne pas, bientôt la pensée s'abaisse et le spectacle perd toute sa grandeur. C'est un certain mélange indéfinissable, un certain accord harmonieux de l'idéal et de la vie qui constitue ces créations que l'esprit humain enfante si rarement et qu'il est permis d'appeler des chefs-d'œuvre.

Nous l'avons déjà dit, quand M. Delaroche n'aurait d'autre mérite que d'avoir tourné les yeux vers ces hautes régions de l'art, d'en avoir fait le but de ses efforts, son exemple serait déjà un véritable bienfait. Il a osé rompre, je ne dis pas avec la peinture de genre, il s'en était déjà plus d'une fois affranchi, mais avec cette séduisante déception qu'on nomme le roman historique, et qui lui a valu tant de brillants succès. C'est l'histoire elle-même, l'histoire dans sa majestueuse austérité, qu'il a entrepris de faire parler. Une si grande tentative pouvait-elle s'accomplir complétement du premier coup? Non sans doute : M. Delaroche tout le premier nous dirait qu'il n'a pas cru faire un ouvrage irréprochable ; mais il lui est permis d'avoir conscience de l'immense progrès qui s'est opéré en lui, et de prétendre à s'élever encore plus haut.

Pour y parvenir, son premier soin, j'en suis sûr, sera de s'imposer une plus grande unité de style. Il est inévitable, dans une œuvre de transition, que l'artiste obéisse en quelque sorte à deux systèmes à la fois; la méthode qu'il se fait n'a pas encore la force d'exclure celle qu'il abandonne; à côté des essais se glissent les habitudes; c'est un conflit d'influences contraires qui se nuisent mutuellement l'une à l'autre, et qui enlèvent même aux plus belles choses une partie de leur beauté. Ainsi, M. Delaroche n'a certainement jamais rien créé d'aussi grand, d'aussi sévère que la partie centrale de son hémicycle. J'admets qu'on puisse désirer un peu plus de précision et de fermeté dans certains contours, un peu plus de distinction dans quelques têtes et dans quelques draperies; mais les dispositions générales du groupe sont du plus bel effet, et la pensée qu'il exprime est écrite avec autant de force que de clarté. D'où vient donc que quelques personnes, bien à tort selon nous, trouvent que c'est là la partie faible du tableau? D'où vient qu'elle leur semble plutôt froide que poétique? Ce n'est pas, croyez-moi, parce que le peintre a fait intervenir le monde idéal au milieu du monde réel; ce n'est pas parce qu'à côté de ce tribunal et de ces juges à demi divins il nous fait voir des hommes qui marchent et qui parlent: non, c'est parce qu'une méthode différente semble avoir présidé à la conception de ces deux parties du tableau. Ici la méthode qui cherche le côté élevé des choses, le grand style, là la méthode qui se plie à toutes les variétés de la nature, le style pittoresque. Par leur voisinage immédiat, ces deux styles s'exagèrent l'un l'autre, et font outre mesure ressortir leurs différences : le naturel de l'un semble descendre à la familiarité, l'idéal de l'autre prend un aspect de roideur.

Si, au contraire, le même style régnait sur tout l'ouvrage, si ces hommes réels et vivants étaient un peu plus idéalisés, ceux-là surtout qui s'approchent le plus du centre du tableau, la transition deviendrait insensible ou du moins plus harmonieuse. Je ne demanderais pas pour cela qu'on me transformât ces bouillants artistes en statues impassibles: non, mais qu'on s'attachât moins à reproduire certaines particularités, certains accidents que je regarde comme exclusivement pittoresques, pour s'attacher de préférence à l'expression des pensées et des passions. Ainsi j'ôterais peut-être à Jean Bologne ce mouchoir qui lui couvre la tête; Balthazar Peruzzi prendrait un air un peu plus élevé et ressemblerait moins à un simple maçon. Mansard ne se balancerait peut-être pas ainsi sur son banc en tenant son genou dans ses mains. Ce n'est pas que je ne trouve ces détails charmants, pleins d'esprit; mais sont-ils bien à leur place dans cette imposante assemblée? Ne détournent-ils pas l'attention plutôt qu'ils ne concourent à l'effet général? Si, au lieu de toutes ces scènes si gracieusement naïves qui viennent jouer, pour ainsi dire, autour de l'auguste tribunal, je voyais s'avancer quelques-unes de ces figures graves, sévères et cependant pleines de vie, que M. Delaroche a répandues dans d'autres parties de sa composition; si mes yeux descendaient ainsi par degrés des régions éthérées sur la terre, je crois que tout y gagnerait, aussi bien la partie réelle que la partie idéale du tableau.

Un autre moyen de ménager cette transition, c'eût été de distribuer tous ces personnages par divisions plus méthodiques, c'est-à-dire en cherchant moins les combinaisons favorables à l'effet pittoresque que l'ordonnance indiquée par l'histoire de l'art. C'est toujours, sous une autre face, cette même question de l'unité du style. Du moment qu'on imprimait au centre du tableau un grand caractère de symétrie et qu'on y imposait à chaque acteur une place significative, je crois que, dans tout le reste, il fallait ne pas abandonner aussi souvent au hasard le soin de donner à chacun son voisin et son interlocuteur. Il est vrai qu'ici se présentait un danger que M. Delaroche a eu cent fois raison d'éviter, le danger de vouloir donner une signification à toutes choses, de ne pas pouvoir faire asseoir deux hommes à côté l'un de l'autre sans une raison, historique ou philosophique, d'interpréter leur moindre geste, de supposer un sens à leur moindre regard et de tomber ainsi dans la subtilité, et de la subtilité dans l'obscur. En fuyant un écueil ne risque-t-on pas quelquefois d'en rencontrer un autre? J'ai entendu raconter qu'un peintre étranger, visitant, il y a quelques années, M. Delaroche dans son amphithéâtre, lui avait conseillé de représenter fra Beato Angelico à genoux, en prière, et comme ravi dans une pieuse extase. Assurément M. Delaroche a bien fait de ne pas suivre ce conseil; cependant, ce moine si admirablement posé, si bien modelé et qui ressort sur le devant du tableau comme une personne vivante, n'est-ce pas un moine quelconque plutôt que le mystique habitant du couvent de Saint-Marc, et peut-on deviner, sous cette robe, l'âme à laquelle obéissait un si angélique pinceau? S'il est bon de ne pas fatiguer le spectateur par le luxe et le raffinement de l'esprit, faut-il le laisser dans le vague sur le sens de ce qu'il voit, en se contentant de charmer ses yeux? Ainsi, rien de plus heureux que la pose de Lesueur, pittoresquement parlant. Ce corps est d'une souplesse nonchalante qui fait illusion ; mais Lesueur serait-il mort à trente-huit ans, dévoré par le travail et l'amour de son art, s'il était venu souvent s'asseoir ainsi au soleil avec ce laisser-aller et cet air insouciant?

Quoi qu'il en soit de toutes nos remarques, elles n'affaibliront en rien la séduction que ce grand et bel ouvrage exerce sur tous ceux qui le contemplent. Il n'y a qu'une voix même parmi les plus difficiles pour convenir qu'à son aspect on est saisi d'une impression pleine de grandeur. La réflexion seule vient ensuite faire des réserves. C'est quelque chose que cette séduction du premier coup d'œil ; je sais bien qu'elle dérive en partie de cet élément pittoresque que l'auteur manie avec une si merveilleuse habileté, je sais qu'en lui donnant le conseil de subordonner désormais cette portion de son talent à une sévérité de style qu'il est digne de lui de poursuivre exclusivement, nous lui demandons de renoncer peut-être à un grand moyen de succès auprès de beaucoup de gens; mais n'est-il pas vrai que, si M. Delaroche aime la gloire avec cette ardeur passionnée et persévérante qui n'appartient qu'à un véritable artiste, il est homme à aimer son art plus encore que la gloire même? Grandir dans son art non-seulement, s'il le faut, aux dépens de sa fortune, mais aux dépens de toute renommée qui ne serait pas complétement légitime, tel est le but auquel M. Delaroche semble avoir voué sa vie. Il est quelquefois pénible d'indiquer aux hommes de talent ce qu'on trouve d'imparfait dans leurs œuvres; la critique les offense plutôt qu'elle ne les aiguillonne; on sent qu'on les blesse sans profit. Il y a plaisir au contraire à dire à M. Delaroche ce qu'on attend de lui, ce qu'il peut ajouter encore à ses brillantes qualités; car si par hasard la critique est juste, si l'observation a la moindre valeur, la moindre portée, on peut être sûr qu'il en profitera : le talent est toujours perfectible avec un esprit ouvert et une invincible volonté.

Aussi je désire vivement qu'on ne laisse pas M. Delaroche en si beau chemin, et que bientôt on lui donne occasion de décorer encore quelque autre monument. Puisse la même faveur être aussi réservée à tous ceux de nos jeunes peintres qui aspirent à de sérieuses épreuves, mais dont l'imagination languit sur ces toiles étroites et banales qu'on leur commande par charité. La peinture monumentale élève et exalte l'esprit; elle force, pour ainsi dire, le style à s'agrandir; elle donnerait de la conscience à ceux qui en ont le moins, car il n'y a pas d'exil dans quelque garde-meuble qui puisse couvrir d'un bienveillant oubli les négligences commises sur la face même d'une muraille. Les fautes sont assurées de leur châtiment comme les beautés de leur récompense. Je sais bien que ce genre de peinture a aussi ses dangers, car il peut entraîner à l'enflure du style, aux exagérations du dessin, et à toutes les folies de la décoration théâtrale; mais, grâce à Dieu, notre tendance actuelle n'est pas là; malgré quelques restes d'anarchie dans quelques jeunes têtes, le besoin de la discipline, le goût des fortes études commence à pénétrer dans l'école et nous met, j'espère, à l'abri de telles aberrations. Puissent donc tous ceux qui, aux divers degrés du pouvoir, ont mission de protéger les arts, comprendre combien il serait utile que tous ces encouragements qu'on éparpille en petites sommes fussent concentrés sur un certain nombre de monuments dont on confierait la décoration tantôt à nos maîtres les plus habiles, tantôt à nos jeunes gens de haute espérance ! Et ce n'est pas seulement à Paris, c'est par tout le royaume qu'il faudrait en faire l'essai. N'y a-t-il pas en province des églises, des hôtels de ville, des tribunaux, dont les murailles pourraient se couvrir soit des scènes sacrées de la religion, soit des hauts faits de notre histoire ? Et ne serait-ce rien, pour enflammer une âme d'artiste, que l'honneur d'une telle mission et l'espoir de faire une œuvre qui devienne un jour pour toute une ville un sujet d'orgueil et d'illustration ?

Bientôt, il faut l'espérer, de nouveaux exemples, de nouveaux auxiliaires, viendront en aide à ces idées que bien des gens ont comme nous, mais qu'on n'ose réaliser qu'à demi. Parmi les hommes dont notre école s'honore à bon droit, il en est plusieurs qui, en ce moment même, préparent aussi des peintures monumentales et qui, chacun dans son genre, feront voir la diversité des ressources que renferme cette manière de peindre. Peut-être enfin l'attente des amis de l'art ne sera-t-elle pas trompée, et l'auteur de la *Stratonice*, acceptant la belle mission qu'il a reçue, nous donnera-t-il, au Luxembourg, une digne sœur de l'*Apothéose d'Homère*.

Mais, sans attendre l'avenir, cette foule qui se porte à l'École des Beaux-Arts, la sensation qu'a produite ce brillant hémicycle, ne suffiront-elles pas pour ouvrir les yeux sur la nécessité d'agrandir la carrière ouverte à nos artistes et de combattre ainsi cette pente vers le petit et le mesquin, vrai fléau de l'état de société où nous sommes? J'ai l'espoir que le succès de M. Delaroche servira puissamment à la propagation de ces idées; mais, avant tout, je souhaite qu'il lui soit profitable à lui-même, c'est-à-dire à son talent et à sa gloire. Si donc il est quelque monument plus grand, plus imposant que cet amphithéâtre, et où l'art doive se mettre aux prises avec des difficultés encore plus sérieuses, je le lui souhaite, et il l'a trop bien conquis, ce me semble, pour qu'il ne lui soit pas accordé.

VI

ARY SCHEFFER

Parmi les peintres d'élite, les uns déjà dans la tombe, les autres encore debout, qui depuis un demi-siècle ont illustré notre école, Ary Scheffer occupait non-seulement un des premiers rangs, mais une place à part. Cette place, il l'avait conquise par une originalité véritable, par quelque chose qui lui était propre dans la manière de percevoir et d'exprimer le beau. Talent sincère, naturel, indépendant, fidèle à sa vocation, sans souci de la mode, sans trouble du succès des autres, il avait la foi de l'artiste, et ce n'était pas là sa moindre originalité. Cette foi, qui décline et périt d'heure en heure chez nos plus jeunes et chez nos plus habiles, chez lui ne faisait que grandir à mesure qu'il prenait des années. Chaque jour, il devenait donc une exception plus rare, un contraste vivant plus utile à observer, un plus précieux exemple. Aussi, lorsque la mort l'est venue frapper avant le déclin de l'âge et à l'apogée du talent, l'émotion a été profonde, le regret unanime. Tous ceux qui ont encore à cœur d'entretenir en ce pays quelque tradition généreuse ont vu dans cette mort autre chose qu'un deuil de famille et d'amis; ils ont senti que la noble cause de l'art et de la pensée venait de perdre un de ses champions les plus vaillants et les meilleurs. Sans parler des leçons, des conseils, des secours de tout genre et de toute nature qu'il aurait continué à prodiguer autour de lui, c'eût été quelque chose de fortifiant, de salutaire, que pendant dix ou quinze ans peut-être son laborieux pinceau pût s'exercer encore, qu'il pût soit achever, soit créer à nouveau quelques-unes des toiles qu'il rêvait, œuvres de peintre et de poëte, conçues comme toujours dans les régions de l'idéal, étudiées avec persévérance, exécutées avec la fraîcheur d'idées et l'émotion d'un esprit toujours jeune, mêlées aux réflexions savantes de l'expérience et de la maturité.

A défaut de ce qu'il aurait pu faire, nous essayerons ici de rappeler ce qu'il a fait. Ce sera toujours un enseignement, et des plus opportuns, que cette longue série d'œuvres intelligentes, que cette vie de travail, que cette élévation constante de sentiments et de pensées. En recueillant nos souvenirs, nous dirons franchement tout ce qu'ils nous rappellent. Ce n'est point un panégyrique que nous entreprenons, c'est un hommage impartial et sincère à la mémoire d'un homme qui aimait la vérité et qui savait l'entendre. Vivant, il nous autorisait à la lui dire, nous ne la tairons point sur sa tombe. Nul mieux que lui ne connaissait, nul n'indiquait avec plus de finesse les côtés vulnérables de son savoir et de son talent. Nul aussi n'était meilleur juge du mérite des autres et du sien. Pour rester dans la juste mesure de la critique et de l'éloge, nous ne souhaitons que de parler de lui comme il en eût parlé lui-même. Mettre dans son vrai jour le caractère de ses ouvrages, le genre de facultés qui dominait en lui, ce qui le distinguait de ses rivaux de gloire, marquer les phases successives, les degrés qu'il a parcourus, le rôle qu'il a joué et la part qu'il a prise au mouvement des esprits de son temps, voilà ce que nous tenterons d'abord.

Ce ne sera pas tout : ne parler que du peintre serait faire une incomplète histoire. Certains artistes, il est vrai, n'existent que par leurs œuvres. Hors de ce qu'ils ont fait, ils ne sont pas, il n'y a rien à en dire. Leur personne est un accessoire dont il vaut mieux ne point parler. Scheffer au contraire, si habile et si haut placé qu'il fût dans son art, était de sa personne peut-être encore supérieur à ses œuvres. On donnerait donc de lui une imparfaite idée en ne faisant voir que ce qu'il a produit. Ce qu'il était, ce qu'il valait par lui-même, sans palette ni pinceaux; ce qu'il avait d'esprit, ce qu'en mainte occasion il avait eu de courage et de cœur, voilà le complément de cette vie d'artiste. Nous essayerons de ne pas l'oublier.

Ary Scheffer était né, vers 1795 à Dordrecht, en Hollande. On pourra donc un jour, comme à Philippe de Champagne, lui refuser l'entrée de notre école au nom de la géographie. La nouvelle consigne adoptée au musée du Louvre l'enverrait, lui et ses œuvres, parmi les Hollandais, gens habiles à coup sûr, divins même si l'on veut, mais dont pas un n'est de sa famille, et qui ne lui ont transmis en héritage pas plus leurs qualités que leurs défauts. Ce qui peut nous rassurer sur la nationalité de Scheffer, c'est qu'au moment de sa naissance la Hollande nous appartenait, et qu'il put faire valoir les droits que lui assurait le Code, sans parler de ceux que confèrent une éducation toute française et cinquante ans de séjour à Paris.

C'est pourtant à Dordrecht qu'il fit ses premières armes. Il naquit, on peut dire, le crayon à la main. Son père était artiste, artiste de talent, et promettait de devenir un peintre, si la mort lui en eût donné le temps. Elle le surprit presque au début de sa carrière. Il laissait une veuve, quelques tableaux inachevés, et trois fils encore enfants. Tous trois se sont fait un nom. Ary était l'aîné; une vocation non équivoque le destinait à la peinture. Il y a des gens à Amsterdam qui se souviennent encore d'avoir vu, du temps du roi Louis, un tableau qui fit sensation et qui reçut les honneurs d'une exposition publique; c'était une assez grande toile, des figures de grandeur naturelle, un vrai tableau, une œuvre d'homme, et l'auteur n'avait pas douze ans : il se nommait Ary Scheffer.

On dit, non sans raison, que les petits prodiges ne sont pas toujours de grands hommes, et pourtant il faut reconnaître que dans les arts c'est un indice et presque un gage nécessaire d'une supériorité future qu'une assez grande précocité. Des écrivains, des poëtes même qui ne découvrent leur talent qu'à l'âge de raison, même après quarante ans, comme Jean-Jacques et Walter-Scott, il y en a toujours eu, quant aux peintres et aux musiciens, il faut qu'ils soient plus diligents. Ce n'est pas trop de la souplesse, de la flexibilité de l'enfance pour façonner une main d'artiste. Plus vous aurez de génie, plus votre main doit de bonne heure se préparer à vous comprendre et à vous obéir. Pas de Raphaël sans des doigts de fée, tandis qu'on peut si bien écrire en tenant si mal sa plume! Tous les enfants de sept ans qui improvisent au piano ne seront pas des Mozart ni même des Listz ; mais des Mozart qui se révèlent à trente ans ou seulement à vingt, jamais on n'en verra.

Ce qui perd les enfants trop hâtifs, c'est leur premier succès. Ils s'y complaisent, se font une routine, et deviennent des nains. Notre peintre de douze ans comprit heureusement, et sa mère comprit comme lui, malgré les flatteries du public et du roi lui-même, qu'il n'était après tout qu'un habile écolier, et qu'il avait besoin d'un maître. Où le chercher? En Hollande, ce n'était guère possible : les arts, dans l'Europe entière, ne florissaient alors et n'avaient quelque vie qu'à Paris. Scheffer y fut envoyé, et entra dans un des ateliers le plus en vogue, l'atelier de Guérin.

Il ne faut pas s'imaginer qu'à cette époque, vers les derniers temps de l'Empire, la moindre idée d'innovation pénétrât dans un cerveau d'artiste, de quelque pays qu'il vînt, et quel que fût son âge. Nous ne pouvons aujourd'hui nous bien représenter ce qu'était la discipline ou plutôt la léthargie de ce temps-là en matière de beaux-arts; nous en sommes plus loin que de l'Égypte au temps des Pharaons. Dans les lettres du moins, il y avait deux Églises : une partie du public lisait, applaudissait autre chose que Voltaire ; M. de Chateaubriand et madame de Staël avaient leurs néophytes, ardents, passionnés, pleins de vie. En politique, il y avait plus d'un camp : tout le monde n'admirait pas l'Empire; on regrettait, les uns le Consulat, d'autres la monarchie; on s'inquiétait de quelque chose, on interrogeait l'avenir avec anxiété. Dans les arts, rien de semblable, tout était pétrifié : pas un regret, pas un désir. L'autocrate David était plus absolu, mieux obéi que l'empereur son maître. Ses conscrits à lui, le contingent d'élèves qui chaque année entraient dans nos écoles, s'incorporaient à son armée sans murmures, confiants et soumis.

Tout le monde avait la croyance, le public comme les artistes, qu'en dehors du style officiel il n'y avait que barbarie. Personne ne s'avisait donc de chercher autre chose, de faire ou d'exiger le moindre effort d'originalité. Chacun peignait, dessinait, composait exactement de la même manière. Ce n'était pas ainsi que, quinze ou vingt ans auparavant, David avait fondé sa puissance. Ses élèves d'alors, les premiers qui l'avaient pris pour chef, en se donnant à lui avaient gardé certaine indépendance ; ils avaient leur physionomie propre : Gros n'était pas Gérard, Girodet n'était pas Guérin. Puis on voyait à côté d'eux certains débris vivants de l'ancienne académie, Greuze et Regnault par exemple ; on voyait quelques solitaires cherchant, comme Prudhon, des sentiers non battus. Ces innocentes dissidences n'avaient pas altéré l'unité du système, et sa froideur s'en était réchauffée ; mais la génération nouvelle ne prenait plus de telles licences : elle n'aspirait qu'à obéir. Toute séve était morte, toute liberté faisait peur : l'esprit de plate imitation, cette lèpre de l'art, avait tout envahi [1].

---

[1] Géricault, il est vrai, exposa son *Hussard* en 1812 ; mais on sait comme il fut accueilli par David et même par le public. En général, on conseilla à Géricault de briser ses pinceaux et de se faire plutôt maçon. Il se soumit et se fit soldat. Il ne redevint peintre que quatre ou cinq ans plus tard, sous la Restauration.

Cela dura même après l'Empire, l'effet survécut à la cause. Le style impérial était encore debout, incontesté, en possession paisible de sa toute-puissance, lorsque déjà, depuis quatre ou cinq ans, les aigles avaient disparu, lorsque David était hors de France, subissant un regrettable exil. Ce n'est guère qu'au salon de 1819 que la rébellion commença : l'esprit d'innovation y fit brèche de trois ou quatre côtés à la fois. Déjà au salon précédent, en 1817, il s'était bien permis certaines escarmouches ; mais le public n'y avait pas pris garde : ceux-là seuls s'en étaient aperçus qui connaissaient l'intérieur des écoles et suivaient le travail des esprits. Depuis déjà quelques années, certains ateliers fermentaient, et le plus signalé dans ce nombre était l'atelier de Guérin.

L'auteur du *Marcus Sextus* n'était cependant pas un esprit téméraire. Jamais il n'eût, de parti pris, abandonné la tradition du maître. Sans s'élever à sa hauteur, sans avoir sa concise énergie, il dessinait à son exemple. Le sentiment du bas-relief est dans tous ses tableaux, ce qui n'empêche pas qu'il s'y rencontre aussi un certain goût de parler à l'âme, un certain désir d'expression. Çà et là, quelque figure rêveuse ou passionnée, quelque heureux effet de lumière, quelque touche sentie, font dissonance avec la roideur des contours et le guindé de la composition. Ce contraste existait chez lui dès sa jeunesse; il s'était accru avec l'âge. Dans ses derniers tableaux, la *Didon*, la *Clytemnestre*, on sent de plus en plus qu'il se débat entre deux influences, les instincts de sa nature et les souvenirs de son éducation. Quelle sorte d'enseignement un tel maître devait-il donner? L'autorité lui manquait à coup sûr. Ne pouvant conduire ses élèves, il les laissait aller, et cette tolérance le mettait à la mode. C'est ainsi que, sans le vouloir, et à son grand effroi, par le seul fait de son genre de talent et de son caractère, peut-être aussi de sa faible santé, Guérin se voyait entouré et devenu le chef apparent de la jeunesse la plus indépendante et la moins orthodoxe qu'il y eût en ce temps-là.

Était-ce un bonheur pour Scheffer d'être tombé à telle école? Nous en doutons. S'il avait eu l'esprit timide et engourdi, rien n'aurait mieux valu ; des compagnons comme Géricault et Eugène Delacroix auraient secoué sa paresse. Mais il pouvait se passer d'eux : en fait d'audace et d'entrain, il n'avait rien à apprendre, tandis qu'il avait besoin d'un maître, nous parlons d'un véritable maître, qui lui eût inspiré confiance et respect, dont il eût épousé la gloire et la méthode avec foi, avec enthousiasme, et qui, sans l'asservir, œuvre impossible évidemment, lui eût communiqué ces secrets, ces procédés pratiques qui se transmettent seulement par l'exemple, et qu'à soi seul on n'acquiert jamais bien. Quelques années de plus, et M. Ingres pouvait être ce maître. Scheffer aimait à penser et à dire de quel secours aurait été pour lui un tel apprentissage. Que d'essais laborieux, que de peines il lui eût épargnés! Trouver un fonds de savoir tout acquis quand on possède une telle nature, c'était tout réunir! Sans doute on court quelque danger à suivre un maître, à s'attacher à lui, on y joue son originalité; mais ceux qui gagnent à ce jeu-là, ceux qui surmontent ce péril, valent deux fois ceux qui ne l'ont pas couru, comme ces enfants qu'on élève à la dure et qu'on risque de perdre, mais qui, quand ils survivent, deviennent des Hercules.

Scheffer et ses compagnons n'étaient pas mis à telle épreuve; aucun d'eux ne courait le risque d'être absorbé par son maître. Ce qu'ils avaient à craindre, c'étaient les fantaisies, les présomptions de leur jeunesse. Ils s'excitaient et s'échauffaient entre eux, sorte d'enseignement mutuel excellent pour détruire un système, pour en découvrir les défauts, en faire saillir les ridicules, impuissant à fournir le moyen d'en construire un nouveau. Abandonnés à leurs instincts, chacun suivait sa pente : Géricault préparait son *Radeau de la Méduse*, Delacroix sa *Barque du Dante*, Scheffer ses *Bourgeois de Calais*.

Qu'était-ce que ce tableau, qui parut au salon de 1819? Depuis ses débuts d'Amsterdam, depuis près de douze ans, Scheffer avait beaucoup peint et même exposé quelquefois. Il travaillait, cherchant sa route, sans trop savoir où la trouver. Son tableau de 1819 laissait encore percer cette hésitation; rien ne ressemblait moins à ce qu'il devait faire un jour, c'était encore le noviciat d'un écolier sans maître. Ni l'exécution matérielle, ni le dessin, ni la couleur, n'affectaient grand désir d'innover : on eût dit, au premier aspect, un de ces tableaux d'histoire comme alors on en faisait tant; mais plus on regardait, moins on trouvait qu'il ressemblât aux autres. Certaines physionomies, certaines attitudes révélaient chez le peintre un don particulier qui le distinguait de la foule, le don d'exprimer la pensée et de faire lire dans l'intérieur des âmes.

L'expression de la pensée, telle était, à n'en pas douter, la vocation du jeune artiste. A la seule vue de ce tableau, tout incomplet qu'il fût, on eût tiré son horoscope. Il était évident que la peinture pour lui, la peinture proprement dite, ne serait pas le but suprême, qu'au-dessus de l'art lui-même il placerait quelque chose, qu'il demanderait à ses pinceaux un moyen prompt et saisissant d'émettre des idées, une langue intelligible à tous.

Est-ce bien là le but de l'art? nous est-il donné pour cela? On peut à ce propos composer des volumes, le texte est inépuisable, et tout à l'heure il faudra bien en dire quelques mots; mais ne perdons pas de vue notre peintre, qui s'aperçoit enfin de sa vraie vocation et se dispose à la suivre. Au lieu de s'enfoncer dans l'ornière du pur tableau d'histoire, de s'obstiner à pâlir devant de grandes toiles qui glacent son imagination, de s'énerver dans les lenteurs d'une exécution compliquée, il comprend qu'il lui faut des cadres plus restreints, des toiles qui se couvrent presqu'au courant de la pensée, de simples tableaux de chevalet.

Donnera-t-il à ces tableaux le fini précieux qu'on exigeait alors dans les œuvres de dimension moyenne? Il s'en gardera bien. Descendra-t-il à l'autre extrême, aux rudesses de l'ébauche, aux négligences du croquis? Pas davantage; il saura se faire une touche à la fois libre est fine, exprimant tout sans appuyer, indiquant avec suavité des contours d'une exquise élégance, et ne couvrant le sentiment que de tout juste assez de couleur pour qu'il demeure transparent. Tel est le plan qu'il se traça, ou plutôt qui lui vint à l'esprit tout fait et tout tracé, comme les choses naturelles. Il le mit aussitôt en pratique, et commença cette série de scènes familières, touchantes et parfois pathétiques, petits drames pleins de larmes si vraies et d'émotions si douces, qui bientôt allaient rendre son nom célèbre et même populaire, occuper exclusivement cette première phase de sa vie d'artiste, et lui faire patiemment ajourner toute autre tentative plus ambitieuse et plus sévère.

Dire seulement les titres de ces nombreux tableaux, c'est réveiller des souvenirs, rappeler des images que tout le monde a dans la pensée. Qui n'a pas vu, grâce au burin ou à la lithographie, la *Veuve du Soldat*, le *Retour du Conscrit*, les *Orphelins sur la tombe de leur mère*, la *Sœur de charité*, les *Pêcheurs pendant la tempête*, l'*incendie de la ferme*, et ce vivant portrait de nos désastres, cette page toute frémissante de colère patriotique, la *Scène d'invasion en 1814*? Le succès de ces compositions, immense il y a trente ans, ne s'est guère démenti, ce nous semble. Que dans le choix des sujets et dans la manière de les rendre il y eût quelques flatteries au goût du jour, quelques moyens de circonstance, un peu de cette habileté, de ce génie du succès qui nous donnait alors des *Michel et Christine*, et certaines chansons de Béranger, on ne peut en disconvenir; mais sous le savoir-faire il y avait ce qui dure, ce qui survit à la mode, ce qui va au cœur du public dans tous les temps, un accent vrai, une émotion naturelle et communicative.

Au point de vue de l'art, ce qui recommandera toujours ces petits poëmes, c'est une grande qualité, la qualité magistrale de notre école, l'art de la composition. Nombreux ou clairsemés, les personnages y sont tous à leur place, ils pensent, ils agissent, ils parlent, ils dialoguent clairement, sans confusion, sans emphase, sans digression, à la française en un mot, car cet art de grouper, de disposer des personnages, de les bien mettre en scène, non pas en chorégraphe, en maître de ballet, mais en peintre, c'est notre privilége, comme de bien composer un livre, d'en classer les matières, d'en proportionner les parties, d'en faire un tout vivant et intelligible; c'est par ce don de la composition que Le Sueur et Poussin seront toujours hors de pair, et quiconque veut faire de la peinture en France, eût-il la palette la plus chaude et la plus vénitienne, ou le trait le plus pur et le plus athénien, fera fausse route, il faut le lui prédire, s'il n'a pas cette qualité-là. Eh bien, Scheffer, qui par certains côtés se ressentait, comme tout à l'heure nous le verrons, de son origine étrangère, avait une telle entente de la composition, c'était chez lui un tel instinct de nature, qu'à défaut d'autre titre celui-là suffirait à assurer son droit de bourgeoisie dans notre école.

Ce n'était pas la première fois que la peinture se permettait ainsi de faire à sa façon du drame ou du roman; mais jusque-là ces tentatives n'avaient guère réussi. Ainsi Greuze, dont le nom vient le premier à la pensée, loin de grandir à cette épreuve, s'y était plutôt compromis. Chose étrange, cet homme qui devant la nature, dans un portrait, dans une étude, a des secrets incomparables, vrai magicien qui fait palpiter la chair et introduit à pleines mains la vie, la passion même dans ses figures, il n'est plus qu'un praticien vulgaire et maniéré dès qu'il sort de la réalité et fait un pas dans la fiction, dès qu'il s'avise de donner à ces mêmes figures un rôle déterminé, de les grouper dans une action commune, d'en composer un drame en un mot. Il a beau faire appel aux sentiments les plus gracieux et les plus tendres, aux plus véhémentes situations, non-seulement il ne devient pas poëte, mais il cesse d'être coloriste; il ne sait plus trouver que des teintes plâtreuses, des tons ternes et blafards. D'où vient cela et qu'en conclure? Que c'est un art à part que le drame élégiaque en peinture, que ce mélange indéfinissable de forme pittoresque et de sentiment littéraire ne s'obtient dans sa juste mesure que par un certain genre d'esprit et de talent; que pour y réussir il ne suffit pas plus d'être peintre que d'être littérateur, qu'il faut être à la fois l'un et l'autre, chose assez rare assurément. Greuze avait deux périls à tenter l'aventure, d'abord le goût de son temps, le goût déclamatoire, puis l'amitié de Diderot. Sans Diderot il n'aurait jamais fait que ce qu'il savait faire, ce pour quoi Dieu l'avait mis au monde; mais le bouillant critique lui souffla ses idées. Il parlait d'art avec assez d'esprit pour qu'on s'y laissât prendre. Cet esprit par malheur était tout littéraire, et plus rhéteur que lettré. Diderot voulait affranchir les arts comme l'espèce humaine par les mêmes moyens, la guerre à mort aux traditions. Pour lui, le progrès, c'était la confusion des langues: de la sculpture pittoresque, de la peinture dramatique, tous les fleuves hors de leur lit, un débordement général, voilà le rêve de Diderot. Ce pauvre Greuze fut sa victime, il écrivit sous sa dictée: plus de peinture, plus de couleur, du sentimentalisme, de la déclamation; c'est du pur Diderot que ces tableaux dramatiques; en les signant, Greuze fait un faux.

Maintenant tournez les yeux sur les scènes d'Ary Scheffer: voyez l'*Incendie de la ferme*, l'*Invasion de 1814*, les *Pêcheurs pendant la tempête;* l'action n'est guère moins agitée que dans la *Malédiction paternelle*, la pièce à grand fracas de Greuze, mais quelle différence! Vous n'êtes pas au mélodrame, vous êtes ému par des moyens de bon aloi; c'est l'auteur qui vous parle; il sent ce qu'il vous dit, il n'a pas de souffleur, rien d'emprunté, rien d'affecté; aussi les sentiments qu'il exprime, loin d'engourdir son pinceau, lui donnent au contraire plus de souplesse et plus d'accent. Faire penser, faire rêver, attendrir le spectateur, c'est là sa peinture à lui, c'est par là qu'il est peintre; dessin, couleur, idée et sentiment, tout cela n'est chez lui qu'un tout inséparable, comme ces mélodies dont les notes s'identifient si bien aux vers qui les inspirent, qu'elles semblent en sortir tout naturellement. Le naturel, pour tout dire, le naturel uni à l'art de la composition, tels sont les deux secrets qui assuraient à Scheffer le succès de ses petits tableaux; ajoutons-en un troisième, la distinction de ses types, de ses figures en général, et particulièrement de ses têtes de femmes, sorte d'idéal suave et mélancolique qui donnait à ses œuvres un cachet si nouveau.

On le voit donc, le succès était grand; le genre modeste, mais sûr. Etait-ce assez pour Scheffer? N'avait-il rien rêvé de plus? Se croyait-il au terme de ses efforts? Loin de là. Cette faveur publique n'était pour lui qu'un aiguillon. Il en était heureux et fier tout comme un autre, et même il en profitait pour fonder son indépendance, mais sans y tenir autrement, et jamais pour la conserver il n'eût fait le moindre sacrifice de ses idées ni de ses espérances. Ses espérances étaient vastes: à mesure qu'il marchait, l'horizon s'étendait pour lui, et ses yeux découvraient les sommets qu'il prétendait atteindre. Il se sentait la flamme d'un grand peintre, la puissance de l'invention, le génie de l'expression: que lui manquait-il donc? Un instrument plus ferme et mieux réglé pour donner un corps à ses rêves; pour revêtir sa pensée d'une forme plus arrêtée et plus palpable. Il sentait bien qu'en glissant sur ses petites toiles il n'avait jusque-là qu'indiqué ce qu'il avait dans l'âme, et que pour en laisser une trace profonde il fallait gouverner autrement son pinceau. Au plus fort de sa vogue, il fut pris d'un immense regret de ce qu'il appelait son éducation manquée. Était-ce vers l'époque où M. Ingres revenait d'Italie comme d'un long exil, et trouvait, pour prix de sa persévérance, dans le public régénéré un respectueux empressement et chez quelques adeptes un véritable fanatisme? Était-ce l'influence de cette élévation de style, de ces principes traditionnels si hardiment inaugurés qui avaient agi sur Scheffer? N'était-ce pas plutôt le résultat tout naturel d'un travail tout intérieur? Quoi qu'il en soit, vers 1826 il était, on peut dire, aux prises avec lui-même, se livrant les plus grands combats, se soumettant aux plus rudes épreuves qu'aucun maître peut-être ait jamais acceptées au delà de sa première jeunesse.

Nous en avons le souvenir présent. Un jour, dans cet atelier qui d'ordinaire était rempli de chevalets d'un petit modèle, et où la toile la plus grande n'excédait guère les dimensions d'un portrait, nous fûmes surpris d'en trouver une qui du sol montait presque au plafond. Elle était déjà couverte d'un épiderme de couleur laissant voir des contours finement arrêtés. Ce n'était pas encore un tableau, c'était plus qu'une ébauche. On eût dit une apparition vaporeuse et diaphane. De malheureuses femmes réfugiées au sommet d'un rocher se tordaient les mains de désespoir, les unes implorant le ciel, les autres penchées sur l'abîme et regardant l'issue d'un combat meurtrier. Jamais nous n'oublierons cette scène émouvante. Sans quelques coups de crayon blanc encore tracés sur la peinture, l'illusion aurait été complète; la scène elle-même apparaissait comme à travers un transparent. Scheffer était là depuis huit jours dans le feu de sa première pensée ; c'était, on le devine, ses *Femmes souliotes* qu'il jetait ainsi sur la toile. Ces créatures héroïques se lançant à la mort pour fuir le déshonneur et l'esclavage lui avaient monté la tête. Peindre en petit, c'est-à-dire, indiquer seulement, laisser dans le vague et l'à-peu-près un tel acte, de telles âmes, c'était, selon lui, en prendre trop à son aise. Il fallait essayer de tout dire et de tout rendre, à l'échelle de la nature. Il abandonnait donc ses tableaux commencés, ses joujoux, comme il les appelait, et se donnait tout entier à cette œuvre virile.

Trois ans auparavant on l'avait déjà vu tenter même entreprise. Il avait envoyé au salon de 1824, en compagnie de huit ou dix charmants petits tableaux, un *Gaston de Foix trouvé mort après la bataille de Ravenne*, grande et sombre composition qui ne manquait pas d'énergie, et où l'âme du peintre se laissait voir encore dans l'admirable tête du héros expiré, mais au demeurant vraie boutade romantique, surtout quant à l'exécution. Tout ce qu'un des plus spirituels contemporains de Scheffer s'était déjà permis à cette époque d'épaisseur de couleur, de tons heurtés, de négligences volontaires, Scheffer en avait usé lui-même dans cette grande toile. Les novateurs d'alors, vrais affranchis, sans frein et sans mesure, battirent des mains avec transport. Un enrôlé de plus venait grossir leurs rangs! Scheffer entrait au parti de la grande couleur! Il en avait assez de la pensée! quelle joie dans Israël! Par malheur, le public était moins enthousiaste; il admirait la tête du Gaston, trouvait le reste assez triste, tournait le dos, et courait faire foule devant la *Veuve du Soldat*. Scheffer se garda bien d'écouter les applaudisseurs; il fut de l'avis du public, et désormais ne s'amusa plus à crépir ses tableaux.

C'était un de ses dons, don précieux dans les arts comme à la guerre, que cette promptitude d'esprit qui d'un coup d'œil voit une fausse route et qui sans marchander s'en détourne à l'instant. Toujours prêt à tout essayer, comme un homme qui s'enseignait lui-même, il était également rapide à ne pas s'entêter dans les guêpiers où il tombait. Aussi les *Femmes souliotes* n'avaient avec le *Gaston* aucune espèce de parenté : ce n'était ni la même brosse, ni la même main. Dans cette ébauche terminée que nous avions devant les yeux, la touche était déjà aussi lisse que limpide; point d'empâtements outrés, point d'ombres poussées au noir, une clarté fluide et harmonieuse sur toute la toile. S'il eût été possible de monter le tableau de ton sans rien détruire de ce premier effet, il en serait résulté une œuvre irréprochable. Aussi y avait-il des gens qui conseillaient à Scheffer de s'en tenir à ce qu'il avait fait. « Restez-en là, lui disait-on, n'y touchez plus. — En rester là, répondait l'artiste, autant vaudrait n'avoir pas commencé. Ce n'est pas seulement pour grandir mes figures que je quitte les petites toiles, c'est pour peindre autrement. Si je m'en tiens à cette préparation, on me dira qu'en grand comme en petit je ne fais toujours que de l'aquarelle. Je veux serrer de près la forme, accuser non-seulement les contours, mais les reliefs. Laissez-moi faire, j'en viendrai à bout. » Et en effet, à quel temps de là, au Salon de 1827, l'étonnement fut grand lorsqu'on vit ce tableau qui, par le caractère des têtes, par la touchante vérité et la profondeur des expressions, portait encore évidemment le cachet de l'auteur, mais qu'on aurait dit peint par un autre, tant le changement était grand dans le procédé d'exécution, tant son pinceau net et moelleux reproduisait avec délicatesse aussi bien ces brillants accessoires, ces costumes aux broderies orientales, que les carnations variées de ces femmes, de ces jeunes filles, de ces charmants enfants. Les plus hargneux critiques, les les plus grands ennemis du sentiment en peinture, avouèrent qu'il y avait progrès. Le fait était incontestable. Il est vrai que le peintre, pour en arriver là, avait fait à sa pensée première quelques légères infractions, jeté tout un côté de la scène dans l'ombre, et même dans une ombre épaisse, usé de contrastes en un mot, c'est-à-dire emprunté avec discrétion sans doute, mais non sans dommage pour son œuvre, les recettes toujours un peu factices des coloristes de profession. Aussi, tout en mêlant alors notre éloge public aux félicitations presque unanimes que recevait l'auteur, nous ne pouvions nous défendre, à part nous, d'un certain regret involontaire, et depuis ce temps-là, chaque fois qu'au Luxembourg nous revoyons ces *Femmes souliotes*, notre plaisir est plus ou moins troublé en les comparant à elles-mêmes, c'est-à-dire au tableau qui nous vient en mémoire dans sa fraîche pâleur et sa virginité.

Étions-nous donc de ceux qui voulaient que le peintre suspendît son travail, et, par respect pour sa pensée première, laissât sa toile inachevée? Non, Scheffer avait raison, un frottis vaporeux, une apparence de modelé n'est vraiment pas de la peinture. Ce genre d'interprétation des objets est à peine acceptable dans les œuvres de dimension réduite; l'échelle étant conventionnelle, le procédé peut l'être aussi; mais lorsqu'on veut représenter les choses telles qu'elles sont, aussi grandes que Dieu les a faites, on doit en imiter franchement les surfaces, franchement et complétement, c'est-à-dire modeler et colorer. Il faut donc être coloriste quand on veut être peintre? Il le faut de toute nécessité.

Mais n'est-on coloriste que d'une seule façon? C'est là le point à éclaircir. Ne dirait-on pas qu'il existe un prototype du modelé et de la couleur, que le procédé en est invariable, absolument déterminé par la manière dont certains maîtres ont compris et rendu les effets de lumière et d'ombre? Celui-là seul passera-t-il pour coloriste qui cherche à monter sa palette au même ton, à la même puissance que Rubens ou Rembrandt, qui donne au relief toute la saillie possible, qui vise à l'illusion, au trompe-l'œil? Pour notre part, nous ne le pensons pas. Nous admirons, autant que qui que ce soit, les magiques beautés de ces rois de la couleur : nous aimons jusqu'à leurs excès, parce qu'il n'y a rien dans leurs œuvres qui puisse en être compromis, parce qu'ils n'aspirent qu'à nous peindre la vie, l'âme extérieure de ce monde; mais s'ils avaient une autre prétention, s'il était dans leur génie de parler à l'esprit en même temps qu'aux yeux, s'ils avaient à nous communiquer les mystérieux secrets de la vie invisible, oseraient-ils nous inonder de cette lumière éblouissante? Nous imposeraient-ils ce modelé qui provoque et harcelle notre attention? Non, Rubens aussi bien que Rembrandt seraient les premiers à s'en défendre. Ils chercheraient une manière plus calme d'éclairer les objets, d'accuser les reliefs, une couleur en harmonie avec l'effet complexe qu'ils auraient à produire. Autre chose est donc la couleur des coloristes purs, des peintres qui renoncent à tout un côté de leur art, autre chose celle que comporte et qu'exige la peinture élevée à sa toute-puissance, c'est-à-dire aspirant à son double but, à sa vraie raison d'être, la représentation vivante aussi bien des âmes que des corps. Ces deux sortes de coloris ne sont pas deux degrés différents d'une seule et même chose : ce sont deux choses différentes, essentiellement distinctes en principe et en application. L'un est plus spontané, il s'acquiert avant tout par instinct, par tempérament; l'autre est plus réfléchi, la nature le prépare, l'étude le perfectionne. Mais, ne l'oublions pas, on est ou l'on n'est pas coloriste, on l'est à des degrés divers, dans l'un de ces deux modes aussi bien que dans l'autre.

Il y a des gens qui s'imaginent trouver quelque chose de profond lorsqu'à la vue d'un Raphaël ils s'écrient : « Quel dommage que ce ne soit pas Titien qui ait tenu le pinceau ! » Ils croient inventer là un miraculeux mariage, d'où sortirait une création surhumaine, le chef-d'œuvre des chefs-d'œuvre ! eh bien, il faut leur dire que, si, par impossible, ils étaient exaucés, ce qui naîtrait de leur rêve serait une plate médiocrité. Si Titien voulait rester lui-même, il aurait bientôt saccagé, tout en se mettant à la gêne, les lignes, les contours, les délicates expressions de son associé : le Raphaël disparaîtrait, et nous n'aurions qu'un faux Titien. Si, au contraire, le Vénitien devait rester dans l'ombre, à quoi bon l'être allé chercher? Dieu fait bien ce qu'il fait : laissons les chênes porter des glands. Cette union de qualités extrêmes et contradictoires fut l'ambition des Carrache, principalement d'Annibal : qu'en ont-ils obtenu? Avec des facultés de premier ordre, à quel rang se sont-ils placés? Ils voulaient faire de la chaude couleur sur du dessin arrêté, ils se sont faits lourds coloristes et vulgaires dessinateurs, ni peintres ni poëtes. Est-ce là ce qu'on veut quand on prêche la couleur à tort et à travers, sans s'inquiéter de la mesure, de l'à-propos, de l'harmonie, en demandant à tout le monde le même éclat, les mêmes vigueurs, en appelant incolore tout ce qui n'excède pas le ton de la vérité? Si quelque chose nous semble impardonnable, quand on se mêle d'aimer les arts, c'est de ne pas sentir que Raphaël est coloriste, grand coloriste, mais seulement lorsqu'il consent à l'être à sa façon, sans dépasser sa propre gamme, sans emprunter le diapason des autres, de ceux qui n'ont à leur service ni la forme ni la pensée.

Revenons maintenant aux *Femmes souliotes*. Qu'aurions-nous voulu que fît Scheffer? Non pas un effort moins grand pour se faire coloriste, un effort autrement combiné. Au lieu de ces partis pris, de ces tons soutenus, de ces contrastes, moyens un peu matériels en désaccord avec tout son talent, nous aurions voulu qu'il cherchât un coloris sobre et tranquille, solide, mais conforme à sa nature, de même famille que sa pensée, son coloris à lui, un coloris spécial, complétement affranchi des banalités de métier. Ce que nous souhaitions là, c'était ce que lui-même allait dorénavant chercher, essayer sans relâche, jusqu'au dernier jour de sa vie; ce qu'il eut le bonheur de rencontrer souvent, surtout dans la plupart de ses derniers ouvrages, ceux que le public ne connaît pas encore et dont bientôt nous parlerons.

Nous avons fait comme une halte devant ce tableau des *Femmes souliotes*, parce que dans la vie de l'artiste il marque un temps de transition. On peut dire qu'il ne se rattache ni aux œuvres qui précèdent ni à celles qui vont suivre, différant des premières par la facture et par les dimensions, des secondes par le caractère. Si les figures sont étudiées et peintes avec un soin tout nouveau, c'est encore une scène, une action dramatique, un groupe de nombreux personnages, toutes choses que désormais Scheffer allait laisser là en même temps que ses petites toiles. Voulant épurer son dessin et affermir son style, sans toutefois cesser d'être lui-même, sans renoncer à ses dons acquis, à sa manière pénétrante d'exprimer le sentiment, il n'avait qu'un moyen : concentrer son étude et ses forces sur un petit nombre de figures, éviter toute action compliquée, ne s'adresser ni à la pure histoire ni à la pure fantaisie, l'histoire étant trop positive, la fantaisie trop vague; chercher dans les légendes ces personnages qui sont un drame par eux-mêmes, que le public connaît et qu'il aime à revoir, qui prêtent au développement et posent devant le peintre, qui se peuvent étudier, analyser sans fin.

Or, de toutes les légendes, la plus riche comme la plus sublime, la source éternellement féconde de l'art et de la poésie modernes, Scheffer n'osait y puiser encore. Soit qu'il n'eût pas suffisamment ouvert son âme aux rayons d'immortelle vérité qui plus tard devaient luire pour lui, soit qu'il ne fût pas encore assez sûr de sa main pour toucher à cette arche sainte, près de dix années s'écoulèrent sans qu'il traitât un sujet religieux. C'était pourtant, à son insu, sa véritable vocation, son but suprême; mais il avait besoin d'un noviciat. Pour s'élever de la vie réelle, vie d'affections, de misères, de tristesses, qu'il avait si bien peinte, à la vie surhumaine, à l'idée religieuse, il lui fallait passer par des régions intermédiaires. Cette atmosphère nouvelle où désormais il allait vivre, c'était la poésie.

Ainsi trois phases successives, trois cycles, pourrait-on dire, dans cette vie d'artiste : le monde tel qu'il est, le monde des poëtes, puis enfin le monde de la foi.

De quels poëtes allait-il s'inspirer? Nous dirions presque qu'il n'avait pas le choix : une harmonie préétablie de race et d'origine, d'habitude et de nature d'esprit, l'entraînait vers le Nord, vers les beautés un peu brumeuses de la muse germanique ; ou si, par aventure, il se laissait attirer au soleil, ce n'étaient ni les soyeux contours, ni les molles clartés du Tasse et de l'Arioste qui pouvaient le séduire, c'était plutôt la touche abrupte et mâle du plus sombre et du plus rêveur des enfants du Midi. Goethe, Schiller, Byron, et par exception Dante, exception fortunée pour lui, voilà les inspirateurs qu'il n'allait pas quitter. Dix ans plus tôt, ce Parnasse étranger eût été lettre close pour le public français; mais, grâce aux traductions et aux idées naissantes d'émancipation littéraire, on commençait alors à se douter en France de ce qu'étaient Byron, Goethe, Schiller et Dante; on connaissait, sinon leurs vers, du moins l'esprit et les noms de leurs créations principales. C'était tout ce qu'il en fallait. Mieux vaut un certain mystère qu'une clarté trop grande dans les sources de l'inspiration. Scheffer avait donc raison de suivre son penchant et de ne pas s'adresser à nos propres poëtes. La poésie telle qu'on l'entend chez nous n'est pas chose, il faut le reconnaître, qui se transporte aisément sur la toile. Nous n'avons à offrir aux peintres que de beaux vers, expression plus ou moins imagée de sentiments abstraits ou des scènes de théâtre, et, de ces deux choses, l'une est intraduisible au pinceau, l'autre le glace et le pétrifie. Dans cinquante ans, si nos savants, à force de labeur, sont parvenus à remettre en mémoire, à vulgariser tant soit peu nos poétiques légendes du onzième et du douzième siècle, ces rustiques iliades, filles ou sœurs de l'épopée de Roncevaux, peut-être alors verra-t-on des tableaux éclore du sein de la poésie française; mais jusque-là prenez tous nos poëtes, prenez notre théâtre, cette gloire des lettres, cette merveille de l'esprit, vous ne trouverez pas un artiste qui s'en puisse heureusement inspirer. Tout est trop dessiné, trop arrêté dans ces chefs-d'œuvre; ils ne laissent rien à fouiller, rien à chercher, ils disent tout. Si l'artiste avec son pinceau les traduit librement, comme il convient à l'art, il choque nos traditions, trouble nos habitudes, nous crions au contre-sens; s'il traduit à la lettre, il n'est plus qu'un malheureux copiste de friperie théâtrale. L'école de David en a fait la triste expérience : tous ses tableaux sont des vignettes servilement calquées sur les poses de Talma, c'est-à-dire de glaciales caricatures. Ne prenez pas la poésie pour guide, ou prenez des poëtes qui peignent à grands traits et vous laissent vos coudées franches. Il ne vous faut qu'un canevas, un *libretto* plus ou moins élastique, quelques points de repère pour vous entendre avec votre public; puis volez de vos propres ailes, inventez, créez, soyez vous-même tout en suivant les créations d'autrui.

C'est là ce que trouvait Scheffer dans ses poëtes étrangers. Ainsi Goethe, par exemple, que lui empruntait-il pour s'emparer de son Faust et de sa Marguerite? Tout juste ce que Goethe avait demandé lui-même à la vieille légende nationale, le fond, la donnée première du drame et des personnages, une certaine teinte locale générale, certains traits de caractère; mais, du reste, le détail des scènes, l'esprit du dialogue, l'esprit de Goethe, il n'y touche même pas, glisse à côté, et substitue partout son propre esprit, son propre sentiment. C'est ainsi que les arts doivent se traduire entre eux. Il leur faut une fraternité toujours indépendante. — La Marguerite allemande est moins rêveuse et moins mélancolique, moins virginale et moins candide que celle-ci : avec un cœur aussi honnête, elle a des yeux plus éveillés, c'est vrai ; mais la poésie peut expliquer des choses que la peinture ne saurait dire. Peignez-nous, trait pour trait, sans commentaire, la pauvre enfant telle que l'a conçue Goethe, vive, enjouée, mutine; le spectateur s'y méprendra, il ne saura pas bien lequel des deux amants séduit l'autre : il faut donc que le peintre insiste sur la candeur. C'est comme les griffes de ce diable : le poëte peut les cacher, il a moyen de nous dire à l'oreille à quel homme nous avons affaire, il met ses griffes dans ses discours; mais le peintre, s'il ne les montre pas, son tableau n'est plus qu'une énigme. Gardons-nous donc d'épiloguer et prêtons-nous de bonne grâce à ces transformations nécessaires. Sans elles, pas d'invention possible en peinture : ce n'est pas un art créateur dans le sens ordinaire du mot.

Qu'on nous cite un grand peintre qui ait tiré de son propre fonds un sujet de tableau, qui ne se soit pas fait simplement traducteur ou d'un récit d'histoire, ou d'un rêve de poëte, ou d'une tradition populaire. On n'en trouvera pas. Partout un fonds d'emprunt, mais sur ce fonds une liberté d'invention sans limites. Cette liberté, Scheffer savait la prendre et se la rendait plus facile en cherchant ses modèles hors de France, en se mettant comme à l'abri derrière un idiome étranger. Il aurait eu moins d'assurance, si chez nous on savait par cœur les vers de Goethe comme les vers de Racine.

Quitterons-nous ce Faust et cette Marguerite sans avoir indiqué quelle place ces deux figures à demi réelles, à demi fantastiques, ont occupé dans la pensée de Scheffer et presque dans sa vie? On peut dire que pendant trente ans elles ne l'ont pas quitté, se présentant sans cesse à lui comme une vision favorite, et toujours sous des aspects nouveaux. Elles ont presque assisté à ses derniers moments. Bien peu de temps avant sa mort, interrompant ses travaux de peinture religieuse, qu'il avait cependant tant à cœur d'achever, on le vit saisir une dernière fois ses anciens pinceaux pour mettre encore au monde un nouveau Faust, une nouvelle Marguerite. Chaque fois qu'il s'est inspiré de cette fiction, il en est sorti quelque page marquée à son meilleur cachet. Nous distinguons pourtant, et dans cette famille nous avons nos prédilections.

La première de toutes les *Marguerite* fut la *Marguerite au rouet*; elle parut au Salon de 1831, en compagnie du *Faust tourmenté par le doute*. Depuis les *Femmes souliotes*, Scheffer n'avait rien exposé : c'était son nouveau programme.

Avec deux simples figures, chacune isolée dans son cadre, presque sans accessoires, deux portraits pour ainsi dire, il faisait lire clairement, à première vue, sans le secours du livret, tout ce que la plus fine analyse, la plus pénétrante psychologie auraient pu découvrir au fond de ces deux âmes. Comme on les voit souffrir, chacune à sa façon : l'une inquiète et vacillante devant d'obscurs mystères qu'elle s'obstine à sonder, l'autre en contemplation muette devant des mystères aussi, et non moins formidables, les premiers troubles de l'amour !

Cette intensité d'expression, obtenue avec tant d'aisance et des moyens si simples, sans l'ombre de charlatanisme, c'était quelque chose de nouveau et de considérable en peinture. La foule le comprit et se pressa devant ces deux études avec une sympathie curieuse. Scheffer alors se sentit comme attaché à son sujet, il lui sembla ne l'avoir qu'effleuré, et, sans concevoir encore l'idée de compléter le drame, sans revenir en arrière jusqu'aux débuts de ce fatal et touchant amour, il alla droit aux scènes qui tentaient son talent, et avant tout à la *Marguerite au prie-Dieu*. Nous désignons ainsi la pauvre fille assistant à la messe et succombant à son remords. Quelle attitude et quel regard ! Comme le corps s'affaisse, comme cette tête s'abandonne et tombe sur le prie-Dieu ! Quelle douleur, quel cri de l'âme dans ces bras, dans ces mains ! et comme tout ce pathétique est contenu dans sa juste mesure ! Ici c'est plus qu'une étude, plus qu'un jeu de physionomie habilement rendu, plus qu'un tour de force d'expression, c'est une action complète : la toile est pleine ; les accessoires jouent leur rôle, encadrent la figure principale et en redoublent l'effet. Cette paix, ce silence, ce recueillement autour de la jeune fille donnent à son angoisse quelque chose de plus déchirant.

Pour Scheffer évidemment, cette scène de l'église était à son insu le sujet tout entier : tout *Faust* était là pour lui. Aussi ce tableau, selon nous, sans être inattaquable, s'élève-t-il au-dessus des autres. Il est mieux inspiré et plus touchant. On ne trouve peut-être ni moins d'invention ni moins de sentiment dans la *Marguerite au Sabbat* : sa tristesse est aussi navrante, sa pose est aussi vraie, et la seule façon dont elle tient son enfant fait comprendre toute son histoire; mais ce pâle fantôme a beau faire, il est moins attachant que la vivante Marguerite, et puis le groupe des deux hommes n'est pas tout à fait exempt d'un défaut presque inconnu à Scheffer, l'emphase théâtrale. Quant aux autres épisodes, la *Sortie de l'Église*, la *Promenade au Jardin*, ce sont de charmantes idylles où l'expression sommeille un peu. Détachées de l'ensemble, ces toiles ne se recommanderaient que par la grâce d'un blond visage, d'un doux regard azuré, d'une démarche souple et légère, d'une heureuse variété d'attitudes et d'expressions; mais en s'entremêlant à ce tragique voisinage, elles prennent un tout autre intérêt : ce sont des repos, des valeurs négatives, comme les silences en musique. Il en est autrement de la dernière de toutes ces *Marguerite*, la *Marguerite à la Fontaine*. Là, nous trouvons encore un vrai chef-d'œuvre d'expression : la pauvre enfant écoute, mais sans en avoir l'air, les propos qu'échangent sur son compte les jeunes filles ses compagnes : un trouble indéfinissable altère son placide visage. Ce qui la fait rougir, c'est à la fois l'amour, car on voit qu'elle rêve au bonheur; c'est aussi la première alarme, le premier frémissement d'une conscience en péril. Tout cela se sent et se voit clairement, sans qu'on puisse dire exactement à quels signes on le devine.

Nous parlons de ce tableau sans nous apercevoir qu'il n'a pas vu le jour, et même qu'il est sorti de France un mois à peine avant la mort du peintre ; mais la gravure nous le rendra bientôt. Quant aux autres, ce sont déjà de vieux amis du public, on peut, en en parlant, se dispenser de les décrire. Ce genre de privilége appartient à presque toutes les créations de Scheffer. Les *Mignon*, par exemple, dont la pensée première lui vint aussi de Goethe, ne sont pas moins connues que les *Faust* et les *Marguerite*. On peut même s'étonner que ces figures purement rêveuses, conçues dans un esprit presque tout germanique, sans action caractérisée, et plus lyriques que dramatiques, aient si bien réussi chez nous, qu'elles soient l'objet d'une faveur si générale et si constante dans un pays qui, avant tout, demande aux arts un sens déterminé. A cela point d'autre cause que la toute-puissance et la magie de l'expression. Si frivole ou si positif que soit le spectateur, il ne peut voir avec indifférence ce regard ardent et malheureux qui semble le poursuivre et s'attacher à lui tout en se perdant dans l'espace. Certains critiques ont demandé à quel signe on s'apercevait que cette jeune fille a le mal du pays, comment on devinait qu'elle rêve aux citronniers et au soleil plutôt qu'à toute autre chose, à sa mère, à ses compagnes, ou même à son amant ? Pauvres questions qui n'ont pas arrêté le public ! Y a-t-il là une créature humaine, un cœur souffrant comprimant ses soupirs, rongé de souvenir et de regret ? D'inexprimables aspirations se lisent-elles sur ce visage? Voilà tout ce qu'il faut au public, et il a bien raison. Cette sorte de mystère qui échappe à l'analyse, et que le cœur comprend, se révèle surtout dans l'un de ces tableaux : nous parlons de la *Mignon* rêvant à son pays. Celle qui aspire au ciel, à la patrie céleste, pose un peu trop devant le spectateur; elle est moins simple, plus agitée, et au fond moins passionnée que l'autre. La moins connue, c'est la troisième, la *Mignon retrouvant son père*. Elle n'est, à peu de chose près, qu'une répétition de la première, avec addition d'une figure qui n'ajoute rien à l'effet.

Nous voici maintenant (toujours en pleine poésie allemande, représentée cette fois par Schiller) devant des sujets tout différents. Ils ont peut-être moins d'attrait et la gravure les a moins répandus, ce qui n'empêche pas que le peintre y déploie, selon nous, des qualités encore plus grandes et plus fortes. Ici point de figures de femmes, point de gracieux visages, point de larmes d'amour; des pleurs encore, mais des pleurs de vieillard, des pleurs de désespoir. C'est Eberhard, le vieux comte de Wirtemberg; hier il rudoyait son fils, il s'indignait qu'il eût cédé au nombre et quitté vivant le champ de bataille; il ne lui permettait pas de s'asseoir à sa table, et pour se séparer de lui tranchait la nappe de son couteau : aujourd'hui le voilà vainqueur; son honneur est vengé, son camp triomphe, il doit être content. Que fait-il donc, seul dans sa tente, les yeux en feu et les joues ruisselantes? Il pleure devant le corps mort de son fils. — Ces deux scènes, si bien tracées dans la ballade, ont inspiré à Scheffer les deux compositions les plus mâles et les plus énergiques qui soient sorties de son pinceau. Elles sont écloses à plus de quinze ans de distance, et c'est par la dernière qu'il avait commencé. Il n'a fait le *Coupeur de nappe* que vers 1850; le *Larmoyeur* remonte à 1834. On le vit au Salon de cette année, et maintenant il est au Luxembourg avec les *Femmes souliotes*. Soit mauvaise qualité de la toile, soit abus du bitume comme matière colorante, ce tableau est déjà gravement altéré. La seule partie qui n'ait pas trop souffert est heureusement une des plus belles, c'est la tête et le corps du jeune guerrier couché dans son armure. On peut aussi, en se plaçant bien, découvrir encore quelque chose de l'admirable tête du vieux comte; mais tout le reste n'est plus qu'un enduit obscur et raboteux. Ary Scheffer, qui savait le prix de cette composition, n'a pas voulu qu'elle fût perdue. Vers le temps où il a fait le *Coupeur de nappe*, il a refait le *Larmoyeur*, et cette répétition est une œuvre nouvelle qui laisse l'original à distance. Les dimensions de la toile sont plus heureuses, les jambes du jeune homme ne sont plus coupées par le cadre, il s'étend de toute sa longueur; puis le ton du tableau est moins sombre, moins uniforme, le faire en est plus fin et plus égal. En 1834, Scheffer essayait encore des procédés les plus divers en fait de coloris, et ce sujet lugubre l'avait comme entraîné dans les teintes à la Rembrandt; en 1850, revenu de toute imitation, ne cherchant qu'à devenir lui-même, il ne s'est plus servi de bistre qu'avec modération, et a jeté du jour dans ces ténèbres. Les deux têtes n'y perdent rien, elles sont tout aussi lumineuses et encore plus touchantes sur ce fond moins artificiel. Ainsi renouvelé, ce tableau est le digne pendant de l'autre scène, du terrible *Coupeur de nappe*. Lequel est le plus pathétique? On se sent attendri malgré soi devant ce beau jeune homme moissonné dans sa fleur, devant cet orgueilleux vieillard dévoré de regrets et de larmes; mais l'aveugle colère d'un père qui flétrit injustement son fils et ne voit pas que ses insultes le poussent à la mort, mais la fierté muette, immobile de ce fils qu'on sent rugir, comme enchaîné par le respect d'un père, c'est quelque chose qui émeut et qui ébranle encore plus fortement que des larmes.

Ces deux tableaux sont en Hollande. Nous voudrions qu'on les montrât à ceux qui ne voient en Scheffer qu'un peintre élégiaque, vaporeux, métaphysique. Nous leur demanderions si la passion humaine, si le vrai drame sans phrases et sans décors a souvent rencontré un plus ferme interprète. Il y a du Shakspeare dans ce *Coupeur de nappe*. Si Scheffer n'a pas fait souvent résonner cette corde, on le voit, elle existait en lui. Son *Giaour*, dans un genre moins sobre et moins contenu, est encore un exemple de cette énergie de pinceau; mais ce n'était pas là sa pente naturelle : après le *Giaour*, une autre inspiration de Byron le ramène bien vite à ses prédilections, aux tristesses de l'âme, à l'idéal mélancolique. Cette *Medora*, l'œil fixé sur la mer qui doit lui ramener son amant, est un des types favoris de l'imagination de Scheffer. C'est une beauté du Nord, un peu sylphide. Elle n'a ni les joues arrondies de Marguerite, ni les pommettes saillantes de Mignon; rien d'allemand ni de bohémien; ses traits ont plus de style; on souhaiterait seulement que sa chair eût plus de consistance, plus de vie, moins de délicatesse : le peintre a trop voulu nous faire sentir que Medora doit mourir si Conrad ne revient pas.

Nous voilà presque au terme de cette phase de poésie qui occupe le milieu de la vie de notre artiste, et nous n'avons rien dit encore de sa *Francesca di Rimini*, de l'œuvre qui domine en quelque sorte cette période tout entière. Pour le public, le nom de Scheffer éveille avant tout l'idée de cette composition d'un genre si neuf et si touchant, de ce groupe si artistement enlacé, si bien uni d'un même supplice et *d'un même vouloir*, si tristement, si amoureusement emporté dans l'espace. N'eût-il jamais fait autre chose, l'auteur d'un tel tableau échapperait à l'oubli. Scheffer a pu trouver quelquefois des beautés d'un ordre supérieur; il n'a rien produit d'aussi harmonieux, d'aussi complet. Sans perdre ses qualités propres, il semble en emprunter ici qui lui sont étrangères. C'est une ampleur de style, une souplesse, une pureté de lignes, une rondeur de modelé que ses poëtes du Nord ne lui inspiraient pas. En se séparant d'eux un instant, en s'approchant de Virgile et de Dante, on dirait qu'il pénètre dans une autre atmosphère, qu'il est sous l'influence d'un autre art, d'un autre goût ; un souffle embaumé d'Italie semble avoir passé sur sa toile.

L'original de ce tableau, qui appartenait à M. le duc d'Orléans et qui parut à la vente de sa galerie, n'était pas dans un état de parfaite conservation. Des accidents, moins graves que ceux qui déparent le *Larmoyeur* du Luxembourg, altéraient une partie des fonds et même des figures. Scheffer a eu le courage, comme pour le *Larmoyeur*, de faire une répétition entièrement peinte de sa main. Il faut voir cette *Francesca* nouvelle pour sentir ce que l'œuvre a gagné dans ce second enfantement, tout ce que vingt ans d'études, de réflexion, d'expérience, ont ajouté de délicates nuances et d'heureux traits d'expression à ce fonds déjà si riche. Peu d'artistes ont eu la constance de reprendre et de refondre ainsi, après longues années, leurs œuvres de prédilection. Ceux qui ont fait des répétitions, et le nombre en est grand, les ont faites identiques, au moment même de la première création, si bien que la postérité a souvent peine à reconnaître les véritables originaux. Scheffer, au contraire, ne s'est guère copié lui-même que pour ajouter, corriger, étudier à nouveau. Jamais content de ce qu'il avait fait, recommencer par espoir de mieux faire, c'était un bonheur pour lui. Il ne changeait pourtant que des détails. Dans son ensemble, la *Francesca* reste la même : c'est toujours le tableau que le public connaît; mais si connu qu'il soit, il faut qu'on nous permette d'en dire ici quelques mots. C'est sur la part d'invention qui revient à l'imitateur que nous voudrions insister.

Ce n'est pas tout, en effet, de lire le cinquième chant de l'*Enfer* et d'en être vivement ému. Le tableau n'est pas fait quand on a lu les vers; disons mieux, il serait mal fait si la toile s'en tenait à ce que les vers lui disent sans rien changer, sans rien ajouter. Dante compose son tableau à sa façon. Cette rafale infernale qui entraîne dans le ténébreux séjour les amants criminels; tous ces milliers de malheureux emportés deux à deux par le noir tourbillon qui jamais ne s'arrête, grinçant des dents, se lamentant, « traînant leurs plaintes » comme de longues files de grues qui passent en chantant leur lai, comme des nuées d'étourneaux poussés par le vent d'hiver, tout cela n'est qu'indiqué, crayonné dans la demi-teinte ; c'est le fond, l'arrière-plan du récit : ce qui est en saillie, ce qui se détache en lumière sur ce gouffre de ténèbres, ce qui fait le premier plan du poëte, ce sont les paroles de Francesca, ces adorables réponses que son interlocuteur ne peut entendre sans s'attendrir et sans tomber évanoui. Eh bien, tout ce divin dialogue, il faut y renoncer. Essayez donc d'aboucher Dante et Francesca, cherchez à tracer ce colloque, la scène deviendra inintelligible aux yeux. Il faut la prendre au rebours et faire dominer la rafale en la personnifiant dans Paolo et Francesca ; il faut choisir le moment où les paroles viennent de cesser, où les pauvres amants, détournés un instant de leur route par l'attrait sympathique de ces deux étrangers, et planant, pour venir à eux, comme deux colombes suspendues sur leurs ailes ouvertes et immobiles, sont tout à coup repris par la tempête et retombent dans leur supplice. Il faut nous montrer Francesca, la lèvre encore tremblante des paroles qu'elle vient de dire, le cœur gonflé de souvenirs, les yeux noyés de larmes. Il faut enfin, par des effets purement plastiques, donner au spectateur la même impression, le même état d'esprit où nous jette la lecture de ce merveilleux épisode.

A-t-on souvent mis en pratique, avec un tel bonheur, l'art difficile de traduire par équivalent? Tout est changé et tout subsiste; rien n'est à la même place, tout est empreint du même esprit. Nous n'avons qu'un regret devant cette belle œuvre, c'est que Scheffer, avant d'y remettre la main, ne soit pas allé voir à Florence, dans le palais du podestat, aujourd'hui la prison, *il Bargello*, le véritable Dante tracé sur la muraille, de la main de Giotto, son ami. Ce beau profil, découvert par miracle, il y a douze ou quinze ans sous une croûte de badigeon, ces traits si fins, cet œil si fier où se trahit si bien l'ardeur de l'âme et le feu du génie, nous voudrions les voir au second plan de la *Francesca*, au lieu de ce Dante traditionnel, Cassandre débonnaire et sénile. Une scène si belle demanderait un plus digne témoin.

La *Francesca di Rimini* fit son apparition au Salon de 1835. Parvenu à cette hauteur, Scheffer allait de plain-pied, pour ainsi dire, passer de l'idéal poétique à l'idéal religieux. Il s'en était frayé la route peu à peu et comme à son insu. Dès 1836, on voyait dans son atelier l'ébauche du *Christ consolateur*; l'année suivante, il l'avait achevé. Hâtons-nous de le dire, ce n'était là qu'un prélude, un essai sur un terrain neutre, l'essai d'un néophyte qui côtoie le sanctuaire sans se permettre d'y entrer. Dans ce tableau, disait naguère un juge aussi bienveillant qu'éclairé, il y a plus de philosophie que de religion. Et, en effet, le personnage principal, ce Dieu consolateur entouré de tant de malheureux, c'est un symbole de mansuétude et de bonté, ce n'est pas le Dieu bon, le Dieu vivant, le Dieu qu'on prie, qu'on aime, le Dieu que tout à l'heure Scheffer nous montrera; tous ces malheureux eux-mêmes, qui, chacun pris à part, sembleraient pleins de vie, groupés ainsi artificiellement, comme des arguments à l'appui d'une idée, perdent en quelque sorte leur personnalité, et se transforment en abstractions. C'est la souffrance de la maternité, la souffrance de l'esclavage, la souffrance du génie, toutes les souffrances de ce monde, calmées et adoucies par la bonté divine, par la bienfaisante rosée des espérances immortelles : tout cela est très-ingénieux, très-pur, très-moral, très-habilement rendu; toutes ces têtes sont touchantes, quelques-unes admirables, on ne se lasse pas de les contempler une à une, mais tout cela fait un tableau, il faut bien l'avouer, d'une incontestable froideur.

Si Scheffer était resté dans cette voie, il eût donné beau jeu à ses adversaires naturels, aux détracteurs de l'expression et de la pensée dans les arts, aux mortels ennemis de la peinture d'idées, comme ils l'appellent. Autant c'est un grossier système que ce culte de l'art pour l'art, si fort en faveur aujourd'hui, de l'art qui non-seulement n'enseigne rien, mais ne dit rien, n'exprime rien, ne fait penser à rien, et se pavane uniquement de quelques coups de brosse plus ou moins téméraires, autant il faut se mettre en garde contre la tentation de faire dire au pinceau plus qu'il ne doit, plus qu'il ne peut. Nous ne voulons pas de la peinture muette, mais nous voulons qu'elle ne soit pas pédante, qu'elle se contente de son propre langage, qu'elle ne parle ni science, ni philosophie, ni morale, et quand elle cherche la religion, que ce soit par la bonne route, par le cœur, non par l'esprit. Eh bien, Scheffer, grâce à ce don de s'amender lui-même que tout à l'heure nous signalions, s'était aperçu bientôt qu'au lieu d'aller à l'idéal il marchait à l'idéalisme, qu'il lui fallait sortir de ce brouillard allemand, ne plus se fatiguer l'esprit à des synthèses théophilanthropiques, ne plus inventer Dieu, mais le chercher tout simplement dans la Bible et dans l'Évangile. Aussi ne l'a-t-on vu retomber qu'une fois dans les voies qui l'avaient conduit au *Christ consolateur*, et c'était pour faire un pendant : la symétrie le ramenait en arrière. Le *Christ rémunérateur* est conçu dans le même système : mêmes qualités, mêmes défauts ; c'est un jugement dernier de fantaisie, trop plein d'idées, trop peu vivant ; mais, encore une fois, cet exemple est le seul : dans tous ses autres essais de peinture religieuse, Scheffer est parti du principe opposé ; c'est la naïveté historique des saintes Écritures sans raffinements, sans commentaires, c'est le Dieu réel et agissant qu'il s'est proposé de peindre. Voilà ce que la critique n'a pas eu l'équité de toujours reconnaître. Elle a pris texte de deux tableaux pour juger tous les autres ; de l'exception elle a conclu la règle, et, sur la foi de ses oracles, bien des gens sont encore convaincus que Scheffer n'a jamais peint que des Christ philosophiques, et que dans ses tableaux religieux il est un pur idéologue.

Ce qui n'est guère plus juste, c'est de prendre au sérieux certains travaux de circonstance sur lesquels il faudrait glisser. Qu'importe par exemple que sous le nom de Scheffer quelques toiles figurent au musée de Versailles ? Est-ce la *Bataille de Tolbiac* et *Charlemagne dictant ses Capitulaires* qui ont fait sa réputation ? Qu'avons-nous besoin d'en parler ? Qui se souvient de ces tableaux ? Scheffer s'en souvenait-il lui-même ? Notre seul grief, c'est le temps qu'il a mis à les faire, et qu'il pouvait mieux employer. Quant aux tableaux eux-mêmes, l'art n'y joue pas grand rôle, c'est tout simple. Ils feraient disparate s'il n'en était ainsi. Versailles n'est pas un musée de peinture, c'est une galerie d'histoire, un grand moniteur illustré ; nous ne jugeons pas l'idée, nous la prenons telle qu'elle est. Notre respect pour le feu roi, pour le rénovateur de Versailles, est trop sincère et trop profond, nous prisons trop haut sa sagesse et les services que lui doit la France, pour éprouver la moindre gêne à dire qu'il n'avait pas le sentiment de l'art, que, comme presque tous les monarques, il voulait avant toute chose faire vite et faire beaucoup. Près du trône au contraire, dans sa royale maison, c'était comme un don naturel que l'amour éclairé du beau : le génie de l'artiste s'y produisait lui-même, on s'en souvient, sous des traits augustes et charmants. Scheffer avait eu l'honneur, longtemps avant 1830, d'être non pas l'initiateur, la nature l'avait prévenu, mais le conseil et le guide de ces jeunes protecteurs de nos arts, et son goût judicieux les avait maintenus, en matière de peinture, dans un état d'innocente révolte contre l'autorité paternelle. De là deux courants opposés dans les commandes d'objets d'art. Deux tableaux du même peintre, sortant du même atelier, l'un pour s'enfouir à Versailles, l'autre pour aller briller dans la galerie de M. le duc d'Orléans, étaient deux choses tout aussi différentes que deux tissus fabriqués, l'un au métier, l'autre à la main. Voilà ce qui explique comment Scheffer, travaillant pour son élève, nous pouvons dire pour un ami, ces mots sont du prince lui-même, produisait des *Mignon*, des *Francesca di Rimini*, et réservait les *Bataille de Tolbiac* pour la galerie du souverain.

Laissons donc là ces œuvres secondaires, et revenons aux travaux sérieux. Aussi bien nous touchons, non pas au dénoûment, mais aux dernières péripéties de cette vie d'artiste : moment plein d'intérêt où peu à peu tout s'éclaircit, où l'hésitation se dissipe, où les efforts se concentrent, où chaque pas conduit plus près du but. Nous venons de laisser le peintre de *Francesca* au seuil de la peinture sacrée ; maintenant il faut voir comment il y pénètre, comment il va de degrés en degrés s'élever dans ce grand art à des hauteurs rarement accessibles.

Son *Christ consolateur* était un dangereux début. Il aperçoit l'écueil et se porte aussitôt dans un sens tout contraire. Les *Bergers conduits par l'ange*, les *Rois mages déposant leurs présents*, voilà les sujets qu'il s'impose, sujets sans énigme à coup sûr et sans métaphysique. Il les traite avec simplicité, comme des études, sans parti pris, sans recherche, peut-être même sans se permettre une assez grande originalité. Ces lieux communs de la peinture, ces vieux thèmes consacrés ne veulent pas qu'on les brode; mais, sans les altérer, on peut les rajeunir par un certain accent individuel. Scheffer, vers cette époque, fit bien d'autres essais, un *Christ soutenu par l'ange au Jardin des Olives*, un *Christ portant sa croix*, un *Christ enseveli*. Dans ces compositions, pleines de beautés, on sent encore que l'artiste est sur un terrain qu'il ignore. Ses qualités personnelles commencent à s'y faire jour, elles n'y sont pas acclimatées. Il n'a pas trouvé ce qu'il cherche. Il y a de la tendresse dans cet ange, un sentiment noble et profond dans ces têtes du Sauveur, rien encore de divin. Le véritable terme de son apprentissage, si nous pouvons parler ainsi, la prise de possession d'un idéal religieux qui lui soit propre, qui n'ait rien de banal, rien d'incertain, qui sorte des entrailles mêmes de son talent, c'est la *Sainte-Monique* et le *Saint-Augustin*. Dix ans s'étaient passés depuis le *Christ consolateur*. C'est au Salon de 1846, dernier Salon où Scheffer ait exposé, que parut la *Sainte-Monique*.

Que dire de ce tableau, sinon redire son immense succès? Nous savons bien ce qu'en murmurent et les gens de système et les gens de métier : ce n'est pas là de la peinture, c'est une apparition de corps transfigurés. Quelle roideur dans ces corps! quel maigreur anguleuse! quel mépris de la chair! quelle glorification des os! Acceptons tout cela, avouons même, si l'on veut, que l'exécution de ce groupe, le genre admis, laisse à désirer quelque chose; que l'auteur tout à l'heure nous donnera lui-même et la mesure et l'exemple de ce qu'on souhaiterait ici; qu'il s'est par trop abandonné à la pente de sa nature; mais, tout cela concédé, vous trouverez encore plus qu'il n'en faut pour justifier, pour perpétuer le succès. Récusez le public une fois, deux fois, nous l'admettons: il a ses engouements passagers, il est faillible, très-faillible; mais quand il persévère, quand ses prédilections subsistent à travers deux générations, malgré le temps qui court, malgré la mode qui varie, quand il s'obstine à se laisser charmer, c'est qu'il y a chez celui qui le charme un pouvoir solide et réel. Le public ainsi mis à l'épreuve est le critique par excellence. Scheffer l'a toujours trouvé fidèle à chaque degré nouveau qu'a franchi son talent; élégie, roman, dramatiques ballades, grandes et poétiques fictions; maintenant ce public est convié à des sermons, tout au moins à des homélies, et le voilà fidèle encore! A quoi bon s'écrier : Ce n'est pourtant pas de la peinture! C'est bien mieux, puisque l'extase de cette sainte femme se communique en quelque sorte à ceux qui la contemplent, puisque vous vous sentez comme entraînés par elle, comme emportés avec son fils vers ces régions éthérées où s'élève son âme, puisque vous assistez, par reflet dans ses yeux, au spectacle sublime dont elle est enivrée. L'élan de la vie céleste, l'élan de la béatitude, la vision du surnaturel rendue sensible et fixée sur la toile, voilà le mot de ce succès. Ajoutez aux joies du ciel certains sentiments de la terre que Scheffer excelle à faire comprendre, le bonheur, la reconnaissance de cette mère qui tient son fils contre son cœur, et qui sent qu'il s'émeut, se détache, s'ébranle, commence à quitter terre, et va la suivre dans son vol; puis, chez le fils, la foi naissante et déjà ferme, tant de respect et tant d'étonnement, tant d'ardeur soumise et domptée, toutes les *confessions* en un mot, résumées en trois coups de pinceau! Trouvez beaucoup de peintres qui vous en disent autant, qui vous révèlent de tels mystères, cherchez dans le présent, cherchez même dans le passé, et dites-nous si devant de telles œuvres l'admiration se marchande! En faveur de ce qui s'y trouve, n'oublie-t-on pas ce qui peut y manquer?

Quant à Scheffer, il ne l'oubliait point. Toujours en garde contre lui-même, l'œil ouvert sur ses défauts, il allait et venait, comme un vigilant capitaine dans une place assiégée. C'est une curieuse étude que celle de cet esprit, plein de fougue, jamais emporté, et corrigeant l'excès de son activité par des réactions continuelles. La *Sainte Monique* touchait à l'extrême limite de la transparence en peinture; dès l'année suivante, dans les *Saintes Femmes revenant du tombeau*, voilà le faire le plus solide et le plus consistant : carnations, draperies, tout est fermement peint dans ce tableau. Aussi le connaît-on mal quand on n'en voit que la gravure. Le pinceau va ici plus loin que le burin. Est-ce le soin de cette exécution plus précise qui refroidit un peu la touche? est-ce la nature du sujet qui se refuse à plus d'animation? Nous ne pourrions le dire; mais cette composition, en quelque sorte irréprochable, produit sur nous un effet tempéré. A cette gravité silencieuse, à la pieuse tristesse de ces trois femmes si saintement exprimée, le peintre, moins occupé de l'extérieur, plus à son aise, se laissant plus aller, aurait ajouté, ce nous semble, une plus grande variété de nuances et cette onction pénétrante qu'il sait produire si admirablement.

Avec beaucoup d'analogie de style et d'exécution, on trouvera plus de feu intérieur et une action plus vivement sentie dans cette Ruth disant à Noémi : « Ne me prie pas de te quitter ; où tu iras, j'irai ; ton peuple sera mon peuple, ton Dieu sera mon Dieu. » La jeune Moabite exprime admirablement la fidélité tendre et passionnée qui l'attache à sa belle-mère. On sent qu'elle aime en elle celui qu'elle a perdu ; les tristesses de son veuvage voilent encore ses yeux. Parmi les œuvres de Scheffer que le public ne connaît pas encore, il en est peu d'aussi touchantes et de plus originales. Aucune affectation de couleur locale ne trouble le spectateur, et pourtant il comprend où se passe la scène ; il sent comme un parfum biblique s'exhaler de ces deux figures.

C'est aussi une inspiration de la Bible, peut-être plus gracieuse encore, que le *Premier baiser donné par Jacob à Rebecca*. Candeur et pureté sur ce front, amour chaste et brûlant sur ces lèvres, virginale beauté, respectueuse ardeur, rien ne manque à ce groupe charmant. Les contours sont fins et hardis, la touche souple et brillante. Scheffer n'a jamais rien mis sous les yeux du public qui soit d'un tel bonheur d'exécution.

Bien d'autres compositions nous viennent en mémoire ; mais le lecteur n'est-il pas las de ces souvenirs sans contrôle ?

Nous ne pouvons pas même, pour l'aider à nous suivre, invoquer ici la gravure; parmi toutes ces œuvres nées coup sur coup depuis douze ans, il en est peu qui soient déjà gravées. Elles le seront toutes, peut-être même trouvera-t-on moyen, si dispersés que soient les tableaux, de les réunir quelque jour et d'en faire une exposition publique; tout cela par malheur n'est encore qu'en projet et demande du temps. Il faut, quant à présent, qu'on veuille bien encore nous croire sur parole, tout au moins pour deux ou trois tableaux, dernier complément, selon nous, de cette chaîne de progrès dont nous venons de suivre les anneaux. Après des pages comme la *Sainte Monique*, les *Saintes Femmes*, la *Ruth*, la *Rebecca*, on croit toucher au terme; un pas nouveau, et le plus grand, reste pourtant à faire. Déjà Scheffer, comme on l'a vu, s'était essayé plusieurs fois au grand problème de l'art chrétien, l'image du Sauveur, la représentation de l'Homme-Dieu. Cette désespérante entreprise ne rebutait pas son courage; il la poursuivait sans relâche, comme obsédé par la vue d'un type qui lui échappait sans cesse, comme animé par le pressentiment que là serait sa meilleure victoire et le couronnement de sa vie.

De tous les chefs de la peinture, quels sont ceux qui, en cherchant les traits du Dieu fait chair, ont trouvé seulement ceux d'un homme tant soit peu supérieur à la moyenne de notre espèce? Quelle roideur solennelle chez les uns, quelle molle douceur, quelle afféterie chez les autres! Sanzio lui-même, qui seul peut-être a complétement touché le but, l'a-t-il toujours atteint? Dieu s'est révélé à lui, nous l'osons dire; il a vu Dieu, il nous le montre, mais seulement dans les bras de sa mère : c'est l'Enfant-Dieu dont il est peintre ; l'enfant devient-il homme, la révélation cesse ; ce n'est plus ce calme de la force, cette majesté toute-puissante, cette pensée créatrice du monde, ces yeux qui percent les mystères ; à Rome comme à Pérouse et à Florence, à fresque comme sur toile, au sommet du Thabor comme au seuil du sépulcre, nous ne retrouvons plus qu'une tête angélique, la plus belle, la plus douce, la plus compatissante figure, pleine de sainteté, mais sans divinité. Léonard, autant qu'on en peut juger sur les débris de la *Cène* de Milan, eut aussi sa révélation : son Christ a des beautés divines ; il lui manque peut-être un certain trait de flamme. Ce n'est pas le Christ tout entier, mais la douceur et la résignation de la sainte victime ne seront jamais, sur terre, exprimées plus admirablement. Après ce grand effort, cherchons ; le type s'abaisse. Un reflet affaibli du Christ de Léonard se perpétue par tradition ; chaque époque, chaque école l'altère plus ou moins ; les Carrache l'appesantissent, le Guide l'affadit, Carlo Dolci l'effémine ; puis tout cela se résume en un certain mélange solennel et maniéré, également dépourvu de l'une et de l'autre vie, qu'on peut appeler le Christ académique. Nous comprenons qu'un peintre qui, comme Scheffer, s'élève à l'art chrétien non par routine ou par commande, mais par invincible attraction, soit impatient de s'affranchir de ces banalités, et s'impose la tâche de résoudre à son tour le problème, de marcher à la découverte du type surhumain. Dès son entrée dans la carrière, c'est la pensée qui le domine. Son début est un *Christ*, puis il en fait dix autres sans jamais se lasser. Parmi tous ces essais, tout à l'heure nous en signalions trois : nous y trouvions déjà un sentiment profond, mais rien d'assez céleste pour en parler longuement au lecteur. Maintenant en voici trois autres, les trois derniers ; ceux-là forcent à s'arrêter.

Nous le disons en toute confiance, et le public, nous l'espérons, jugera comme nous, ces trois *Christ* sont, chacun dans leur genre, trois coups de maître, trois œuvres de premier ordre, trois des plus nobles création de la peinture moderne. Nous avons jusqu'ici mis franchement en lumière les imperfections au moins autant que les beautés, cette franchise ne nous fait pas défaut. Nous ne voyons pas en Scheffer un artiste complet, supérieur à tous ses émules, égal aux plus grands maîtres ; nous constatons un fait : consultez vos souvenirs, prenez les peintres qui depuis Léonard, chacun à sa manière, selon son style et sa nature, selon l'esprit des temps, ont sérieusement tenté de peindre le fils de Dieu ; prenez-les tous et demandez-leur quelque chose qui se puisse égaler à l'ineffable expression de ce *Christ pleurant sur Jérusalem!* Ces larmes de reproche et de tendresse, cette sévérité compatissante, où les trouverez-vous? et ce *Jésus sur la montagne* terrassant de son calme regard, de son geste tout-puissant le démon qui veut le tenter? et l'humilité sublime, la divine résignation de ce *Christ au roseau*, de cet *ecce homo?* Cherchez, vous ne trouverez pas.

Faites maintenant toutes vos réserves, faites la part que vous voudrez aux inégalités ; contrôlez, critiquez, épluchez : il restera toujours une victoire immense, un de ces triomphes de l'esprit qui ne valent pas moins dans le domaine de l'art que les conquêtes du télescope dans la voûte étoilée. Une heureuse et nouvelle expression de l'idéal, c'est la découverte d'un monde. Et notez bien que sur ces trois tableaux la plus minutieuse critique ne trouve à mordre qu'à grand'peine ; ce n'est pas seulement la pensée qui s'élève, l'exécution la suit ; il y a tout à la fois dans la touche plus de largeur et plus de fermeté ; la forme est accusée de près, le modelé a sa juste saillie, le dessin des contours est précis sans sécheresse. Voilà cette harmonie que nous demandions à Scheffer lorsqu'il s'agitait en tout sens dans des essais de coloris : l'équilibre est trouvé, sa pensée est en possession de ses moyens d'expression légitimes, de ceux qui lui sont propres, sans aller au delà du but, sans rester en deçà.

De ces trois belles œuvres, la plus considérable comme style comme composition, c'est à coup sûr la *Scène de la tentation;* comme sentiment et comme couleur, c'est le *Christ au roseau*, ce nous semble.

Rien de si audacieux que la construction du lieu où est mise en scène la tentation. Ce sommet de montagne, cette pointe de rocher où Satan vient de transporter Jésus est tout juste assez large pour les tenir tous les deux. De là le regard plonge sur les royaumes de ce monde et sur leur gloire, *regna mundi et gloriam eorum,* sur ces biens dont Satan dispose, et qu'il offre de céder à Dieu pour prix d'une génuflexion. Cet horizon au-dessous du sol est d'un effet plein de mystère et de grandeur ; il motive le geste du démon et explique clairement la scène. Quant au Satan, c'est une figure étudiée, hardiment conçue, habilement posée, d'une beauté athlétique, car le péché n'a enlaidi que l'âme de l'archange rebelle, son corps a conservé la stature et la puissance d'un être surhumain ;

il est vaincu, l'exorcisme divin, le *vade Satana*, vient d'être prononcé, il va fuir et lâcher sa proie; mais ses mains sont crispées, la rage est dans ses yeux, sa poitrine se gonfle sous les convulsions de l'orgueil. Tout cela est d'un grand effet, mais sent un peu l'effort : c'est une œuvre de labeur, le pinceau a dû passer et repasser souvent sur tout ce corps. L'autre figure au contraire, le Jésus, semble venue d'un seul jet : des pieds jusqu'à la tête, tout est inspiration et travail spontané. Un tel geste, un tel regard ne se font pas à deux fois. Quelle puissance et quelle bonté! Cette tête est vraiment divine, et pourtant, faut-il le dire? la draperie l'est peut-être plus encore. Nous demandons grâce pour ce détail. Les draperies, dans les arts du dessin, sont de vraies pierres de touche. On a dit de Raphaël que, quand on couperait toutes ses têtes, il n'en resterait pas moins, seulement par ses draperies, le premier peintre du monde. Voyez, quand le goût se corrompt, c'est par les draperies que se trahit la décadence, et dès que l'art reparaît, c'est encore au jet des draperies qu'on reconnaît son retour. Ceux qui donnent quelque attention à ces sortes de choses, qui devant des tableaux font plus que regarder, qui étudient et comparent, ont-ils bien remarqué dans les œuvres de Scheffer, surtout dans la série qui commence aux *Saintes Femmes*, combien l'art de draper fait à vue d'œil de continuels progrès? Chose étrange que cette condition vitale du grand style tombant du ciel, pour ainsi dire, et prospérant ainsi chez un homme isolé qui tire tout de son propre fonds, et qui semble, au premier aspect, gouverné par le seul sentiment, tandis que chez tant d'autres elle végète et se soutient à peine malgré les préceptes d'école et les secours de la tradition? La draperie de ce *Christ sur la montagne* restera certainement comme un modèle dans notre école, et le tableau lui-même comme un type nouveau de notre art religieux.

Dans le *Christ au roseau*, le type est à peu près le même, plus tendre, plus touchant, plus indulgent, comme la scène le comporte; du reste, pas la moindre recherche d'originalité extérieure : c'est la pose traditionnelle, la figure à mi-corps, derrière le balcon de pierre, et même dans les accessoires, dans la figure qui soulève le manteau d'écarlate, on trouve un souvenir non déguisé des maîtres vénitiens. Ce qu'il y a de neuf dans cette toile, ce qui lui donne une incomparable puissance, et ce qui pour Scheffer est comme le dernier triomphe de sa persévérance, c'est la splendide vie qui rayonne de cette poitrine que la victime montre nue à ses bourreaux, de cette poitrine en pleine lumière que le Corrége ne désavouerait pas. Il semble que le Sauveur, avant de quitter la vie, ait voulu en revêtir toute la magnificence : c'est de la chair déifiée. Le coloris ainsi compris n'est plus une affaire de palette ; il procède de l'esprit, il prête un mystérieux concours à l'expression de la pensée en même temps qu'il ravit les yeux.

Il faut nous arrêter, l'artiste a rempli sa tâche. Allons-nous maintenant, comme c'était notre dessein, essayer de faire connaître, non plus l'artiste, mais l'homme? En vérité nous hésitons. Si dans l'histoire de son talent, pour suivre ses évolutions, nous avons dû promener nos lecteurs dans des circuits sans fin, nous risquerions de n'être pas plus bref dans l'histoire de sa vie, car il n'était ni moins actif, ni moins ingénieux à se perfectionner dans l'art de l'obligeance, de l'amitié, du dévouement, pas moins ardent à l'exercice des plus nobles vertus qu'à poursuivre les secrets du modelé et de la couleur. Sa nature était partout la même, partout même foyer, même âme, même énergie de volonté, même progrès continu. Et que serait-ce si nous voulions tracer une complète image de son esprit, en peindre les saillies, si promptes à se faire jour à travers les saccades d'un certain accent étranger, la seule chose peut-être qu'il y eût en lui de vraiment hollandais? Nous en avons bien souvenir, nous croyons les entendre encore; mais pour les faire entendre aux autres, pour les rendre vivantes maintenant qu'il n'est plus, il faudrait posséder un don bien rare, même chez les artistes, et qui, à personne peut-être, ne fut prodigué comme à lui, le don de peindre de mémoire. Certains objets, surtout certains visages, une fois contemplés, restaient en lui comme en dépôt, et toujours il pouvait, même à longs intervalles, malgré l'absence et malgré la mort même, en retrouver l'exacte ressemblance. Que de fois, aidé par son cœur, n'a-t-il pas fait de tels miracles! A combien d'amis désolés n'a-t-il pas ménagé cette douce surprise de voir ainsi revivre, contre toute espérance, une image chérie! Presque à la veille de sa mort, n'était-ce pas encore cette mémoire fidèle et ce cœur chaleureux qui guidaient son pinceau pour la dernière fois? Nous tenterions en vain un si heureux effort. Comment le faire revivre en quelques froides lignes? Il faudrait pour un tel portrait Scheffer lui-même, sa touche transparente et sa sûreté de souvenir. Lui seul saisirait comme au vol les contrastes de son caractère comme les mobilités de sa physionomie, tant de nuances, tant d'imprévu, cet insaisissable mélange d'ironie presque mordante et de bonté presque naïve, cette franchise sans pitié pour certains amours-propres, et quelquefois, pour la vanité même, ces ménagements délicats, presque tendres. Nous n'en finirions pas si nous voulions tout dire, et quand tout serait dit, nous n'aurions satisfait ni ceux qui l'ont connu, ni surtout ceux qui l'ont aimé.

Pour suivre Scheffer en dehors de son art, il est d'ailleurs d'autres difficultés. La bienfaisance a ses mystères : irions-nous divulguer tout le bien qu'il faisait, mettre au jour ce qu'il tenait caché, lui faire un mérite public de cette bourse toujours secrètement ouverte, non-seulement aux pauvres, au talent malheureux, à l'artiste sans pain, mais à tant d'autres? A qui refusait-il? S'informait-il pour panser une plaie si le blessé était de ses amis, si même il aimait ses tableaux? On pouvait le trouver incolore et puiser dans sa bourse; on pouvait y prendre des couleurs, des pinceaux, des modèles, quelquefois même un atelier. Dire tout cela, le dire avec détail, comme il faudrait pour échapper au lieu commun et au style d'épitaphe, ce serait soulever des voiles qu'il s'obstinait à tenir fermés, contrarier ses désirs, violer sa volonté; ne rien dire au contraire, ou ne dire qu'à moitié, sans accent, sans physionomie, quelle lacune dans notre portrait!

Ce n'est pas tout. S'il faut glisser sur l'obligeance et sur la charité comme sur un terrain défendu, que serait-ce donc de la politique? Elle occupait pourtant une très-grande place dans cette vie. Scheffer avait pris au sérieux son titre de Français : la patrie lui tenait trop au cœur pour qu'il fît bon marché d'elle et surtout de sa dignité. Dire qu'il aimait la liberté, qu'il l'avait aimée de passion, ce ne serait pas notre embarras; point de difficulté non plus à montrer qu'il avait pour l'ordre un amour non moins énergique; les preuves en sont encore parlantes à ceux qui n'ont pas oublié que s'il y avait en 1848 des démolisseurs insensés, il y avait aussi pour s'en défendre de véritables citoyens : dans les rangs de cette garde nationale, l'instrument de notre salut, Scheffer avait gagné ses chevrons, et comme chef de bataillon s'était fait un renom populaire par un sang-froid de vieux soldat uni à son élan d'artiste. Mais là n'était pas pour lui toute la politique. Risquer sa vie soit pour des théories, soit contre des émeutes, ce n'est qu'un moment de courage; il faut quelque chose de plus pour vouer à sa cause, à ceux qu'on a servis, à ce qu'on croit honnête, ces fidélités vigoureuses que rien n'abat, que rien n'ébranle. Dans cet art peu pratiqué, Scheffer était passé maître, sa mort l'a trop bien prouvé. Croit-on qu'il nous fut loisible de peindre au vif ce côté de sa vie? Pourrions-nous librement parler de ses affections, sans réticence, à cœur ouvert?

Évidemment il faut nous arrêter devant les portes closes; mais par bonheur il en est une que rien ne défend d'ouvrir. Chaque artiste, outre sa personne, a quelque chose qui est encore lui, où se reflètent sa vie intime, son caractère, ses habitudes, quelque chose d'intermédiaire entre le public et la famille : ce quelque chose est l'atelier. Sous un certain aspect, presque tous les ateliers se ressemblent : un assez grand vaisseau, des chevalets, des toiles, un mannequin, force cigares, force bons mots, voilà le fond des ateliers. Celui de Scheffer, entre autres exceptions singulières, était un atelier où l'on ne fumait pas, où tout n'était pas en désordre, où l'on causait, non sans gaieté, mais sans gros rire, comme dans un salon, un atelier spiritualiste en un mot. L'harmonie était donc complète entre les tableaux et l'atmosphère où ils naissaient, sans compter qu'une autre influence aidait encore souvent à les faire mieux sentir. Comme la plupart des peintres, Scheffer aimait la musique, et ne l'aimait pas à demi; il en eût toujours entendu, même en peignant. De là dans cet atelier un concert à peu près perpétuel, si l'on peut appeler *concerts* ces matinées sans programme, sans apparat, presque sans auditoire, où les exécutants semblaient jouer pour eux-mêmes ou plutôt improviser, tant ils se sentaient à l'aise, bien écoutés et bien compris. Sous ces cloisons élevées et sonores, devant tous ces portraits qui du haut jusqu'en bas faisaient tapisserie, au milieu des tableaux achevés, des toiles, des ébauches, la musique doublait de puissance, et la peinture semblait illuminée. Si jamais nous avons senti les liens mystérieux qui unissent ces deux arts, c'est là, c'est dans cet atelier. A qui contemplait la *Francesca*, la *Sainte Monique*, le *Christ à la tentation*, tel *andante* de Mozart, tel accent de Madame Viardot faisait passer magiquement à l'âme certains détails de sentiment que l'œil seul ne lui transmettait pas, et d'un autre côté ces nobles lignes, ce luxe d'idéal répandu sur ces toiles, préparaient merveilleusement l'esprit aux profondeurs et aux audaces de la pensée musicale. Plus d'une fois, nous l'avons éprouvé, certains mystères d'harmonie se sont éclaircis là pour nous. Scheffer, dans la musique, ne cherchait pas les plaisirs faciles, non que chez lui l'oreille fût blasée, mais il aimait trop la pensée pour se borner aux mélodies qu'on sait par cœur, sorte de rêverie où l'âme s'abandonne et se laisse bercer ; il lui fallait des rêves moins passifs. Apprenait-il que de jeunes téméraires prétendaient rendre intelligibles à force de justesse, de précision, de style, les derniers quatuors de Beethoven, il s'enflammait à cette idée, la prenait sous sa protection, la soutenait de son exemple dans l'atelier, même au dehors, et MM. Chevillard et Maurin trouvaient dès lors en lui leur auditeur le plus imperturbable et le meilleur patron de leur modeste et beau talent. Que de débuts non moins heureux n'a-t-il pas protégés ! Il devinait et attirait l'artiste près d'éclore. Chez lui, on allait toujours de découverte en découverte : tantôt un tableau nouveau, c'est-à-dire un degré de plus dans l'élévation de son style, tantôt un *virtuose* inconnu. C'est ainsi qu'un jour, à l'improviste, — on nous pardonnera ce dernier souvenir, — un frêle et mourant jeune homme nous apprit, dans ce même atelier, d'indicibles secrets sur un art, malheureusement le plus cultivé de tous, le dernier des fléaux quand il n'est pas presque sublime, l'art de jouer du piano. Jamais ainsi nous n'avions vu le mécanisme et la passion s'entr'aider, se surexciter l'un l'autre, et faire parler une telle langue à un tel instrument. Tendre nature et noble esprit, il était, lui aussi, un chercheur d'idéal. La mort lui avait laissé le temps d'être artiste et non celui d'être connu. Prononcer le nom de Günsberg, ce n'est guère, nous le savons, parler qu'à des amis, à quelques confidents. Nous continuons l'œuvre de Scheffer en faisant tomber ici sur une gloire éteinte avant de naître comme un rayon de sa renommée.

Quittons cet atelier, car après la musique d'autres attraits viendraient encore nous retenir. Nous parlions tout à l'heure des portraits dont ces murailles sont couvertes, on s'oublierait à les regarder tous. Ce n'est pas seulement un curieux assemblage des personnages les plus divers, connus en général et la plupart célèbres, c'est aussi un sujet d'étude. Certain côté du talent de l'artiste se montre ici à découvert : on saisit comme sur le fait son procédé d'imitation. Ces portraits, en effet, sont tous très-ressemblants, mais ce n'est pas la ressemblance qui s'obtient par l'exacte copie, par la reproduction littérale des apparences extérieures ; cette ressemblance matérielle n'est ici qu'incomplète, la plupart des figures ne sont peintes qu'à moitié, les accessoires n'existent pas, il faut deviner beaucoup. Qu'importe? Ce qui existe est vivant et semble vouloir parler. Le trait immatériel qui constitue l'individualité de chacune de ces têtes, le trait dominant, essentiel, est admirablement saisi et exprimé. C'est le secret du peintre ici comme dans ses tableaux ; seulement ici on en juge encore mieux. On voit qu'il ne s'amuse pas, par un soi-disant respect de la nature, à reproduire dévotement des vérités accidentelles, à vous peindre enrhumé, si par hasard vous l'êtes, à copier l'ennui qu'il vous cause en vous faisant poser : il ose interpréter, résumer, élaguer, au grand profit de l'art, sans détriment pour la nature. Scheffer n'avait besoin, pour exceller dans le portrait, que de s'armer plus souvent de patience. Chaque fois qu'une forte cause a subjugué sa volonté, et qu'au lieu de s'en tenir à de simples indications, il a tenté une imitation complète et sans lacune, il a merveilleusement réussi. Le portrait de sa mère, qui dans cet atelier domine tous les autres, en est l'évidente preuve. Il a voulu faire un chef-d'œuvre et il l'a fait. Ce portrait, selon nous, est ce que Scheffer a produit de plus excellent dans l'art de peindre proprement dit. Ce n'est pas l'éclat surnaturel qui jaillit du *Christ au roseau*, mais une vérité lumineuse, une limpidité transparente et solide. Comme habileté de touche et maniement de pinceau, les plus grands maîtres n'ont pas fait mieux. Ce portrait, exposé en public, placerait immédiatement l'auteur, dans l'opinion générale, et même avec l'aveu des hommes de métier, au rang qui lui appartient comme peintre, et que, faute de le bien connaître, on peut encore lui contester.

Ce que l'amour filial avait produit, un autre sentiment non moins puissant sur Scheffer l'obtint de lui à Claremont l'an passé. Le portrait de la reine est aussi dans son genre une œuvre achevée, qui exprime admirablement l'énergie et la résignation d'un noble cœur, les douleurs et les espérances d'une âme aimante et chrétienne. Nous citerions d'autres exemples d'efforts et de succès non moins heureux; mais pour Scheffer l'art du portrait ne fut le plus souvent qu'une occasion d'étude et d'exercice, un moyen expéditif d'enrichir sa mémoire, de faire provision d'expressions, ou bien encore un *memento*, un instrument qui enregistrait en quelque sorte ses amitiés, ses relations, et lui en perpétuait le souvenir. C'est ainsi que s'était formée et peu à peu suspendue à ces parois la longue suite de ces portraits. Le pieux respect d'une fille qui a vécu en leur compagnie ne manquera pas de les y maintenir, aussi bien que tant de toiles inachevées et tant d'autres reliques du talent de son illustre père. Ces portraits, à vrai dire, sont une galerie, un répertoire biographique d'un prix inestimable pour ceux qui dans l'avenir voudraient tracer la vie de notre artiste, car ils y trouveraient, jour par jour, le souvenir vivant et comme l'écho visible de ses idées et de ses espérances, de ses affections, presque de ses entretiens.

Pour nous, qui nous contentons de parler de ses œuvres, mais qui du moins aurions voulu en donner une complète idée, nous sommes loin de notre but. Nous avons dû laisser dans l'ombre bien des tableaux, et des meilleurs, les uns faute de les connaître, d'autres pour abréger, parce qu'ils semblaient faire double emploi. Nous n'avons rien dit non plus de ses essais de sculpture, essais heureux pourtant, et d'une distinction rare. Il n'est pas jusqu'au talent d'écrire que nous pouvions trouver en lui en cherchant bien, en remontant jusqu'à certaines pages de la *Revue française*. Faut-il remplir toutes ces lacunes? Quand nous établirions par preuves plus nombreuses qu'il était apte à tout, que sa riche nature aurait en toute chose également triomphé, qu'ajouterions-nous à sa gloire? C'est comme peintre qu'il doit survivre, c'est sur le peintre qu'il fallait insister. Ce que nous souhaitons seulement, c'est d'en avoir dit assez pour le bien faire comprendre, et pour communiquer à nos lecteurs nos impressions, notre sentiment sur son compte; car ce n'est pas un de ces hommes qu'on peut juger en quelques mots, avec des formules toutes faites. Lorsqu'on l'a suivi pas à pas dans ses transformations, lorsqu'on l'a vu sous toutes ces faces, à chaque degré du voyage, et qu'on a bien mesuré l'espace de sa longue ascension, c'est alors seulement qu'on commence à le connaître, à se faire une idée vraie de son originalité, à sentir quels sont ses droits non-seulement à une première place, mais, comme nous le disions en commençant, à une place à part. Cette originalité s'accroît, pour ainsi dire, quand on regarde autour de lui. A qui ressemble-t-il? Un isolement pareil s'est-il donc rencontré souvent? C'était déjà sans doute quelque chose d'étrange que Le Sueur, en 1640, se frayant une voie solitaire, une voie d'expression, de sentiment et de simplicité au travers des pompes théâtrales que préparaient ses compagnons d'école; mais entre le peintre des *chartreux* et la peinture de son époque, la dissonance était-elle aussi grande qu'entre les derniers tableaux de Scheffer et ceux qu'on nous fait aujourd'hui? En vérité nous ne le croyons pas. Pour trouver un pareil contraste entre un homme et son temps, il faudrait reculer de deux siècles encore, aller jusqu'à Florence dans une des cellules du couvent de *San-Marco*; là nous verrions un artiste céleste opposer aux progrès d'un réalisme envahissant la plus plaisible obstination et continuer jusqu'à son dernier jour de faire parler à son pinceau le langage des anges.

Le Sueur, Angelico! ce n'est pas sans raison que ces deux noms nous viennent à la pensée. Sans aucune trace d'imitation, sans l'ombre d'analogies, qui se puissent indiquer, n'est-il pas vrai pourtant que Scheffer se rattache par certains liens secrets à ces deux grands représentants de la chaste peinture, de l'idéal chrétien? n'y a-t-il pas dans ses veines quelques gouttes de leur noble sang? Lorsqu'il a quitté cette terre, ils ont dû lui tendre la main. Ils l'auront remercié d'avoir eu le courage de s'élever par sa propre force aux divines clartés, d'avoir, dans un tel temps, maintenu leur drapeau et vaillamment soutenu leur cause, cette cause du spiritualisme dans l'art qui trouvera sans doute d'éternels adversaires, mais qui saura toujours en triompher.

VII

UNE CHAPELLE A SAINT-SULPICE

DERNIÈRE ŒUVRE

D'EUGÈNE DELACROIX

Cette chapelle est placée sous l'invocation des saints anges, patronage, qui tout d'abord semble promettre un radieux spectacle, de suaves perspectives : il n'en est rien. Ne vous atttendez pas à des chœurs séraphiques; ne rêvez pas, comme Jacob, je ne sais quelle échelle d'or qui vous transporte au ciel, M. Delacroix ne vous y suivrait pas. Pour lui, les anges du Seigneur ne sont pas des ministres d'espérance et de charité, gardiens et consolateurs de la misère humaine, de douces et blondes créatures, des types de céleste beauté; il voit en eux, fidèle à ses instincts, des instruments surnaturels de force et de colère, de lutte et de châtiment.

Trois grands espaces s'offraient à son pinceau : les deux murs latéraux de la chapelle et la voûte qui les relie. Chacune de ces trois divisions demandait un sujet distinct. Voici ceux que le peintre a choisis : pour le plafond, l'archange saint Michel triomphant du démon ; pour les murailles, d'un côté Héliodore, le spoliateur du temple, terrassé et battu de verges, de l'autre la mystérieuse lutte de Jacob et de l'ange.

L'Héliodore et le saint Michel! ces deux sujets que le roi des peintres a marqués de son sceau, dont il a fait deux œuvres immortelles! Oser s'en emparer comme d'un bien vacant! J'ai vu des gens outrés de cette audace. J'avoue que pour ma part je n'en suis pas très-ému. Quel que soit mon respect, disons mieux, mon adoration pour les moindres croquis, à plus forte raison pour les chefs-d'œuvre de Raphaël, je ne pense pas que sans irrévérence on ne puisse toucher à un sujet traité par lui. Il est de taille à se défendre et n'a que faire de nos prohibitions. Ces sortes d'usurpations sont même à mon avis d'innocents exercices dont l'art peut tirer profit, et c'est d'un modeste courage, bien plutôt que de présomption qu'on fait preuve en se les permettant. Il faut seulement ne tenter l'entreprise que lorsqu'on est bien sûr d'avoir à dire quelque chose de neuf. C'est là le grand moyen d'obtenir son pardon. Rappelons-nous Rossini, lorsque tout jeune encore il s'avisa de remettre en musique *le Barbier de Séville*, de refaire l'œuvre de Paisiello, cette tendre et fine partition que l'Italie et l'Europe musicale applaudissaient depuis vingt ans. C'était jouer gros jeu ; il risquait tout au moins de se faire lapider, s'il n'avait eu des flots de mélodies vraiment nouvelles à verser sur ses auditeurs. Dès qu'on l'eut entendu, la colère se calma, le novateur gagna sa cause, et son triomphe dure encore ; ce qui ne veut pas dire que Rossini lui-même se fût également permis de refaire *Don Juan*, ni même *le Mariage secret*. Il est certains chefs-d'œuvre qui sont le dernier mot de l'idée qu'ils expriment ; ils ont tout dit : tenter de les rajeunir, de les concevoir à nouveau, de s'en approprier la substance pour en tirer d'autres effets, c'est une vaine prétention. Forcément ou retombe dans la donnée du maître créateur, on imite en croyant innover, on n'a pas même l'honneur d'avoir lutté, tant le combat est impossible.

Le *Saint Michel terrassant Lucifer* serait-il donc un de ces chefs-d'œuvre avec lesquels il est prudent de ne se point mesurer? Je le suppose, à en juger par ce plafond de M. Delacroix. Comprend-on que ce vigoureux esprit, qui s'égare quelquefois, mais toujours par excès d'originalité, se soit montré cette fois si timide, et qu'il ait reproduit, tout en les altérant, la pose, l'intention, la silhouette générale de notre saint Michel du Louvre? Quel besoin de nous donner encore un saint Michel, si ce n'était pas pour en faire un entièrement à sa façon? Tout à l'heure nous verrons qu'avec l'Héliodore il en use plus librement, qu'il interprète à sa manière cette page des Macchabées. Sans tout admirer, tout absoudre dans sa version nouvelle, nous comprendrons qu'il s'en soit épris, qu'il ait tenu à la produire, qu'il ait cédé à cette séduction, tandis qu'ici qui l'a poussé? Pourquoi cette reproduction tout à la fois littérale et infidèle? A-t-il pensé que pour faire du neuf il suffisait d'élargir le champ de son tableau, d'en rendre la coloration plus vive et plus intense, de détacher la figure dominante sur un de ces nuages phosphorescents dont sa chaude palette possède le secret; ou bien encore d'ajouter à la scène un fond de paysage, morne désert où gisent les cadavres des rebelles dont l'archange a déjà triomphé? Ces accessoires ne sont pas sans poésie, et on y sent la main d'un maître; mais ils ne changent rien au groupe principal, ils ne déguisent pas ce caractère d'imitation dont tout d'abord on est si étrangement frappé.

Ce n'est pourtant qu'une apparence : les deux groupes au fond ne se ressemblent pas. Le saint Michel du Louvre pose franchement le pied sur le corps du démon avant de le percer de cet épieu qu'il tient en ses deux mains ; il l'étouffe, il l'écrase, moins du poids de son corps que de sa force surhumaine, car tout en l'écrasant il laisse voir qu'il a des ailes, qu'il est un être aérien : contraste merveilleux qui ne vient pas seulement de ces plumes qu'il porte aux épaules, plumes indiquées sobrement et presque en raccourci, mais d'un certain élan surnaturel imprimé à la figure tout entière. Qu'a fait M. Delacroix pour ne pas copier trait pour trait son modèle? Il a mis de côté ce caractère complexe, cet inexplicable mélange de deux natures contradictoires, cette simultanéité de la force de pression et de la force d'ascension; il n'a cherché qu'à rendre son archange de plus en plus aérien, sauf à lui supprimer toute énergie et toute consistance. Faut-il donc s'étonner si le nouveau saint Michel a cet air grêle et sautillant? Il voltige dans l'air comme un oiseau, comme un ballon. Au lieu de fouler du pied son adversaire, il l'effleure à l'épaule et seulement du talon : pose effrayante en vérité! le point d'appui lui manque, et sans ces grandes ailes déployées il tomberait sur votre tête.

Je ne veux pas insister : de ces trois compositions, celle-ci est, à tous égards et de beaucoup, la moins heureuse. Mieux vaut donc ne s'y point arrêter. Un seul mot cependant pour regretter encore qu'au lieu d'innover ainsi seulement dans le détail, l'artiste n'ait pas pris, comme il lui appartient, un parti vigoureux et retourné de fond en comble les données du sujet. Pourquoi, dans un plafond, conserver cette langue de terre qui sert de base aux personnages? Pourquoi ne pas nous transporter tout franchement dans les nuages? L'impétueux archange, au milieu de l'espace, fondrait à tire-d'aile sur le monstre, ailé comme lui; ce serait le combat, le duel à mort de l'aigle et du vautour : quelle occasion d'effets heurtés, d'expressions risquées, de lumières fantastiques, comme il en faut à ce talent fougueux ! Et la scène ainsi transformée aurait le double avantage de n'être plus la contrefaçon d'un chef-d'œuvre et de supprimer ces rochers, ces gazons qui, suspendus à trente pieds du sol, ne laissent pas le spectateur en suffisante sécurité.

Cela dit, passons à l'*Héliodore*. C'est encore avec Raphaël que la lutte va s'engager, et sur un terrain qui, au premier aspect, ne semble guère moins périlleux. Quelle œuvre, en effet, que cet *Héliodore* du Vatican ? Ce n'est pas seulement un groupe, une figure, une merveille isolée; c'est quelque chose de plus désespérant, un vaste ensemble dont les moindres parties sont autant de chefs-d'œuvre, une scène à la fois ordonnée et vivante, symétrique et tumultueuse, aussi claire que compliquée, une scène où le génie du peintre, sans cesser d'être pur, devient tragique et passionné. Jamais ce gracieux pinceau se montra-t-il plus ferme, plus hardi, plus puissant? Que faire de neuf sur un pareil sujet? La lutte n'est-elle pas encore plus difficile avec l'Héliodore qu'avec le saint Michel? Oui, mais cette fois, nous l'avons dit, M. Delacroix a pris ses précautions : point de comparaison directe; la même action, les mêmes personnages, et cependant un tout autre tableau.

Il a d'abord eu soin de changer le lieu de la scène : ce n'est plus au milieu du sanctuaire, devant l'autel, devant le pontife en prières que le spoliateur est foudroyé, c'est hors du temple, sur un immense escalier qui descend aux parvis extérieurs. De gigantesques colonnes, asiatiques de style et de proportions, soutiennent l'édifice et coupent le tableau dans toute sa hauteur. Rien ne ressemble moins, comme on voit, à la décoration choisie par Raphaël, à cette élégante série d'arcades et de coupoles dans le goût du Bramante, qui forme perpective au centre de sa composition. Du temps de Raphaël ces sortes d'anachronismes ne révoltaient personne; qui se souciait alors de la couleur locale, de la vérité chronologique, dont il faut plus ou moins s'occuper aujourd'hui! Le peintre cherchait les lignes les mieux appropriées à la scène qu'il voulait rendre, sans s'inquiéter s'il attribuait à Salomon les façons de bâtir pratiquées sous Jules II. Je ne dis pas, notez bien, que le motif architectural inventé par M. Delacroix soit exactement hébraïque, et que le temple de Jérusalem eût des abords aussi étranges que ce colossal escalier; mais il y a là du moins, dans le volume et la hauteur des colonnes, dans le style de l'ornementation, une certaine analogie avec les caractères, aujourd'hui parfaitement connus, des constructions religieuses de l'antique Orient. L'innovation est donc heureuse; je dis plus, elle était nécessaire. Si maintenant, dans cette architecture, vous trouvez quelques incohérences, si les règles de la perspective y sont peu respectées, si l'escalier, par exemple, est aussi roide qu'une échelle, à tel point qu'il y aurait danger d'en tenter l'escalade, qu'importe? Tout ce fond de tableau n'en est pas moins grandiose et hardiment conçu. Ici du moins l'artiste se retrouve, son audace ne lui fait plus défaut.

Et ce n'est pas tout. Le théâtre une fois transformé, vient le tour des acteurs. Voyez d'abord au milieu de la scène cette masse flottante, de couleur violacée, qui semble tomber du ciel. Est-ce un être vivant? N'a-t-il pas forme humaine? Oui, mais les pieds sont en l'air et la tête est en bas. Quelle sinistre figure! quels yeux! comme ils flamboient! Ces mains sont armées de verges; vous croyez voir une Euménide. Comment ce personnage se tient-il dans l'espace? Point d'ailes à ses épaules, pas le moindre support; rien qui rassure votre imagination. Si aguerri que vous soyez aux apparitions fantastiques, cette culbute en permanence doit vous causer quelque émotion. Vous n'êtes pas au bout. Voici à votre gauche, dans le bas du tableau, un autre porteur de verges, moins apparent, moins lumineux, mais tout aussi terrible, qui, sans tomber des nues, n'en est pas moins aussi dans une position des plus extraordinaires. Comme son frère, il n'a point d'ailes, et comme lui il flotte, il se soutient en l'air, mais d'une autre façon, à quelques pieds du sol, horizontalement. Il plane, ou, pour mieux dire, il rampe dans le vide, il se glisse, il s'allonge vers le coupable qu'il doit frapper. Rien de plus étrange, de plus inattendu que ces deux figures, l'une sortant, comme un tiroir, des flancs d'une muraille, l'autre tombant du ciel comme un aérolithe.

On le voit donc, en fait d'audace, M. Delacroix prend sa revanche. Le voilà loin de son modèle. Les deux flagellateurs du Vatican n'ont point d'ailes non plus, bien qu'ils ne touchent pas la terre, mais ils bondissent plutôt qu'ils ne volent. Ils ne font point de tours de force, point de sauts périlleux. ils ne marchent pas sur le ventre. Debout, la tête haute, ils vont rasant le sol : en sont-ils moins légers, moins impétueux, moins terribles? Le grand art, quand on représente en peinture des faits miraculeux, est de n'en pas outrer l'expression, de donner au surnaturel un certain air de vraisemblance qui aide à le faire accepter. La difficulté vient ici de cette lutte contre un chef-d'œuvre. Comment rester dans la juste mesure? Quand la vraie route est occupée, quel chemin se frayer? Vous êtes entre deux écueils : ou côtoyer votre modèle et tomber dans l'imitation, ou chercher du neuf à tout prix, et en cherchant le neuf aller jusqu'au bizarre.

Pour ma part, si entre ces extrêmes il me fallait absolument choisir, je n'hésiterais pas : mieux vaut encore risquer de s'égarer que de marcher en laisse; tout plutôt que l'imitation ! Je comprends cependant qu'on soit d'avis contraire. Il y a des gens que la témérité révolte, qui ne pardonnent pas une offense à leur goût, un trouble dans leurs habitudes : ceux-là sont hors d'état d'accepter de sang-froid ces deux anges; mais si vous êtes par bonheur d'humeur plus débonnaire, si vous vous résignez sans prévention, sans colère, aux allures hasardées de ces deux habitants du ciel, vous aurez votre récompense. Regardez bien : quelle énergie dans ces têtes ! quel feu dans ces regards? quel jeu puissant dans tous ces membres ! Isolément et pris à part, ces chérubins farouches sont deux morceaux de grande et puissante peinture. Je ne leur fais qu'un reproche : ils prennent un plaisir trop vif et trop personnel au châtiment qu'ils infligent ; ils frappent pour leur propre compte, comme s'ils obéissaient non pas à la justice, mais à la passion. L'ange exterminateur lui-même ne doit pas laisser voir de haine pour ses victimes ; il faut qu'on sente, même quand il frappe, que c'est un ordre qu'il accomplit, et que, si Dieu l'avait laissé faire, il serait compatissant. Je voudrais donc dans ces regards le même feu, j'y voudrais moins de rage. Aussi j'ai plus de sympathie pour ce troisième envoyé du ciel, ce sévère et brillant cavalier à l'armure et au sceptre d'or, aux ailes épanouies (car celui-là porte des ailes, bien que, soutenu par son cheval, il pût, à vrai dire, s'en passer). J'aime son expression calme, bien qu'indignée, méprisante sans cruauté. Il préside au supplice sans y mettre la main, et ne touche au coupable qu'en poussant sur lui son cheval, qui le renverse et le foule aux pieds. Quel dommage que les défauts de la monture nuisent un peu au cavalier ! Que vient faire là cette robe d'un gris si violent et si dur, ce gigantesque poitrail, cette encolure en col de cygne d'une ampleur si exagérée ? Tout cela trouble le spectateur et le détourne d'admirer la pose, le mouvement, l'inspiration de la figure. Faut-il le dire ? ce cavalier me semble de meilleure race, et à certains égards il me satisfait mieux que son rival du Vatican. Il est moins bourru, moins brutal ; il y a dans son attitude, dans sa personne, dans ses traits, je ne sais quoi de serein, de noble, d'idéal. Ce n'est pas un centurion en colère, c'est vraiment un archange. Je ne promets pas à M. Delacroix d'avoir souvent à exprimer de pareilles préférences ; mais, . puisque l'occasion s'en trouve, je me complais à la saisir.

Cette bonne fortune va, je le crains, m'abandonner en parlant des autres personnages, à commencer par l'Héliodore lui-même. Je le vois là couché tout à plat sur le dos, la tête renversée, les bras en croix, une jambe à demi relevée. Cette posture peut sembler naturelle, on peut la proclamer naïve, l'admirer même et trouver au contraire trop de noblesse et trop de style chez l'autre Héliodore, terrassé lui aussi, mais faisant un suprême effort pour se tenir sur son séant et repousser du geste et de la voix les coups qui le vont frapper. Je veux bien qu'il y ait dans cette pose quelque chose d'un peu trop dramatique; en revanche, l'Héliodore nouveau est, à mon sens, trop sans façon. Sans se draper pour mourir, on peut ne pas tomber si maladroitement, laisser voir un peu mieux son visage; ne pas soulever sa jambe, ne pas la laisser ainsi éternellement en l'air sans point d'appui, ce qui, par sympathie, cause à ceux qui la voient une véritable fatigue.

J'avoue pourtant que cette prostration complète du principal personnage, qui au point de vue pittoresque laisse tant à désirer, répand sur tout l'ensemble de la composition une grande impression de terreur. A voir ce corps par terre, renversé, presque mort avant même d'avoir été atteint, on sent qu'une force invisible, un mystérieux orage, a précédé l'apparition du cavalier et de ses deux compagnons. Cet orage, ou plutôt le souffle de Jéhovah lui-même, on le devine, on l'entend; c'est lui qui agite et soulève ces lourdes tapisseries suspendues aux colonnes. Aussi quelle épouvante chez les complices du sacrilège, chez ces grossiers soldats qui l'ont aidé dans son pillage et s'en vont les épaules chargées de vases d'or et de bijoux sacrés! Qu'ils soient violemment émus, qu'ils se retournent stupéfaits et comme à demi foudroyés eux-mêmes, rien de mieux ; mais pour exprimer leur terreur était-il nécessaire de les rendre si laids? Je défie qu'en Syrie, dans toute l'armée de Séleucus, on eût trouvé la figure de ce premier soldat, à votre droite, dans le coin du tableau. Pour arriver à un profil et à un nez comme celui-là, il eût fallu remonter jusqu'en Thrace, même au-delà de la Propontide. C'est un type de Cosaque, et cette barbarie des visages est ici d'autant plus inattendue qu'elle s'associe à des gestes et à des attitudes d'une ampleur solennelle et presque académique.

Quoi qu'il en soit, malgré tant de témérités, d'étrangetés, d'incohérences, la scène est grande, extraordinaire, attachante et d'un puissant effet. Encore un coup, glissez sur les détails, chassez les souvenirs et les comparaisons, ne pensez ni à Raphaël ni à rien de complet, d'achevé, de fini en peinture, laissez-vous franchement aller, et vous serez, je ne dis pas charmé, mais profondément remué par l'intelligente vie cachée sous ce fracas de couleurs et de formes. Pour moi, j'aurais tous les regrets du monde que ce nouvel *Héliodore* n'existât pas, d'abord parce qu'en elle-même l'œuvre est originale et de haute valeur, puis parce qu'elle aide à mieux comprendre l'*Héliodore* du Vatican. Rien n'enseigne à goûter les douceurs de la paix comme une heure de tumulte. Avant d'avoir connu la chapelle des Saints-Anges, lorsque, rappelant mes souvenirs, je me transportais en pensée devant ce Jules II vainqueur, assistant au châtiment allégorique des spoliateurs du saint-siége, ce qui me charmait le plus dans cette incomparable fresque, c'étaient les femmes, les enfants, les hommes d'un dessin si splendide, d'une si ravissante beauté : je n'avais des yeux, je l'avoue, que pour chaque tête, chaque groupe en particulier, tandis que la composition, je m'en occupais à peine, ou plutôt elle me semblait un peu trop symétrique, coupée en deux parties trop justement égales et divisée par un vide d'une largeur démesurée.

Or maintenant, tout au contraire, c'est la composition, c'est l'ensemble, c'est la grandeur de l'ordonnance qui me confondent d'admiration. J'en prise d'autant plus le savant équilibre et la clarté monumentale que je sors d'un spectacle plus confus et plus turbulent. Ce vide au milieu de la scène, ce vide qui m'étonnait, je le comprends, c'est le trait du génie. Non-seulement il sépare par une démarcation visible les êtres surnaturels qui accomplissent le miracle et les simples mortels qui le contemplent, non-seulement il exprime d'une manière saisissante le mouvement de recul, le refoulement précipité que le passage des trois anges vient d'imprimer à ce flot de peuple à la fois effrayé et criant anathème, mais l'intention principale de ce vide insolite est de dégager, de mettre en évidence, au cœur même de la composition, le grand prêtre et l'autel, de faire ainsi bien voir que c'est au nom de l'autel et à la voix du grand prêtre que la vengeance est descendue du ciel. Est-il une conception pittoresque plus éloquente, plus profonde et plus simple? Il n'y a pas jusqu'à ce Jules II apparaissant porté sur la chaise papale qui ne donne à l'œuvre tout entière un caractère unique d'originalité. C'est un acteur muet, ou plutôt ce n'est point un acteur. Ni le pontife, ni les hommes qui le portent ne prennent part à l'action ; ils ignorent ce qui se passe autour d'eux et ne sont en communication qu'avec le spectateur. Ce sont de purs portraits, des armoiries vivantes. Comme les *donateurs* dans les tableaux du moyen âge, ils restent étrangers aussi bien à la partie humaine qu'à la partie mystique du tableau. L'usage de réunir ainsi dans un même cadre des portraits et des sujets de piété sans relation directe entre les deux ordres de personnages fut, comme on sait, longtemps universel, et il tombait à peine en désuétude quand Raphaël en cette circonstance se plut à le raviver : sorte d'innovation archaïque pleine de grandeur et d'à-propos. Aussi n'est-ce pas sans un certain sourire que vous aurez peut-être entendu de très-habiles gens, des critiques en renom, prendre pour un anachronisme cette apparition de Jules II dans le temple de Jérusalem, et trouver fort mauvais, une fois l'invraisemblance admise, que le saint-père et son monde soient si maussades, si distraits, et ne daignent ni s'associer aux sentiments du peuple qui les entoure, ni même tourner les yeux sur le drame qui se joue à côté d'eux. La méprise n'est-elle pas étrange? Mais ce n'est pas le lieu de m'arrêter à ces détails; nous ne sommes pas au Vatican. Si je n'y prenais garde, l'*Attila*, le *Saint Pierre*, la *Messe de Bolsena* sont là dans cette même salle, je risquerais de m'y laisser prendre. Retournons donc à Saint-Sulpice. Aussi bien nous y allons trouver M. Delacroix sur un autre terrain, livré à ses propres forces. Plus de comparaison, plus de lutte, et partant moins d'efforts pour se singulariser. Malgré l'attrait curieux qui m'attache à son *Heliodore*, j'ai hâte d'être en face de son *Jacob*, c'est-à-dire de n'avoir plus affaire qu'à lui.

La première condition pour peindre ce second pan de mur,

exactement semblable au premier et de dimensions et de forme, c'était de conserver certains rapports, certaine analogie dans l'échelle des deux décorations. Pour que deux œuvres qui se font pendant ne se nuisent pas l'une à l'autre, il faut que les proportions générales n'en soient pas trop discordantes. Or c'est ici que j'aperçois dans tout son jour un des dons de M. Delacroix qu'on peut le moins lui contester, le sentiment décoratif, cette partie vraiment supérieure de son talent. Que de peintres aujourd'hui se croiraient obligés, pour nous représenter les vastes champs d'Edom, le lieu désert où Jacob fut rencontré par l'ange, d'imaginer un site bien oriental, c'est-à-dire bien aride, bien nu, bien désolé! Or vous figurez-vous quelques roches poudreuses, quelques pauvres broussailles, en regard de ces murs gigantesques, de ces immenses propylées que nous venons de parcourir? De telles dissonances ne sont jamais à craindre avec M. Delacroix. Il a senti qu'en face de ses colonnes de granit il lui fallait d'autres colonnes de taille et d'importance au moins égales. De là ces arbres séculaires, ces magnifiques chênes plantés si fièrement sur ce petit monticule qui abrite et domine la paisible prairie où vont lutter les deux athlètes. Quels arbres! Tout en est colossal, les troncs, la ramure, le feuillage. Ce sont de vrais géants, des enfants du vieux monde échappés au déluge. Comme ils ombragent cette oasis! Quelle fraîcheur, quel mystère au bord de ce ruisseau? Est-ce bien l'Orient? Je ne sais, mais c'est le paysage le plus poétiquement biblique que vous puissiez rêver.

Me voilà donc sous le charme, et cette fois sans réserve. J'accepte cette façon d'interpréter la nature, de la tailler en grand; je l'accepte sans chicaner sur rien, ni sur les coups de brosse un peu trop violents, ni sur les durs contrastes de ces végétations si diverses : l'effet d'ensemble domine tout. Je n'ai de doutes que sur les personnages. L'attitude de ces deux lutteurs, est-ce bien celle qu'il eût fallu choisir? Je conviens que Jacob, aux prises depuis la veille au soir avec cet inconnu qui veut le terrasser, a bien pu quelquefois, dans cette longue nuit, se jeter, par un effort suprême, tête baissée, comme un taureau, sur son immobile adversaire ; mais le plus souvent, ce me semble, c'est lui qui a dû résister. Ou le récit de la Genèse n'a pas de sens et n'est qu'un vain symbole, ou nous devons supposer que Dieu veut éprouver son serviteur, sonder son cœur et ses reins. Or la gloire de Jacob, ce n'est pas d'avoir par moment, avec une fureur impuissante, donné du front contre l'ange, c'est d'avoir constamment soutenu son étreinte, c'est de n'avoir pas ployé. M. Delacroix, il est vrai, s'est proposé de peindre ce dernier moment de la lutte où l'ange, en touchant du doigt la cuisse de Jacob, dessèche un de ses muscles ; mais d'où vient que le messager divin abuse ainsi de sa puissance et se permet, pour en finir, de rendre son adversaire boiteux? Est-ce donc qu'il se sent en péril, qu'il ait besoin de se défendre contre un assaut désespéré? Non, c'est qu'il a vu briller au sommet des montagnes les premiers feux de l'aurore, qu'avec le jour sa mission doit finir, et qu'il lui tarde de remonter aux cieux.

Je crois donc qu'il y aurait eu profit à intervertir les rôles, à prêter à Jacob une attitude résistante qui donnât mieux l'idée de sa victoire morale. L'effet pittoresque lui-même n'y aurait rien perdu, et l'esprit serait plus satisfait. Du reste, la pose admise, l'attitude assaillante une fois adoptée, je ne crois pas qu'on pût l'exprimer avec plus d'énergie que ne l'a fait M. Delacroix. Son Jacob manque un peu de noblesse : il a la puissance d'un Hercule et la rusticité d'un pâtre; on voudrait quelque chose de plus, quelque chose qui fît pressentir le futur patriarche; mais quel mouvement! quelle vie! comme ce corps tout entier s'élance d'un seul bond! Quel choc! on croit l'entendre. Il faut un immortel pour ne pas y succomber. Cet immortel, je dois le dire, a bien aussi quelques défauts. Ses jambes sont un peu lourdes et toute sa personne un peu matérielle. Ce n'est pas la noblesse, encore moins la grandeur qui lui manquent; il est trop dépourvu d'élégance, ou pour mieux dire de spiritualité. Après tout, on s'en aperçoit peu. Les figures ne tiennent pas ici la place principale; on pourrait presque dire qu'elles ne sont qu'accessoires, tant la passion, la vie, le rôle actif et animé sont dévolus au paysage. Depuis les premiers plans jusqu'à la crête de ces montagnes dorées par le soleil levant, tout vous captive et vous attache dans cette puissante conception, qui n'a guère d'analogues, même chez les maîtres italiens qui ont traité le plus largement le paysage décoratif. Rien de banal, rien d'inutile. Comme ce chemin creux est habilement jeté dans ce coin perdu du tableau! comme on y sent passer, à travers la poussière, ces troupeaux, ces pasteurs, ces femmes, ces enfants! comme on suit au loin les méandres de cette longue caravane, et comme tout ce monde court bruyamment sans se douter qu'un combat solitaire se livre à deux pas de là! Ce tumulte, à peine indiqué, suffit à faire mieux sentir l'obstination, l'acharnement et le mystère de la lutte.

LA CHAPELLE DES SAINTS-ANGES.

Je n'ai pas le courage de demander compte à M. Delacroix d'une légère inexactitude dans l'interprétation de son texte. C'est à la première aube que le combat devrait finir, et il fait clair dans son tableau à peu près comme en plein midi. Peut-être qu'un effet de lumière plus douteuse, de jour naissant, de crépuscule, aurait jeté sur cette scène quelque chose de plus poétique encore, et comme une teinte énigmatique en rapport avec le sujet; mais, d'un autre côté, je ne m'étonne pas, quand on a du soleil sur sa palette, qu'on tienne à en tirer parti. Aussi mon regret le plus vif n'est pas cette licence que s'est donnée le peintre d'éclairer un peu trop son œuvre, c'est qu'il soit si difficile de la bien voir, d'en jouir à son vrai point de vue. Cette chapelle est trop étroite; le spectateur n'a pas assez de reculée. Vous voyez un peu moins mal l'*Héliodore* que le *Jacob*, parce qu'en sortant de la chapelle et en reculant de quelques pas sous les voûtes du bas côté, vous l'apercevez encore, et à bonne distance; c'est même en s'éloignant davantage, en se plaçant au point de jonction de la grande nef et du chœur, en dirigeant son regard à travers les arcades sur ce qui apparaît de l'*Héliodore*, que l'on peut vraiment juger de la puissance de cette coloration, et sentir combien la distance lui donne d'harmonie, de transparence et de légèreté.

Encore un mot : je voudrais ne pas oublier, dans l'intérieur de la chapelle, aux quatre coins de l'ovale du plafond, sur les pendentifs de la voûte, ces quatre anges en grisaille, si calmes, si modestes, si sobrement disposés pour marier en quelque sorte par des tons neutres et presque éteints le lumineux éclat des parois latérales et l'éclat chatoyant du plafond. J'insiste sur ces quatre anges, parce que j'y vois une de ces contradictions piquantes qui abondent chez M. Delacroix. De même que lorsqu'il lui prend envie de faire de la critique, lorsqu'au lieu d'un pinceau c'est une plume qu'il manie, ses goûts, ses idées, ses préceptes deviennent châtiés, on pourrait presque dire classiques, de même ici, dans ses grisailles, la couleur mise de côté, il semble écrire au lieu de peindre. C'est sa palette qui le grise, si j'ose ainsi parler, ou tout au moins, c'est elle qui lui suggère des séductions, des entraînements de couleur dont sa raison n'est plus maîtresse.

Et maintenant faut-il conclure? Faut-il donner le dernier mot de tous ces jugements un peu contradictoires que je viens de risquer en passant? Je n'ai pas besoin de dire que mes instincts, mes goûts, mes convictions, mes préférences, sont presque à chaque instant froissés par M. Delacroix, et que je goûte néanmoins, que je comprends, que j'aime son talent. Quelle conclusion logique puis-je tirer de là? Rien de plus malaisé, de plus compromettant, que de parler d'un tel homme à cœur ouvert, de bonne foi. Il a de tels admirateurs, que, même en l'admirant aussi, très-franchement, mais sous réserve, on semble froid et presque malveillant; il a de tels antagonistes, qu'à signaler seulement ses défauts sans colère, sans anathème, on fait l'effet d'un complaisant. La destinée de certains hommes est de n'être loué ni critiqué qu'avec passion. J'entendais l'autre jour deux artistes, gens d'esprit, connaisseurs éprouvés et de sincérité parfaite, qui tous deux sortaient de Saint-Sulpice. Pour l'un, cette chapelle était une œuvre sans pareille, éblouissante, immense, un éclair de génie: l'autre, au contraire, la tenait pour une informe ébauche, sans style et sans pensée, pure peinture d'opéra, œuvre non pas d'artiste, mais de décorateur. L'un proclamait l'échec et l'autre le triomphe. Lequel avait raison?

Ce que j'affirme en toute sûreté, ce que je crois incontestable, c'est qu'il n'y a pas échec, et que, bien loin de là, l'artiste, à certains égards, est resté dans cette grande épreuve plus qu'égal à lui-même. Maintenant cela veut-il dire qu'il se soit amendé, qu'il ait tenté le moindre effort pour s'élever à un style plus sévère, à une forme plus épurée, à des contours moins hésitants, à un rendu plus ferme et plus serré, que la pensée lui soit venue de corriger ou seulement d'adoucir un seul de ses défauts, chers défauts qui lui ont valu, j'en conviens, une partie de ses succès, et dont ses adulateurs ne parlent qu'à genoux? Non assurément, non. Et qui donc espérait cette métamorphose? Pensait-on qu'appelé pour la première fois à décorer les parois d'une église, M. Delacroix, subitement illuminé, allait nous donner le spectacle de sa conversion esthétique, et se soumettre à l'austère discipline, aux chastes conditions de la vraie peinture religieuse? N'était-ce pas au contraire un fait certain et comme écrit d'avance, qu'à Saint-Sulpice comme au Palais-Bourbon, comme à l'hôtel de ville, comme au palais du Luxembourg, il ne plierait son talent à aucune autre entrave, et ne s'attacherait avec amour à aucun autre but qu'à l'effet pittoresque? Si c'est là qu'est l'échec, je n'en disconviens pas, l'échec existe: rien de moins religieux, c'est-à-dire de moins sobre et de moins tempéré que la chapelle des Saints-Anges; mais franchement, que voulait-on qu'il fît? Un froid pastiche, une pure parodie des adorables fresques de Masaccio et d'Angelico?

M. Delacroix peindre sans clair-obscur, sans ombres, sans lumières, sans saillies ! n'appliquer sur un mur qu'un épiderme de couleurs simulant tout au plus l'épaisseur d'une tapisserie, et renoncer par conséquent aux profondeurs, aux perspectives, à la pompe, aux richesses, à tout ce qui parle aux sens ! Alors que lui resterait-il ? C'est presque un suicide qu'on lui demande. Laissons chacun suivre sa voie. J'aurais sans doute autant aimé qu'au lieu de Saint-Sulpice, ce fût quelque palais, quelque salle mondaine, qui cette fois encore s'ouvrît à M. Delacroix ; mais, même en ce saint lieu, on ne peut, ce me semble, reprocher à son œuvre aucune disparate qu'il y ait sujet de regretter ; seulement, j'en conviens, ce n'est ni la prière ni le renoncement aux choses de ce monde qu'une telle peinture nous enseigne. Sa signification, ou plutôt son charme et sa parure, c'est la vie, la vie surabondante, c'est l'entraînement et l'éclat d'une impérissable jeunesse.

La jeunesse, voilà le véritable mot ! Tout le monde en France est plus ou moins changé depuis ces trente ou quarante ans. Les plus aventureux esprits ont peu à peu coupé leurs ailes. L'espoir, la confiance, les illusions, les théories, la foi en ses doctrines et en soi-même, tout s'est usé, tout a vieilli, tout, excepté M. Delacroix : il n'a pas pris un jour. Gardez-vous d'en conclure qu'il se soit pétrifié dans les idées de son jeune âge comme ces muscadins qui, même encore sous la Restauration, portaient les modes du Directoire en souvenir de leurs triomphes. Non, il n'est pas immobile, il a marché avec son temps, le moins possible cependant, et en restant soi-même envers et contre tous. Sauf les toiles de ses premières années où se trahit certaine hésitation, certaine influence des tentatives contemporaines, sauf par exemple sa *Mort de Sardanapale*, dont Bonington et Devéria ont fait en partie les frais, on peut dire que toutes ses productions, grandes ou petites, sont depuis près d'un demi-siècle marquées au même sceau. Une telle persévérance est presque sans exemple. Pour les artistes, en général, et surtout pour les peintres, la vie, quand elle se prolonge, se transforme et se diversifie; à certains jours, il leur vient des scrupules, des doutes, des regrets; ils font des expériences, des retours en arrière ou des pas en avant; ils ont des manières successives : rien de tout cela chez M. Delacroix. A peine çà et là d'insensibles modifications, simples nuances provenant de la diversité des sujets plutôt que du changement des méthodes. Au fond, il est toujours le même, toujours le jeune romantique de 1828, ardent, confiant, téméraire, heurtant de front les traditions, même celles qui sont mortes, pour le plaisir de les heurter. Aussi j'oserais dire qu'à son contact, à son exemple, on se sent rajeunir soi-même. Ces témérités de pinceau, ces notes éclatantes que chaque jour il se permet encore, ce sont les mêmes qui vous éblouissaient quand vous aviez vingt ans ; elles vous transportent à votre insu dans vos jeunes années, comme un air national inspire aux exilés l'illusion de la patrie.

Je ne connais qu'un homme aujourd'hui, parmi les vétérans de l'art, qui ne soit pas moins jeune que M. Delacroix ; cet homme est M. Ingres. Je vais sans doute les étonner tous deux en leur trouvant un trait de ressemblance ; mais, si différents qu'ils soient en toutes choses, n'ont-ils pas même ardeur, même foi, même persévérance, même fidélité à leurs idées, même horreur de toute transaction ? Aussi ne nous étonnons pas si par un sort commun, l'un comme l'autre, ils ne sont populaires, c'est-à-dire franchement acceptés et compris, que dans le cercle de leurs sectateurs et de leurs initiés, tandis que le public, cette masse indifférente qui dans les questions d'art prétend juger, tout en disant : Je ne m'y connais pas ; cette masse qui n'aime rien de hardi, rien de fier, qui veut des complaisants et des flatteurs, les tient pour suspects l'un et l'autre, et ne leur pardonne pas cette sorte de roideur et d'aristocratie.

Chaque jour cependant, j'aime à le dire, le cercle, autour de M. Ingres, a l'air de s'agrandir, ou tout au moins les réfractaires et les sceptiques deviennent moins nombreux ou plus dissimulés. La notabilité de ce talent hors ligne est maintenant si grande que la révolte ouverte semble presque impossible. Et puis la pureté du dessin, la perfection du style, la magie de l'exécution sont des qualités si visibles, si palpables en quelque sorte, qu'on ne peut guère les méconnaître. Les moins amis renoncent donc à nier le talent, et tout au plus ils se confessent hors d'état de le bien comprendre. Avec M. Delacroix, on n'a pas tant de peine à prendre ; il prête mieux le flanc : les incrédules ont plus beau jeu. Quel prétexte à ne rien admirer que ces négligences de dessin, cette rudesse d'exécution et, disons-le, cet extérieur de décadence dans le choix de certains détails et de certains ajustements ! extérieur mensonger, puisque la vie et la vraie décadence sont deux termes incompatibles, et qu'ici la vie coule à flots, personne ne peut le contester ! Mais le prétexte est bon, ou le saisit, et vous trouvez des gens qui ne reculent pas devant l'absurde conséquence de nier jusqu'à l'existence de ce vigoureux talent. Pour moi, si classique qu'on soit, je soutiens qu'on est inaccessible aux émotions de l'art et qu'on ne sent pas même ces beautés plus sévères qu'on prétend admirer, si l'on n'a pas de temps en temps des tendresses pour M. Delacroix. Qu'on le querelle, je l'admets; de rudes vérités, je les comprends, et je me permets d'en dire moi-même, mais à la condition de les entremêler de francs et sincères éloges, et de bien laisser voir que si, à aucun prix, je ne voudrais que nos jeunes peintres prissent modèle sur M. Delacroix, je ne ne l'en tiens pas moins pour un maître, un vrai maître, dont, à coup sûr le nom vivra, et qui dans notre école aura sa place à part, grâce à l'éclat de sa puissante originalité.

P. S. — Ces prédictions sont en train de s'accomplir car déjà la postérité commence pour Eugène Delacroix. La mort nous l'a ravi, ce fécond et puissant esprit : il est sorti de ce monde, subitement, avant l'heure. Le fragment qu'on vient de lire, écrit il y a deux ans, ne rend à sa mémoire qu'un incomplet hommage. Ce n'est pas un seul de ses ouvrages qui peut mettre en lumière son talent tout entier. Aussi nous ne reproduisons cette étude qu'à titre provisoire et en nous promettant de la compléter quelque jour. Nous voudrions fouiller plus avant dans cette vie d'artiste aux aspects si divers, et en sonder les richesses en nous aidant non plus seulement de ses œuvres connues de son vivant, mais des révélations de tout genre qui n'ont apparu qu'à sa mort.

Nous devons faire à propos du fragment qui va suivre les

mêmes tristes réserves, nous dirions presque les mêmes excuses, car nous y parlons aussi et même plus brièvement encore d'un autre maître qu'une mort non moins soudaine et plus prématurée vient d'enlever à notre admiration. S'il est une vie d'artiste qui demande une étude attentive et complète, une vie dont les moindres phases et tous les développements doivent être fidèlement observés, c'est assurément celle d'Hippolite Flandrin. Bien que les frises de Saint-Vincent de Paul soient incontestablement une de ses plus grandes œuvres, que de progrès dans son art n'a-t-il pas encore faits, combien n'a-t-il pas grandi en talent et en autorité, depuis le temps où elles furent terminées? C'est là ce qu'il faut avoir présent à la pensée quand on jette les yeux sur le fragment suivant, écrit en 1853.

VIII

DE LA PEINTURE MURALE

LA FRISE DE SAINT-VINCENT DE PAUL. — LES PENDENTIFS
DE L'HÔTEL DE VILLE.

Nous vivons dans un temps étrange, au milieu d'inexplicables contrastes. Le mal et le bien sont partout ; il n'est pas un instant du jour où nous n'ayons juste sujet de perdre ou de prendre courage, d'espérer ou de désespérer. Pour ne parler que de la peinture, n'est-elle pas tout à la fois en déclin et en progrès? Au *Salon*, cette bourse de nos peintres, la décadence est visible. On peut dire qu'à chaque exposition nouvelle l'art s'abaisse d'un degré. C'est le métier qui triomphe ; l'esprit, l'adresse, le talent même, se prostituent à qui mieux mieux aux exigences de la mode et aux caprices de l'argent. Si quelques pieux adorateurs de l'étude et de la vérité persistent à protester, le vide est devant leurs œuvres.

L'enthousiasme, les couronnes vont de droit au procédé, à la manière, au faire de convention, à de plates réalités, mesquinement traduites, tantôt par un imperceptible pinceau, tantôt par une brosse gigantesque. Qu'espérer d'un tel art, ou plutôt d'une telle industrie? Eh bien, à quelques pas de là, sur les murs de quelques églises et de quelques monuments, cet art, ce même art apparaît dans sa dignité. On dirait que, loin du bruit, loin du trafic, plus à l'aise et plus libre, il recouvre une vie nouvelle. Des défauts, vous en trouvez assurément sur ces murailles, tout comme ailleurs ; mais vous y trouvez les vertus du peintre, l'amour du beau et le culte du vrai, le respect de soi-même, le mépris des succès faciles. C'est un monde tout nouveau ; on se croit dans un autre siècle, au milieu d'une autre génération d'artistes.

Gardons-nous donc de tirer un trop sombre horoscope de la peinture d'aujourd'hui. Qui sait ce qu'en dira l'avenir? Ceux qui la déshonorent ne sont pas ceux qui vivront. Tous ces chefs-d'œuvre de pacotille seront oubliés dans quelque vingt ans d'ici ; ils auront cédé la place à d'autres produits fabriqués sur de nouveaux patrons, et seront allés finir leurs jours dans le pays des tableaux hors de mode, aux États-Unis d'Amérique ou dans le fond de nos greniers. Ce qui vivra, ce qui portera témoignage de notre savoir-faire, ce qui donnera la mesure de nos artistes, ce sera cette série de peintures qui depuis douze à quinze ans se fixent sur nos murailles, tableaux qui ne voyagent pas, et qui, pour la plupart, sont aussi sérieusement conçus et exécutés que solidement établis. Bien des intrus se sont pourtant glissés, même en si bonne compagnie. Nous pourrions nous égayer aux dépens de certains barbouilleurs qui, dans ces derniers temps, ont bravement couvert de grotesques enluminures des chapelles tout entières à côté d'autres chapelles empreintes d'un chaste savoir et d'un sentiment exquis. Sur les parois de Notre-Dame de Lorette aussi bien qu'à Saint-Méry, les yeux sont offensés de ces choquantes disparates; mais cette ivraie, ces herbes folles disparaissent au milieu du bon grain.

Ce qui domine en général dans ces peintures adhérentes aux murailles, si heureusement substituées aux tableaux suspendus, c'est un accent sincère, un goût élevé, une grande intelligence de composition. Il semble qu'à travailler ainsi sur un fond consistant et durable, sans changement possible ni de destination, ni de jour, ni d'aspect, la pensée se fortifie. Tous ceux de nos peintres qui avaient quelque talent ont grandi à cet exercice. Ils se sont vus forcés de prendre de grands partis, sans laisser-aller, sans caprice, après longue et mûre réflexion. Autre chose est avoir devant soi un public mobile et blasé, dont il faut étudier les goûts, flatter les appétits, autre chose avoir affaire à ce public permanent et sérieux, sans fantaisies, sans passions, qu'on appelle la postérité. Le plus insouciant des hommes pense bon gré mal gré à la postérité quand il est face à face avec ce mur que son pinceau va parcourir. Il ne consulte ni cote, ni tarif pour savoir si le *réalisme* est en hausse et l'*idéal* en baisse, s'il doit se faire flamand, hollandais, espagnol, archaïque, pastoral ou vaporeux : il ne cherche que le durable, par conséquent le vrai, ce qui tout naturellement le ramène au vieux sentier de notre école, à ces pures traditions de l'esprit français qui demandent à l'art non la puérile imitation de l'apparence des corps, mais l'expression de la pensée au moyen d'une juste et intelligente reproduction de la forme et de la couleur.

Ainsi la seule différence du *subjectile*, la seule substitution d'un corps stable et immobile à un châssis, à un panneau portatif, exerce sur l'artiste une saine influence, l'aguerrit contre ses faiblesses, le détourne des penchants mercantiles et capricieux. Pour peu que nos édiles persévèrent dans cet heureux système, dans cet emploi de la peinture à l'ornement des édifices publics il ne faut désespérer de rien. L'art peut encore subsister, malgré ces foires annuelles qui abaissent et faussent le goût. Il lui reste un refuge ; l'étude, la pensée conservent un asile, et quelques œuvres suffiront, quelques œuvres ainsi créées à l'abri de la contagion, pour racheter dans l'avenir nos péchés, nos misères, et faire dire à nos neveux que nous avions encore dans les veines quelques gouttes de sang de Lesueur et de Poussin.

Ce qu'il faut regretter, c'est que ce genre de peinture n'ait pas recouvré plutôt la faveur qui lui vient aujourd'hui. C'était il y a vingt ans, lorsque les hommes qui avaient marché avec tant d'éclat à la tête des arts sous la Restauration étaient encore pleins de jeunesse, c'était alors qu'il fallait ouvrir ce champ nouveau à la peinture poétique et sérieuse. Comment penser sans chagrin que M. Ingres, par exemple, n'aura eu dans sa longue carrière qu'une seule occasion d'incruster une de ses pages dans un de nos monuments, et seulement sur un plafond, car on n'accordait alors à la peinture que des plafonds tout au plus ? Comment ne pas regretter que M. Delaroche, lui aussi, n'ait eu qu'une fois la fortune de s'emparer d'une vaste muraille, et que cette fortune, M. Ary

Sheffer ne l'ait même jamais eue? Qui pourtant plus que lui aurait gagné à pénétrer dans ces régions nouvelles, lui si riche de pensées, et dont la main paraît d'autant plus sûre qu'elle s'appesantit moins aux détails de l'exécution? Nous ne citons que ces trois noms pour abréger, parce qu'ils résument leur époque; mais bien d'autres, dans ce temps de vaillants efforts et de haute espérance, bien d'autres, leurs émules, ont eu le même sort, et, à leur grand détriment dans l'avenir, se sont résignés comme eux à ne faire que des tableaux. Que serait la peinture italienne, si l'Italie, dans son grand siècle, n'avait produit que des tableaux? Otez à Raphaël les *Stanze* du Vatican, il reste encore le roi des peintres, mais il descend de cent coudées.

Cette occasion, qui a manqué aux chefs de notre moderne école, occasion qu'ils peuvent encore faire renaître, puisque, Dieu merci, aucun d'eux ne nous a dit son dernier mot, elle s'est offerte à des hommes partis des seconds rangs et bientôt montés au premier. Ces hommes l'ont saisie avec une ardeur persévérante et un dévouement presque héroïque. L'un d'eux est mort à la peine, laissant une œuvre inachevée, mais déjà l'œuvre d'un maître. Dans cette seule chapelle de la Vierge, à Notre-Dame de Lorette, Orsel s'est fait un nom qui ne périra pas. Il avait deux grands dons que le ciel réserve aux véritables peintres, le don de l'expression vraie et le sentiment de la ligne harmonieuse. Cette chapelle est aussi suave aux yeux que féconde en pensées; c'est la tendresse onctueuse de l'école ombrienne unie à la justesse et à la mesure d'un esprit français. Il ne manquait à un tel homme qu'un peu d'audace et de feu, ou plutôt il lui fallait un peu moins de modestie, nous dirions presque d'humilité. Que d'essais, que d'études, que de préparatifs, avant qu'il se jugeât digne d'aborder son sujet! Ces innombrables croquis trouvés après sa mort, et en partie révélés au public par la main pieuse d'un ami, témoignent combien sa veine eût été abondante, si l'excès même de sa conscience ne l'avait comprimée. Quel contraste entre ce travail intérieur, absorbant toute une vie, et les outrecuidantes parades de quelques faiseurs d'aujourd'hui !

Nous ne saurions quitter Orsel sans prononcer au moins le nom de son ami, de son frère par le style et par le sentiment. Vis-à-vis de la chapelle de la Vierge, cette chapelle de l'Eucharistie, qui soutient si dignement une comparaison périlleuse, cette peinture, aussi douce, aussi touchante qu'un motet de Pergolèse, nous arrêterait malgré nous, si naguère M. Perin n'avait reçu un juste et complet hommage que nos paroles jetées en passant risqueraient d'affaiblir[1]. C'est à une œuvre plus récente et dans une autre église, c'est aux peintures de Saint-Vincent de Paul, que nous consacrerons quelques mots. Déjà même il se fait tard pour en parler, elles sont achevées depuis plus de trois mois, la critique a fait sa moisson, ne laissant après elle que de quoi glaner tout au plus. Aussi n'avons-nous dessein que d'adresser un remerciement public et à l'artiste persévérant dont les jeunes succès n'ont pas ralenti les efforts, et au maître courageux qui, presque au terme de la carrière, n'a pas craint de ressaisir ses pinceaux. Il faudra toutefois qu'à nos justes éloges se mêle quelque franchise : un compliment banal serait pour eux sans prix.

[1] Voyez un travail sur *la Chapelle de l'Eucharistie* dans la *Revue des Deux Mondes* du 1ᵉʳ janvier 1853.

La première fois que nous vîmes ces peintures de Saint-Vincent de Paul, l'église était encore coupée en deux par des toiles : chaque artiste avait son domaine séparé. L'œil ne pouvait en même temps pénétrer dans la nef et dans l'abside. M. Picot travaillait à l'abside et M. Flandrin dans la nef. C'était un des derniers jours du *Salon*, nous sortirons des *Menus-plaisirs*[1]; les tons diaprés et discordants de ce pêle-mêle de tableaux nous poursuivaient encore; nous étions comme étourdis de la bigarrure des idées, des genres, des méthodes; en entrant dans cette nef, nous sentîmes une impression de calme et d'harmonie. Ce n'était pas seulement un effet du contraste : le parti simple et grandiose adopté par le peintre nous avait saisi tout d'abord. On sait quel est ce parti, c'est la traduction pittoresque de cette idée : l'Évangile prêché aux nations leur a ouvert la voie du ciel. Le mystique chemin qui de la terre conduit au paradis, voilà ce qu'a voulu représenter M. Flandrin. Au centre de sa composition c'est-à-dire à l'entrée de l'église, sous le buffet d'orgue, les deux princes des apôtres prêchent la parole de vie, et à leur voix les gentils convertis se dirigent vers les palmes promises, dans un grave et religieux cortége, les hommes d'un côté, les femmes de l'autre. Cette longue chaîne de personnages, marchant dans un ordre hiérarchique et divisée par groupes, forme un ensemble à la fois symétrique et accidenté qui remplit admirablement la large frise ménagée dans cette église entre deux rangs de colonnes superposées.

L'idée de cette procession de bienheureux et de bienheu-

---

[1] L'exposition de peinture de 1852 avait eu lieu dans les terrains des *Menus-plaisirs* rue Bergère.

reuses est une réminiscence. C'est à Ravenne que l'auteur l'aura conçue; là du moins s'en trouve un exemple dans l'antique et curieuse basilique de *S. Appolinare Nuovo*. L'artiste du sixième siècle ne s'est mis en grands frais, comme on pense, ni d'ajustements pittoresques, ni d'attitudes variées. Lui aussi, c'est le chemin du ciel, c'est l'Église triomphante et son pèlerinage vers le trône du Sauveur, qu'il a voulu représenter. Vingt-cinq figures de martyrs, tous à peu près vêtus de même, portant tous une couronne à la main, et séparés les uns des autres par une palme ou un rameau de fleurs, voilà le côté droit de la nef; vis-à-vis s'avancent dans le même ordre, et portant aussi leurs couronnes, vingt-deux vierges martyres; en avant sont les trois rois mages, qui déposent au pied du trône de Marie leurs dons et leur encens. Rien de plus simple que cette mise en œuvre. Ces figures à peine variées de pose, de costume et d'expression, se succédant une à une à intervalles à peu près égaux, c'est de l'art primitif, traditionnel, hiératique; mais au point de vue monumental, l'effet en est puissant. Toute cette frise est en mosaïque; le dessin, sans être pur, ne manque pas de grandeur, et le travail de la mosaïque, par la vigueur de ses reflets, par son aspect solide et consistant, répand une énergie qui lui est propre sur tout l'ensemble de la décoration.

Dans la basilique parisienne, on ne pouvait emprunter que l'idée; les moyens d'exécution devaient être tout différents. D'abord point de mosaïque et une église beaucoup plus grande et plus longue, dès lors nécessité de donner à ce cortége une tout autre importance et de le combiner tout autrement. Au lieu de figures isolées, anonymes, sans autre lien entre elles qu'une pensée commune qui les conduit au même but, ce sont des personnages de noms et de caractères différents, groupés et unis entre eux par certaines analogies, mais variés de pose, de mouvement et de geste aussi bien que d'âge et de costume.

Voilà comme l'art moderne pouvait exprimer la pensée du mosaïste de Ravenne. En modifiant, en interprétant ainsi son sujet, M. Flandrin se l'est approprié ; il l'a complété et agrandi par cette prédication de l'Évangile devenue l'origine et le point de départ de la céleste procession. A Ravenne, la marche des martyrs et des saintes filles s'explique comme elle peut ; on n'y regardait pas de si près. Du côté des martyrs, du côté droit, la frise commence par une représentation de la ville de Ravenne, avec ses tours, ses dômes, ses palais, tels qu'ils étaient au sixième siècle, et vis-à-vis, du côté gauche, on voit la ville et le château de Classe, l'ancien port, le Pirée de Ravenne. Ces deux tableaux, quoique des plus grossiers, sont d'un grand prix archéologique, mais ils expliquent assurément le reste du sujet d'une façon beaucoup moins claire que les deux apôtres de M. Flandrin. La supériorité de composition est donc sans contredit du côté de l'imitateur, et, ce qui ne vaut pas moins, tout en usant des ressources que l'art moderne mettait à sa disposition, il a su n'en point faire abus. Là est le grand problème. Il est facile aujourd'hui de composer plus savamment, plus habilement qu'un Byzantin ; ce qui est malaisé, c'est de savoir à la fois rajeunir la donnée traditionnelle et rester naïf, accentuer la composition et conserver l'aspect monumental, faire de la peinture, en un mot, sans trop faire œuvre de peintre, sans donner à ses figures ce degré de vie, de mouvement, de relief, cette puissance d'illusion, qui conviennent à un tableau et non à une décoration appliquée sur la face même d'un édifice.

Nous fûmes frappé, dès cette première visite, de l'heureuse façon dont ce problème est résolu dans l'œuvre de M. Flandrin. Chez lui, ce n'est pas une nouveauté : les leçons de son maître et sa propre nature l'ont guidé dans cette voie; mais à Saint-Séverin, son début, et même à Saint-Germain des Prés, son second coup d'essai, déjà si supérieur au premier, on peut dire qu'il poussait la vertu *jusques à la rudesse*. La naïveté tombait dans la roideur. Ici le progrès est notable. Ses contours sont plus souples, ses mouvements plus libres, sans que sa peinture ait rien perdu de son austère solidité.

Mais plus nous nous félicitions de cette intelligente soumission de l'artiste aux conditions de son programme et de cette heureuse application de la peinture qui rappelle, en les adoucissant, quelques-unes des grandes qualités de la mosaïque, plus nous commencions à redouter que dans l'abside, qui nous était voilée, un autre système n'eût prévalu. Nous avions toute confiance dans le savoir et l'expérience de M. Picot; mais avait-il jamais rien tenté qui ressemblât aux peintures de cette nef? Pouvait-il subitement avoir tout oublié et tout appris? pouvait-il s'être assujetti sans réserve, sans restriction, à ces données conventionelles qu'un fond d'or impose à la peinture? M. Picot, le peintre élégant et correct de l'*Amour et Psyché*, peignant sur un fond d'or et franchissant d'un seul bond l'espace ou plutôt l'abîme qui sépare les conventions académiques des conventions archaïques, cela nous semblait un rêve, une chimère. Nous passâmes donc sous les toiles pour savoir à quoi nous en tenir, et à peine avions-nous levé la tête, que nos conjectures étaient vérifiées; mais en même temps, il faut le dire, nous fûmes désarmé par une véritable surprise. Ces figures, nous parlons des plus grandes, nous parlons des apôtres et de ces anges qui gardent fièrement le trône du Seigneur, ces figures ne sont ni conçues ni exécutées dans le style qu'aurait commandé le système adopté dans la nef; mais considérées à part, en elles-mêmes, comment n'en pas admirer le dessin vigoureux, le large caractère, la ferme exécution? Dans cette partie de son œuvre, M. Picot s'est surpassé lui-même. Au rebours de tous les hommes, la force lui est venue au déclin de la vie. Son plafond de l'hôtel de ville aurait pu laisser croire qu'il n'avait même plus la vigueur du peintre de *Psyché*, et pas du tout, voilà dans cette abside des figures qui feraient honneur aux plus habiles et qui mettent au défi les plus dispos, les plus vaillants. Nous n'en dirions pas autant de tout le reste de l'hémicycle : la frise notamment laisse tant à désirer! Entreprendre après Poussin d'exprimer les sept sacrements, et ne trouver que sept tableaux de genre, gracieux, coquets, aux contours ajustés, aux formes arrondies; jeter ces tableaux clairsemés dans cette frise qui porte et soutient tout l'ensemble de la composition, et qui par conséquent devrait en être la partie la plus pleine et la plus solide, c'est donner à la critique trop beau jeu contre soi. Mais malgré ses fautes incontestables, nous n'en maintenons pas moins que dans ce grand travail il y a des parties qui révèlent chez l'auteur une puissance de talent qu'on ne lui connaissait pas. Il a le droit d'en être fier, et ses nombreux amis ne sauraient se réjouir trop haut de le voir ainsi reverdir.

Mais si, pour M. Picot, c'est un bonheur d'avoir fait ce travail, est-ce un bonheur pour le monument que M. Picot en ait été chargé? De deux choses l'une : il fallait lui tout donner ou tout donner à son confrère. Comment n'avoir pas prévu l'inévitable disparate qui sortirait de cette association? Était-il besoin que les échafauds et les toiles fussent à bas, que l'œil pût pénétrer en même temps dans l'abside et dans la nef, pour avoir la certitude que deux talents si différents se nuiraient l'un à l'autre? De qui donc est venue cette belle invention de les avoir unis? A-t-on voulu faire un contraste, une antithèse? ou bien s'est-on flatté de satisfaire un peu tous les goûts? Si du moins de ces deux peintures l'une était franchement mauvaise, le remède serait aisé : on gratterait soit la nef, soit l'abside, et l'harmonie se rétablirait; mais comme à très-bon droit chacun a ses défenseurs, comme il y aurait vandalisme et barbarie à nous priver de M. Flandrin, comme on se révolterait avec raison qu'on effaçât M. Picot, il faut les respecter tous deux, et voilà pour l'éternité, ou du moins pour tout le temps que vivra cette église, entre deux œuvres antipathiques un indissoluble mariage!

Mieux vaudrait, puisqu'il n'y a pas accord, qu'il y eût complète dissonnance. Si M. Picot était resté fidèle à sa propre manière, s'il avait dit : Je ne comprends la peinture qu'avec un ciel et des nuages; il n'y a pas de fond d'or dans la nature; je repousse cette fiction. Je mettrai mes figures en perspective, je chercherai l'illusion, j'aurai des chérubins joufflus, un Christ assis sur la nue, sa croix de bois dans la main; en un mot je ferai des tableaux sur mur, des tableaux qui perceront la muraille. S'il s'était bravement tenu sur ce terrain, la disparate assurément serait encore plus tranchée qu'aujourd'hui : il y aurait entre les deux moitiés de l'église ce contraste complet et non dissimulé qu'on voit dans les édifices dont les diverses portions ont été construites ou décorées à des époques différentes; mais ce serait un parti franchement accusé. Le spectateur en penserait ce qu'il voudrait; il ne pourrait pas du moins se plaindre d'être trompé.

Ce qu'il y a de pis, c'est de lui promettre une harmonie qu'on ne lui donne pas ; c'est de chercher l'unité et de ne pas l'atteindre, c'est d'accepter les conditions, les lois de l'école traditionnelle, et de ne s'y soumettre qu'à moitié. Ainsi pourquoi ce Christ colossal? Parce qu'il est de tradition dans les anciennes basiliques, sur les mosaïques primitives, que le Christ ait trois ou quatre fois la taille des personnages qui l'entourent. Cette façon d'exprimer la grandeur morale par la grandeur matérielle et de proportionner la taille des personnages à leur degré de sainteté, c'est le procédé des enfants, et par conséquent des peuples et des religions au berceau. D'où vient qu'à Rome, à Ravenne, sur ces murs vieux de huit ou dix siècles, ces disproportions étranges, tout en nous étonnant, ne nous révoltent pas? D'où vient que peu à peu nous admettons ces données déraisonnables, et finissons par en ressentir une impression de respect et presque de terreur? C'est que dans ces naïves images tout est conventionnel, rien n'est imitatif. L'impuissance de l'artiste est la condition première de l'effet qu'il produit sur nous; l'excès de sa gaucherie nous avertit et empêche de hausser les épaules. Ce n'est point de la chair, ce n'est point de la vie, ce ne sont point des hommes qu'il a prétendu nous peindre :

ce sont des signes représentatifs d'une idée. Ces signes, nos yeux s'y arrêtent à peine, c'est notre raison qui les perçoit, et bientôt nous laissons là les signes pour aller droit à l'idée, hors du monde des vivants, dans le champ de l'invisible et de l'infini.

Mais vous qui voulez aujourd'hui ressusciter ces traditions et qui croyez leur obéir, sachez que, pour être admis à faire de tels contresens, de telles bévues enfantines, il vous faut avant tout renoncer à votre art, ou du moins savoir le déguiser. Si vous ne vous résignez pas à oublier votre palette, vos modèles, votre atelier ; s'il vous est impossible de faire une figure sans la faire respirer, sans colorer ses lèvres et ses oues, sans mettre en saillie ses contours, sans assouplir ses draperies, alors changez votre programme, ne nous montrez pas ce Christ gigantesque et à ses pieds ce petit saint Vincent en soutane et en surplis, ce saint qui marche et s'agenouille, ce Dieu qui écoute avec bonté. Plus vous les rendez vivants l'un et l'autre, moins nous pouvons admettre que l'un n'ait que cinq pieds lorsque l'autre en a vingt. Cette disproportion ne serait tolérable que si nous apercevions clairement qu'elle n'est qu'un symbole. Pour cela, vous n'avez pas besoin de descendre aux barbaries byzantines ; il ne faut que vous défendre de vos penchants à l'illusion. Le moyen terme, assurément, n'est pas sans difficulté : c'est un chemin qui côtoie, toujours à certaine distance, la naïveté primitive, chemin non frayé, plein d'écueils, où les plus souples et les plus habiles ne marchent pas d'emblée, où le secours d'un guide et un long exercice sont nécessaires à tous, et à ceux-là surtout qui, pendant quarante ans, n'ont compris et pratiqué que la peinture imitative.

Aussi nous souhaitons, si l'occasion, comme il faut l'espérer, s'offre encore à M. Picot de manier en grand cette peinture à la cire, dont avec tant de savoir et d'adresse il vient de faire un si heureux essai, nous souhaitons qu'on lui donne un monument, où libre et sans contrainte, il se laisse aller à la pente de ses études et de son talent. Qu'il s'établisse, pour n'en plus sortir, dans le domaine de la réalité, dans ce monde où les fictions elles-mêmes se piquent d'être naturelles, où les hommes et la Divinité sont à peu près de même taille ; qu'il porte dans son œuvre nouvelle cette pensée ferme et ce faire vigoureux qui règnent dans presque toute la partie supérieure de son abside, et pour peu que le monument par son style ne le contrarie pas trop, nous lui garantissons un grand et légitime succès.

Quant à M. Flandrin, tant qu'il s'attachera de préférence aux sujets religieux et à la décoration des églises, nous avons peu de chose à lui souhaiter. Il est dans cette voie que nous indiquions tout à l'heure ; il y marche avec aisance ; c'est son chemin de nature et de prédilection. S'il inclinait jusqu'ici du côté du symbole, sans accorder à l'art tout ce qui lui appartient, dans cette frise il a fait un visible effort pour se tenir plus près de l'imitation. Nous l'en félicitons et l'inviterions même à risquer un pas de plus. Le danger n'est pas avec lui, comme avec M. Picot, que jamais il verse de ce côté. Ce n'est pas lui qui s'oubliera à donner trop de relief à ses figures ; il se souviendra toujours que c'est une muraille qu'il décore, et nous applaudissons, sous ce rapport, à sa mesure et à sa sobriété : mais les physionomies, les yeux surtout de ses personnages, pourquoi les sacrifier ainsi ? Pourquoi les tenir dans ces tons neutres? Pourquoi, même avec le secours d'une lorgnette, est-il si difficile de découvrir un regard dans tout ce long cortége? Sans nuire à l'effet général, sans troubler ces silhouettes harmonieuses, le feu des âmes ne pouvait-il se laisser voir? Il est vrai que la distance est grande entre le sol et ces peintures : dix ou douze mètres environ! Raison de plus pour accuser un peu plus fortement les traits saillants, les traits qui parlent à l'esprit. Ce n'est qu'en montant dans les tribunes, dans les galeries portées sur ces hautes colonnes, qu'on pénètre complétement dans la pensée du peintre. A cette élévation, l'aspect est tout différent; ce qui d'en bas semblait vague s'explique et s'accentue. Un modelé délicat distingue et caractérise toutes ces têtes : elles disent toutes quelque chose; en un mot, M. Flandrin se montre là tout entier, habile à exprimer aussi bien qu'à composer, car il est peintre d'expression, et, malgré ses procédés d'école, il se rattache par ce côté à nos grands maîtres du dix-septième siècle. Mais ce n'est pas assez d'avoir ces qualités, il faut les faire voir. En se bornant à indiquer si finement l'expression de toutes ces têtes, M. Flandrin semble avoir par moments oublié que c'est du bas de cette nef que sa frise devait être vue.

Nous l'inviterions donc, dans sa prochaine campagne, à calculer plus hardiment ses effets, surtout si c'est encore à de telles hauteurs qu'il doit reléguer sa peinture. Le plus sûr serait d'éviter cette difficulté. Aussi faut-il souhaiter à M. Flandrin d'abord, et avant tout un monument qui ne soit qu'à lui seul, un monument dont il gouverne la tête aussi bien que le corps, puis dans ce monument un champ pour sa peinture, non pas plus beau, plus étendu, mieux disposé que cette frise (il n'en trouverait pas), mais ménagé à une hauteur moins grande, ou, ce qui revient au même dans un vaisseau moins étroit. Supposez quelque largeur de plus à cette nef de Saint-Vincent de Paul, aussitôt tout se rectifie pour le peintre et pour le spectateur : l'un n'a plus à se préoccuper de l'angle aigu et insolite sous lequel il sera vu, l'autre peut voir et contempler sans risquer de se tordre le cou.

Nous n'insisterons pas sur ce point, ne voulant pas nous engager dans un procès d'architecture avec un de nos maîtres en cet art. Nous sommes loin d'ailleurs de porter sur son église un jugement rigoureux. Plût à Dieu que ce pauvre Paris ne vit bâtir que de tels monuments et n'eût pas de plus justes griefs contre ceux qui l'embellissent ! Dans cette église, la façade est peut-être la partie la moins heureuse. Ces deux tours sont un peu gauches, ce fronton est un peu banal, le tout ensemble manque de grandeur et d'harmonie. Mieux vaudrait qu'on entrât par le côté qu'on ne voit pas d'abord, par ce grand mur si sobrement orné qui termine carrément l'église du côté du faubourg. Cette contre-façade est d'un style excellent selon nous ; il faudrait peu de chose pour en faire une façade véritable, exprimant sincèrement l'économie intérieure du monument, un vrai frontispice de basilique, chose si rare, comme on sait, et presque inconnue même à Rome. Les faces latérales de l'église sont traitées dans ce même goût sévère et châtié, et quant à l'intérieur, s'il pèche par les proportions générales, il abonde en détails étudiés et rendus avec une recherche peut-être un peu trop savante, un peu trop archéologique, mais pleine d'intérêt.

L'érudition a ses dangers, même en architecture. Elle détourne insensiblement l'artiste du but suprême de ce grand art, l'harmonie. Elle affaiblit en lui l'entente et le sentiment des effets généraux ; elle lui conseille des imitations, souvent même des amalgames qui transforment en création bâtarde une pensée heureuse à son début. Le défaut capital de Saint-Vincent de Paul provient, à notre avis, d'une combinaison de ce genre. L'auteur a voulu tout à la fois faire une église très-élevée, comme s'il eût adopté le style ascensionnel et pyramidal, le style à ogives, et ne pas perdre néanmoins l'occasion de faire une basilique et de reproduire tout ce que ses souvenirs et ses études lui rappelaient des édifices religieux de la Sicile et de l'Italie. Au lieu d'un vaisseau large, ouvert, d'une hauteur modérée, où la ligne horizontale serait restée dominante, il nous a donné une nef élancée, hardie, aspirant à l'effet perpendiculaire. Mais comme, pour rester dans les données antiques, il ne pouvait superposer plus de deux ordres de colonnes, il a fallu que ces deux ordres, et notamment le premier, prissent une extrême élévation. Or, quand on fait grandir une colonne, on est en même temps contraint de lui donner un embonpoint proportionnel. Il n'y a que les fuseaux du style à ogives qui se laissent allonger tant qu'on veut sans exiger un surcroît de volume ; les classiques supports sont moins accommodants. Aussi qu'est-il arrivé ? Pour avoir une église tout à la fois antique et moderne, pour fondre ensemble Sainte-Marie-Majeure et Saint-Ouen, il a fallu des colonnes si hautes et par conséquent si épaisses, que l'église en est comme encombrée. Tel est le diamètre de ces fûts, que, vus obliquement, ils forment une muraille; un massif entre les bas-côtés et la nef. Le plan de l'édifice, le plan par terre, a d'excellentes proportions, la largeur en est très-suffisante ; mais la hauteur du vaisseau combinée avec la grosseur des supports contrarie la vertu du plan et a le double inconvénient de produire cette apparence étroite et étouffée si peu conforme au style du monument, et de reléguer sa décoration principale, la frise peinte, à une hauteur qui ne permet ni de la voir sans fatigue, ni d'en apprécier tout l'effet.

Ce dernier résultat est certes bien contraire aux intentions de l'architecte, car si quelque chose nous semble incontestable, c'est, après le savoir de M. Hittorff, son goût, nous dirions presque sa passion pour l'union de la peinture et de l'architecture. Il comprend mieux que personne combien l'entente intime et cordiale de ces deux arts les met en valeur l'un par l'autre. Donner large carrière au pinceau sera toujours la pensée première de tout ce qu'il construira. Aussi voudrions-nous qu'il construisît beaucoup, tant nous serions certain que la peinture y trouverait son compte. Que n'a-t-il, par exemple, bâti l'hôtel de ville, ou tout au moins ces grandes salles des fêtes inaugurées l'hiver dernier ! Quelle occasion perdue! Comme il était facile, dans ces immenses galeries, de faire à la peinture sa juste part ! Croit-on que l'architecte, en s'imposant la loi de réserver çà et là quelques grands et beaux espaces à hauteur convenable, s'en serait mal trouvé? C'est à lui-même, avant tout, qu'il eût rendu service. Au lieu de s'en tenir à ces banalités décoratives, qui, sans pitié pour le spectateur, se poursuivent de mètre en mètre toujours sur le même patron, il eût cherché des divisions, des repos, des motifs d'encadrements, des contrastes, des combinaisons variées. La gêne qu'il se fût donnée eût aiguisé son invention. Dans un tel monument, au cœur d'une telle cité, que de souvenirs à évoquer, que d'idées à répandre, que de moyens de peupler ces lambris ! Quand on a le pouvoir d'user de telles ressources, quand on peut si richement, si noblement nourrir et récréer l'esprit en même temps que les yeux, est-il possible qu'on s'amuse à dresser ce régiment maussade de muettes colonnes, et à promener sans fin sur ces murs et sur ces voûtes cette éternelle répétition de l'or rechampi de blanc, et du blanc bordé d'or !

Mais non, dira-t-on, l'architecte n'a point proscrit la peinture ; ne lui a-t-il pas donné place sur quelques dessus de portes et dans deux ou trois plafonds? Ne l'a-t-il pas admise enfin à un poste d'honneur, dans la grande et principale galerie ? Soit ; mais à quel étage et en quelles conditions ! C'est au-dessus de la corniche, au-dessus des lustres, dans la courbe des voûtes, aussi haut que les yeux puissent atteindre ; c'est là que, d'arcade en arcade, la face d'un pendentif a été réservée au peintre assez hardi pour exposer ses œuvres à si haute distance, et se soumettre aux exigences de cette forme triangulaire vingt-huit fois répétée. Avait-on sérieusement dessein de loger là de la peinture, ou bien n'avait-on pas songé d'abord tout simplement à couvrir ces pendentifs de quelque décoration à la brosse, comme ces bocages de guinguette, qui dans cette même salle, du côté de la rue, tapissent le fond des arcades ? Ce qui semblerait indiquer que tels étaient les projets primitifs, c'est que pour couvrir de couleurs ces vingt-huit pendentifs et les vingt-huit pénétrations qui les séparent, en tout cinquante-six tableaux, dont la superficie totale n'est pas moindre de cent quarante mètres carrés, le programme accordait, le croirait-on? dix mois, pas davantage. Le travail était commandé dans les derniers jours de janvier; il fallait qu'il fût fini avant le 2 décembre, jour arrêté pour l'inauguration.

Eh bien, il s'est trouvé un artiste, un véritable artiste, qui n'a pas craint de tenter ce tour de force. Non-seulement il a eu le temps de composer et de peindre cinquante-six sujets en dix mois, mais jamais, à voir son œuvre, on ne se douterait que les heures lui aient été comptées. Ce n'est pas de l'improvisation, encore moins de la peinture de théâtre; il n'y a là ni pochade, ni mélodrame : c'est du dessin arrêté et réfléchi, de la peinture d'un tissu ferme et serré. Le temps sans doute ne fait rien à l'affaire, et la difficulté vaincue n'ajoute rien à l'art; mais il est certains efforts dont il faut tenir compte au talent. M. Lehmann a joué gros jeu ; il doit s'en applaudir. Ce n'est pas que son œuvre, dans toutes ses parties, triomphe également des obstacles qu'il a bravés. A côté de compositions, dont les heureuses lignes semblent écloses d'elles-mêmes et dont l'étude aurait peut-être altéré la fleur, il en est que la réflexion seule aurait suffisamment mûries. De là, dans ce vaste ensemble, quelque inégalité. Comment d'ailleurs tomber toujours juste, toujours avec le même bonheur dans ces encadrements irréguliers, étroits à la base, et ramenant bon gré mal gré la pensée pittoresque toujours aux mêmes combinaisons? ces difficultés matérielles sont en peinture ce qu'est la rime en poésie. Il y a des vers, et des plus beaux, que nous ne devons qu'à la rime, ce qui n'empêche pas que nos poëtes, et les plus grands, lui doivent bien quelques chevilles.

A cette uniformité de structure que M. Lehmann devait subir, il a eu soin d'opposer la variété des sujets. Il s'est donné pour thème l'histoire de l'humanité, depuis les premiers combats de l'homme contre la nature jusqu'aux dernières conquêtes de l'industrie, de la science et de l'art. Cette épopée, dont l'homme est le héros, prête à la grande peinture. On peut la trouver sévère pour une salle de bal ; mais l'auteur a bien fait, selon nous, de rester sérieux même à côté des violons. L'allégorie mythologique, la cour de Terpsichore, l'eût entraîné, à moins d'un miracle, à la décoration subalterne, à la fadeur, à la monotonie : l'allégorie philosophique, la poésie de l'humanité, lui ouvrait une longue série de contrastes et d'oppositions. De tant de sujets si divers, les mieux réussis sont les plus simples, ceux qui offrent les personnifications les plus faciles et les plus claires. Le lieu commun pour les arts du dessin est un aliment éternel. Ils ont de tels secrets pour l'animer et le rajeunir ! Ainsi l'homme combattant les animaux féroces, l'homme domptant les animaux domestiques, l'homme forgeant le fer, la femme filant le lin, — la moisson, la navigation, l'étude, la poésie, l'astronomie, la justice, voilà les sujets qui ont inspiré à M. Lehmann les lignes les mieux senties, les expressions les plus vraies et les plus franches. Là tout s'explique du premier jet, sans commentaires ; là rien n'est subtil ni tourmenté. D'autres sujets plus complexes manquent de développements et sont comme gênés et rétrécis par les contours du pendentif ; mais tous, et ceux-là même que nous ne préférons pas, sont pleins d'idées ingénieuses, d'heureux ajustements, de motifs élevés.

C'est là l'honneur et le privilége de cette noble école de M. Ingres. Si les hommes qu'elle a produits sont tous plus ou moins empreints de certains défauts du maître, s'ils n'ont pas toutes ses grandes qualités, ils se distinguent du moins par une loi commune. Dans les routes diverses où ils sont engagés, on les reconnaît à leur culte du style, à leur goût du grand et du sérieux. Aussi c'est avec eux, c'est par eux qu'il est encore permis d'entretenir le feu sacré et de sauver la peinture, surtout s'ils ont la chance de recevoir quelquefois l'hospitalité dans nos temples et dans nos monuments.

Nous voilà revenus à notre thèse. Des occasions de *peinture murale* et un choix judicieux d'artistes, c'en est assez pour tenir tête à la mode et lutter contre le flot montant. Dans ces nobles épreuves, les talents grandiront, et nous aurons devant l'avenir des témoins qui feront oublier nos folies. Croit-on que M. Lehmann par exemple soit sorti de l'hôtel de ville tel qu'il y était entré? que ce court, mais laborieux commerce avec ce monument ne lui ait pas fait faire un grand pas dans son art? Si mauvaise que fût la part qui lui était laissée, il a eu bien raison de s'en saisir : jamais il n'eût fait telles choses en attendant l'inspiration, en rêvant à loisir, en se soumettant au goût de quelque riche amateur. Cette fièvre que donne un grand travail, cette stimulante mission d'attacher son nom même aux plus mesquines parties d'un pareil édifice, voilà ce qui l'a mis en verve et lui a donné l'occasion d'un succès. Nous lui souhaitons, à lui et à tous ses dignes émules, des occasions encore meilleures, des chances mieux préparées, des concessions plus libérales. C'est l'architecture avant tout qui doit les leur offrir, et c'est à elle que nos prières s'adressent plus encore qu'aux puissants du jour. Que nos Vitruves sachent donc que l'égoïsme est fatal à leur art, qu'en s'isolant, en voulant tout garder pour lui, il s'appauvrit et se glace; qu'au contraire il a tout à gagner en tendant la main à ses frères, et que dans cette grande famille des arts, comme dans toutes les familles, c'est l'union qui fait la force et le succès.

FIN DE LA TROISIÈME SÉRIE.

TABLE DES MATIERES

DE LA TROISIÈME SÉRIE

I (1850). — Raphaël a Florence. — Première partie....	1
(1862). — — Deuxième partie...	63
II (1841). — Eustache Le Sueur..............	90
(1864).	
III (1860). — Les Peintres flamands et hollandais.......	190
IV (1826). — J.-L. David.................	275
V (1842). — Paul Delaroche..............	282
VI (1858). — Ary Scheffer...............	310
VII (1862). — La chapelle des Saints-Anges, par Eugène Delacroix.................	369
VIII (1853). — De la Peinture murale. — Peintures de Saint-Vincent de Paul et de l'hôtel de ville....	393

FIN DE LA TABLE DE LA TROISIÈME SÉRIE

POISSY. — TYP. BOURET.

www.ingramcontent.com/pod-product-compliance
Lightning Source LLC
Chambersburg PA
CBHW051834230426
43671CB00008B/953